KB180464

제주 구좌 지역의 언어와 생활

제주 구좌 지역의 언어와 생활

초판 인쇄 2016년 11월 30일
초판 발행 2016년 12월 7일

지 은 이 강영봉

펴 낸 이 이대현
펴 낸 곳 도서출판 역락

주 소 서울시 서초구 동광로46길 6-6(반포4동 577-25) 문창빌딩 2층
등 록 1999년 4월 19일 제303-2002-000014호
전 화 02-3409-2058, 2060
팩 스 02-3409-2059
이 메 일 youkrack@hanmail.net

값 28,000원

ISBN 979-11-5686-697-8
979-11-5686-694-7 (세트)

이 도서의 국립중앙도서관 출판예정도서목록(CIP)은 서지정보유통지원시스템 홈페이지(http://seoji.nl.go.kr)와
국가자료공동목록시스템(http://www.nl.go.kr/kolisnet)에서 이용하실 수 있습니다.(CIP제어번호: CIP2016028569)

제주 구좌 지역의 언어와 생활

강 영 봉

역락

■ 책을 내면서

이 책은 「2008년도 제주 지역어 조사 보고서」(제주특별자치도 제주시 구좌읍 동복리) 가운데 '구술 발화' 부분만 따로 떼어 내어 잘못을 바로잡고, 주석과 찾아보기를 덧붙여 엮은 것이다. 이는 발간된 보고서가 한정적이어서 이용하는 데 어려움이 따르고, 조사 보고서의 잘못된 부분을 바로잡아야 할 필요성이 이 총서 발간을 수행하게 한 요인이다.

이 책은 고태원(高泰元, 남, 1934년생) 주제보자와 신춘도(愼春道, 여, 1933년생) 보조제보자가 약 4시간 동안 구술한 내용을 담고 있다. '조사 마을, 제보자의 출생과 성장, 결혼 과정, 전통 결혼식, 결혼 생활, 시집살이, 회갑잔치, 장례 절차와 풍습, 제사와 민간 신앙' 등을 포함하고 있어 제주 사람들의 삶의 실상을 어느 정도 들여다볼 수 있을 것이다. 이 내용들은 제보자의 생생한 경험과 오랜 기억에서 비롯한 구술이기 때문에 다양한 내용에 따른 제주 토박이 어휘들이 그대로 드러나 있다. 표준어 대역과 주석을 통하여 토박이 어휘들에 대한 상세하고도 많은 정보를 얻을 수 있을 것이다. 나아가 음운, 문법에 대한 이해와 담화 연구에도 많은 도움을 줄 것으로 믿는다.

지역어 조사를 비롯한 구술자료 총서 발간 사업은 국립국어원의 노력이 있어 가능한 일이었다. 10년 동안의 장기 사업이라는 점에도 불구하고 지속적인 관심과 지원으로 이 사업을 마무리할 수 있었다. 국립국어원 관계자 여러분과 박민규 선생의 헌신과 채근을 오래 기억해 두고자 한다. 그 동안 조사 질문지를 만들고 지역어 조사 사업의 틀을 짜는 데 함께 고생한 여러 위원들의 우정, 격려와 충고가 이 단행본을 내는 데 큰 힘이 되었다.

지역어 조사로 맺어진 제보자와의 인연도 마음에 오래 새겨 두고자 한다. 양파와 동부, 고구마를 싸주는 후한 인정을 베풀어준 제보자 두 분의 건강과 행운이 함께하기를 기원한다. 지역어 조사에 동행한 김순자(金順子) 김성용(金成龍) 선생, 초벌 전사와 표준어 대역을 해준 김순자 선생과 알뜰한 책으로 꾸며준 도서출판 역락 사장님을 비롯한 편집자께도 고마운 뜻 전한다.

■ 조사 및 전사

(1) 조사 과정

국립국어원에서는 '우리 민족의 귀중한 문화유산인 지역어를 남북이 공동으로 조사, 정리하여 민족어의 특성과 다양성을 지켜나가는 데' 목표를 두고 지역어 조사 사업을 펼쳤다. 2004년에는 질문지를 작성하고, 예비조사를 실시하였고, 본격적인 조사는 2005년부터 이루어졌다. 제주에서는 구좌읍 동복리 조사가 2005년 한경면 조수리, 2006년 서귀포시 호근동, 2007년 표선면 가시리에 이은 네 번째다.

2008년도 제주 지역어 조사 지점인 제주시 구좌읍 동복리(舊左邑 東福里)는 제주도 여느 해안가 마을과 마찬가지로 반농반어(半農半漁)의 전형적인 농촌이다. 동복리는 동쪽에 구좌읍 김녕리, 남쪽에 조천읍 선흘리, 서쪽에 조천읍 북촌리가 위치하고 있으니, 제주시를 중심으로 볼 때 구좌읍의 맨 서쪽 마을인 셈이다.

동복리는 민간에서는 'ᄀᆞᆯ막'이라 부른다. 제보자의 구술에 따르면 'ᄀᆞᆯ막'은 600여 년 전에 설촌되었다고 한다. 그러나 'ᄀᆞᆯ막'에 해당하는 '변막포'(邊幕浦)나 '변막촌'(邊幕村)이라는 땅이름의 등장은 17세기 이후의 문헌이나 지도에서다. 동복리는 동상동, 동하동, 서상동, 서하동 4개의 자연마을로 구성되어 있으며, 마을 조직으로는 개발위원회, 노인회, 부녀회, 청년회 등 4개의 자생 단체가 있다. 주요 기관으로는 이사무소를 비롯하여 김녕초등학교 동복분교가 있다. 1904년의 『삼군호구가간총책』(三郡戶口家間摠冊)에 따르면 "동복(리)는 연가(烟家)가 100호이고, 남자 168명, 여자

213명 합하여 381명이다. 초가(草家)는 241칸이었다(東福 烟家一百戶 男一百六十八口 女二百十三口 合三百八十一口 草家二百四十一間)". 조사 당시인 2008년 11월 말을 기준으로 할 때 259세대, 남자 352명, 여자 345명 등 총 697명이었는데, 2015년 8월 말 기준으로 318세대, 남자 351명, 여자 313명 총 664명으로 세대수는 늘어났으나 인구는 줄어들었다.

이 마을은 예전부터 단결심이 강했다고 한다. "생이 다리 ᄒᆞ나로 골막 상뒤 다 멕인다.(새 다리 하나로 동복리 상두꾼 다 먹인다)", "볼락 데멩이 ᄒᆞ나로 골막 상뒤 멕이당도 남나.(볼락 대가리 하나로 동복리 상두꾼 먹이다가도 남는다.)"는 속담이 만들어질 정도로 단결심이 좋았고, 그 전통은 지금도 이어지고 있다.

2008년도 제주 지역어 조사는 일찍 시작한 편이고, 조사 기간도 긴 편이다.

지역어 조사는 5월 27일 제주대학교 개교기념일 휴일을 맞아 제보자를 정하는 것부터 시작하여, 6월 5회, 7월 3회, 9월 1회, 10월 5회, 11월 3회, 12월 1회 등 6개월에 걸쳐 이루어졌다. 이는 2007년 여름방학에 집중 조사하다 보니 매미울음 소리는 물론 갑자기 내리는 세찬 소나기 소리가 녹음되는 등 자료에 잡음이 많이 섞인다는 이유와 또 다른 이유는 연구 보조원이 바뀌었기 때문이다. 기간을 길게 잡아 제보자의 부담은 물론 연구 보조원들의 조사, 전사의 부담을 덜기 위한 배려였다. 그러나 조사 기간이 너무 늘어진다는 점, 자주 가야 된다는 점이 결점이긴 하였으나 조사 지점이 그리 멀지 않다는 점으로 충분히 에낄 수 있었다.

주제보자 고태원은 중학교를 중퇴하고 해병대 하사관으로 군대 생활은 하였으며, 동복리 개발위원장, 이장, 노인회장 등을 지냈다. 가끔 발음이 불분명한 경우가 있었다. 보조제보자인 신춘도는 주제보자의 부인으로, 기억력이 아주 또렷하고 혀 짧은 발음을 하는 경우도 있었다. 특히 가족 관계 이야기가 이어질 때는 3남 3녀 가운데 막내아들과 막내딸을 앞세웠다는 것 때문에 제보자가 무척이나 괴로워했고, 눈물을 보여 조사가 잠시 중단되기도 했다. 초등학교에 다니는, 같은 동네에 살고 있는 막내아들의 유복녀가 찾아왔을 때는 "나 가심 벌른 손지우다.(내 가슴 찢은 손자입니다.)" 라면서 긴 한숨을 내쉬기도 했다. 그러나 조사가 끝나고 이웃에 있는 식당에서 저녁과 간혹 반주를 드시며 이런저런 이야기를 나누다 보니 정이 많이 들기도 했다. 양파를 수확했다며 조사원 수에 맞게 세 마대를 마련했다 주기도 하고, 조사가 마무리될 무렵에는 직접 지은 동부와 고구마를 싸주는 후한 인심으로 조사자들을 감동시켰다.

(2) 전사

조사 내용은 마란츠(PMD 660) 디지털 녹음기와 SURE SM11 마이크를 이용하여 녹음하였으며, 녹음된 자료는 Goldwave 프로그램을 이용하여 음성 파일로 변환하였고, 이 음성 파일을 컴퓨터로 재생하여 들으면서 Transcriber 1.4 전사 프로그램을 이용하여 전사하였다.

전사는 '전사 지침'에 따라 소리 나는 대로 전사하는 것을 원칙으로 하였다. 어절 단위를 기본적으로 전사하는 것을 원칙으로 하였으나 한 억양으로 소리 나는 경우 어절보다 큰 단위로 전사한 경우도 더러 있다. 제주 지역어는 /ᆞ/를 비롯하여 /ᆢ/ 음운이 있고, /ㅔ/와 /ㅐ/도 변별되는 음운론적 특징이 있기 때문에 이를 모두 전사에 반영하였다.

초벌 전사는 김순자(金順子)가 담당하였으며 강영봉(姜榮峯)이 확인하는 과정을 거쳤다.

본문의 글자체와 전사에 사용된 부호는 다음과 같다.

고딕체	조사자
명조체	제보자
–	제1 제보자
=	제2 제보자

:	장음 표시. 길이가 상당히 길 경우 ::처럼 장음 표시를 겹쳐 사용하였다.
*	청취 불가능한 부분 또는 표준어로의 번역이 불가능한 경우
+	질문지와 주제가 다른 내용

(3) 표준어 대역

전사된 구술 자료는 표준어 대역을 붙였다. 원래 조사 보고서에서는 문장 단위로 표준어 대역을 활짱묶음 속에 넣었으나, 이 책에서는 문장보다 큰 의미 단락을 기준으로 하였다. 다시 말하면 조사자, 제보자가 번갈아가며 기술하는 순으로 배열되어 있다. 또 표준어 대역을 별도로 오른쪽 면에 배치한 것도 조사 보고서와 달라진 점이다. 이런 편집은 오로지 독자들이 쉽게 읽을 수 있게 하기 위한 조처이다.

표준어 대역은 직역하는 것을 원칙으로 하였으나 문맥에 맞게 비슷한 뜻을 지닌 표준어로 옮긴 경우도 있는데 이럴 때는 주석에 밝혀 두었다. 대응 표준어가 없는 경우에는 방언형을 그대로 옮겨 놓아서 작은따옴표로 구분하기도 하였다. 군말 또는 담화 표지가 있을 경우에도 이를 표준어 대역해 그대로 살려 놓았다. 외래어 가운데 특히 일본어의 경우는 번역하기도 하였으나 도구 따위를 지칭하는 경우는 외래어 그대로를 표준어 대역의 자리에 놓아두기도 하였다. 표준어 대역의 초벌 작업 또한 김순자(金順子) 선생이 수고했다.

(4) 주석

주석은 각 장마다 후주로 달았다. 이 또한 책의 편집상 불가피한 조처다. 주석은 주로 어휘 의미를 중심으로 풀이하면서 가급적 많이 달려고 노력하였다. 아울러 제주 지역어의 특징이 드러나는 방언 변이형을 가급적 많이 제시하려고 하였다. 이해를 돕기 위하여 형태 및 문법에 관한 사항도 간혹 언급하였다. 독자의 편의를 위하여 동일한 내용의 주석이 반복되는 것도 허용하였다.

의미 구분과 확인을 위하여 한자도 가끔 병기하였는데, 손톱묶음은 음을 취한 경우이고 꺾쇠묶음은 그 뜻을 취한 경우로 문장부호로 구분하였다. '큰-, 셋-, 족은-' 등의 접두사와 '무수기(물때)'를 표로 제시하여 이해를 도모하려고 하였다.

<사진 1> 제보자 부부(고태원 · 신춘도)

<사진 2> 제보자의 집(안채)

<사진 3> 보호수(팽나무)

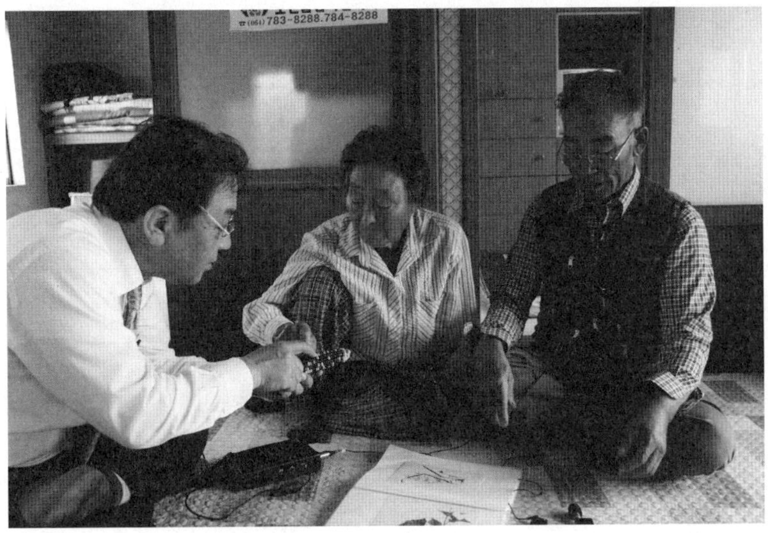

<사진 4> 지역어 조사 장면

차례

01 마을

1.1 마을 들여다보기

아 오느른 쫌 어르신께서 쫌 길게 말쓰믈 헤주시는 시가늘 예예. 헤야 뒐껌니다예.

혹씨 이 마으른 언제 형성뒈어따고 험니까?

— 에 이 마으른 엔나레 저 훈 훈 삼벡 훈 오륙씸년 저네 여기 그 하막똥사넨 에 망똥산.

— 망똥사넨[1] 헌 건 이디서 저레로 내려가믄 개껃바우[2]에 망똥사니 읻썯는데.

— 그 망똥사네 거기 이씨엔 그 이름 잘 모르고 이씨 그 하르버지가 아마 거기에 와네 그 저 서모봉[3]에서 이제 그 어떤 그 우급치[4]가 이시믄 휀뿌를 키믄[5] 여기도 역씨 그거나 마찬가지로 휀뿌를 켜 가지고 서로 그 어떤 신호체제를 이제 헤난쭈. 경허연 그거시 이제 저기 가믄 하막똥사니라고 헤서 거기에 완 그런 부니 이제 한 부니 이서난쭈.

그러니까 이치비가 멘 처으메 드러완네예.

— 으. 이치비가 그부니 이씨 하르버지가 젤 문저 와따고 볼 쑤가 읻쭈[6]. 보주. 보주.

그러며는 이 동네는 어떤 성씨드리 주로 이신고마씸?

— 그때 와서 그 하르버지가 아마 그 저 따리 이서난 모냥[7]이라.

예 똘예.

— 따리 이선는데 그 박씨가 또 그르후제[8] 그 딸허고 영 겨론 촘 매전[9] 서로 이제 겨로늘 헤 가지고 저 그 박씨 하르버지허고 겨론헤서 그 하르버지허고 그 이씨 하르버지에 따리 첸뻬넨 여기 와서 이제 정차글 이제 살면서 이제 촘 이 동보기렌[10] 이 저 굴마기엔[11] 이뤄젼쭈. 췌초예.

아 오늘은 좀 어르신께서 좀 길게 말씀을 해주시는 시간을 예예. 헤야 될 겁니다.

혹시 이 마을은 언제 형성되었다고 합니까?

— 아 이 마을은 옛날에 저 한 한 삼백 한 오륙십년 전에 여기 그 하막동산이라고 에 망동산.

— 망동산이라고 한 것은 여기에서 저리로 내려가면 갯가 언저리에 망동산이 있었는데.

— 그 망동산에 거기 이씨라고 그 이름은 잘 모르고 이씨 그 할아버지가 아마 거기에 와서 그 저 서모봉에서 이제 그 어떤 그 위급한 일이 있으면 횃불을 켜면 여기도 역시 그것이나 마찬가지로 횃불을 켜 가지고 서로 그 어떤 신호체제를 이제 했었지. 그렇게 해서 그것이 이제 저기 가면 하막동산이라고 해서 거기에 와서 그런 분이 이제 한 분이 있었었지.

그러니까 이치비가 멘 처으메 드러완네예.

— 으. 이씨 집안이 그분이 이씨 할아버지가 젤 먼저 왔다고 볼 수가 있지. 보지. 보지.

그러면 이 동네는 어떤 성씨들이 주로 있을까요?

— 그때 와서 그 할아버지가 아마 그 저 딸이 있었던 모양이야.

예 딸요.

— 딸이 있었는데 그 박씨가 또 그 후에 그 딸하고 이렇게 결혼 참 맺어서 서로 이제 결혼을 해 가지고 저 그 박씨 할아버지하고 결혼해서 그 할아버지하고 그 이씨 할아버지에 딸이 첫번에 여기 와서 이제 정착을 이제 살면서 이제 참 이 동복이라고 이 저 '골막'이라고 이루어졌지. 최초에.

그러면 지금 이씨하고 박씨하고 지금 우리 어르신께선 고씨 아니라마씸예? 게믄 고씬 언제쯤 드러와신고예? 이 ᄆᆞ으레.

– 고씨는 쑥[12] 후제 쑥 후제 에 우리가 저기 고씨가 우리가 고씨랃짜[13] 여기에 그 멘 년도에 언제 드러완쩬[14] 헌 건 잘 모르고.

– 그루후제 그 박씨허고 이씨 모메서 그 자시글 나 가지고 사위를 마자드린 게 신씨 하르버지 뒈어.

– 게 그 하라버지드리 와서 요 장보게 무든 하라버지가 이제 그 박씨 하르버지에 사위가 뒈언 이제 경헤서 ᄎᆞᄎᆞᄎᆞᄎᆞᄎᆞ 이제 그 이 ᄆᆞᆯ마기 그 이루어진 그 마으리 형성뒌 뒈어난[15] 거주[16].

그러면 이 동네는 주로 주위에 어떤 오름드리 이신고마씸?

– 오르믄[17] 얻꼬[18].

예.

– 여기에는 뭐 좀 막 쫌 빈초니[19] 뒈놔서 여기는 오름도 얻꼬 뭐.

– 이 저 아주 적박칸 땅베낀 요 땅바낀 얻쭈. 오름 얻꼬. 주로 옌나른 이 저 농사도 좀 짇낀[20] 지언는데[21] 주로 바다에 마니[22] 종사더를 마니 하고 헌데 크게 여기 뭐 동보게 어디 우뚜커게 뭐 내셉꾸[23] 뭐 헐 만헌 그거시 어서.

게믄 오르믄 어시면 들파는 어신가마씨? 드르.

– 들파니 옌나른 바로 요 우에[24] 올라가믄 여기 이제 그 방에혹[25] 읻짜녀? 방에혹. 큰 저 방에호글 여기서 저 비언[26] 방에호글 다 만드라난쩬[27].

– 여기가 이거 그저네는 요 우에가 여기서 나가믄 취락구조엔 헌 디인는데[28] 그 근처가 전부다 그 낭 저 수피라난쩬[29]. 숩. 우리가 들끼 들끼는.

– 건 볼그머리[30].

게믄 볼그ᄆᆞ른 어딘고마씨?

그러면 지금 이씨하고 박씨하고 지금 우리 어른신께서는 고씨 아닙니까? 그러면 고씨는 언제쯤 들어왔을까요? 이 마을에.

– 고씨는 아주 후제 아주 후제 에 우리가 저기 고씨가 우리가 고씨라도 여기에 그 몇 년도에 언제 들어왔다고 하는 것은 잘 모르고.

– 그 이후에 그 박씨하고 이씨 몸에서 그 자식을 나아 가지고 사위를 맞아들인 것이 신씨 할아버지 되어.

– 그래 그 할아버지들이 와서 요 장복에 묻은 할아버지가 이제 그 박씨할아버지의 사위가 돼서 이제 그렇게 해서 차차차차차 이제 그 이 '골막'이 그 이루어진 그 마을이 형성된 되었었던 거지.

그러면 이 동네는 주로 주위에 어떤 오름들이 있을까요?

– 오름은 없고.

예.

– 여기에는 뭐 좀 막 좀 빈촌이 되어서 여기는 오름도 없고 뭐.

– 이 저 아주 척박한 땅밖에는 요 땅밖에는 없지. 오름 없고. 주로 옛날은 이 저 농사도 좀 짓기는 지었는데 주로 바다에 많이 종사들을 많이 하고 한데 크게 여기 뭐 동복에 어디 우뚝하게 내세우고 뭐 할 만한 그것이 없어.

그러면 오름은 없으면 들판은 없을까요? 들.

– 들판이 옛날은 바로 요 위에 올라가면 여기 이제 그 방아확 있잖은가? 방아확. 큰 저 방아확을 여기서 저 베어서 방아확을 다 만들었었다고.

– 여기가 이거 그전에는 요 위가 여기서 나가면 취락구조라고 한데 있는데 그 근처가 전부다 그 나무 숲이었었다고. 숲. 우리가 듣기 듣기는.

– 그것은 '불그머리'.

그러면 '불그마루'는 어딘가요?

— 볼그ᄆᆞ루는 여기서 한 한 이키로쯤 올라가야.

거기도 동복 껭인가마씨?

— 동복 껭이주.

예.

— 여기가 볼그머리엔 허는 거는 이젠 거기 읻꾸[31].

— 에 그 근처는 이제 다 이제 군유지구.

예.

— 또 그 우이로 막 올라가며는 이젠 산 일번지라고 헤서 그 우리 ᄀᆞᆯ막[32] 땅이 조끔 읻쭈.

그러믄예. 이 여기가 골마기라고 하면 동쪼근 어디하고 경곈고예?

— 이거시 옌나레는 이제 조처늡펴고 구좌면허고[33] 옌나레 이게 제주 그 판관님드리 오실 때 그저넨 이게 아마 여기 조천허고 구좌를 이제 하나에 무꺼[34] 가지고 이따네.

— 행정구여글 이제 뭐이냐? 그 에 고종 시빌녀네 이용시기라는[35] 그 판사가 와가지고 너무 광버미하니까 구좌[36] 조천[37]허고 신좌면허고 우리 구좌음면허고 이제 불리[38]를 하면서 이제 불리를 그 목싸니미 왕[39] 불리를 헌 거주. 행정구여글.

게민 동보긴 경우 ᄀᆞ미 요쪽.

— ᄀᆞ미[40] 이제 게난 신좌면허고 우리 구좌면허고 경계가 뒈니까 동보글 이제 ᄀᆞᆯ마기라고 이제 그 이제 경헨 이제 ᄀᆞᆯ마기 뒌 거주게.

아 ᄀᆞᆯ막.

— ᄀᆞᆯ막. 이 경계를 이제 구좌읍 이제 구좌면하고 조천면하고 그거시 경계가 뒌다 헤서 ᄀᆞᆯ마기 뒈서.

게믄 어르신예. 여기가 골마기라고 하면 동쪼근 무슨 동네가 읻쑤과?

— 동쪼근 김녕[41]게.

그 다음 남쪼근마씨?

– '불그므루'는 여기서 한 한 이킬로미터쯤 올라가야.

거기도 동복 경인가요?

– 동복 경이지.

예.

– 여기가 '불그머리'라고 하는 것은 이제는 거기 있고.

– 아 그 근처는 이제 다 이제 군유지고.

예.

– 또 그 위로 아주 올라가면 이제는 산 일번지라고 해서 그 우리 동복 땅이 조금 있지.

그러면요. 이 여기가 동복이라고 하면 동쪽은 어데하고 경계인가요?

– 이것이 옛날에는 이제 조천읍하고 구좌면하고 옛날에 이게 제주 그 판관님들이 오실 때 그전엔 이게 아마 여기 조천하고 구좌를 이제 하나에 묶어 가지고 있다가.

– 행정구역을 이제 뭐냐? 그 아 고종 십일년에 이용식이라는 그 판사가 와서 너무 광범위하니까 구좌 조천하고 신좌면하고 우리 구좌읍면하고 이제 분리를 하면서 이제 분리를 그 목사님이 와서 분리를 한 것이지. 행정구역을.

그러면 동복인 경우 경계가 요쪽.

– 금이 이제 그러니까 신좌면하고 우리 구좌면하고 경계가 되니까 동복을 이제 '골막'이라고 이제 그 이제 그래서 이제 '골막'이 된 것이지.

아 골막.

– 골막. 이 경계를 이제 구좌읍 이제 구좌면하고 조천면하고 그것이 경계가 된다고 해서 '골막'이 되었어.

그러면 어르신요. 여기가 골막이라고 하면 동쪽은 무슨 동네가 있습니까?

– 동쪽은 김녕.

그 다음 남쪽은요?

— 남쪼근 여기는 저 뭐야? 동네가 한참 우에 올라가야 에 그 신좌며네 그자 선흘[42].

예.

— 뭐 제일 가차운[43] 디가 선흐리고 그 다으믄 이제 덕천[44] 읻꼬 거기는 이제 전부다 거리가 막 멀고.

그 다으메 동쪽 서쪼근마씨?

— 서쪼근 북촌[45] 뒤께[46].

네.

— 옌나른 뒤께엔 헤날쭈게.

예. 게믄 그거시 막 널루꽈? 동보기.

— 동보기 뭐 하튼 멧 그 펭수는 잘 모르긴 모르겐는데 여기도 꿰 하튼 우리 동복또 꿰 너르긴[47] 너르주게.

예. 그러면 아까 어르신께서 불그ᄆᆞ루? 건 어떤 이르민고예?

— 불그ᄆᆞ루가 쪼꼼 오르믄[48] 아닌디 조끔 그 동산ᄀᆞ찌 쪼금 뒈 읻쭈. 쪼끔. 그거는 이 우리 뒫께허고 좀 가차웁따[49] 보니까 뒫께 뿐들토[50] 소유자가 읻꼬 동복 싸람도 소유자가 다 읻꾸. 건 가인 소유자가 다 뒈 읻쭈. 그 불그머리에는.

게난 불그ᄆᆞ루는 쫌 동사니다예?

— 어 쪼끔 동산.

게믄 불그ᄆᆞ루라고 하는 이르미 부튼 이유는 모르고마씸? 무사 불그ᄆᆞ루라고 하는지.

— 글쎄 그건 자알.

혹씨 큰 엉덕가튼 건 업꼬마씨?

— 큰 엉더근 얻꼬.

궤 궤.

— 얻꼬. 동보게서 허게 뒈면 이제 다 매립뒈어 더러 매립뒈어네 그 드

― 남쪽은 여기는 저 뭐야? 동네가 한참 위로 올라가야 에 그 신좌면에 그저 선흘.

예.

― 뭐 제일 가까운 데가 선흘리이고 그 다음은 이제 덕천리 있고 거기는 이제 전부가 거리가 막 멀고.

그 다음에 동쪽 서쪽은요?

― 서쪽은 북촌 뒷개.

예.

― 옛날은 '뒷개'라고 했었지.

예. 그러면 그것이 마구 넓습니까? 동복이.

― 동복이 뭐 하여튼 몇 그 평수는 잘 모르기는 모르겠는데 여기도 꽤 하여튼 우리 동복도 꽤 너르기는 너르지.

예. 그러면 아까 어르신께서 밝은마루? 그것은 어떤 이름일까요?

― '볼그머리'가 조금 오름은 아닌데 조금 그 동산같이 조금 되어 있지. 조금. 그것은 이 우리 북촌하고 좀 가깝다 보니까 북촌분들도 소유자가 있고 동복 사람도 소유자가 다 있고. 그것은 개인 소유자가 다 되어 있지. 그 '볼그머리'에는.

그러니까 '볼그ᄆᆞ루'는 조금 동산이네요?

― 어 조금 동산.

그러면 '볼그ᄆᆞ루'라고 하는 이름이 붙은 이유는 모르고요? 왜 '볼그ᄆᆞ루'라고 하는지.

― 글쎄 그것은 잘.

혹시 큰 언덕같은 것은 없나요?

― 큰 언덕은 없고.

동굴 동굴.

― 없고. 동복에서 하게 되면 이제 다 매립되어 더러 매립되어서 그 들

러가는 입꾸는 ᄒᆞᆫ 쪼게는 매립뒈언꼬 ᄒᆞᆫ 쪼게는 지금 터저[51] 인는데[52] 그 구리엔헤네 우리 개여머르구리 하나 지금 읻낀[53] 읻써요.

무슨 굴마씨?

— 개여머루굴.

건 무슨 뜨신고예.

— 개여머룬 그 뜨슨 잘 모르고 여기서 김녕더레[54] 가다 보며는 여기서 ᄒᆞᆫ 일 키로 뒈기 저네 ᄒᆞᆫ 칠팔 키로쯤 가며는 여기가 아 ᄒᆞᆫ 칠팔 메다 팔심 메다 아 팔벡 메다쯤 가며는 거기 개여머루구리엔 헌 게 구리 하나 읻낀 읻쭈.

— 그거시 글로[55] 허영[56] 드러가게 뒈며는 꼭 뭐 사름 하나쯤 뎅길 정도로 헤가지고 그거시 저 바다까지 그거시 터져 읻쭈[57]. 바다까지.

바당까지예?

— 게난 그거시 이제 바다도 이제 그냥 메와져[58] 불고[59] 여기도 그때 그 길 확짱허면서 한쪽 어귀는 다 메와져 불고 지금 한쪼게만 이제 남쪼그로 뒌 디만 좀 굴 형태가 좀 뒈어 읻쭈. 거기가.

게난 큰낭은 어신가마씸? 뭐 퐁낭이 큰 거라든가.

— 큰 거슨 여기 비석꺼리엔[60] 헌 디 여기 쪼끔 가믄 여기 가믄 비석꺼리렌 헌 디 엔나레 큰 퐁낭이[61] 에또 세 개 세 갠가 네 갠가 이선쭈.

— 그게 지금 바로 집 ᄌᆞᄁᆞᆮ띠[62] 건 하난 읻꼬 그 길 확짱허면서 그걸 다 지금 ᄀᆞ트믄 모르주. 그 자연보호엔 허여 가지고 그거 다 보존 이제두 그거시 아쉽낀 아쉬와[63].

— 거시 보존뒈언쓰며는 엄청난 낭이주게.

— 아주 우리 우리 아르므로 ᄒᆞᆫ두 아름 이상 뒌 낭[64] 낭이라는데 그때는 그 뭐 보조니여 뭐여 그런 거 헤서. 기자.

무사 옌날 어른더른 그런 큰 낭에는 귀시니 읻뗀 헤그네 비지 말렌 허지 아념니까?

어가는 입구는 한 쪽에는 매립되었고 한 쪽에는 지금 터져 있는데 그 굴이라고 해서 우리 '개여머르굴'이 하나 지금 있기는 있어요.

어떤 굴요?

— '개여머루굴.'

그것은 어떤 뜻일까요?

— '개여머루'는 그 뜻은 잘 모르고 여기서 김녕으로 가다 보면 여기서 한 일 킬로 되기 전에 한 칠팔 킬로쯤 가면 여기가 아 한 칠팔 미터 팔십 미터 아 팔백 미터쯤 가면 거기 '개여머루굴'이라고 한 것이 굴이 하나 있기는 있지.

— 그것이 그리로 해서 들어가게 되면 꼭 뭐 사람 하나쯤 다닐 정도로 해 가지고 그것이 저 바다까지 그것이 터져 있지. 바다까지

바다까지요?

— 그러니까 그것이 이제 바다도 이제 그냥 메워져 버리고 여기도 그때 그 길 확장하면서 한쪽 어귀는 다 메워져 버리고 지금 한쪽에만 이제 남쪽으로 된 곳만 좀 굴 형태가 좀 되어 있지. 거기가.

그러니까 큰나무는 없는가요? 뭐 팽나무가 큰 것이라든가.

— 큰 것은 여기 비석거리라고 하는 곳에 여기 조금 가면 여기 가면 비석거리라고 하는 곳에 옛날에 큰 팽나무가 에또 세 개 세 개인가 네 개인가 있었지.

— 그것이 지금 바로 집 곁에 것은 하나 있고 그 길 확장하면서 그것을 다 지금 같으면 모르지. 그 자연보호라고 해 가지고 그거 다 보존 이제도 그것이 아쉽기는 아쉬워.

— 그것이 보존되었으면 엄청난 나무지.

— 아주 우리 우리 아름으로 한두 아름 이상 된 나무 나무였는데 그때는 그 뭐 보존이다 뭐다 그런 것 했나. 그저.

왜 옛날 어른들은 그런 큰 나무에는 귀신이 있다고 해서 베지 말라고 하지 않습니까?

– 거 다 겨영[65] 제 지녀영[66].

예.

– 제 지내영 허곡. 저기 그 아까 그 박칩 사우엔[67] 헌 디 그 바로 우에두[68] 큰 나무가 하나 이제 읻쭈.

– 낭이 아주 촘 멩물이주. 멩물.

게난 이거 얼만쯤 멜 멘 년 쯤 뒐따고 험니까?

– 아멘짜[69] 이거시 동복커고 가치 가정 이제 읻쓴[70] 거 아닌가?

지금 이서예?

– 지금 읻쭈. 이거 장녀네 이거 우리 거시서 찌근 건디. 이런 나미라 난쭈게[71]. 요 비석꺼리에 인는 남도 이건뽀다 더 큽쭈[72].

그러면 어르신 이 동네 싸름드른 주로 어떤 이를 허는고예?

– 엔나레는 뭐 그저네는 주로 이제 잡꼭. 콩 보리 조.

– 여르메는 조 보리. 아 조 콩 허고.

– 겨우레는 주로 이제 보리.

– 가녹 가당으네 뭐 산디도[73] 하는 사람도 읻썬는데 산디 ᄀᆞ튼 건 극소수고 주로 조 보리 감자[74].

– 여르메는 주로 이제 콩 조 감자.

– 겨우레는 이제 그 나머지 거시기헐 때는 바다에 헤녀드리 지금도 그 팔씹 때 난 사람도 헤녀질하는[75] 사람도 읻꼬.

– 우리 할망도[76] 이제 이른여서시주마는 이제 바당에 뎅겹쭈[77].

아 그러면 여기 뭐 어장이 조은 모양이지예?

– 어장이 여기에 쫌 조아낟쭈[78]. 어장이.

– 어장이 조아네 메리[79] 그 엔나레 그 하라버지더른 세 티므로 나놔.

네.

– 오느른 이제 마 번노를 메겨서 일번 내이른 일번 삼번 영 헤 가지고.

– 구무를 이제 방진망[80]이주. 이기선 영.

– 그것 다 그렇게 해서 제 지내서.

예.

– 제 지내서 하고. 저기 그 아까 그 '박칩 사위'라고 한 데 그 바로 위에도 큰 나무가 하나 이제 있지.

– 나무가 아주 참 명물이지. 명물.

그러니까 이것 얼마쯤 몇 몇 년 쯤 되었다고 합니까?

– 아무래도 이것이 동복하고 같이 가져서 이제 있는 것이 아닌가?

지금 있다구요?

– 지금 있지. 이거 작년에 이거 우리 거기서 찍은 건데 이런 나무였었지. 요 비석거리에 있는 나무도 이것보다 더 크지요.

그러면 어르신 이 동네 사람들은 주로 어떤 일을 하는지요?

– 옛날에는 뭐 그전에는 주로 이제 잡곡. 콩 보리 조.

– 여름에는 조 보리. 아 조 콩 하고.

– 겨울에는 주로 이제 보리.

– 간혹 가다가 뭐 밭벼도 하는 사람도 있었는데 밭벼 같은 것은 극소수이고 주로 조 보리 고구마.

– 여름에는 주로 이제 콩 조 고구마.

– 겨울에는 이제 그 나머지 거시기할 때는 바다에 해녀들이 지금도 그 팔십 대 난 사람도 물질하는 사람도 있고.

– 우리 아내도 이제 일흔여섯이지만 이제 바다에 다니지.

아 그러면 여기 뭐 어장이 좋은 모양이지요?

– 어장이 여기에 조금 좋았었지. 어장이.

– 어장이 좋아서 멸치가 그 옛날에 그 할아버지들은 세 팀으로 나눠.

네.

– 오늘은 이제 마 번호를 매겨서 일번 내일은 일번 삼번 이렇게 해 가지고

– 그물을 이제 방진망이지. 여기서는 이렇게.

— 메리 터우[81] 탕[82] 나강으네게 이제 그 터우 탄 사라미 한 사라믄 노 전꼭 한 사르믄 그 그걸 뭐야 그건ᄁᆞ라[83] 뭐렌 허는지 이저부렀따마는.

— 그 사라미 헤 가지고 이제 베 나오라 신노허믄 이제 그 구무레 구물 시끈[84] 베가 딱 대기헤 읻쭈. 대기헤 이서[85].

— 경 허믄 이제 나가믄 이제 ᄒᆞᆫ짝[86] 이제 ᄀᆞᆮ뜨로[87] 이제 구무를 던져 놔뒁 이젠 그걸 방지니[88] 뼁 허게 도라오는 거주.

— 도라와그네게 허민 그걸 이제 마간땅[89] 또 시간쩍 여유 시믄[90] 그 바메 그걸 영 ᄃᆞᆼ겨[91] 노키도 허곡 경 아녀믄 이제 아치메 그 터위[92]가 막 이레 쭉쭉 이제.

드믄드믄허게?

— 열대열 깨가 이제 쭉 이제 도라가멍 다 산[93].

— 게믄 이제 바위가 이제허영 구무리 걸리카부덴[94] 영 돌막돌막[95] 영 들러[96] 주곡 뭐헨 육찌선 육찌서는 그거 ᄃᆞᆼ기곡.

— 경 막 그 뭐 그때 ᄃᆞᆼ일[97] 때는 뭐 여자고 남자고 헐 꺼 어시 막 다 마드러그네[98] 그냥.

— ᄃᆞᆼ경 그거시 영 조바지며는[99] 이제 가운디 그 이 장마기 이서 가지고.

— 장마글 이제 무레 영 ᄁᆞ랑[100] 이제 한 쪼게서 이제 다울리며는[101] 메리[102] 이제 이쪼그로 가며는 이제 드르라[103] 허민 이제 장마글 이러케 들러지는[104] 거 거.

— 이 안네[105] 거시 다마들믄[106] 이제 그 터베[107]가 터위[108]가 이제 고리.

— 고리엔 헌 건 이만큼 헌 고리주게. 저 뭐냐믄 그거 한 네 개쯤 시르믄[109] 그냥 무리 막 ᄌᆞᆷ막ᄌᆞᆷ막켕으네[110] 그냥 ᄁᆞ라질[111] 정도가 퉤여그네 허믄.

— 네 고리 실렁[112] 이제 개맏창에[113] 드러오믄 개맏디[114] 드러오믄 이제 거기서 이제 좀 푸기도 허곡 다 이제 또 폴기도 허곡 또 폴지 몯터믄 다 그거 분베허영 이제 그거 또 기냥 신장노에 강[115] 다 ᄆᆞᆯ리왕[116] 그거 이제 퉤비 퉤비도 불치[117]에도 놩 무뎅[118] 허곡 헤낟쭈.

– 멸치가 떼 타서 나가서 이제 그 떼 탄 사람이 한 사람은 노 젓고 한 사람은 그 그것을 뭐야 그것보고 뭐라고 하는지 잊어버렸다만.

– 그 사람이 해 가지고 이제 배 나와라 신호하면 이제 그 그물에 그물 실은 배가 딱 대기해 있지. 대기해 있어.

– 그렇게 하면 이제 나가면 이제 한쪽 이제 가로 이제 그물을 던져 놔두고 이제는 그것을 방진이 빙 하게 돌아오는 거지.

– 돌아와서 하면 그것을 이제 막았다가 또 시간적 여유가 있으면 그 밤에 그것을 이렇게 당겨 놓기도 하고 그렇지 않으면 이제 아침에 그 떼가 마구 이리로 쭉쭉 이제.

드문드문하게?

– 열대엿 개가 이제 쭉 이제 돌아가면서 다 서서.

– 그러면 이제 바위가 이제해서 그물이 걸릴까 봐 이렇게 달막달막 이렇게 들어 주고 무엇해서 육지서는 육지서는 그것 당기고.

– 그렇게 마구 그 뭐 그때 당길 때는 뭐 여자나 남자나 할 것 없이 마구 몰려들어서 그냥.

– 당겨서 그것이 이렇게 좁혀 지면 이제 가운데 그 이 장막이 있어 가지고.

– 장막을 이제 물에 이렇게 깔아서 이제 한 쪽에서 이제 몰아서 쫓으면 멸치가 이제 이쪽으로 가면 이제 들어라 하면 이제 장막을 이렇게 들어지는 것 그것.

– 이 안에 것이 몰려들면 이제 그 떼가 떼가 이제 고리.

– 고리라고 한 것은 이만큼 한 고리지. 저 뭐냐면 그것 한 네 개쯤 실으면 그냥 물이 마구 잠박잠박해서 그냥 가라앉을 정도가 되어서 하면.

– 네 고리 실어서 이제 포구에 들어오면 포구에 들어오면 이제 거기에서 이제 좀 푸기도 하고 다 이제 또 팔기도 하고 또 팔지 못하면 다 그것 분배해서 이제 그것 또 그냥 신작로에 가서 다 말려서 그거 이제 퇴비 퇴비도 재에도 넣어서 묻어서 하고 했었지.

게믄 어르신 아까 그 멜헐 때 일쪼 이조 삼조 그건 동네별로 함니까? 어떤 방버브로 헤신고예?

— 그때는 그 이녁 그 저 뭐야? 가차운[119] 친족끼리 영 허영 그자 허영 대략 그런 시그로 헤네 이녁 거 뜨시 만는 사람들끼리.

게믄 그걸 저 계라고 험니까? 저비라고 함니까?

— 아 그때 그 뭐렌 헨.

그물쩝?

= 구물쩌비[120] 아니고 그때는 제원[121] 제원.

예.

= 이제 ᄀᆞ트믄 저비주. 그땐 제원더리주.

= 이제 남자 하르방더리 전부 제워늘 모두앙[122] 이제 우리 ᄀᆞ싸[123] 하르방 ᄀᆞᆫ은 건 이제 일번은 큰 구물.

= 이젠 두 번차 껀 센꾸물[124].

= 이제 세 번차 껀 이제 조근그물[125].

= 경 허믄 이제 바당에 원체 이제 메리 처드러오며는[126] ****** 저 전부 경 드러오며는 이젠 그 고동 부는 ** 그 선원드리 터위[127] 타믄 ᄒᆞᆫ 사르믄 고동 불곡 나오렌[128] 경 고동 불곡 ᄒᆞᆫ 사르믄 이제 네 전꾹.

= 경 허믄 이젠 첸 빼는[129] 이제 큰 그물 가두민 게여도 메리 언간[130] 하믄[131] 센꾸물 나오라 허믄 이젠 또 고동을 불주. 겨엔 나오민 이젠 또 센꾸물 허곡 경 아녀믄 이젠 원체 메리 하민 이젠 조근그물꺼지 세 가달로[132] 노추[133].

= 경허믄 큰그무레 가입펀 사름도 센꾸무레 강 더러 가입퍼고 또 센꾸무레서 가입펀 사르미 또 조근그무레도 가입퍼고 경 헤영 그걸 고리에 몬딱[134] 거려당[135] 놩 어떤 땐 언만허여. 열댄 꼬리.

— 게난 방지늘[136] 방지늘 이제 허믄 뒤에 고기가 만느며는 그걸 이제 하나만 두르는 게 아니고 일차 두런쓰믄 또 고기가 뒤에 막 밀려오믄

그러면 어르신 아까 그 멸치할 때 일조 이조 삼조 그것은 동네별로 합니까? 어떤 방법으로 했을까요?

– 그때는 그 이녁 그 저 뭘까? 가까운 친족끼리 이렇게 해서 그저 해서 대략 그런 식으로 해서 이녁 것 뜻이 맞는 사람들끼리.

그러면 그것을 저 계라고 하나요? 접이라고 하나요?

– 아 그때 그 뭐라고 했더라.

그물계.

= 그물계가 아니고 그때는 계원 계원.

예.

= 이제 같으면 계지. 그때는 계원들이지.

= 이제 남자 할아버지들이 전부 계원을 모아서 이제 우리 아까 할아버지 말한 것은 이제 일번은 큰 그물.

= 이제는 두 번째 것은 둘째 그물.

= 이제는 세 번째 것은 이제 작은 그물.

= 그렇게 하면 이제 바다에 원체 이제 멸치가 마구 들어오면 ****** 저 전부 그렇게 들어오면 이제는 그 고동 부는 ** 그 선원들이 떼 타면 한 사람은 고동 불고 나오라고 그렇게 고동 불고 한 사람은 이제 노 젓고.

= 그렇게 하면 이제는 첫 번은 이제 큰 그물 가두면 그래도 멸치가 워낙 많으면 둘째 그물 나와라 하면 이제는 또 고동을 불지. 그래서 나오면 이제는 또 둘째 그물 하고 그렇지 않으면 이제는 원체 멸치가 많으면 이제는 작은 그물까지 세 가닥으로 놓지.

= 그렇게 하면 큰 그물에 가입한 사람도 둘째 그물에 가서 더러 가입하고 또 둘째 그물에서 가입한 사람이 또 작은 그물에도 가입하고 그렇게 해서 그것을 고리에 몽땅 떠다가 놔서 어떤 때는 엄청나. 열댓 고리.

– 그러니까 방진을 방진을 이제 하면 뒤에 고기가 많으면 그것을 이제 하나만 두르는 것이 아니고 일차 둘렀으면 또 고기가 뒤에 마구 밀려오면

이차 경 헹 삼차까지 영헹 그 방지를 경허주게. 경 헨 헤난는디.

— 경헨 나도 이제 군대 가따오난 이제 그때는 요새는 뭐 이 새마을사 어벤 헤네 그때 계발계장. 계발계장 헌데 쉐 물 그때 이제 ᄉᆞ삼사껀[137] 당시에 다 이젠 물 다 주거불고 뭐 어서 부니까.

— 이제 첸짜로 그 이제 고기가 마니 자피는 디니까 어장이 조으니까 이제 구물. 그건 정부에서 이제 보조 바다네 그 계발계에서 이제 헤네.

— 그 우리 간. 나 군대 간 제대헨 완 보난 그거 헴선게 오난 그거를 ᄒᆞᆫ번 허렌 헤네 그거 이제 계장헤네 그거 구물허곡 또 물 소 또 염소까지 헤나실꺼라.

아.

— 경헨 이제 그 계발계에서 그거슬 우녕을 헤낟쭈. 그때 저 여긴 뭐 쫌.

게믄 아까예 어르신 그 물 쉐 염소도 건 개별저그로 하는 거우꽝? 아니면 동네서 키우는 거우꽈?

— 우리 계발계에 계에서.

게믄 거 동네란 얘기우꽈?

— 동네 동네. 우리 우리 동복[138] 전체가 전체가 계워니고 다 그거 헤낟쭈.

그러믄 아까예. 그물 제워니 인는 거고 그 다으메 사라미 주그면 상여를 모시지 아낟씀니까예. 그러면 그런 상여계도 이섣씀니까?

— 상여제도는 이 동보근 다른 동네 담지[139] 아녕[140] 좀 동네가 버뮈도 작꼬 마 지금두 뭐 그러치만 뭐 행상을 허게 뒈나 뭐나 이 그 동넬이리 나며는 이 느[141] 나 할 건 어시[142] 다 나강[143] 다 그.

게난 온 고을 부리는 거구나예.

— 으. 온 고리[144] 다.

= 온 ᄆᆞ으리 전부 나가는 친쪼깐 뒈는 사르미 느도 나도 헌디 우리 동

이차 그렇게 해서 삼차까지 이렇게 해서 그 방진을 그렇게 하지. 그렇게 해서 했었는데.

— 그렇게 해서 나도 이제 군대 다녀오니까 이제 그때는 요새는 뭐 이 새마을사업이라고 해서 그때 계발계장. 계발계장 했는데 소 말 그때 이제 사삼사건 당시에 다 이제는 말 다 죽어버리고 뭐 없어 버리니까.

— 이제 첫째로 그 이제 고기가 많이 잡히는 데니까 어장이 좋으니까 이제 그물. 그것은 정부에서 이제 보조 받아서 그 계발계에서 이제 해서.

— 그 우리 가서. 나 군대 가서 재대하고 와서 보니까 그것 하고 있던 데 오니까 그것을 한번 하라고 해서 그것 이제 계장해서 그거 그물하고 또 말 소 또 염소까지 했었을 거야.

아.

— 그렇게 해서 이제 그 계발계에서 그것을 운영을 했었지. 그때 저 여기는 뭐 조금.

그러면 아까요 어르신. 그 말 소 염소도 그것은 개별적으로 하는 것입니까? 아니면 동네에서 키우는 것입니까?

— 우리 계발계에 계에서.

그러면 그것 동네란 얘깁니까?

— 동네 동네. 우리 우리 동복 전체가 전체가 계원이고 다 그것 했었지.

그러면 아까요. 그물 계원이 있는 것이고 그 다음에 사람이 죽으면 상여를 모시지 않았나요. 그러면 그런 상여계도 있었습니까?

— 상여제도는 이 동복은 다른 동네 같지 않아서 좀 동네가 범위도 작고 마 지금도 뭐 그렇지만 뭐 행상을 하게 되나 무엇이나 그 동네일이 나면 이 너 나 할 것 없이 다 나가서 다 그.

그러니까 온 고을 부리는 것이군요.

— 그래. 온 고을이 다.

= 온 마을이 전부 나가는 친족간 되는 사람이 너도 나도 그런데 우리 동

보근 사 골이주[145]. 사 골.

사 골예.

= 사 골. 경 허믄 이제 이 동네에 저 알꼬레서[146] 헌 건. 우리 동네 이르미 알꼬레서민 이제 알꼬레 싸르미 영장을 강 헤주고 중꾸른[147] 나민 중꿀 싸르미 그디[148] 강 허여주고 선꼴[149] 싸르미민 선꼴서 헤주곡 운꾸리민[150] 이제 동상동 경 허주. 우리 동네선 이르미.

= 이제 동상동 동 저 동하동 이제 서상동 서하동 경허여.

게난 그건 아까 그 삼춘 말씀대로 알꼴 중꼴.

= 운꼴 알꼴[151] 운꼴.

중꿀.

= 선꼴 이제 중꿀 경허주.

예에.

= 게민 사 고레서 이제 영장을 나믄 이녁 지반니를 다 동넬 싸르민 다 오곡 허주마는 이제 사 고레서 허민 알꼬레서 허민 알꼬레서 행상을 메영 강 이제 무더믈 무더주곡.

– 아니게. 채금만[152] 채금만 그 고레서 채금만 지지. 모든 이를 허는 건 뭐 여기는 알꼬리여 운꼬리여 영 허지 안코 기자 그 ᄆᆞ을 전체가 게난 동네가 자가노니까 그 인시믄 경 조추게. 이 우리 동네가 경 허난 이제 생이[153] 다리 하나로 생이 다리가 언마나 커[154]?

– 생이 다리 하나로 먹따 나민 디 나믄 디가 이 ᄀᆞᆯ막이옌[155] 어른들 말쓰미.

예. 그러믄에. 어 동넫쩨를 지내젠 허믄 다 또 온 골서 뭐 돈도 내고 험니까?

– 그런추게. 그 각 그 동별로 언마썩 거덩 엔나른 헤나고 엔나른 무신 그 요새는 저 무신 세여 뭐여 허연쭈마는 그런 게 어서그네[156] 그냥 그 춤 쏠 ᄒᆞᆫ 뒈믄 ᄒᆞᆫ 뒈라도 영 모당으네게.

복은 네 고을이지. 네 고을.

네 골요.

= 네 고을. 그렇게 하면 이제 이 동네에 저 아래고을에서 한 것은. 우리 동네 이름이 아래고을에서면 이제 아래고을 사람이 영장을 해주고 중고을에서 나면 중고을 사람이 거기 가서 해주고 섯고을 사람이면 섯고을에서 해주고 웃고을이면 이제 동상동 그렇게 하지. 우리 동네서는 이름이.

= 이제 동상동 동 저 동하동 이제 서상동 서하동 그렇게 해.

그러니까 그것은 아까 삼촌 말씀대로 알고을 중고을.

= 윗고을 아래고을 윗고을.

중고을.

= 섯고을 이제 중고을 그렇게 하지.

예에.

= 그러면 네 고을에서 이제 영장이 나면 이녁 집안일은 다 동네 사람이 다 오고 하지만 이제 네 고을에서 하면 아래고을에서 하면 아래고을에서 행상을 매어 가서 이제 무덤을 묻어주고.

– 아니지. 책임만 책임만 그 고을에서 책임만 지지. 모든 일을 하는 것은 뭐 여기는 아래고을이야 윗고을이야 이렇게 하지 않고 그저 그 마을 전체가 그러니까 동네가 작으니까 그 인심은 그렇게 좋지. 이 우리 동네가 그렇게 하니까 이제 새 다리 하나로 새 다리가 얼마나 커?

– 새 다리 하나로 먹다 남은 데 남은 데가 이 '골막'이라고 어른들 말씀이.

예. 그러믄요. 아 동네제를 지내려고 하면 다 또 온 고을서 뭐 돈도 내고 하나요?

– 그렇지. 그 각 그 동별로 얼마씩 걷어서 옛날은 했었고 옛날은 무슨 그 요새는 저 무슨 세다 뭐다 하지만 그런 것이 없어서 그냥 그 참 쌀 한 되면 한 되라도 이렇게 모아서.

– 엔나른 으?

= 이 동네 큰제예. 아저씨 말대로 큰제가 이신디 포제라고 허주.

– 포제[157] 포제.

= 포제주게. 포제 지내 나믄 이제 ᄆᆞ을 그 당 읻짜너이? 그 할망신디[158] 당 이제 포제 ᄂᆞ려오믄[159] 고기 먹찌 아녇땅으네 이제 당에 강 이제 ᄆᆞ을 전부 강으네 젤 지네주게. 심방[160]이영 굳터곡.

= 거 끈나무는 이제 이워른 나믄 영등ᄄᆞᆯ[161] 영등꾸슬[162] 허주. 갠졀띠[163] 강[164]. 큰구슬. 게영 좁씨도 뿌리고이 메역[165] 잘 나게.

– 아니 게난 그거 허기 저네.

= 큰 제가 우리 세계[166]서 이제 큰 제가 세 버늘 허는 거라.

으 뭐뭐마씨? 큰 제가.

= 큰 제가 포제 저 당굳[167] 영등굳[168].

– 포제는 남자덜만 이제.

= 아무 세계도 경 허여.

– 이제 사밀 저네 사밀 저네 이제 동네 포제 들며는 마냑 우리 지비 포제가 드럳따고 허며는 이 주위를 전부다 금쭈를[169] 메영 자빈은[170] 몯 드리게끔 딱허곡 또 남자들도 어디 웨출 웨출 나가지도 몯터게.

예 정성허곡.

– 여기서 잠도 자곡 모욕또 허고 경 헹 엔나렌 그 또 이제 여기서 이제 포제 든[171] 지비서 제무리나 뭐 그런 음식또 다 출리곡[172].

– 도새기도[173] 이제 하나 자방 이제 희성[174]허곡.

예.

– 이제 헤그네게 이제 저녁 때 뒈면 이제 그 사네[175] 올라가주게. 그 포제 지내는 터가 이서[176] 지금도.

여기서 어디 뭐라고 함니까? 그 고슬. 포제 지내는 고슬 뭐엔 ᄀᆞ라마씨?

= ᄆᆞ룬땅[177].

— 옛날은 으?

= 이 동네 큰제요. 아저씨 말대로 큰제가 있는데 포제라고 하지.

— 포제 포제.

= 포제지. 포제 지내 나면 이제 마을 그 당 있잖은가? 그 할머니한테 당 이제 포제 (지내서) 내려오면 고기 먹지 않았다가 이제 당에 가서 이제 마을 전부 가서 제를 지내지. 무격하고 굿하고.

= 거 끝나면 이제 이월은 나면 영등달 영등굿을 하지. 갯가에 가서. 그렇게 해서 큰굿을 좁씨도 뿌리고 미역 잘 나게.

— 아니 그러니까 그거 하기 전에.

= 큰 제가 우리 마을에서 이제 큰 제가 세 번을 하는 거야.

아 무엇무엇입니까? 큰 제가.

= 큰제가 포제 저 당굿 영등굿.

— 포제는 남자들만 이제.

= 아무 마을도 그렇게 하지.

— 이제 삼일 전에 삼일 전에 이제 동네 포제 들면 만약 우리 집에 포제가 들었다고 하면 이 주위를 전부 금줄을 매서 잡인은 못 들이게끔 딱 하게 또 남자들도 어디 외출 외출 나가지도 못하게.

예 정성하고.

— 여기서 잠도 자고 목욕도 하고 그렇게 해서 옛날에는 그 또 이제 여기서 이제 포제 든 집에서 제물이나 뭐 그런 음식도 다 차리고.

— 돼지도 이제 하나 잡아서 이제 희생하고.

예.

— 이제 해서 이제 저녁 때 되면 이제 그 산에 올라가지. 그 포제 지내는 터가 있어 지금도.

여기서 어디 뭐라고 합니까. 그 곳을. 포제 지내는 곳을 뭐라고 말합니까?

= 마루담.

— 아니 ᄆᆞ룬 그 지경은 ᄆᆞ룬따민디.

예 ᄆᆞ르따이옌예? 지경은.

— ᄆᆞ룬따민디. 그 뭐 제 지내는 디 별또로 그냥 뭐 제터옌 뭐 제터나 시그로 뭐.

— 게민 그날 가보민 그디 가그넹게 막 이제 상 상물[178] ᄉᆞᆯ마[179] 놩 막 뿌리기도 허곡 이제 저 검질[180]도 다 비국[181] 뭐허곡 경허영 깨끄시 청소 헤난 다으멘.

— 그 이제 제관허곡 그냥 심부름헐 싸름만 일딴 가근네게 거 끈낭 내려오믄 이제 당에 와그네 당굳또 허곡 뭐허곡 경 허는 거주.

— 게민 당꾸슨 하는 데는 뭐 주로 뭐 그때에도 뭐 남자드른 벨로 안 가지만 주로 그 할망더리[182] 마니 간 영 허고.

— 이 포제에 때는 다 거 남자덜만 다.

게믄 이러케 정리하면 뒈겐따예. 어 포제는 남자 어르신더리 허는 거고.

— 하르방이고[183].

예 당구쓴 여자 어르신드리 허는 거고.

— 할망[184] 할망.

그 다으메 영등꾸슨 또 좀녀드리.

— 그건또 할망더리.

= 부인들.

예예예.

그러믄예 어른신예. 어 지바네 그 성장한 아들 따리 읻쓰면 겨론시켜야 뒐 꺼 아니우까예? 그러면 옌나른 어려웓쓰니까 뭐 쏠계를 헌다거나 그런 걷또 헤썯씀니까?

= 그거는 이제 뚤지비서 이제는 새스방치비서[185] 천마눤 아사가믄[186] 이제 여자더리 걸 사당[187] 그 무시걸 이바질 헴쭈.

= 경허주마는.

— 아니 마루 그 지경은 마루담인데.

예 마루따이라고요? 지경은.

— 마루담인데 그 뭐 제 지내는 데 별도로 그냥 뭐 제터라고 뭐 제터나 식으로 뭐.

— 그러면 그날 가보면 거기 가서 마구 이제 향 향수 삶아서 마구 뿌리기도 하고 이제 저 잡풀도 다 베고 뭐하고 그렇게 해서 깨끗이 청소한 다음에는.

— 그 이제 제관하고 그냥 심부름할 사람만 일단 가서 그것 끝나서 내려오면 이제 당에 와서 당굿도 하고 뭐하고 그렇게 하는 것이지.

— 그러면 당굿은 하는 데는 뭐 주로 뭐 그때에도 뭐 남자들은 별로 안 가지만 주로 그 할머니들이 많이 가서 이렇게 하고.

— 이 포제 때는 다 그것 남자들만 다.

그러면 이렇게 정리하면 되겠습니다. 아 포제는 남자 어르신들이 하는 것이고.

— 할아버지이고.

예 당굿은 여자 어르신들이 하는 것이고.

— 할머니 할머니.

그 다음에 영등굿은 또 잠녀들이.

— 그것도 할머니들이.

= 부인들.

예예예.

그러면요 어르신. 아 잡안에 그 정장한 아들 딸이 있으면 결혼시켜야 될 것 아닙니까? 그러면 옛날은 어려웠으니까 뭐 쌀계를 한다거나 그런 것도 했었습니까?

= 그것은 이제 딸집에서 이제는 신랑집에서 천만원 가져가면 이제 여자들이 그것을 사다가 그 무엇을 이바지를 하지.

= 그렇게 하지만.

= 그때는 또 아진[188] 사르미 이제 씨어멍네 찍씨[189] 씨아방네 찍씨 씨누이덜신디라도 다 다믄[190] 언만니라도 그땐 도니 어시니까 온끼지로[191] 뭐 광모기나이 그때는 인주 멩지[192] 경허영 이제 새각씨[193] 온또 헤주곡 경허영 허곡.

= 또 잔치 머글 꺼 이제 우리가 여자치비서 이제 이 가미 부족커지 아녀게? 경 허무는 새서방치비서[194] 이제 이바지라고.

예.

= 쓰리믄 단 말[195] 술이믄 훈 추니[196]. 도새기믄 훈 머리[197] 경헤영 헤다 줭 그걸로 이제 또 아진 지비선 잔칠 허영. 이바지라고.

– 이바지라고 헤 가지고 거 어떤 기정뒈[198] 인는 게 아니고 지그미나 그때나 마찬가지고.

– 그 저 뭐야 여우[199]가 넝넉칸 디는.

마니 가져오고.

= 마니 가져가기도 허곡.

– 또 여우가 어신 디는 기자. 우리도 이제 이 할망[200]허곡 이제 헨 이거 쓰물뚜 사레 장가가고 씨집오고 헨는데 우리도 이제 뭐 돼지 뭐 훈 반머리 아상 강[201] 그자 이걸로 허곡. 뭐 쏠도 훈 댄 말[202] 아사간[203] 뭐 경헨 그거시 뭐 새시방지비서 헐 이리구.

– 경 아녀믄 뭐 여우가 이시믄 뭐 마니도 가져가곡 허주마는.

게니까 어 제가 묻꼬 시픈 거슨 뭐냐면 겨론 시키게 뒈면 도니 부족카니까 도니 업쓰니까 그 돈드를 이러케 쪼끔씩 모아두기 위해서 겨로늘 위한 무슨 제 가튼 건 어서신가 허는 얘깁쭈.

= 그때는 제[204] 어서.

= 궨당더리[205] 쓰리민 쏠 쓰리미니 보리쏠 훈 말. 또 부주로 이제 춤 궨당더리 어신 거 달므는[206] 좁썰 훈 말 그게 큰 부주.

– 그때는 이제 사바레 이제 마냑 이제 낭푸니로[207] 거련껀[208] 사바레

= 그때는 딸 가진 사람이 이제 시어머니네 몫 시아버지네 몫 시누이들한테라도 다 다만 얼마라도 그때는 돈이 없으니까 옷감으로 뭐 광목이나 그때는 인조 명주 그렇게 해서 이제 새색시 옷도 해주고 그렇게 하고.

= 또 잔치 때 먹을 거 이제 우리가 여자집에서 이제 이 감이 부족하지 않는가? 그렇게 하면 새신랑집에서 이제 이바지라고.

예.

= 쌀이면 다섯 말 술이면 한 동이 돼지면 한 마리 그렇게 해다 주면 그것으로 이제 딸 가진 집에서는 잔치를 해. 이바지라고.

– 이바지라고 해 가지고 그것 어떤 기정되어 있는 것이 아니고 지금이나 그때나 마찬가지고.

– 그 저 뭐랄까 여유가 넉넉한 데는.

많이 가져오고.

= 많이 가져가기도 하고.

– 또 여유가 없는 데는 그저. 우리도 이제 이 할머니하고 이제 해서 이것 스물두 살에 장가가고 시집오고 했는데 우리도 이제 뭐 돼지 뭐 한 반 마리 가지고 가서 그저 이것으로 하고. 뭐 쌀도 한 닷말 가져가서 뭐 그렇게 해서 그것이 뭐 새신랑집에서 할 일이고.

– 그렇지 않으면 뭐 여유가 있으면 뭐 많이도 가져가고 하지만.

그러니까 아 제가 묻고 싶은 것은 뭔고하니 결혼 시키게 되면 돈이 부족하니까 돈이 없으니까 그 돈들을 이렇게 조금씩 모아두기 위해서 결혼을 위한 어떤 계 같은 것은 없었는가 하는 얘기지요.

= 그때는 계 없어.

= 권당들이 쌀이면 쌀 쌀이면 보리쌀 한 말. 또 부조로 이제 참 권당들이 없는 것 같으면 좁쌀 한 말 그게 큰 부조.

– 그때는 이제 사발에 이제 만약 이제 양푼으로 떴든 사발에 떴든 해

거렬끈 헤도 쏘게는 다 보리바비고 우에만 영 아씩[209] 더프는[210] 거. 요새 거 앙꼬[211] 노는 시그로 우에만 살짝 커게 더퍼그네.

쏠로예?

— 쌀바브로 이제 영헨. 경헨 그때는 여기 여기 어디 육찌 ᄀ튼 딘 나룩[212] 갈곡 뭐허곡 허니까 허주마는 여기는 주로 이제 잡꼭 농사를 이제 뭐 허니까게. 그 ᄊ리 어디 막 귀헨쭈게. 이 동네 이 ᄉ시는[213].

게난 어르시는 요새 요쪽 그 친목께는 어떤 어떤 게 이신고예.

— 우리 친목.

예.

— 우리 친모근 뭐 그럭쩌럭 이제 여기 뭐 장구쩨도 읻꼬 뭐 그때나 이제 뭐야?

= 정운기쩨도 읻꼬.

— 그 경운기쩨도 읻꼬.

— 또 뭐야? 또 이 우리 그 감저 고구마. 감저 허믄 감저 그런 그런 장목빤도 읻꾸.

— 이 장목빠넨 헌 게 지금 뭐냐면 이제 감귤 장목빠니여 뭐여 허는 게 이제 그게 하나의 일쫑의 계나 마찬가지주게.

예 그럽쭈.

— 예. 경헨 그 이제 이제 나도 이제 여기 장목쩨 훼장도 허고 무신 감저[214] 장목빤도 허곡 그저네는 이제 허단 설러부런쭈마는[215] 우리 고구마 감자 감저 장목빤 허연 감저장목빤 허연 우리 그 밀랑[216] 가따와네 이제 뭐 헐 이른 얻꼬[217] 허난 감자 그 장목빤 허자 헤서 감저 장목빤헤서 이제.

혹씨 그 산담제는 어서낟쑤강?

— 산땀제[218]도 이선쭈.

걸 한번 쫌 ᄀ라줘보십써?

도 속에는 다 보리밥이고 위에만 이렇게 조금 덮는 것. 요새 그것 팥소 넣는 식으로 위에만 살짝 하게 덮어서.

쌀로요?

— 쌀밥으로 이제 이렇게 해서. 그렇게 해서 그때는 여기 여기 어디 육지 같은 데는 벼 갈고 뭐하고 하니까 하지만 여기는 주로 이제 잡곡 농사를 이제 뭐하니까. 그 쌀이 어디 마구 귀했지. 이 동네 이 근처는.

그러니까 어르신은 요새 요쪽 그 친목계는 어떤 어떤 것이 있습니까?

— 우리 친목.

예.

— 우리 친목은 뭐 그럭저럭 이제 여기 뭐 장구계도 있고 뭐 그때나 이제 뭐야?

= 경운기계도 있고.

— 그 경운기계도 있고.

— 또 뭐랄까? 또 이 우리 그 고구마 고구만. 고구마 하면 고구마 그런 그런 작목반도 있고.

— 이 작목반이라고 한 것이 지금 뭐냐면 이제 감귤 작목반이다 뭐다 하는 것이 이제 그것이 하나의 일종의 계나 마찬가지지.

예 그렇지요.

— 예. 그렇게 해서 그 이제 이제 나도 이제 여기 장목반 회장도 하고 무슨 고구마 작목반도 하고 그 전에는 이제 하다가 그만두어버렸지만 우리 고구마 고구마 해서 고구마작목반 해서 고구마작목반 해서 우리 그 밀항 다녀와서 이제 뭐 할 일을 없고 하니까 고구마 그 작목반 하자 해서 고구마작목반해서 이제.

혹시 그 산담계는 없었습니까?

— 산담계도 있었지.

그것을 한번 좀 말씀해주십시오?

— 산담쩨는 이제 그때가 ᄒᆞᆫ 아옵 싸라민가? 아옵 싸라민가 하튼 열 싸르민가 뒌는데 그 나가[219] 제일 나이가 어리주.

— 그때는 이제 술도 안 먹꼬 지그믄 술도 ᄒᆞᆫ 잔썩 허고 허주만 그때는 술도 안 먹꼬 허니까 이제 나가 이제. 나이 마는 부는 훼장허고 난 이제 총무 헤 가지고 한 이심 멘 녀늘 그자 끄러 왇쭈. 그 산따믈.

— 게믄 산땀허게 뒈민 그 저 주로 이제 요 중가네는 이제 쫌 도를 깨기도 허고 뭐허고 헨쭈마는 그저네는 그 주로 목또.

예 목또예?

— 예 목또 헤당으네 이젠 그 산따믈 영 싸키도 허곡 또 즌[220] 다므로 헤연 싸기도 허고 뭐 헤난. 그 주로 헤넨 지금 다 도라가션 나 혼자 사라서.

게난 그때는 산땀허레 어디까지 가따옵띠가?

— 아이고 그 어디고. 서늘[221] 서늘 일리가 일린가?

— 서늘 일리[222] 손당[223]까지도 가따오고. 뭐 헤 헤 두렌[224] 허믄 그 뭐 산땀허는 건 뭐 이왕 그 촘 버리에 나사는 거난 아무 디라도 왕 허여 ᄃᆞ렌[225] 허민 가낟쭈게. 서늘까지 저 어디고? 손당까지도.

그러믄 그 산소에 산땀허젠 허면 메치리면 뒘찍험니까?

— ᄒᆞᆫ 사밀.

사밀예?

— 예.

그러믄 멘 싸라미 사밀마씨?

— 게니까 뭐.

= ᄋᆢ덥.

— ᄋᆢ더빈가 아오빈가 뒈는데 그 분드리 이제 그디 강 밤 자면서 여기서 솓딴지영[226] 아상[227] 강[228] 그디 강 밥페 머그멍 요새는 무신 차가 뭐 교통수다니 조니까 뭐 허지마는 그때는 그 우리가 헐 때는 교통수다니

— 산담계는 이제 그때가 한 아홉 사람인가? 아홉 사람인가 하여튼 열 사람인가 되었는데 그 내가 제일 나이가 어리지.

— 그때는 이제 술도 안 먹고 지금은 술도 한 잔씩 하고 하지만 그때는 술도 안 먹고 하니까 이제 내가 이제. 나이 많은 분은 회장하고 나는 이제 총무 해 가지고 한 이십 몇 년을 그저 끌어 왔지. 그 산담을.

— 그러면 산담하게 되면 그 저 주로 이제 요 중간에는 이제 좀 돌을 깨기도 하고 뭐하고 했지만 그전에는 그 주로 목도.

예 목도요?

— 예 목도 해서 이제는 그 산담을 이렇게 쌓기도 하고 또 잔돌로 해서 쌓기도 하고 뭐 했었는데. 그 주로 해서 지금 다 돌아가셔서 나 혼자 살았어.

그러니까 그때는 산담하러 어디까지 다녀왔습니까?

— 아이고 그 어디야. 선흘 선흘 일리가 일리인가?

— 선흘 일리 송당리까지도 다녀오고. 뭐 해 해 달라고 하면 그 뭐 산담하는 것은 뭐 이왕 그 참 벌이에 나서는 것이니까 아무 데라도 와서 해 달라고 하면 갔었지. 선흘리까지 저 어디야? 송당리까지도.

그러면 그 산소에 산담하려고 하면 며칠이면 될 듯합니까?

— 한 삼일.

삼일요?

— 예.

그러면 몇 사람이 삼일입니까?

— 그러니까 뭐.

= 여덟.

— 여덟인가 아홉인가 되는데 그 분들이 이제 거기 가서 밤 자면서 여기서 솥단지하고 가져가서 거기 가서 밥해 먹으면서 요새는 무슨 차가 뭐 교통수단이 좋으니까 무엇 하지만 그때는 그 우리가 할 때는 교통수단이

어실[229] 때라노니까 그때는 또 경운기도 어선 주로 이제 춤 구루마믄 구루마[230]로 헌다든가 뭐 이러케 헤녜.

그럼 예를들면 산땀헤주면 도늘 바들 꺼 아니우꽝예. 그 도는 어떵 나눱씀니까?

= 게난 그 도는 이제 마냑 심마 뉜 바단따. 심마 뉜 바드믄 이제 우선 사라미 산땀허젠[231] 허믄 먹꼭 뭐 헤야 뒐 꺼 아니라게?

= 먹꾸 뭐 허젠 허민 이제 장갑또 사야 뒈고 경비를 다 제허단[232] 나믄 거 나므믄 이제 이거를 이제 쫌 재무 저 제 기그므로도 허곡 나머지는 그자 전부다 그 자리에서 그자 공동분배. 이제 공동분배를 원치그로 헨쭈게.

예예예예예.

그러믄예 지금 이 동보기 다른 마을하고 비교헤 볼 때에 쫌 마으리 규모가 좀 족꼬 또 그러다보니까 단체심도 강하고 그걸 특징으로 내세울 쑤 읻껜씀니까?

– 특징헌 거는 이 우리 동보기렌 헌 디가 아까도 ᄀ랃찌마는[233] ** 쫌 뭐 어서도 인심 하나마는 딴 동네 담찔 아녀주. 아주 **이 조추게.

– 게니까 춤 뭐 일 나도 전부다 이거 나 일인가[234] 헤 가지고 옌나른 이제 요새는 좀 마니 저 퉤색헤젼쭈마는 그 저네는 일 나며는 뭐 전부다 나가서 쫌 협쪼도 허곡 마냑 초상나며는 가서 이제 밤도 새여주곡.

예.

– 뭐 게난 여기서는 그 주로 이제 춤 부주두 이제 허믄 다 현찰로 이제. 그 저네는 이제 뭐 어신[235] 땐 쏠로 언마썩 헨쭈마는 옌나른 그 대소상 때에 아 초상이 나며는 친조게서는 뭐냐.

고적.

– 고저그로[236] 헨써. 고적. 게믄 떡 헤그네 가져강 고저글 언마썩 이제 허국 헤낟쭈. 이제 헨는데 지그믄 그 고적뚜 이제 다 폐지뒈 불고 이

없을 때이니까 그때는 또 경운기도 없어서 주로 이제 참 수레면 수레로 한다든가 뭐 이렇게 해서.

그러면 예를들면 산담해주면 돈을 받을 것 아닙니까. 그 돈은 어떻게 나눴습니까?

= 그러니까 그 돈은 이제 만약 십만 원 받았다. 십만 원 받으면 이제 우선 사람이 산담하려고 하면 먹고 뭐 해야 될 것 아닌가?

= 먹고 무엇 하려고 하면 이제 장갑도 사야 하고 경비를 다 제하다가 남은 것 남으면 이제 이것을 이제 조금 재무 저 계 기금으로도 하고 나머지는 그저 전부다 그 자리에서 그저 공동분배. 이제 공동분배를 원칙으로 했지.

예예예예예.

그러면요 지금 이 동복이 다른 마을하고 비교해 볼 때에 좀 마을의 규모가 좀 작고 또 그러다보니까 단체심도 강하고 그것을 특징으로 내세울 수 있겠습니까?

– 특징이라는 것은 이 우리 동복이라고 한 데가 아까도 말했지만 ** 좀 뭐 없어도 인심 하나만큼은 다른 동네 닮질 않지. 아주 **이 좋지.

– 그러니까 참 뭐 일 나도 전부다 이것 내 일인가 해 가지고 옛날은 이제 요새는 좀 많이 저 퇴색되었지만 그 전에는 일 나면 뭐 전부다 나가서 좀 협조도 하고 만약 초상나면 가서 이제 밤도 새고.

예.

– 뭐 그러니까 여기서는 그 주로 이제 참 부조도 이제 하면 다 현찰로 이제. 그 전에는 이제 뭐 없는 때는 쌀로 얼마씩 했지만 옛날에는 그 대소상 때에 아 초상이 나면 친족들은 뭐냐.

고적.

– 고적으로 했어. 고적. 그러면 떡 해서 가져가서 고적을 얼마씩 이제 하고 했었지. 이제 했는데 지금은 그 고적도 이제 다 폐지되어 버리고 이

제 다 이제 도느로. 엔나리 고적헨쭈.

– 게난 놈보단 이 노믜[237] 동네보다는 그 워낙 인시미 조타 보니까 엔 엔날부터 생이[238] 다리 흔 차그로 이제 촘 갈라먹딴[239] 나믄 동네가 이 동네엔[240] 헤네. 이제도 그 자꾸 그 생이 다리 흔 차기라도 나놔 먹떤 동 네서 무시거엔 ᄀ람서 영허연 농담도 허고 그러고.

게믄 여자 삼춘도 여자 어르신도 그러케 다납씨미 잘 뒙니까? 다납씨미 졷 씀니까?

= 양?

게난 여자 어르신도 이러케 잘 뭉쳐마씨?

= 으.

예.

= 이 동네에 난 이 바쁘게 살다 보니 아기더리영게 **** 나단 보난 그런데 받띤[241] 일허레 바당에 가젠[242] 허민 동네이를 몯터주게.

= 경헌디 하르방은[243] 이제 동넨니렌 허믄 이 부라글 전부 도라봐. 하 르방이. 경 헤 불믄 이제 지비 이리 나며는 동네 아주마이더리[244] 다 왕[245] 출려 줘. 뭐 이 보니는 내벼[246] 뒁.

= 촘 무신거 어수과 읻수가[247] 영 드러방으네[248] 나 무시거 얻따[249] 허민 이제 돈 읻수과[250] 어시믄 우리 당헬땅[251] 이제 말쩨랑 일 너머 나 건 부주영 받끄들랑 줍쎈[252] 허연 동넬 아주머니드리 다 보태줌도 허곡.

= 원 나만 아니라. 사라가는 거시 그러케 인시미 조아 이 동네는.

= 경허영 허곡 요 멍는 거라도 이윤찌비 어떤 땐 가무는[253] 이윤찌비 갈 라멍는[254] ᄆ으리 베랑[255] 얻쭈게. 우리 동네는 그때는 이제 제술[256] 도라 오믄 대소상ᄁ지[257] 미를 가랃땅으네 서 말도 허곡 두 말도 허곡 ᄀ랑[258].

= 방에에 강 그땐 방에 어시난 ᄀ레[259]로 ᄀ랑양.

= 그 체로 이제 두 불[260] 시 불 다 쳥[261]. 경헤영 떡 헬땅으네 그 우 리 동네 알꼬리믄 이제 스무 지비 뒈나 열써너 지비 뒈주게. 경허민 이제

제 다 이제 돈으로. 옛날이 고적했지.

— 그러니까 남보다는 이 남의 동네보다는 그 워낙 인심이 좋다 보니까 옛 옛날부터 새 다리 한 짝으로 이제 참 나누어 먹다가 남은 동네가 이 동네라고 해서. 이제도 그 자꾸 그 새 다리 한 짝이라도 나눠 먹던 동네서 무엇이라고 말하나 이렇게 농담도 하고 그러고.

그러면 여자 삼촌도 여자 어르신도 그렇게 단합심이 잘 됩니까? 단합심이 좋습니까?

= 예?

그러니까 여자 어르신도 이렇게 잘 뭉칩니까?

= 으.

예.

= 이 동네에 나는 이 바쁘게 살다 보니 아기들과 **** 나다가 보니까 그런데 밭에 일하러 바다에 가려고 하면 동네일을 못하지.

= 그런데 할아버지는 이제 동네일이라고 하면 이 마을을 전부 돌아봐. 할아버지는. 그렇게 해버리면 이제 집에 일이 나면 동네 아주머니들이 다 와서 차려줘. 뭐 이 본인은 내버려 두고.

= 참 무엇 없습니까? 있습니까? 이렇게 물어봐서 내 무엇 없다고 하면 이제 돈 있습니까? 없으면 우리 당했다가 이제 말째랑 일 넘어 나거든 부조랑 받거들랑 주십시오라고 해서 동네 아주머니들이 다 보태주기도 하고.

= 원 나만 아니야. 살아가는 것이 그렇게 인심이 좋아 이 동네는.

= 그렇게 해서 하고 요 먹는 것이라도 이웃집에 어떤 때는 가면 이웃집에 나누어 먹는 마을이 별로 없지. 우리 동네는 그때는 이제 제사가 돌아오면 대소상까지 밀을 갈았다가 서 말도 하고 두 말도 하고 갈아서.

= 방앗간에 가서 그때는 방앗간이 없으니까 맷돌로 갈아서요.

= 그 체로 이제 두 벌 세 벌 다 쳐서. 그렇게 해서 떡 했다가 그 우리 동네 아래 고을이면 이제 스무 집이 되나 열서너 집이 되지. 그러면 이제

그 동넬 다 갈라머거[262]. 다 갈라머거.

— 우리 동네에서.

= 아사왕[263] 먹곡. ** 인심 조아.

— 소상이나 뭐냐 허믄 대상꺼지 헤나지 아녀서게?

예예예.

— 경허미는 동네 이제 다 멩다늘 저거. 지금 뭐냐 허믄 에 육씹 쎄 이상이 멘 싸라미냐 경 헤영 그 저 게민 그 사르미 ᄒᆞᆫ 벡 싸름두 뒈곡 어떤 땐 그 옌나른 그런 사라미 마낟쭈. 지금도 ᄒᆞᆫ 뭐 벡 싸람 쫌 넘쭈마는 그 저네도 ᄒᆞᆫ 벡 싸람 ᄒᆞᆫ 칠씹 싸람 뭐 이러케 뒈주게.

= 뒈믄 거 늑씬네안티[264] 동복 그 전체를 그냥 다.

아 바늘 나눠?

= 그 할망덜안티[265] 강 다 할망 하르방안티 다 가져가. 그거를. 그걸 가져가 가지고 춤 오래 삽쎈[266] 허영 허는 시그로 다 헤연 바늘[267] 돌리주게.

= 겨곡 아까 그 우리 산땀제엔 헨찌마는 아마 제주도 사라도 우리 여녕에서는 할라산[268] 정복컨 사라믄 우리벤낀 어실 거라게.

— 우리 그때 제[269]에서 우리 팔 명인가 구 명인가 헤네 이 제주시로 헨 그 올라가네 글로[270] 헤네 이제 벵녹땀[271] 올라간 글로 헤네 영실[272]로 오벡짱군[273] 인는[274] 디로 영실로 헤네 서귀포로 헤네 내려완 경헤낟쭈.

= 우리 동넨 인시미 조아부난양 ᄒᆞᆫ꼼 살다 헌 지븐예[275] ᄆᆞ을빠늘[276] 테와[277]. ᄉᆞ 고레[278] 다. 다.

무신 바늘마씨?

= ᄆᆞ을 이 떠글 날라[279].

걸 뭐엔 ᄀᆞ라마씨?

= 저 무신거 ᄆᆞ를 저.

— ᄆᆞ을반게[280].

그 동네를 다 나누어 먹어. 다 나누어 먹어.

– 우리 동네에서.

= 가져와서 먹고 ** 인심 좋아.

– 소상이나 뭐냐 하면 대상까지 했었지 않았는가?

예예예.

– 그렇게 하면 동네 이제 다 명단을 적어. 지금 뭐냐 하면 에 육십 세 이상이 몇 사람이냐 그렇게 해 그 저 그러면 그 사람이 한 백 사람도 되고 어떤 때는 그 옛날에는 그런 사람이 많았지. 지금도 한 뭐 백 사람 조금 넘지만 그전에도 한 백 사람 한 칠십 사람 뭐 이렇게 되지.

= 되면 그것 늙으신네한테 동복 그 전체를 그냥 다.

아 반기를 나눠?

= 그 할머니들한테 가서 다 할머니 할아버지한테 다 가져가. 그것을. 그것을 가져가서 참 오래 사십시오라고 해서 하는 식으로 다 해서 반기를 돌리지.

= 그러하고 아까 그 우리 산담계라고 했지만 아마 제주도 살아도 우리 연령에서는 한라산 정복한 사람은 우리밖엔 없을 거야.

– 우리 그때 계에서 우리 8명인가 9명인가 해서 이 제주시로 해서 그 올라가서 그리로 해서 이제 백록담 올라가서 그리로 해서 영실로 오백장군 있는 데로 영실로 해서 서귀포로 해서 내려와서 그렇게 했었지.

= 우리 동네는 인심이 좋아버리니까요 조금 산다고 하는 집은요 마을 반기를 돌라. 네 고을에 다. 다.

무슨 반기요?

= 마을 이 떡을 날라.

그것을 무엇이라고 말하나요?

= 저 무엇 마을 저.

– 마을 반기.

= 반.

ᄆᆞ을반 ᄆᆞ을반에?

= 경헹 야 어느 지비선 ᄆᆞ을빤 텝젠[281] 미리 열써 말 ᄀᆞᆯ짜 열두 말 가랃 ᄀᆞᆯ짜 열 말 가랃짜. 이시나 어시나 ᄆᆞ을빠늘 테와.

= 이 ᄒᆞ꼼헌[282] 지븐. 견디 다른 세계[283] 가믄 경 아녀. 이 동네불로만 허주.

= 겐디 우린 ᄆᆞ으리 조간[284] ᄒᆞᆫ 이벡 가오베낀[285] 안 뒈니까.

= 떡 쳥으네[286] 경 좁썰 댄 말 허영 떡 치곡 밀ᄁᆞ를[287] 경 ᄀᆞ랑으네 줴기떡[288] 반착써기라도[289] 노콕 경 저 빵 하나 노 두 개나 하나 노콕 또 만뒤[290] 하나 노콕 이제 생펜[291] 하나 노콕 경 허영으네 그 줴기떡 노콕 케영 골로로[292] 머급쎈[293].

= 할망 공 가프므로 하르방 아버지 공 가프므로 ᄆᆞ을빠늘[294] 테우는[295] 거라. ᄆᆞ을빠늘.

= 경 아녀는 지븐 또 ᄀᆞ싸[296] 우리 하르방 ᄀᆞᆮ뜨시[297] ****만 테우곡.

그러면 지금 주민 수는 부러남쑤강 주러드럼쑤강?

— 그자 현상 유지주. 현상 유지. 주러든다고 볼 쑤도 읻쭈.

그러면 옌나레 비하면 주러든 펴니우꽝?

— 그자 주러든 펴니주. 지금 여기 빈집도 만추게[298]. 이제도.

예. 게난 마을 지금 얼마쯤 뒈는고예?

— 마으를 여기 약 호쑤를 한 이벡 호 이벡 ᄒᆞᆫ 멘 토쯤 뒈주. 이벡 ᄒᆞᆫ 삼십 포쯤 되는데 거기에 안 사는 사람 혼쑤가 ᄒᆞᆫ 서른 호쯤 뒐 거라.

네.

= 서른 집.

— 으.

= 서른 지븐 안 뒈도 쓰무나무[299] 집 뒈주.

지금 대충 여기가 여자가 마는가마씨? 남자가 마는가마씨?

= 반기.

마을 반기 마을 반기요?

= 그렇게 해서 야 어느 집에서는 마을 반기 도르려고 밀을 열서 말 갈았다 열두 말 갈아 갈았다 열 말 갈았다. 있으나 없으나 마을 반기를 돌라.

= 이 조금 있는 집은. 그런데 다른 고장 가면 그렇지 않아. 이 동네별로만 하지.

= 그런데 우리는 마을이 작아서 한 이백 가호밖에는 안 되니까.

= 떡 쪄서 그렇게 좁쌀 닷 말 해서 떡 찌고 밀가루를 그렇게 갈아서 줴기떡 반쪽씩이라도 넣고 그렇게 저 빵 하나 넣 두 개나 하나 넣고 또 만두 하나 넣고 이제 송편 하나 넣고 그렇게 해서 그 줴기떡 넣고 해서 골고루 드시라고.

= 할머니 공 갚음으로 할아버지 아버지 공 갚음으로 마을 반기를 나눠 주는 거야. 마을 반기를

= 그렇지 않은 집은 또 아까 우리 할아버지 말하듯이 ****만 나눠 주고.

그러면 지금 주민 수는 불고 있습니까? 줄어들고 있습니까?

- 그저 현상 유지지. 현상 유지. 줄어든다고 볼 수도 있지.

그러면 옛날에 비하면 줄어든 편인가요?

- 그저 줄어든 편이지. 지금 여기 빈집도 많지. 이제도.

예. 그러니까 마을 지금 얼마쯤 되나요?

- 마을을 여기 약 호수를 한 이백 호 이백 한 몇 호쯤 되지. 이백 한 삼십 호쯤 되는데 거기에 안 사는 사람 호수가 한 서른 호쯤 될 거야.

네.

= 서른 집.

- 으.

= 서른 집은 안 되도 스무남은 집 되지.

지금 대충 여기가 여자가 많은가요? 남자가 많은가요?

— 여자가 여자가 만추. 전부 다 여자여.

= 여자가. 엔날부터 불카[300] 노난.

— 아니 불칸. 그때 ᄉᆞ삼ᄉᆞ꺼[301] 당시에 에 남자드른 여기 다 몰쌀당허주게.

— 이거 부두. 이거 ᄉᆞ삼사꺼 난 후제 건물 다 지슨[302] 거고 뭐 헨쭈마는 ᄉᆞ삼ᄉᆞ꺼 때 여기 원래 집 한 채도 어선[303] 여기 다 전부다 이민헤낟쭈게[304].

소개예?

— 으 소개 다 헤 가지고 여기 간. 김녕[305] 가는 사르믄 김녕 함덕[306] 가는 사르믄 함덕. 또 다으믄 이제 시[307]에 가는 사람도 읻꼬. 그게 그긴 소수지만 주로 이제 김녕으로 마니 소개 갇땅[308] 이제 거기서 이제 헨 나완 이제 와네 쪼끄만 우막[309] 지선[310] 살멍 이제 다 이러케 집또 다 이녁 냥으로 목쑤 한 사람 비러두게.

— 그때 경허난 우리도 이제 그때 목쑤질허는 걷또 베웁꼬[311] 달귀[312] 허는 걷또 베웁꼬.

주민 수는 어느 정도인고예?

— 주민 수는 흔 육벡 한 오심 명 약 칸 칠벵 명 미만 경.

그러면 여기 성씨는 아까 이치비 읻쓸 꺼고예. 박치비 읻꼬 고치비 읻꼬 또 어떤 성씨드리 이신고예?

— 여기 성씨는 만추게.

= 아 각 썽 가진 사름?

— 각 썽 각 썽 만추. 여기는 성씨는.

주로 집썽 성이 마는?

— 신씨 이씨 고씨 박씨 이 한씨.

= 언씨.

— 이 황씨 엄씨.

— 여자가 많지. 전부 다 여자야.

= 여자가 옛날부터 불타 놓으니까.

— 아니 불타서. 그때 4·3사건 당시에 아 남자들은 여기 다 몰살당하지.

— 이것 부두. 이거 4·3사건 난 후에 건물 다 지은 것이고 뭐 했지만 사삼사건 때 여기 원래 집 한 채도 없어서 여기 다 전부다 이민했었지.

소개요?

— 으 소개 다 해 가지고 여기 가서. 김녕 가는 사람은 김녕 함덕 가는 사람은 함덕. 또 다음은 이제 제주시에 가는 사람도 있고. 그것이 거기는 소수지만 주로 이제 김녕으로 많이 소개 갔다가 이제 거기서 이제 해서 나와서 이제 와서 조그만 움막 지어서 살면서 이제 다 이렇게 집도 다 이녁 양으로 목수 한 사람 빌어도.

— 그때 그렇게 하니까 우리도 이제 그때 목수질하는 것도 배우고 달구하는 것도 배우고.

주민 수는 어느 정도일까요?

— 주민 수는 한 육백 한 오십 명 약 한 칠백 명 미만 그렇게.

그러면 여기 성씨는 아까 이집 있을 것이고요 박집 있고 고칩 있고 또 어떤 성씨들이 있을까요?

— 여기 성씨는 많지.

= 아 각 성 가진 사람?

— 각 성 각 성 많지. 여기는 성씨는.

주로 집성 성이 많은?

— 신 씨 이 씨 고 씨 박 씨 이 한 씨.

= 엄 씨.

— 이 황 씨. 엄 씨.

= 송씨.

\- 안씨.

= 송씨.

\- 송씨.

= 멘 빵울[313] 안 뒈도 성은 하.

\- 송씨 또 뭐 읻찌.

= 정씨.

= 정씨. 정씨는 쫌 멘 가오[314] 만추.

그럼 젤 마는.

젤 마는 성.

= 부씨.

젤 마는 성씨는 무슨 성인고예?

\- 막 거저 거저 저 차이가 얻낀[315] 어쓸[316] 거.

\- 부씨 고씨 강씨 이제 뭐야. 거긴가? 이씨 양씨.

예예예. 고맙씀니다.

= 송 씨.

– 안 씨.

= 송 씨.

– 송 씨.

= 몇 사람 안 되도 성은 많아.

– 송 씨 또 뭐 있지.

= 정 씨.

= 정 씨. 정 씨는 좀 몇 가호 많지.

그럼 젤 많은.

젤 많은 성.

= 부 씨.

젤 많은 성씨는 어떤 성일까요?

– 막 거의 거의 저 차이가 없기는 없을 걸.

– 부 씨 고 씨 강 씨 이제 뭐야. 거길까? 이 씨 양 씨.

예예예. 고맙습니다.

■ **주석**

1) '망동산이라는'의 뜻이다. '-넨'는 '-이라는'의 연결어미로, 'ᄒᆞ다, 말ᄒᆞ다, 묻다' 따위의 동사가 이어진다.
2) '갯가 언저리' 또는 '갯가 가장자리'의 뜻이다. '갯가바우'는 '고목나무, 새신랑, 처갓집' 따위처럼 의미가 중첩되어 쓰이는 경우이다. '바우'는 달리 '바위'라고도 하며 '가장자리'나 '언저리'를 뜻하는데, '귓바위(귓전), 눈바위(눈언저리)'나 '입바위(입술의 가장자리)' 따위에서 이를 확인할 수 있다. '가장자리'의 방언형은 '가셍이, 깍, 바우, 바위' 등으로 나타난다.
3) 제주시 조천읍 함덕리 함덕해수욕장 동쪽에 위치하는, 표고 111m의 오름 이름이다. 대개는 '서모' 또는 '서우봉' 등으로 부른다.
4) '위급한 일'의 뜻이다. '우급치'는 한자어 '위급(危急)'에 '-치'가 연결되어 이루어졌다. '서모봉'에는 '서산봉수(西山烽燧)'가 있어서 동쪽으로 구좌읍 김녕리(金寧里) 묘산봉의 '입산봉수(笠山烽燧)'와 서쪽으로 제주시 삼양동(三陽洞)의 '원당봉수(元堂烽燧)'와 교신하였다.
5) '횃불을 켜면'의 뜻이다. '켜다'의 방언형은 '싸다, ᄊᆞ다'이나 제보자는 표준어에 이끌리어 '키다'라 말하고 있다.
6) '있지'의 뜻으로, '잇[有]-+-주' 구성이다. '있다[有]'의 방언형은 '시다, 싯다, 이시다, 잇다' 등으로 나타난다.
7) '모냥'은 '짐작이나 추측을 나타내는 말'로, 의존명사이다. 대개는 '비 온 모냥이여/비 올 모냥이여, 비 온 셍이여/비 올 셍이여' 등 '-ㄴ 모냥/-ㄹ 모냥, -ㄴ 셍/-ㄹ 셍' 구성을 이룬다. 의존명사 '모양'의 방언형은 '모냥, 모양, 상, 셍' 등으로 나타난다.
8) '그 후에', '그 이후에'의 뜻이다. '그르후제'는 달리 '그루제, 그르우제, 그르후제, 그지후제, 글지우제' 등으로 나타나기도 한다.
9) '맺어서'의 뜻이다. '맺[結]-+-언' 구성으로, '-언'은 이미 지난 동작·상태의 근거·이유·원인이나 시간적 선후 관계를 나타내는 연결어미이다.
10) '동복이라고'의 뜻이다. '동복'은 제주시 구좌읍 동복리(東福里)를 말한다.
11) '굴막이라고'의 뜻이다. '굴막'은 제주시 구좌읍 동복리의 예전 이름이다. 고문헌이나 옛지도에는 '변막포'(邊幕浦)나 '변막촌'(邊幕村)이라고 표기되어 있다.
12) 여기서 '쑥'은 '안으로 들어가거나 밖으로 불룩하게 내민 모양'을 뜻하는 어휘로, 여기서는 '오랜 시간이 지난 후'라는 의미로 쓰였다.
13) '고씨라도'의 뜻으로, '고씨+-라짜' 구성이다. '-라짜'는 표준어의 '-라도'의 의미로 쓰이는 보조사이다.
14) '들어왔다고'의 뜻으로, '들어오-+-앗젠' 구성이다. '-앗젠'은 양성모음의 용언 어간에 붙어서, 그 동작이나 상태가 끝났음을 단정하여 나타내는 종결어미 '-앗저'의 변

형 '-앗제'에, 뒤의 동작이 이미 지난 일인 경우에 쓰이는 '-ㄴ'이 결합되어서, 다음에 오는 'ᄒᆞ다·말ᄒᆞ다' 따위에 이어지는 연결어미이다.

15) '되었었던'의 뜻으로, '뒈[化]-+-어나-+-ㄴ' 구성이다. '-어나다'는 '어떤 행동이 이미 끝내어 이루어졌음을 나타내는 뜻'을 나타낸다. '되다'의 방언형은 '뒈다'로 나타나는데, 이는 '외' 발음이 항상 복모음 [we]로 발음되기 때문이다.

16) '거지', '것이지'의 뜻이다. '거주'의 '-주'는 주로 '그것, 것' 다음에 연결되어서, '그러한 것이지'라는 뜻을 나타내는 데 쓰는 어미이다.

17) '산'을 뜻한다. '오름'은 신라 향가 작품인 <혜성가> 제5구의 '岳音' 또는 이원진(李元鎭)의 『탐라지(耽羅志)』 '岳爲兀音' 등의 '岳音, 兀音'에서 이를 확인할 수 있다.

18) '없고'의 뜻이다. '없다'의 방언형은 '없다, 엇다, 읎다, 읏다' 등으로 나타난다.

19) '가난한 마을'의 뜻이다. '빈촌'은 한자어 '貧村'이다.

20) '짓기는'[作]의 뜻이다.

21) '지었는데'[作]의 뜻이다. 방언형 '짓다'[作]는 '짓언, 짓엉, 짓으난, 짓곡, 짓지'등의 활용에서 보듯 어간 말은 'ㅅ'을 유지하고 있는 것이 표준어와 다른 점이다. 제보자는 표준어에 이끌이어 'ㅅ변칙'을 적용하고 있다.

22) '많이'의 뜻이다. '많이'의 방언형은 '만이, 만히, 하영, 해' 등으로 나타난다.

23) '내세우고'의 뜻으로, '내셉-+-꾸'의 구성이다. '내세우다'의 방언형은 '내세우다, 내세웁다, 내셉다' 등으로 나타난다.

24) '위에'의 뜻으로, '우[上]+-에' 구성이다. 대개는 '우+-틔' 구성으로 나타난다. '위[上]'의 방언형은 '우, 우이, 우희' 등으로 나타난다.

25) '방아확'을 말한다. '방아확'의 방언형은 '방엣혹, 방잇혹, 뱅잇혹' 등으로 나타난다.

26) '베어서'의 뜻으로, 여기서는 방아를 만들기 위하여 나무를 베었다는 뜻이다. '베다[刈]'의 방언형은 '버이다, 베다, 비다' 등으로 나타난다.

27) '만들었었다고'의 뜻으로, '만들-+-아낫젠' 구성이다. '-아낫젠'은 과거에 경험한 바를 회상하여 나타내는 연결어미로, 그 뒤에는 'ᄒᆞ다, 말ᄒᆞ다, ᄀᆞᆮ다' 등이 연결된다. 여기서는 'ᄒᆞ다, 말ᄒᆞ다, ᄀᆞᆮ다'가 생략된 형태로 나타난 경우이다.

28) '있는데'의 뜻이다. '있다[有]'의 방언형은 '시다. 싯다. 이시다. 잇다' 등으로 나타난다.

29) '숲이었었다고'의 뜻이다. '숲[藪]'의 방언형은 '고지, 곶' 등으로 나타난다.

30) 구좌읍 동복리(東福里) 지경(地境) 이름이다. '불그머리, 불그ᄆᆞ루' 등에서 '불그'는 '밝다[明, 赤]' 뜻으로 보인다.

31) '있고'의 뜻이다. '있다[有]'의 방언형은 '시다, 싯다, 이시다, 잇다' 등으로 나타난다.

32) 동복리(東福里)의 옛 이름이다.

33) '조천읍하고 구좌면하고'의 뜻이다. '조천읍(朝天邑)'은 제주시 바로 동쪽에 위치하는 행정 구역의 이름이고, '구좌면(舊左面)'은 조천읍 바로 동쪽에 이웃한 행정 구역의 이름이다.

34) '묶어'의 뜻으로, '무끄-+-어' 구성이다. '묶다[束]'의 방언형은 '무끄다'로 나타난다.

35) 이용식(李容植)을 말하는데, 확실한 생몰 연대를 알 수 없으나 고종 때 문신으로 알

려져 있다. 전라도 강진 태생으로 1904년 전라도 관찰사를 역임하였다고 한다.

36) 행정구역인 '구좌읍'을 말한다. 구좌읍은 '세화리, 월정리, 행원리, 한동리, 송당리, 평대리, 상도리, 하도리, 종달리, 동복리, 김녕리, 덕천리' 등으로 구성되어 있다.

37) 행정구역인 '조천읍'을 말한다. 조천읍은 '조천리, 신촌리, 신흥리, 함덕리, 북촌리, 선흘리, 와산리, 대흘리, 와흘리, 교래리' 등으로 구성되어 있다.

38) '신좌면(新左面)과 구좌면(舊左面)의 분리'를 말한다. '구좌면'이 '신좌면'과 '구좌면'으로 분리된 것은 1904년 『삼군호구가간총책』에서 확인할 수 있다. 당시 '구좌면'에는 '종달리, 연평리, 하도리, 상도리, 세화리, 평대리, 한동리, 행원리, 덕천리, 송당리, 김녕리, 동복리' 등 13리로, '신좌면'은 '북촌리, 선흘리, 함덕리, 조천리, 신촌리, 대흘리, 와흘리, 와산리, 교래리' 등 9리로 구성되어 있었다.

39) '와서'의 뜻으로, '오[來]-+-앙' 구성이다. '-앙'은 표준어 '-아서'에 해당하는 어미이다.

40) '금[線]이'의 뜻이다. 곧 동복리(東福里)를 경계로 해서 구좌면(舊左面)과 신좌면(新左面)으로 나뉜다는 것을 말하고 있다. 동복리의 옛 이름인 'ᄀᆞᆯ막'도 'ᄀᆞᆷ막, ᄀᆞᆫ막'이 'ᄀᆞᆯ막'이 되었다는 이야기가 된다. '금[線]'의 방언형은 '그믓, 금, ᄀᆞ믓, ᄀᆞᆷ' 등으로 나타난다.

41) 구좌읍 김녕리(金寧里)를 말한다.

42) 조천읍 선흘리(善屹里)를 말한다.

43) '가까운'의 뜻이다. '가깝다'의 방언형은 '가찹다'로 나타난다.

44) 구좌읍 덕천리(德泉里)를 말한다.

45) 조천읍 북촌리(北村里)를 말한다.

46) 조천읍 북촌리의 옛 이름이다. 옛 문헌이나 지도에는 '北浦(村), 北叱浦'로 기록되어 있어서 '北'의 훈인 '뒤'(北 뒤 븍 『훈몽자회』, 『유합』)와 '浦'의 훈인 '개'(浦 개 보 『훈몽자회』, 『유합』)를 고려하면 '뒷개'는 한자어 '北浦'를 훈으로 읽은 결과이다. '北叱浦'의 '叱'은 'ㅅ'의 표기를 나타낸 것이다.

47) '너르기는'의 뜻이다. '너르다'의 방언형은 '너르다, 널르다'로 나타난다.

48) '오름은'의 뜻이다.

49) '가깝다'의 뜻이다.

50) '북촌 분들도'의 뜻으로, '뒷개#분+-들ㅎ+-도' 구성이다. '-들ㅎ'은 복수의 접미사이고, '-도'는 보조사로, 앞의 복수 접미사 말음 'ㅎ'을 만나 거센소리도 변했다.

51) '터지어'의 뜻이다.

52) '있는데'의 뜻이다. '있다[有]'의 방언형은 '시다, 싯다, 이시다, 잇다' 등으로 나타난다.

53) '있기는'의 뜻이다.

54) '김녕으로'의 뜻으로, '金寧+-더레' 구성이다. '김녕'은 구좌읍 김녕리(金寧里)를 말하고, '-더레'는 움직임의 방향을 나타내는 조사이다.

55) '그리로'의 뜻이다. '그리로'는 '그리'를 강조하여 이르는 말이다. 한편 '이리로'는 '일로', '저리로'는 '절로'라고 말한다.

56) '해서'의 뜻으로, '허[爲]-+-영'의 구성이다. '-영'은 'ᄒᆞ다' 동사나 'ᄒᆞ다'가 연결되

어서 이루어진 용언 어간에 붙어서, 두 동작이나 상태의 근거·원인이나 시간적 선후 관계를 나타내는 연결어미이다.

57) '있지'의 뜻으로, '잇[有]-+-주' 구성이다. '있다'의 방언형은 '시다. 싯다. 이시다. 잇다' 등으로 나타난다.

58) '메워져'의 뜻으로, '멥[塡]-+-아져' 구성이다. '메우다'의 방언형은 '메우다. 멥다' 등으로 나타난다.

59) '버리고'의 뜻이다. '앞말이 나타내는 행동이 이미 끝났음'을 나타내는 보조동사 '버리다'의 방언형은 '불다'로 나타난다.

60) '비석거리라고'의 뜻이다. '비석거리'는 많은 비석이 세워진 곳이 있는 길을 뜻한다. 대표적인 비석거리로는 제주시 화북동의 '화북 비석거리', 제주시 조천읍 조천리의 '조천 비석거리' 등을 들 수 있다.

61) '팽나무가'의 뜻이다. '팽나무'의 방언형은 '폭남, 폭낭' 등으로 나타난다. 한편 팽나무의 열매인 '팽'의 방언형은 '폭'으로 나타난다.

62) '곁에'의 뜻으로, 'ᄌᆞᆺ[傍]+-디(처격)' 구성이다. '곁'의 방언형은 '저끗, 저꼇, 저끗, 적, 제꼇, ᄌᆞᆽ, ᄌᆞ꼇, ᄌᆞ끗, ᄌᆞᆺ, ᄌᆞᆨ' 등으로 나타난다.

63) 길을 확장하면서 팽나무를 보호하지 못하고 훼손한 것이 아쉽다는 말이다.

64) '나무'를 말한다. '나무'의 방언형은 '나모, 나무, 남, 낭' 등으로 나타난다.

65) '그렇게 해서'의 뜻이다. '겨영'은 달리 '경ᄒᆞ영, 경헹' 등으로 말하기도 한다.

66) 큰 나무를 베려고 하니까 나무 신을 위하여 제(祭)를 지냈다는 말이다.

67) '박씨 댁 사위라고'의 뜻으로, '박칩사우'는 지경 이름이다. '박씨 댁 사위가 살았던 곳'이라는 말이다.

68) '위에도'의 뜻으로, '우[上]-+-에도' 구성이다. '위'의 방언형은 '우. 우이. 우희' 등으로 나타난다.

69) '아무래도'의 뜻이다.

70) '있는'의 뜻으로, '잇[有]-+-은' 구성이다. '있다'의 방언형은 '시다, 싯다, 이시다, 잇다' 등으로 나타난다.

71) '나무였었지'의 뜻으로, '남[木]-+이라-나+-앗주게' 구성이다. '-앗주게'는 'ᄒᆞ여' 할 자리에서 그 동작의 완료를 강하게 단정하여 나타내는 종결어미이다. '나무'의 방언형은 '나모, 나무, 남, 낭' 등으로 나타난다.

72) '크지요'의 뜻으로, '크[大]-+-ㅂ주' 구성이다. '-ㅂ주'는 존대의 자리에서 확실하다고 믿는 사실에 대한 주장을 나타내는 종결어미이다.

73) '밭벼도'이 뜻이다. '밭벼'의 방언형은 '산뒤, 산듸' 등으로 나타나는데 한자어 '산도(山稻)'에서 유래한다.

74) '고구마'의 뜻이다. '고구마'의 방언형은 '감저, 감제, 감ᄌᆞ'로, '감자'의 방언형은 '지슬, 지실'로 나타난다.

75) '물질하는'의 뜻이다.

76) '할머니도'의 뜻이나, 여기서 '할망'은 제보자의 아내를 의미한다.

77) '바다에 다니다'의 뜻으로, 여기서는 '물질하다'는 의미로 쓰였다.
78) '좋았었지'의 뜻으로, '좋[好]-+-아낫주' 구성이다. '-아낫주'는 평대(平待)의 자리에서 과거에 경험한 바를 회상하여 나타내는 종결어미이다.
79) '멸치가'의 뜻이다. '멸치'의 방언형은 '멜'로 나타난다.
80) '방진망'은 어장에서 멸치 떼가 모여 있는 것을 에워싸는 그물 또는 그렇게 하는 일을 말한다.
81) '떼[筏]'를 말한다. '떼'의 방언형은 '터베, 터우, 터위, 테, 테베, 테우, 테위' 등으로 나타난다.
82) '타서'의 뜻으로, '타[乘]-+-앙' 구성이다. '-앙'은 '-아서'의 의미로 쓰이는 연결어미이다.
83) '그것보고'의 뜻으로, '그것+-ᄀ라' 구성이다. '-ᄀ라'는 어떤 행동이 미치는 대상을 나타내는 조사이다.
84) '실은'의 뜻으로, '시끄[載]-+-은' 구성이다. '싣다'의 방언형은 '시끄다, 시르다, 실르다' 등으로 나타난다.
85) '있어'의 뜻으로, '이시-+-어' 구성이다. '있다[有]'의 방언형은 '시다. 싯다. 이시다. 잇다' 등으로 나타난다.
86) '한쪽'의 뜻이다. '한쪽'의 방언형은 'ᄒᆞᆫ쪽, ᄒᆞᆫ착' 등으로 나타난다.
87) '가로'의 뜻으로, 'ᄀᆞᆺ[邊]+-드로' 구성이다. '-드로'는 'ㅅ' 등의 받침으로 끝나는 체언 다음에 연결되어, 움직임의 방향을 나타내는 조사이다. '갓[邊]'의 방언형은 'ᄀᆞ, ᄀᆞᆺ' 등으로 나타난다.
88) '방진이'의 뜻으로, 여기서 '방진(方陣)'은 '방진망'을 의미한다.
89) '막았다가'의 뜻으로, '막[防]-+-앗당' 구성이다. '-앗당'은 어떤 동작이나 상태 따위가 중단되고 다른 동작이나 상태로 바뀜을 나타내는 연결어미이다.
90) '있으면'의 뜻으로, '시[有]-+-믄' 구성이다. '있다'의 방언형은 '시다, 싯다, 이시다, 잇다' 등으로 나타난다.
91) '당기어'의 뜻이다. '당기다'의 방언형은 'ᄃᆞ리다, ᄃᆞᆼ기다, ᄃᆞᆼ이다' 등으로 나타난다.
92) '떼'의 뜻이다. '떼[筏]'의 방언형은 '터베. 터우. 터위. 테. 테베. 테우. 테위' 등으로 나타난다.
93) '서서'의 뜻으로, '사[立]-+-안' 구성이다. '-안'은 이미 지난 동작・상태의 근거・이유・원인이나 시간적 선후 관계를 나타내는 연결어미이다. '서다'의 방언형은 '사다, ᄉᆞ다' 등으로 나타난다.
94) '걸리까 보아'의 뜻으로, '걸리-+-카부덴' 구성이다. '-카부덴'은 '추측하여 의심스러움을 나타내는 연결어미이다.
95) '둘막둘막'은 가벼운 물체 따위가 자꾸 들렸다 내려앉았다 하는 모양으로, 표준어 '달막달막'에 해당한다.
96) '들어'의 뜻으로, '들르-+-어' 구성이다. '들다[擧]'의 방언형은 '드르다, 들르다' 등으로 나타난다.

97) '당길'의 뜻이다. '당기다'의 방언형은 'ᄃᆞ리다, ᄃᆞᇰ기다, ᄃᆞᇰ이다' 등으로 나타난다.

98) '몰려들어서'의 뜻으로, '담아들-+-어근에' 구성이다. '-어근에'는 '-어서'를 더욱 세게 나타내는 뜻으로 쓰이는 연결어미이다. '몰려들다'의 방언형은 '담아들다, 담아지다' 등으로 나타난다.

99) '좁혀 지면'의 뜻이다.

100) '깔아서'의 뜻으로, '꿀[席]-+-앙' 구성이다. '-앙'은 근거・원인이나 시간적 선후 관계를 나타내는 연결어미이다. '깔다'의 방언형은 '꿀다'로 나타난다.

101) '몰아 쫓으면'의 뜻으로, '다울리-+면은' 구성이다. '-면은' 조건의 면을 좀더 세게 나타내는 연결어미이다. '다울리다'는 달리 '다둘리다, 다불리다, 따울리다' 등으로 말하기도 하는데, '급히 몰아서 쫓다.' 또는 '하는 일을 빨리 하도록 죄어치다.'는 뜻을 지닌다. 이에 마뜩한 대응 표준어는 없다.

102) '멸치가'의 뜻으로, '멜[鰯]+-이' 구성이다. '멸치'의 방언형은 '멜'로 나타난다.

103) '들어라'의 뜻으로, '드르[擧]-+-라' 구성이다. '-라'는 명령형어미이다. '들다'의 방언형은 '드르다, 들르다' 등으로 나타난다.

104) '들어지는' 또는 '들리는'의 뜻이다.

105) '안에'의 뜻으로, '안(內)+-네(처소)' 구성이다.

106) '몰려들면'의 뜻이다. '몰려들다'의 방언형은 '담아들다, 담아지다' 등으로 나타난다.

107) '떼[筏]'를 뜻한다. '떼[筏]'의 방언형은 '터베, 터우, 터위, 테, 테베, 테우, 테위' 등으로 나타난다.

108) '떼[筏]'를 말한다.

109) '실으면'의 뜻으로, '시르[載]-+-믄' 구성이다. '싣다'의 방언형은 '시끄다, 시르다, 실르다' 등으로 나타난다.

110) '좀막좀막'은 물이 바닥에 근근하게 고인 모양을 나타내는 말이다. 여기서는 크나큰 고리 4개에 멸치를 가득 실으면 떼가 가라앉아 바닷물이 떼 위까지 올라온 모양을 말하고 있다.

111) '가라앉을'의 뜻이다. '가라앉다'의 방언형은 'ᄀᆞ라앉다, ᄀᆞ라앚다, ᄀᆞ라지다' 등으로 나타난다.

112) '실어서'의 뜻으로, '실르[載]-+-엉' 구성이다. '-엉'은 근거・원인이나 시간적 선후 관계를 나타내는 연결어미이다. '싣다'의 방언형은 '시끄다, 시르다, 실르다' 등으로 나타난다.

113) '포구에' 또는 '선창에'의 뜻으로, '개맛+창+-에' 구성이다. '개맛'은 하나의 포구에서도 육지쪽에 위치하는 포구를 말한다. 대개 제주도 포구는 바다에서부터 '하포-중포-상포' 등 3단계로 구성되어 있는데, 바로 '상포'를 '개맛'이라고 한다. '창'은 '선창(船艙)'의 '창'으로 보인다.

114) '포구에'의 뜻으로, '개맛[浦口]+-듸(처소)' 구성이다.

115) '가서'의 뜻으로, '가[去]-+-앙' 구성이다. '-앙'은 근거・원인이나 시간적 선후 관계를 나타내는 연결어미이다.

116) '말려서'의 뜻으로, '물립[乾]-+-앙' 구성이다. '말리다'의 방언형은 '물류다, 물리다, 물립다' 등으로 나타난다.

117) '재[灰]'를 말한다. '재[灰]'의 방언형은 '불껑, 불청, 불체, 불치, 제' 등으로 나타난다.

118) '묻어서'의 뜻으로, '묻[埋]-+-엉' 구성이다.

119) '가까운'의 뜻이다. '가깝다'의 방언형은 '가찹다'로 나타난다.

120) '그물계가'의 뜻으로, '구물접+-이' 구성이다. '구물접'은 그물을 운용하기 위하여 조직된 계를 말한다. '계(契)'의 방언형은 '계, 접, 제' 등으로 나타난다.

121) 한자어 '契員'을 말한다.

122) '모아서'의 뜻으로, '모두[集]-+-앙' 구성이다. '모으다'의 방언형은 '모도다, 모두다, 뭬우다, 뭽다' 등으로 나타난다.

123) '아까'의 뜻이다.

124) '둘째 그물'의 뜻으로, '셋-+-그물' 구성이다. '셋-'은 '셋아방(둘째아버지), 셋성님(둘째형님)'처럼 가족 관계를 나타내는 말 앞에 붙어서, '둘째의' 뜻을 더하는 접두사를 말한다. '셋그물'은 '셋-'이 일반 명사 앞에 연결된 경우이다.

125) '작은 그물'의 뜻으로, '족은-+그물' 구성이다. '족은-'은 '족은아방(작은아버지), 족은어멍(작은어머니)'처럼 가족 관계를 나타내는 말 앞에 붙어서, '막내의' 뜻을 더하는 접두사를 말한다. '족은그물'은 '족은-'이 일반 명사 앞에 연결된 경우이다.

126) '마구 들어오면'의 뜻으로, '처-+들어오-+-면은' 구성이다. '처-'는 '마구, 많이'의 뜻을 더하는 접두사이다.

127) '떼[筏]'를 말한다. '떼[筏]'의 방언형은 '터베, 터우, 터위, 테, 테베, 테우, 테위' 등으로 나타난다.

128) '나오라고'의 뜻으로, '나오-+-렌' 구성이다. '-렌'은 표준어 '-라고'에 해당하는 어미이다.

129) '첫 번은'의 뜻이다.

130) '워낙'의 뜻이다. '워낙'의 방언형은 '워낙, 워넌, 원간' 등으로 나타난다.

131) '많으면'의 뜻으로, '하[多]-+-믄' 구성이다. '많다'의 방언형은 '만ᄒᆞ다, 하다' 등으로 나타난다.

132) '가닥으로'의 뜻으로, '가달+-로' 구성이다. '가달'은 ① 가닥, ② 가랑이(예 : 바짓가달), ③ 다리[脚] 등으로 쓰이는데, 여기서는 첫 번째 뜻으로 쓰인 경우이다.

133) '놓주'의 뜻으로, '놓[放]-+-주' 구성이다.

134) '몽땅'의 뜻이다. '몽땅'의 방언형은 '메딱, 멘딱, 멘짝, 몬딱, 몬짝, 문딱, 문짝, 믄딱, 믄짝' 등으로 나타난다.

135) '떠다가'의 뜻으로, '거리[除]-+-어당' 구성이다. '-어당'은 장차 할 일이나 아직 끝나지 않은 동작이나 상태를 나타내는 연결어미로, 표준어 '-어다가'에 해당한다.

136) '방진(方陣)을'의 뜻이다.

137) '제주 4·3사건'을 말한다. '제주 4·3사건'은 1948년 4월 3일 발생한 소요 사태와 1954년 9월 21일까지 제주도에서 발생한 무력 충돌과 진압 과정에서 주민이 희생

당한 사건을 말한다.

138) 조사 마을인 제주시 구좌읍 동복리(東福里)를 말한다.

139) '같지'의 뜻이다. '같다[如]'의 방언형은 'ᄀᆞᄐᆞ다, ᄀᆞ트다, 닮다, 답다' 등으로 나타난다.

140) '않아서'의 뜻으로, '아녀[非]-+-엉' 구성이다. '아니하다'의 방언형은 '아녀다, 아니ᄒᆞ다' 등으로 나타난다.

141) '너[汝]'의 뜻이다. '너'의 방언형은 '너, 느, 늬' 등으로 나타난다.

142) '없이'의 뜻으로, '엇[無]-+-이' 구성이다. '없다'의 방언형은 '없다, 엇다, 읎다, 읏다' 등으로 나타난다.

143) '나가서'의 뜻으로, '나가-+-앙' 구성이다.

144) '고을이' 뜻으로, '골[村]+-이' 구성이다. '고을'의 방언형은 '고을, 골' 등으로 나타난다.

145) '네 고을이지'의 뜻이다. 곧 조사 마을인 동복리(東福里)는 네 개의 자연 취락으로 구성되어 있다는 말이다.

146) '아래고을에서'의 뜻으로, '알[下]+골[村]+-에서' 구성이다.

147) '중고을은'의 뜻으로, '중(中)+굴[村]+-은' 구성이다.

148) '거기'를 말한다. '여기'는 '이디', '저기'는 '저디'라고 한다.

149) '섯고을'의 뜻으로, '서[西]+ㅅ+골[村]' 구성이다.

150) '웃고을이면'의 뜻으로, '웃[上]+골[村]+-이민' 구성이다.

151) '윗고을, 아래고을'의 뜻으로, 각각 '웃[上]+골, 알[下]+골' 구성이다.

152) '책임만'의 뜻이다.

153) '새[鳥]'를 말한다. '새'의 방언형은 '상이, 새, 생이' 등으로 나타난다.

154) '생이 다리 ᄒᆞ나로 ᄀᆞᆯ막 상뒤 다 멕인다.(새 다리 하나로 동복리 상두꾼 다 먹인다.)'라는 제주도 속담이 있을 정도로 조사 마을인 동복리는 인심이 좋다는 말이다.

155) 'ᄀᆞᆯ막이라고'의 뜻으로, 'ᄀᆞᆯ막[東福里]+-이옌' 구성이다. 'ᄀᆞᆯ막'은 조사 마을인 동복리의 옛 이름이다.

156) '없어서'의 뜻으로, '엇[無]-+-어근에' 구성이다. '없다'의 방언형은 '없다, 엇다, 읎다, 읏다' 등으로 나타난다.

157) '포제(酺祭)'로, 음력 정월이나 칠월에 마을을 지키는 포신(酺神)을 위하여 유교식으로 지내는 마을 제사를 말한다. 포신(酺神)은 『동국여지비고(東國輿地備考)』에 따르면, "사람과 물건에 해를 주는 신(災害人物之神)"이라고 한다.

158) '할머니한테'의 뜻으로, '할망+-신듸' 구성이다. 여기서 '할망'은 '당신(堂神)'을 말한다.

159) '내려오면'의 뜻으로, 여기서는 '포제를 지내어 내려오면'의 뜻이다. 포제단(酺祭壇)은 대개 마을 가까운 동산에 위치한다. '내려오다'의 방언형은 'ᄂᆞ려오다'로 나타난다.

160) '무격(巫覡)'을 말한다. 가끔 방언형 '심방'을 표준어 '무당'으로 대역하기도 하는데,

대개의 국어사전에서는 '무당'을 '무녀(巫女)'에 한정하고 있어 '무격'이어야 한다. 그런 면에서 『조선말대사전』의 '①굿하고 점치는 것 같은 미신적인 일을 업으로 하는 사람. ②무녀.'라는 풀이는 좋은 참고가 된다. 나아가 '심방'이 '무격'임은 『능엄경언해』(8 : 117)의 '巫는 겨집 심방이오 祝는 남진 심방이라'는 협주도 참고가 된다.

161) 음력 2월을 말한다. 음력 2월 1일 '영등할망'이라는 영등신이 제주도에 들어왔다가 그 달 15일 제주도를 떠난다고 생각하고 있다. 이때 '영등할망'을 위하여 치르는 굿을 '영등굿'이라 한다.

162) '영등할망'을 위하여 치르는 영등굿을 할 때는 바다의 풍년을 기원하며 미역, 전복, 소라의 씨를 뿌리기도 하고(이를 '씨드림'이라고 함), 씨를 뿌리고 난 뒤 해산물의 흉풍(凶豊)을 점치기도 하고(이를 '씨점'이라 함), 바다에서 죽은 영혼을 위하여 제물을 싸고 바다에 던지는 '지아룀, 지드림'을 하기도 한다.

163) '갯가에'의 뜻으로, '개곳[浦邊]+-듸(처소)' 구성이다. '갯가'의 방언형은 '갯곳'으로 나타난다.

164) '가서'의 뜻으로, '가[去]-+-앙' 구성이다.

165) '미역'을 말한다. '미역'의 방언형은 '머역, 메역, 미역' 등으로 나타난다. 자연산 미역은 '돌-'을 연결하여 말하는 것으로 양식미역과 구분하기도 한다.

166) '세계(世界)'의 뜻이나 여기서는 '우리가 사는 마을'의 의미로 사용되었다.

167) '당굿'을 말하는데, 당신(堂神)을 위하여 치르는 굿을 말한다.

168) 주 162) 참고.

169) '금줄을'의 뜻이다. '금줄'은 마을제인 포제를 지내기 위하여 마을 어귀에 새끼로 금줄을 매기도 하고, 안택을 치르기 위하거나 해산한 집에서는 집으로 드나드는 '올래' 어귀에 금줄을 매기도 한다.

170) '잡인(雜人)은'의 뜻이다. 여기서 '잡인'은 부정한 사람을 의미한다.

171) '포제 든 집'은 곧 '제청(祭廳)'을 말한다. 지금은 마을회관에서 제청을 마련한다.

172) '차리고'의 뜻으로, '출리[扮]-+-곡' 구성이다. '차리다[扮]'의 방언형은 'ᄎᆞ리다, 출리다' 등으로 나타난다.

173) '돼지도'의 뜻으로, '도새기+-도' 구성이다. 원래 '도새기'는 '돗[豚]+-애기(축소사)'로, 새끼 돼지를 의미한다. 그런데 이미 '새끼 돼지'의 뜻을 지닌 '자릿도새기'라는 어휘가 있기 때문에 '도새기'는 '일반적인 돼지'의 뜻으로 쓰이게 된 것이다.

174) 한자어 '犧牲'을 말한다.

175) '산에'의 뜻으로, 포제단(酺祭壇)이 있는 동산을 의미한다.

176) '있어'의 뜻으로, '이시[有]-+-어' 구성이다. '있다'의 방언형은 '시다, 싯다, 이시다, 잇다' 등으로 나타난다.

177) 지경 이름으로, 'ᄆᆞ루[宗]+ㅅ+담' 구성이다. '마루[宗]'의 방언형은 'ᄆᆞ르, ᄆᆞ를, 물리, 물이' 등으로 나타난다.

178) '향수'의 뜻으로, '상[香]+물' 구성이다. '상물'은 향나무 가지를 물에 넣어 삶은 물을 말한다. 시신을 염할 때, 부정한 몸을 깨끗하게 씻을 때에 사용한다.

179) '삶아'의 뜻으로, '숢[烹]-+-아' 구성이다. '삶다'의 방언형은 '술므다, 숢다, 솜다' 등으로 나타난다.

180) '김[雜草]'을 말한다. '김[雜草]'의 방언형은 '검질, 지슴, 지심' 등으로 나타난다.

181) '베고'의 뜻으로, '비[刈]-+-국' 구성이다. '베다[刈]'의 방언형은 '버이다, 베다, 비다' 등으로 나타난다.

182) '할머니들이'의 뜻이나, 여기서는 '여자들이' 하는 의미로 쓰였다.

183) '할아버지이고'의 뜻이나, 여기서는 '남자들이' 하는 의미로 쓰였다.

184) '할머니'라는 말이지만, 여기서는 '여자들'이란 의미로 쓰였다.

185) '새신랑집에서'의 뜻으로, '새서방+집+-서'의 구성이다. '새신랑'의 방언형은 '새서방, 새스방, 새시방' 등으로 나타난다.

186) '가져가면'의 뜻으로, '앗아가-+-믄' 구성이다. '가져가다'의 방언형은 '가져가다, 거져가다, ᄀ져가다, 아져가다, 앗아가다, ᄋ져가다' 등으로 나타난다.

187) '사다가'의 뜻으로, '사[買]-+-당' 구성이다. '-당'은 동작의 그침을 나타내는 연결어미이다.

188) '갖인'의 뜻으로, '아지[持]-+-ㄴ' 구성이다. '가지다[持]'의 방언형은 '가지다, ᄀ지다, 아지다, 앗다, ᄋ지다' 등으로 나타난다.

189) '몫'을 말한다. '몫'의 방언형은 '나시, 적시, 직시, 찍, 찍세, 찍시' 등으로 나타난다.

190) '다만'을 말한다. '다만'의 방언형은 '다믄, 달믄' 등으로 나타난다.

191) '옷감으로'의 뜻으로, '옷+기지+-로' 구성이다. '기지'는 일본어 'きじ'이다.

192) '명주'를 말한다. '명주'의 방언형은 '멩주, 멩지' 등으로 나타난다.

193) '새색시'를 말한다.

194) '새신랑집에서'의 뜻으로, '새서방+집+-서'의 구성이다. '새신랑'의 방언형은 '새서방, 새스방, 새시방' 등으로 나타난다.

195) '다섯 말'을 뜻한다.

196) '추니'는 술 따위를 담는 큰 그릇으로, 표준어 '준(罇)'에 해당한다. '준'의 방언형은 '추니, 춘'으로 나타난다.

197) 소나 말 따위의 수효를 헤아리는 '마리'를 말한다.

198) '기정(旣定)되어'의 뜻이다.

199) '여유(餘裕)'를 말한다.

200) '할머니'의 뜻이나, 여기서는 부인을 말한다.

201) '가지고 가서'의 뜻이다.

202) '닷 말[五斗]'의 뜻이다.

203) '가져간'의 뜻으로, '앗아가-+-ㄴ' 구성이다. '가져가다'의 방언형은 '가져가다, 거져가다, ᄀ져가다, 아져가다, 앗아가다, ᄋ져가다' 등으로 나타난다.

204) '계(契)'를 말한다. '계(契)'의 방언형은 '계, 접, 제' 등으로 나타난다.

205) '권당(捲堂)들이'의 뜻이다. '권당(捲堂)'의 방언형은 '궨당'으로 나타나는데, '시가 친척'을 '씨궨당'이라 한다. 선거철이 되면 "이 당 저 당 헤도 궨당이 췌고."라는

말이 회자되곤 하는데, "이 당 저 당 해도 권당이 최고."라는 말이다.

206) '없는 것 같으면'의 뜻이다. 추측을 나타낼 때는 '-ㄴ 거 닮다' 또는 '-ㄹ 거 닮다'라는 정형적인 표현을 쓰는데, '-ㄴ 것 같다, -ㄹ 것 같다'에 해당한다.

207) '양푼으로'의 뜻이나 여기서는 '양푼에'의 의미이다. '양푼'의 방언형은 '낭푼이'로 나타난다.

208) '떴건'의 뜻으로, '거리[分]-+-엇건' 구성이다. '뜨다[分]'의 방언형은 '거리다'로 나타난다.

209) '조금'을 말한다. '조금'의 방언형은 '아쓱, 아씩, 조곰, 조금, ᄒᆞ꼼, ᄒᆞ끔, ᄒᆞ쏠' 등으로 나타난다.

210) '덮는'의 뜻으로, '더프[蓋]-+-는' 구성이다. '덮다[蓋]'의 방언형은 '더끄다, 더프다' 등으로 나타난다.

211) '앙꼬'는 일본어 'あんこ'이다. '팥소' 또는 '소'를 말한다.

212) '벼[稻]'를 말한다. '벼'의 방언형은 '나록, 나룩, 베' 등으로 나타난다.

213) '근처는'의 뜻으로, 'ᄉᆞ시[近]+-는' 구성이다. '근처'의 방언형은 '근처, 근체, ᄉᆞ리, ᄉᆞ시' 등을 나타난다.

214) '고구마'를 말한다. '고구마'의 방언형은 '감저, 감제, 감ᄌᆞ' 등으로 나타난다. 한편 '감자'의 방언형은 '지슬, 지실' 등으로 나타난다.

215) '그만두어버렸지만'의 뜻이다. '서르다, 설르다'는 '하던 일을 그만두다.' 또는 '벌여 놓은 것을 치우다.'는 뜻을 지닌 방언 어휘이다.

216) '밀항(密航)'을 말한다. 살기 어려웠던 시절에는 일본 밀항이 빈번하게 이루어졌었다.

217) '없고'의 뜻으로, '엇[無]-+-고' 구성이다. '없다'의 방언형은 '없다, 엇다, 읎다, 웃다' 등으로 나타난다.

218) '산담제'는 '산담을 쌓을 목적으로 만들어진 계'를 말한다. '산담'은 무덤 주위를 에워 두른 담을 말하는데, 주로 장방형의 겹담으로 쌓는다. 이응호(李膺鎬)의 『탁라국서(乇羅國書)』(1931) <외편> '풍속'에는 '산담'을 두르게 된 까닭으로, ㉠산불이 무덤으로 번지는 것을 막기 위하여, ㉡마소가 무덤 파헤치는 것을 막기 위하여, ㉢경작지가 차츰 무덤 쪽으로 들어오는 것을 막기 위하여(墓域圍墻 墓有三憂 野火易延也 牛馬踐觸也 耕者稍根也 石築者其所然耳) 등 세 가지를 들고 있다.

219) '내가'의 뜻이다. '나[我]'는 문맥에 따라 '내가' 또는 '내(나의)' 의미로 구분이 되는데, "건 나 먹엇주.(그것은 내가 먹었지.)", "그건 나 것.(그것은 내 것)" 등과 같다.

220) '잔[細]'의 뜻이다. 여기서 'ᄌᆞᆫ 담'은 '자잘한 담' 곧 '잔돌'을 의미한다.

221) 제주시 조천읍 선흘리(善屹里)를 말한다.

222) 제주시 조천읍 선흘일리(善屹1里)를 말한다.

223) 제주시 구좌읍 송당리(松堂里)를 말한다.

224) '해 달라고'의 뜻이다.

225) '달라고'의 뜻이다.

226) '솥단지하고' 또는 '솥하고'의 뜻이다.

227) '가지고'의 뜻으로, '앗[持]-+-앙' 구성이다. '가지다[持]'의 방언형은 '가지다, ᄀ지다, 아지다, 앗다, ᄋ지다' 등으로 나타난다.

228) '가서'의 뜻으로, '가[去]-+-앙' 구성이다.

229) '없을'의 뜻으로, '엇[無]-+-일' 구성이다. '없다'의 방언형은 '없다, 엇다, 읎다, 읏다' 등으로 나타난다.

230) 일본어 'くるま'로, 마차 또는 수레를 말한다.

231) '산담하려고'의 뜻으로, '산담허-+-젠' 구성이다. '-젠'은 의도를 나타내는 어미로, 그 다음에는 'ᄒ다, 말ᄒ다' 따위가 연결되어 쓰인다.

232) '제하다가'의 뜻으로, '제허(除-)-+-단' 구성이다.

233) '말했지만'의 뜻으로, 'ᄀᆞᆯ[曰]-+-앗-+-지마는' 구성이다. '말하다'의 방언형은 'ᄀᆞᆮ다, ᄀᆞᆯ다, 말ᄀᆞᆮ다, 말ᄀᆞᆯ다, 말ᄒ다' 등으로 나타난다.

234) '내 일인가'의 뜻이다. 여기서 '내[我]'는 '나의' 의미로 쓰였다.

235) '없는'의 뜻으로, '엇[無]-+-인' 구성이다. '없다'의 방언형은 '없다, 엇다, 읎다, 읏다' 등으로 나타난다.

236) '고적으로'의 뜻이다. '고적'은 '집안에 장사가 났을 때 친척들이 부조로 하는 떡이나 쌀'을 말한다. 이제는 현금으로 한다.

237) '남의' 뜻이다.

238) '새[鳥]'를 말한다. '새[鳥]'의 방언형은 '상이, 새, 생이' 등으로 나타난다.

239) '나누어 먹다가'의 뜻이다.

240) 이는 제주도 속담 '생이 다리 ᄒ나로 ᄀᆞᆯ막 상뒤 다 멕인다.(새 다리 하나로 동복리 상두꾼 다 먹인다.)'는 것을 말한다. 'ᄀᆞᆯ막'은 조사 마을인 제주시 구좌읍 동복리(東福里)의 옛 이름이다.

241) '밭에'의 뜻이다.

242) '가려고'의 뜻으로, '가[去]-+-젠' 구성이다. '-젠'은 의도를 나타내는 어미로, 그 다음에는 'ᄒ다, 말ᄒ다' 따위가 연결되어 쓰인다.

243) '할아버지는'의 뜻이나 여기서는 '남편'의 의미로 쓰였다.

244) '아주머니들이'의 뜻이다.

245) '와서'의 뜻으로, '오[來]-+-앙' 구성이다.

246) '내버려'의 뜻으로, '내비[拌]-+-엉' 구성이다. '내버리다'의 방언형은 '내불다, 내비다' 등으로 나타난다.

247) '없습니까? 있습니까?'의 뜻이다.

248) '물어보아서'의 뜻으로, '들어보[問]-+-앙은에' 구성이다. '-앙은에'은 '-앙'은 좀더 세게 나타내는 어미아다. '물어보다'의 방언형은 '들어보다, 물어보다' 등으로 나타난다.

249) '없다'의 뜻으로, '엇[無]-+-다' 구성이다. '없다'의 방언형은 '없다, 엇다, 읎다, 읏다' 등으로 나타난다.

250) '있습니까?'의 뜻으로, '잇[有]-+-수과' 구성이다. '-수과'은 공대의 자리에서 물어

보는 어미이다. '있다'의 방언형은 '시다, 싯다, 이시다, 잇다' 등으로 나타난다.

251) '당했다가'의 뜻으로, 대신해서 먼저 돈을 지불하는 것을 말한다. 이런 경우는 대개 '선당ᄒᆞ다(先當--)'라 말한다.

252) '주십시오라고'의 뜻으로, '주[授]-+-ㅂ센' 구성이다. '-ㅂ센'은 명령형 어미 '-ㅂ서'의 변형 '-ㅂ세'에, 뒤의 동작이 이미 지난 일인 경우에 쓰이는 '-ㄴ'이 결합되어서 다음에 오는 'ᄒᆞ다 · 말ᄒᆞ다'에 이어지는 연결어미이다.

253) '가면'의 뜻이다.

254) '나누어 먹는'의 뜻이다.

255) '별로'를 말한다. '별로'의 방언형은 '베랑, 벨로, 벨부' 등으로 나타난다.

256) '제사(祭祀)가'의 뜻이다.

257) '대소상까지'의 뜻으로, 소상은 물론 대상까지 3년 상을 다 치른다는 말이다.

258) '갈아서'의 뜻으로, 'ᄀᆞᆯ[磨]-+-앙' 구성이다.

259) '맷돌'을 말한다. '맷돌'의 방언형은 'ᄀᆞ레, ᄀᆞ레돌' 등으로 나타난다.

260) '벌[回]'을 말한다.

261) '치어'의 뜻으로, '치[簁]-+-엉' 구성이다.

262) '나누어 먹어'의 뜻이다.

263) '가져와서'의 뜻으로, '앗아오-+-앙' 구성이다. '가져오다'의 방언형은 '가져오다, 거져오다, ᄀᆞ져오다, 아져오다, 앗아오다, ᄋᆞ져오다' 등으로 나타난다.

264) '늙으신네한테'의 뜻으로, '늙신네+-안티' 구성이다. '-안티'는 행동이 미치는 대상임을 나타내는 조사이다. '늙으신네'의 방언형은 '늙신네, 늙신이' 등으로 나타난다.

265) '할머니들한테'의 뜻으로, '할망+-덜(복수)+-안티(조사)' 구성이다.

266) '사십시오라고'의 뜻으로, '살[生]-+-ㅂ센' 구성이다. '-ㅂ센'은 '-ㅂ센'은 명령형 어미 '-ㅂ서'의 변형 '-ㅂ세'에, 뒤의 동작이 이미 지난 일인 경우에 쓰이는 '-ㄴ'이 결합되어서 다음에 오는 'ᄒᆞ다 · 말ᄒᆞ다'에 이어지는 연결어미이다.

267) '반기를'의 뜻으로, '반+-을' 구성이다. '반기(잔치나 제사 뒤에 나누어 주려고 몫몫이 담은 음식)'의 방언형은 '반'으로 나타난다.

268) 제주도 한가운데 위치한 1950m의 '한라산'을 말한다.

269) '계(契)'를 말한다. '계'의 방언형은 '계, 접, 제' 등으로 나타난다.

270) '그리로'의 뜻이다. '이리로'는 '일로'로, '저리로'는 '절로'라고 표현한다.

271) '백록담(白鹿潭)'으로, 한라산 정상에 있는 분화구를 말한다. 영주10경의 하나인 '녹담만설(鹿潭滿雪)'의 배경이 된다.

272) 영주10경의 하나인 '영실기암(靈室奇巖)'의 배경이다.

273) '영실기암(靈室奇巖)'의 다른 이름으로, 솟은 수많은 바위가 마치 500명의 장수처럼 보인다는 데서 붙은 이름이다.

274) '있는'의 뜻으로, '잇[有]-+-는' 구성이다. '있다[有]'의 방언형은 '시다, 싯다, 이시다, 잇다' 등으로 나타난다.

275) '집은요'의 뜻으로, '집[家]+-은(보조사)+예' 구성이다. '예'는 존대의 뜻을 나타내

는 보조사이다.

276) ‘마을 반기를’의 뜻이다. ‘마을 반기’란 온 마을에 돌리는 반기라는 말이다.

277) ‘반기해’ 또는 ‘돌라’의 뜻이다. 대개는 ‘반테우다’ 형태로 나타나는데, 표준어 ‘반기하다’에 해당한다.

278) ‘네 고을에’의 뜻이다.

279) ‘떡을 날라’의 뜻이나, 여기서는 ‘떡을 도르다’의 의미로 쓰였다.

280) ‘마을 반기’의 뜻으로, ‘게’는 강조·확인·촉구·친절·반어의 뜻을 나타내는 종결보조사이다.

281) ‘도르려고’의 뜻으로, ‘텝[分]-+-젠’ 구성이다. ‘-젠’은 의도를 나타내는 어미로, 그 다음에는 ‘ᄒᆞ다, 말ᄒᆞ다’ 따위가 연결되어 쓰인다.

282) ‘조금한’의 뜻이나, 여기서는 ‘웬만큼 사는’의 의미로 쓰였다.

283) 한자어 ‘세계(世界)’이나, 여기서는 ‘고장, 마을’의 의미로 쓰였다.

284) ‘작아서’의 뜻으로, ‘족[小]-+-안’ 구성이다. ‘작다’의 방언형은 ‘작다, 족다’ 등으로 나타난다.

285) ‘가호(家戶)밖에는’의 뜻이다. ‘가호(家戶)’의 방언형은 ‘가오’로 나타난다.

286) ‘쩌서’의 뜻으로, ‘치[烝]-+-엉’ 구성이다. ‘찌다[烝]’의 방언형은 ‘치다’로 나타난다.

287) ‘밀가루를’의 뜻이다.

288) ‘밀기울 따위에 기주를 섞어서 손으로 쥐어서 둥글게 만든 떡’을 말한다.

289) ‘반쪽씩이라도’의 뜻이다. ‘반쪽’의 방언형은 ‘반착’으로 나타난다.

290) ‘만두’를 말한다.

291) ‘송편’을 말한다. ‘송편’의 방언형은 ‘곤떡, 솔펜, 송펜’ 등으로 나타난다.

292) ‘골고루’의 뜻한다. ‘골고루’의 방언형은 ‘골로로, 골호로’ 등으로 나타난다.

293) ‘드시라고’의 뜻으로, ‘먹[食]-+-(으)ㅂ센’ 구성이다. ‘-ㅂ센’은 명령형 어미 ‘-ㅂ서’의 변형 ‘-ㅂ세’에, 뒤의 동작이 이미 지난 일인 경우에 쓰이는 ‘-ㄴ’이 결합되어서 다음에 오는 ‘ᄒᆞ다·말ᄒᆞ다’에 이어지는 연결어미이다.

294) ‘마을 반기를’의 뜻이다. ‘마을 반기’는 온 마을에 돌리는 반기(제사 후에 여러 군데 나누어 주려고 그릇에 몫몫이 담아 놓은 음식)라는 말이다. ‘반기’의 방언형은 ‘반’으로 나타나나다.

295) ‘나누어 주는’의 뜻이다. 대개는 ‘반기 도르다’를 ‘반테우다’라 한다.

296) ‘이제 막’ 또는 ‘아까’의 뜻이다.

297) ‘말하듯이’의 뜻이다. ‘말하다’의 방언형은 ‘ᄀᆞᆮ다, ᄀᆞᆯ다, 말ᄀᆞᆮ다, 말ᄀᆞᆯ다, 말ᄒᆞ다’ 등으로 나타난다.

298) ‘많지’의 뜻으로, ‘많[多]-+-주게’ 구성이다. ‘-주게’는 그 동작이나 상태에 대하여 상대방도 긍정하게끔 하는 뜻을 나타내는 종결어미이다.

299) ‘스무남은’의 뜻이다. ‘스무남은(스물이 조금 넘는 수. 또는 그런 수의)’의 방언형은 ‘스무남은, 쑤무남은’ 등으로 나타난다.

300) ‘불타[燃]’의 뜻이다. ‘불타다’의 방언형은 ‘불카다’로 나타난다.

301) '제주 4·3사건'을 말한다. '제주 4·3사건'은 1948년 4월 3일 발생한 소요 사태와 1954년 9월 21일까지 제주도에서 발생한 무력 충돌과 진압 과정에서 주민이 희생당한 사건을 말한다.

302) '지은'의 뜻으로, '짓[作]-+-은' 구성이다. '짓다[作]'는 표준어처럼 어간 말음 'ㅅ'이 탈락하지 않고 유지되는 것이 특징이다.

303) '없어서'의 뜻으로, '엇[無]-+-언' 구성이다. '없다'의 방언형은 '없다, 엇다, 읎다, 읏다' 등으로 나타난다.

304) 여기서 '이민'은 '소개(疏開)'를 말한다. 제주 4·3사건 때 피해를 줄이기 위하여 다른 마을로 대피했던 것을 말한다.

305) 제주시 구좌읍 김녕리(金寧里)를 말한다.

306) 제주시 조천읍 함덕리(咸德里)를 말한다.

307) 제주시(濟州市)를 말한다.

308) '갔다가'의 뜻으로, '가[去]-+-앗당' 구성이다. '-앗당'은 '-았다가'의 의미로 쓰이는 연결어미이다.

309) '움막'을 말한다. '움막'의 방언형은 '엄막, 움막' 등으로 나타난다.

310) '지어서'의 뜻으로, '짓[作]-+-언' 구성이다. '짓다[作]' 표준어처럼 'ㅅ'변칙 용언이 아니다.

311) '배우고'의 뜻으로, '베웁[學]-+-고' 구성이다. '배우다'의 방언형은 '베우다, 베웁다, 벱다' 등으로 나타난다.

312) '달구'를 말한다. '달구'의 방언형은 '달구, 달귀' 등으로 나타난다.

313) '방울'의 뜻이나, 여기서는 사람의 수를 의미한다.

314) '가호(家戶)'를 말한다. '가호'의 방언형은 '가오, 가호' 등으로 나타난다.

315) '없기는'의 뜻으로, '엇[無]-+-기(접사)+-는' 구성이다. '없다'의 방언형은 '없다, 엇다, 읎다, 읏다' 등으로 나타난다.

316) '없을'의 뜻으로, '엇[無]-+-을' 구성이다.

02 일생 의례

2.1 결혼하기까지의 과정

이버는 그 옌날 그 구식 겨론식에 그거세 대헤서 쫌 무러보겐씁니다.

그러면 옌날 겨론시키젠 허면 어떤 절차가 피료헤신고예? 예를 들면 뭐 서늘 본다든가 아니면 중지늘 봐낟뜬가 거기서부터 시작커고 뭐 도새기를 어떠케 키워야 뒈는가 그다음 이바지 준비는 어떠케 하는가 그런 걷뜰 쫌 말쓰메 주십써?

– 게난게 이제 뭐 겨론허젠 허믄 남제가 남자가 이선짜[1] 여자가 이써야 겨론헐 꺼 아니라게.?

네.

– 경허믄 이제 아마 우리 그때 당시는 가녹 까당 그 뭐야. 여네겨론도 이선쭈만 중매겨로니 마낟썯쭈.

– 우리도 이제 뭐 우린 뭐 여네 반 뭐 중매 반.

= 난 여네 안 헤본디 영 ᄀ라[2].

– 여기 여기 여기 간 ᄀ치[3] 사라시난게. ᄀ치 지비 간. 지비 간 사라시난 뭐 경헨 그 춤 여네 여네 반 중매 반 헤네 이제 허연 겨론도 허주게.

= 허주게.

그러면 여자 삼추는 어떠케 겨론?

= 우린 몰라. 난 이 우리 성따메[4] 입초 사낟쭈게이[5].

= 입초 살 쩌게 엘에섣 엘일곱 엘에덥 때난 입초 사믄[6] 이 지비 신장노 빵이 빠에 지비니까 성따메서 그딜 이딜 놀레[7] 가주게.

= 우리 씨누이가 그디 시니까.

= 경헨 가믄 그때 사르믈. 아이고 저디 누게 이시나네[8] 그디 느[9] 장게가라[10] 영허민.

이번은 그 옛날 그 구식 결혼식요 그것에 대해서 좀 여쭙겠습니다.

그러면 옛날 결혼시키려고 하면 어떤 절차가 필요했을까요? 예를 들면 뭐 선을 본다든가 아니면 중진을 놨었든가 거기서부터 시작하고 뭐 돼지를 어떻게 키워야 되는가 그다음 이바지 준비는 어떻게 하는가 그런 것들 좀 말씀해 주십시오?

– 그러니까 이제 뭐 결혼하려고 하면 남자가 남자가 있었자 여자가 있어야 결혼할 것 아니가?

네.

– 그렇게 하면 이제 아마 우리 그때 당시는 간혹 가다가 그 뭐야. 연애 결혼도 있었지만 중매결혼이 많았었지.

– 우리도 이제 뭐 우리는 뭐 연애 반 뭐 중매 반.

= 난 연애 안 해봤는데 이렇게 말해.

– 여기 여기 여기 가서 같이 살았으니까. 같이 집에 가서. 집에 가서 살았으니까 뭐 그렇게 해서 그 참 연애 연애 반 중매 반 해서 이제 해서 결혼도 하지.

= 하지.

그러면 여자 삼촌은 어떻게 결혼?

= 우리는 몰라. 난 이 우리 성에 입초 섰었지.

= 입초 설 적에 열여섯 열일곱 열여덟 때이니까 입초 서면 이 집에 신작로 가에 가에 집이니까 성에서 거기를 여기를 놀러 가지.

= 우리 시누이가 거기 있으니까.

= 그렇게 해서 가면 그때 사람을. 아이고 저기 누구 있으니까 거기 너 장가가라 이렇게 하면.

= 이 어른 허는 마리 그땐 중학 혹꾜 뎅길[11] 때난.

= 아 넌 우리 지비 왕[12] 밥 안 머글래? 영허믄 그 마를 통화 몯터여. 그 마를 우시게[13]로 자파리말[14]로만 드런찌 뭐 꿍께[15]는 생가근 아녀고 경 헹 우시게를 해낟쭈.

= 경헌디 연날 육찌 간 물질[16] 가부나네 이 어른 서너 받디[17] 중지늘[18] 가도 아니만 가켄 고갤 터난[19] 어디가 질 조니 영 허연 나 이르믈 거느렫떤[20] 모냥이라.

= 게난 그땐 좀좀허난 아이구 게믄 그딜 중맬 놔사켜[21] 게연 중매 허곡.

= 불카네[22] 성따메 살젠[23] 허난 신장노 지비 ᄆᆞᄉᆞ우난[24] 그땐 산싸르미영[25] 주결부나이[26] 어떵 허카부텐 우리 오래비가 이제 중학혹꾜 뎅기는 우리 오래비 이시난 우리 지비 완[27] ᄒᆞᆫ 일 녀늘 사랃쭈. 우리 지비 완. 개껻[28] 에여메[29] 지비 완.

= 경 허난 촘 씨어멍더리라도 씨누이더리라도 여네만 거렫쩬 허주. 우린 뭐 씨집 장게가켄 헌 마른 헤보질 아녇쑤다게.

겨난 겨론 게난 구식 겨론시글 올렫껜네예.

= 예.

예 그러믄 남자 어르시는 그때 복짱이 어떵 헤신고마씸? 사모관대를 헤신가마씨?

— 사모관대 다 썯쭈게. 사모관대 헨 쓰고 완저니 그 복짱도 그 뭐 남자덜 그 의복 관복 읻짜녀게?

예.

— 관복 헹 입꾸. 이 띠 메고게 이제 몰 탕[30] 또 이 신도 신곡. 그 무신 거 뭐 그 신 뭐인지 모르겓따마는.

= 장화.

— 장화를 야튼.

= 이 어른 하는 말이 그때는 중학 학교 다닐 때니까.

= 아 넌 우리 집에 와서 밥 안 먹을래? 이렇게 하면 그 말을 통화 못해. 그 말을 우스개로 장난말로만 들었지 뭐 궁계는 생각은 않고 그렇게 해서 우스개를 했었지.

= 그런데 옛날 육지 가서 물질 가버리니까 이 어른 서너 군데 중신을 가도 아니만 가겠다고 고개를 터니까 어디가 젤 좋으니 이렇게 해서 내 이름을 이야기했던 모양이야.

= 그러니까 그때는 잠잠하니까 아이고 그러면 거기를 중매를 넣어야겠다 그래서 중매하고.

= 불타서 성에 살려고 하니까 신작로 집이 무서우니까 그때는 산사람하고 죽여버리나 어떻게 할까봐 우리 오라비가 이제 중학 학교 다니는 우리 오라비가 있으니까 우리 집에 와서 한 일 년을 살았지. 우리 집에 와서. 바다 옆에 집에 와서.

= 그렇게 하니까 참 시어머니들이라도 시누이들이라도 연애만 걸었다고 하지. 우리는 뭐 시집 장가가겠다고 한 말은 해보지 않았습니다.

그러니까 결혼 그러니까 구식 결혼식을 올렸겠네요.

= 예.

그러면 남자 어르신은 그때 복장이 어떻게 했습니까? 사모관대를 했습니까?

– 사모관대 다 썼지. 사모관대 해서 쓰고 완전히 그 복장도 그 뭐 남자들 그 의복 관복 있잖은가?

예.

– 관복 해서 입고. 이 띠 매고 이제 말 타서 또 이 신도 신고. 그 무엇 뭐 그 신 뭔지 모르겠다만.

= 장화.

– 장화를 하여튼.

= 가죽장화. 그 사또들 신는 장화.

– 아니 그 그때는 그 주로 실랑덜 신는 그 관 월래 그 결론헐 때 신는 시니 그 가죽씬 달믄 거시 월래 그거시 읻쭈게. 읻꼭.

– 여자는 이제 쪽뚜리 쓰곡 또 여자도 그 관 그 옫 다 입꼭 다 그 헨 쪼께[31]? 저 뭐여. 그 쪼께?

= 뛔께[32].

– 뛔겐가 쩨께? 그거 탕 이제 강 그 뭐 거세 이제 출린 음식 케연 먹꼭 거기도 허연 또 거기도 이제 예문 예장을 잘몯 썽 가믄.

예예예.

– 그 예문 예장 쓰는 디도 글짜 하나도 틀리믄 그 지바네 따라서 그거 막 거 따주는[33] 지바니 읻꼭.

– 기자 경 아랑그네 경허영 바다줘게 영 헹으네 바다주는 디도 읻꼬.

– 또 예문 예장에서 뭐 쪼꼼 튀[34] 나는 디는 그 글짜 하나 획 하나만 틀려도 그 지바니 이거 뭐허는 지바니고[35] 헤 가지고 그냥 그 여간 그 잡또릴[36] 안 허주게.

예예예.

– 경허믄 게난 옌나렌 그 겨론하게 뒈며는 쫌 글도 쫌 베운 사라미 우시[37]도 가기도 허곡 또 거기 강 또 말 답뼌도 헐 쑤 이신 사름 그런 사르믈 좀 택커연 또.

– ᄂᆞ람지[38] 페우곡[39] 도고리[40] 어펀[41].

– 경헹 이제 그 ᄆᆞ레서 내릴 때 겨믄 이제 ᄂᆞ람지 싹 케영[42] 페와놩.

예. 아 예예.

– ᄂᆞ람지 이제 그 저 새시방[43]이 드러가지 저네 ᄂᆞ람지 영 싹 페와놩으네 그 ᄆᆞ리 이제 싹 드러가며는 이제 실랑이 이제 내리기 저네 이제 도고리 헤당으네 탁 어펑 글로[44] 이제 내려오게끔 허영 내려오믄.

– 그 요샌 그 잘 저 하도 오래부난 영 그 새시방이 그 임 망는[45] 게

= 가죽장화. 그 사또들 신는 장화.

— 아니 그 그때는 그 주로 신랑들 신는 그 관 원래 그 결혼할 때 신는 신이 그 가죽신 닮은 것이 원래 그것이 있지. 있고.

— 여자는 이제 족두리 쓰고 또 여자도 그 관 그 옷 다 입고 다 그 해서 독교? 저 뭐야. 독교?

= 독교.

— 독교인가 독교? 그거 타서 이제 가서 뭐 그것에 이제 차린 음식 해서 먹고 거기도 해서 또 거기도 이제 예문 예장을 잘못 써서 가면.

예예예.

— 그 예문예장 쓰는 데도 글자 하나라도 틀리면 그 집안에 따라서 그거 마구 그것 따지는 집안이 있고.

— 그저 그렇게 알아서 그렇게 해서 받아줘라 이렇게 해서 받아주는 데도 있고

— 또 예문 예장에서 뭐 조금 티 나는 데는 그 글자 하나 획 하나만 틀려도 그 집안이 이것 뭐하는 집안이냐 해 가지고 그냥 그 여간 그 잡도리를 안 하지.

예예예.

— 그러니까 옛날에는 그 결혼하게 되면 좀 글도 좀 배운 사람이 위요도 가기도 하고 또 거기 가서 말 답변도 할 수 있는 사람 그런 사람을 좀 택해서 또.

— 이엉 펴고 함지박 엎어서.

— 그렇게 해서 이제 그 말에서 내릴 때 그러면 이제 이엉 싹 해서 펴놓고.

예. 아 예예.

— 이엉 이제 그 저 새신랑이 들어가기 전에 이엉 이렇게 싹 펴놓아서 그 말이 이제 싹 들어가면 이제 신랑이 이제 내리기 전에 이제 함지박 해다가 탁 엎어서 그리로 이제 내려오게끔 해서 내려오면.

— 그 요새는 그 잘 저 하도 오래버리니까 이렇게 그 새신랑이 그 입막는 것

읻써. 얼구를 몯 뽀게 가리는 게 읻쭈게. 뭐야? 거 잘 모르겐는데[46] 그거 영허영 가려그네 사주게[47]. 딱 영허영 시멍으네[48] 상[49] 이시믄[50].

– 이제 그 중방이 영 훈번 허믄 훈번 영 움지기곡 훈번 허영 또 움지기곡 훈번 허영 세 번 허영 움지기믄 이제 술술술술 드러갈 꺼주게.

– 이제 경허믄 이제 이젠 드러강 이제 게난 그거 드러가기 저네 그 이디믄 여기 상을 상을 막 다 출려 놔.

– 문전쌍[51]까지 완저니 차려 놔서 여기 펭풍[52] 탁 쳥.

– 여기서 이제 그 지바네서 새각씨 지비서 지바네서 쫌 유식칸 부니 이제.

= 바당[53].

– 저기서 이제 중방이 허곡 우시간[54] 사르미 마주안자서 인사허곡 뭐 허영으네 허믄 그 이제 그 예문 예장을 이제 클렁[55] 아 예문 예장을 이젠 홍세하믈[56] 클렁 클러 가지고 그 예문 예장을 이제 여기 지바네 어른덜안티 이제 드리믄.

– 그 지바네 어르니 그 예문 예장 봐 가지고 에 잘뒈믄 잘뒈언따든가 아 겨민 뭐 뒈언쩌 영허영 허믄.

음 통과다.

– 통과허영 경 허믄 이제 그 상을 이제 다 치와[57] 불 꺼 아니라. 아사 불믄[58] 이젠 이제 중방이 드러오렌[59] 허영 신노를 허며는 이제 드러왕 새시방은 새시방 빵 드러가는 거주.

– 게연 거기서 이제 그 뭐 음식 추려 논 거 음식 먹꼭 이제 사둔 대우 그거 끈나믄 이제 사둔 대우헤영 사둔[60] 대우 다 끈나며는 이제 새각씨 이제 데령 이젠.

– 게믄 이제 가마가 이제 이꺼지 막 드러올 꺼주. 바우[61]까지.

– 겨민 새각씨 찌비서 이젠 테와그네게 이젠 허영 거기 가믄 이제 드러가기 저네 이제 믄저 그 새시방 왐쩬[62] 허허는[63] 소리를 허여.

이 있어. 얼굴을 못 보게 가리는 것이 있지. 뭐지? 그것 잘 모르겠는데 그거 이렇게 해서 가려서 서지. 딱 이렇게 해서 잡아서 서 있으면.

– 이제 그 중방이 이렇게 한번 하면 한번 이렇게 움직이고 또 한번 해서 또 움직이고 한번 해서 세 번 해서 움직이면 이제 술술술술 들어갈 것이지.

– 이제 그렇게 하면 이제 이제는 들어가서 이제 그러니까 그거 들어가기 전에 그 여기면 여기 상을 상을 막 다 차려 놓아.

– 문전상까지 완전히 차려 놓아서 여기 병풍 딱 쳐서.

– 여기서 이제 그 집안에서 새색시 집에서 집안에서 좀 유식한 분이 이제.

= 받아서.

– 저기서 이제 중방이 하고 위요간 사람이 마주앉아서 인사하고 무엇해서 하면 그 이제 그 예문 예장을 이제 끌러서 아 예문예장을 이제는 함을 끌러서 끌러 가지고 그 예문 예장을 이제 여기 집안에 어른들한테 이제 드리면.

– 그 집안에 어른이 그 예문예장 봐 가지고 아 잘되면 잘되었다든가 아 그러면 뭐 되었다 이렇게 하면.

음 통과다.

– 통과해서 그렇게 하면 이제 그 상을 이제 다 치워 버릴 것 아닌가. 치워버리면 이제는 이제 중방이 들어오라고 해서 신호를 하면 이제 들어와서 새신랑은 새신랑 방 들어가는 거지.

– 그래서 거기서 이제 그 뭐 음식 차려 놓은 것 음식 먹고 이제 사돈대우 그거 끝나면 이제 사돈 대우해서 사돈 대우 다 끝나면 이제 새색시 이제 데려서 이제는.

– 그러면 이제 가마가 이제 여기까지 마구 들어올 것이지. 가장자리까지.

– 그러면 새색시 집에서 이제는 태워서 이제는 해서 거기 가면 이제 들어가기 전에 이제 먼저 그 새신랑 온다고 허하는 소리를 해.

아아

– 아 새시방 이기[64] 다 당도헴씀니다. 건 이제 그 옌나른 보통 그 심방[65]더리 심방더리 그 이 뫌 그 뭐야? 녹때[66]를 시멍[67] 또 그 저 뭐냐 다치카부네 그 뫌 아가리를 시머 가지고 허곡.

– 여자 분 영 드르는 건또 서민드리 드르는[68] 게 아니라 그 옌나른 다 심방이 다 그런 그 쪼께[69]를 쪼께를 다 여자.

예 독교예.

– 쪼께 쪼께를 다 드르곡 경 허주.

– 게믄 이제 그 사르미 이제 다 와가믄 휭 허영 소리 "다 와시난 소리라도 허여." 허민 이젠 그 사라미 소리 허민 이제 아 이젠 새시방 새시방 다 왇쩬[70] 허민 이제 거기서 막 준비허곡 뭐허곡.

게민.

– 그런 시기주.

그러면 어 새각씨는 그날로 지브로 데려오는 거네예.

– 그날 그날 당이레.

거기 저 신부치베 머물지 아녕.

– 머물지 아녕[71] 그나레 그냥 드러와.

아아.

– 아 새신랑이 여기 다 당도했습니다. 그것은 이제 그 옛날은 보통 그 무당들이 무당들이 그 이 말 그 뭐야? 굴레를 잡아서 또 그 저 뭐냐 다칠까봐 그 말 아가리를 잡아 가지고 하고.

– 여자 분 이렇게 드는 것도 서민들이 드는 것이 아니라 그 옛날은 다 심방이 다 그런 그 독교를 독교를 다 여자.

예 독교 예.

– 독교 독교를 다 들고 그렇게 하지.

– 그러면 이제 그 사람이 이제 다 와가면 휭 해서 소리 “다 왔으니까 소리라도 해.” 하면 이제는 그 사람이 소리 하면 이제 아 이제는 새신랑 새신랑 다 왔다고 하면 이제 거기서 마구 준비하고 뭐하고.

그러면.

– 그런 식이지.

그러면 아 새색시는 그날로 집으로 데려오는 거군요.

– 그날 그날 당일에.

거기 저 신부 집에 머물지 않고.

– 머물지 않고 그날에 그냥 들어와.

2.2 전통 혼례식

그러믄 여자 삼추는 그때 무슨 옫 이버신고예? 겨론식컬 때.

= 겨론식컬 때.

네.

- 그땐 이 이넉 치비서 그땐 가라** 인주[72] 저 인주라고 그걸로 이제 치메저고릴 멩그랑 이벙 이제 옌나른 이제 그 호상오슬[73] 저 장옫.

= 이제 그 무시거 헌 사름덜 장옫 씸니께예[74]. 그 장오슬 입꼭 이제 쪽뚜리 썽[75] 이제 그 우티레[76] 두 개 허영 영 씨곡 경 허영 이제 가메 탕 이제 강.

= 그디 가믄 이제 나[77] 조르메[78] 간 우시[79]가 이제 이제 ᄁᆞ뜨믄 친구덜 가드시 우시가 가무는 새시방 치비서 새각씨 지비서 둘 오믄 둘 새시방 치비서 하나 오믄 이제 이디서도 하나.

= 경허민 이젠 새시방 우시도 이제 그디서 둘 오미는 이디서 둘 그때 사름 주거부난 사르미 어선.

- 아니 통상저그로 남자 치비서 둘. 마냑 우리 지비서 허게 뒈믄 이제 우리 어머니 페네서[80] 한 사람 이제 남자 페네서[81] 한 사람 헤서 이제.

우시를?

- 남자 여자 그 시그로 헤 가지고 우시를 대표저그로 헹 가주게.

- 게난 여기도 오게 뒈며는 이제 신씨 대게서 한 사람 여기 어머니 김씨난 김씨 대게서 한 사람 거기서 각짜 신씨 지베서 두 사람 헤 가지고 경헤영 여자 부는 한 사람 더 올 때도 읻꾸. 경헤영 남자더른 경헤영.

게난 여자 삼추는 그 씨지비 가니까 큰상을 바들 꺼 아니우꽈예?

= 웨상[82].

그러면 여자 삼촌은 그때 무슨 옷 입었습니까? 결론식할 때.

= 결혼식할 때.

네.

- 그때는 이 이녁 집에서 그때는 가라** 인조 저 인조라고 그것으로 이제 치마저고리를 만들어서 입어서 이제 옛날은 이제 그 수의를 저 장옷.

= 이제 그 무슨 거 한 사람들 장옷 쓰지요. 그 장옷을 입고 이제 족두리 써서 이제 그 위로 두 개 해서 이렇게 쓰고 그렇게 해서 이제 가마 타서 이제 가서.

= 거기 가면 이제 내 뒤로 간 위요가 이제 이제 같으면 친구들 가듯이 위요가 가면 새신랑 집에서 새색시 집에서 둘 오면 둘 새신랑 집에서 하나 오면 이제 여기서도 하나.

= 그러면 이제는 새신랑 위요도 이제 거기서 둘 오면 여기서 둘 그때 사람 죽어버리니까 사람이 없었어.

- 아니 통상적으로 남자 집에서 둘. 만약 우리 집에서 하게 되면 이제 우리 어머니 편에서 한 사람 이제 남자 편에서 한 사람 해서 이제.

위요를?

- 남자 여자 그 식으로 해 가지고 위요를 대표적으로 해서 가지.

- 그러니까 여기도 오게 되면 이제 신 씨 댁에서 한 사람 여기 어머니 김 씨니까 김 씨 댁에서 한 사람 거기서 각자 신 씨 집에서 두 사람 해 가지고 그렇게 해서 여자 분은 한 사람 더 올 때도 있고. 그렇게 남자들은 그렇게 해서.

그러니까 여자 삼촌은 그 시집에 가니까 큰상을 받을 것 아닙니까?

= 외상.

예. 웨상 어떤 상을 바닫쑤가? 웨상?

= 웨상 저치록 컨 상에 그자 저 무시 거. 수바끼[83]에 이제 그거 ᄀ득께 수바끼 더끄곡[84] 이제 대바니라고. 국뚜 이젠 이디선 메역꾸글 먹쭈.

= 이제 그냥 부지헤[85] 간 사름덜 메여꾹 멍는디 메여근 국 끌령[86] 머그믄 그 씨집간 날 허며는 밍끄려진데 니끼려졍으네[87] 씨지블 안 산뎅[88].

= 경헹 이제 새시방 치비 와서도 그날 그 새시방 꾸게도 무수[89] 놩 끌려 주국 뒈야지고기[90] 저 써러 노나 소고기를 허나.

= 또 씨지비 와도 이제 이녁 친정에서 허드시 이제 무수[91] 써러 놩으네 이제 구글 끌려 주주.

= 게난 이제 수바게[92] 영 가진껭이[93] 더껑으네[94] ᄎᆷ 노콕 또시 바는[95] 대바니라고[96] 이제 고긴빤[97] ᄐᆞ로[98] 이제 개라레[99] 정기에[100] 두부에 게믄 ᄄᆞ로 ᄄᆞᆫ 좁씨.

= 경헨 허영 콩ᄂᆞᄆᆞ리믄 콩ᄂᆞ물 게영 장물[101] 노콕 거시 대바니라.

– 다 ᄄᆞ로 ᄄᆞ로 다 허주게. 다.

= 실랑도 오믄 웨상[102]에 경 헹주곡.

– ᄄᆞ로 ᄄᆞ로 다.

= 또 이녁 씨지비 가도 거시 대반. 게민 이젠 드러강 아장 식싸허라 헐 때엔 그 쪽뚜리 씬[103] 냥 이 장오슬 버서 뒹 족뚜리 씬 냥 이제 바블 두 수까라기믄[104] 두 수꾸락 세 수꾸라기믄 세 수꾸락.

= 게난 할망더리 이제 잘싸는 사르미 밥쌍을 들러 와[105]. 씨집 잘싼 사름.

아 씨어머니가 들러 가는 게 아니고.

= 아니 동세[106]라도 큰동세. ᄉᆞ춘 동세던 이제 육춘 동세든 이녁 당동세든 이제 복 조케 왕으네[107] 씨지비 잘사는 사름.

= 게민 이제 그 밥쌍을 들러 가. 게민 이제 수꾸락도 그 동세가 수꾸라글 그 심져[108] 줘. 밤 머그렌.

예. 외상 어떤 상을 받았습니까? 외상?

= 외상 저처럼 한 상에 그저 저 무슨 거. 바리에 이제 그거 가득하게 바리 덮고 이제 대반이라고. 국도 이제는 여기서는 미역국을 먹지.

= 이제 그냥 부조해 간 사람들 미역국 먹는데 미역은 국 끓여서 먹으면 그 시집가는 날 하면 미끄러진다고 미끄러져서 시집을 안 산다고.

= 그렇게 해서 이제 새신랑 집에 와서도 그날 그 새신랑 국에도 무 넣어서 끓여 주고 돼지고기 저 썰어 넣으나 소고기를 하나.

= 또 시집에 와도 이제 이녁 친정에서 하듯이 이제 무 썰어 넣어서 이제 국을 끓여 주지.

= 그러니까 이제 바리에 이렇게 바리두껑 덮어서 참 놓고 다시 반기는 대반이라고 이제 고깃반 따로 이제 달걀에 정기(빙떡)에 두부에 그러면 딴 다른 접시.

= 그렇게 해서 콩나물이면 콩나물 그렇게 해서 간장 놓고 그것이 대반이야.

- 다 따로 따로 다 하지. 다.

= 신랑이 오면 외상에 그렇게 해주고.

- 따로 따로 다.

= 또 이녁 시집에 가도 그것이 대반기. 그러면 이제는 들어가서 앉아서 식사해라 할 때에는 그 족두리 쓴 양 이 장옷을 벗어 두고 족두리 쓴 양 이제 밥을 두 숟가락이면 두 숟가락 세 숟가락이면 세 숟가락.

= 그러니까 할머니들이 이제 잘사는 사람이 밥상을 들어서 와. 시집 잘산 사람.

아 시어머니가 들고 가는 것이 아니고.

= 아니 동서라도 큰동서. 사촌 동서든 이제 육촌 동서든 이녁 당 동서든 이제 복 좋게 와서 시집을 잘사는 사람.

= 그러면 이제 그 밥상을 들어 가. 그러면 이제 숟가락도 그 동서가숟가락을 그 잡혀 줘. 밥 먹으라고.

= 게민 이젠 비끄러왕게[109] 바블 머거져게.

= 그땐 춤 이제 달마시믄[110] 그거 문제가 엇쭈게. 다 머거부런쭈.

= 경헌디 그걸 이제 바블 훈 수꾸락 뜨민 "야 훈 수까락만 안 뜬다. 훈 수꾸락 더 머그라."

= 경허믄 이제 "ᄋ따 이젠 이블 비쩌시난[111] 훈 수까락 더 머그라." 허민 세 수까락 아니. 세 수꾸락 경허민 이젠 이젠 그걸 놔뒁 수까라글 노민 숭눙을 거려[112] 와.

= 이젠 숭눙 머겅 이젠 이 상 물림 내오라 영허민 ᄒ꼼[113] 두터레[114] 이제 ᄃ겨[115] 놔부러.

= 경헌 땐 오슬 벤끼주[116].

= 오슬 이젠 씨집 오슬 ᄀ라입찔[117] 땐 그털 똥세[118]가. 이제 우시[119] 간 사르미나 조르메라도[120] 복 존[121] 사르미나 헌 사르미 이제 나 오슬 이 이녁 페네서[122] 간 사라미 오슬 베껴.

= 바븐 씨지비 가민 씨집 동세가 헤주는디.

= 나 페네서 간 사르믄 나 페넬 싸르미 겨엥 오슬 벤껑으네 씨집 오슬. 그땐 멩지저고리[123] 멩지치메가 질 큰 거.

= 게난 멩지저고리 멩지치마 이제 신꺼지 경헹 헤다 놔시민[124] 이젠 그걸 이버.

= 경허민 이제 그거시 이젠 잔치가 다 새각씨영 새시방이영 다 드러와 시난 이젠 잔칩치베서 바블 다 머글 꺼 아니라.

= 게민 다 머그믄 이젠 나 페네 간 우시간[125] 간 사르미 이제 서로 이젠 사둔더리영 대울 허주게.

= 사둔대울 놀[126] 딸리믈[127] 나 페네서 이제 우리 씨어멍안티레[128] 씨아방은 주거부난 씨어멍안티레 부타커믄[129] 우리 지바네서 벱찌[130] 몯턴 동싱을 헨떤 누니미엔[131] 헨떤 춤 조케엔 헨떤 우리 지바네선 춤 무시컨 무시걸로 벱찐 몯뗀쭈마는 ᄃ랑[132] 살멍 시기멍[133] 시기멍 잘 ᄃ랑 사

= 그러면 이제는 부끄러워서 밥을 먹을 수 있어.

= 그때는 참 이제 같았으면 그것이 문제가 없지. 다 먹어버렸지.

= 그런데 그것을 이제 밥을 한 숟가락 뜨면 "야 한 숟가락만 안 뜬다. 한 숟가락 더 먹어라."

= 그렇게 하면 이제 "아따 이제는 입을 붙였으니까 한 숟가락 더 먹어라." 하면 세 숟가락 아니. 세 숟가락 그렇게 하면 이제는 이제는 그것을 놔두고 숟가락을 놓으면 숭늉을 떠 와.

= 이제는 숭늉 먹어서 이제는 이 상 물려 내오너라 이렇게 하면 조금 뒤로 이제 당겨 놓아.

= 그렇게 할 때는 옷을 벗기지.

= 옷을 이제는 시집 옷을 갈아입힐 때는 거기 동서가. 이제 위요 간 사람이나 뒤로라도 복 좋은 사람이나 한 사람이 이제 내 옷을 이 이녁 편에서 간 사람이 옷을 벗겨.

= 밥은 시집에 가면 시집 동서가 해주는데.

= 내 쪽에서 간 사람은 내 쪽에 사람이 그렇게 옷을 벗겨서 시집 옷을. 그때는 명주저고리 명주치마가 젤 큰 것.

= 그러니까 명주저고리 명주치마 이제 신까지 그렇게 해서 해다 놓았으면 이제는 그것을 입어.

= 그렇게 하면 이제 그것이 이제는 잔치가 다 새색시하고 새신랑하고 다 들어왔으니까 이제는 잔칫집에서 밥을 다 먹을 것 아닌가.

= 그러면 다 먹으면 이제는 내 편에서 간 위요간 간 사람이 이제 서로 이제는 사돈들하고 대우를 하지.

= 사돈대우를 낮 알림을 내 편에서 이제 우리 시어머니한테 시아버지는 돌아가시니까 시어머니한테 부탁함은 우리 집안에서 배우지 못한 동생을 했든 누님이라고 했든 참 조카라고 했든 우리 집안에서는 참 무식한 무엇으로 배우지 못했지만 데려서 살면서 시키고 시키면서 잘 데려서 사

는 거시 부타깁니다. 영허주게.

= 경허민 그거시 끈나는 거라.

- 이제 나오멍 이제 그런 시그로 저 사둔 대우허멍.

게난 천날밤도 그 씨지비서 보낸 거구나예?

= 으.

그러면 남자 삼춘니믄 그 여자 삼춘네 지베 이바지를 헤야 뒐 꺼 아니우꽈예. 그때 이바지는 어떤 생각남쑤가? 이바지헨떤 내용이.

예를 들면 쏠 어 훈 가마니믄 훈 가마니.

- 쏠 훈 댄 말쯤 가져가실 꺼라. 세 마린가.

= 단 말? 쏠 서 말 도새기[134] 반 머리[135] 술 석 뒌가? 넉 뒌가?

= 몰라. 수를 머글 싸름 언덴[136] 에에 무시거[137] 허난 술 봐지건 보내라 허민 그땐 살기가 골란허니까.

= 경허믄 이젠 그거 바당[138] 허믄 이젠 또 씨집떠레 보낼 땐 이제 그디서 춤 이바지 왼찌마는 또 그날 오는 음시기 이서[139].

예.

= 구덕[140] 아사아장[141].

= 이바지 바든 건 이제 ᄀᆞ뜨민[142] 우리 새각씨 치비서 천마 눼니믄 천오벡마 눤 아사가드시[143] 그거슨 이젠 나가 이제 씨지비서 반는 거라.

= 그건 돈 대신. 우리 지비서 셍페니[144] 어시니까 게영[145] 바당 그걸로 잔치헤영 먹꼭. 그디서 또 오는 나른 그 무시거 헤영 올 땐.

- 실랑 치베서 갈 때 쏠 훈 마리믄 쏠 훈 말 압따리[146] 하나 헤영 노콕 헤여그넹에.

= 술 훈 뒈 노코.

- 술 훈 뒈 노콕 헤영으네 이제 처가찌베[147] 가져가며는 처가치베도 담네로 이제 또 쏠 훈 말 이제 그거. 이제 돋따리[148] 하나. 게난 경허믄 그걸 이제 헤영 술 하나 노콕 또 이제 그 담네로 헹 보내주게. 아 지금도

는 것이 부탁입니다. 이렇게 하지.

= 그렇게 하면 그것이 끝나는 거야.

– 이제 나오면서 이제 그런 식으로 저 사돈 대우하면서.

그러니까 첫날밤도 그 시집에서 보낸 거군요?

= 오.

그러면 남자 삼촌께서는 그 여자 삼촌네 집에 이바지를 해야 할 것 아닙니까? 그때 이바지는 어떤 생각나나요?

예를 들면 쌀 아 한 가마니면 한 가마니.

– 쌀 한 닷 말쯤 가져갔을 거야. 서 말인가.

= 닷 말? 쌀 서 말 돼지고기 반 마리 술 석 되인가? 넉 되인가?

= 몰라. 술을 먹을 사람 없다고 에에 무엇 하니까 술 보이건 보내라 하면 그때는 살기가 곤란하니까.

= 그렇게 하면 이제는 그것 받아서 하면 이제는 또 시집에 보낼 때는 이제 거기서 참 이바지 왔지만 또 그날 오는 음식이 있어.

예.

= 바구니 가져서.

= 이바지 받은 것은 이제 같으면 우리 새색시 집에서 천만 원이면 천오백 만원 가져가듯이 그것은 이제는 내가 이제 시집에서 받는 거야.

= 그것은 돈 대신. 우리 집에서는 형편이 없으니까 그래서 받아서 그것으로 잔치해서 먹고. 거기서 또 오는 날은 그 무엇 해서 올 때는.

– 신랑 집에서 갈 때 쌀 한 말이면 쌀 한 말 앞다리 하나 해서 놓고 해서.

= 술 한 되 넣고.

– 술 한 되 넣고 해서 이제 처갓집에 가져가면 처갓집에서도 답례로 이제 또 쌀 한 말 이제 그거. 이제 돼지 다리 하나. 그러니까 그렇게 하면 그것을 이제 해서 술 하나 넣고 또 이제 그 답례로 해서 보내지. 아 지금도

그런 딘 좀 마나[149].

= 아 이제도 이서[150]. 허는 집떠른 험니다.

그러믄예. 여자 삼춘니믄 겨론할 때 궤허고 이부를 얼마 만큼 헤신고예?

= 난 아무 건또 아넝 가서.

아.

= 우리가 무사냐 허무는 재산도 조콕 집또 읻꼭 동기간도 한디 아바지가 이제 일찍 도라가셔서.

= 열뚜 서레 아버지가 이제 우리 큰노빠는 열 저 열따섣 나는 이제 열뚜 설 우리 동싱이 열 썰 우리 이제 나 중혹꾜 뎅기던[151] 그때 헌 동생은 이제 ᄋ선 쏠. 경헐 때 아버지가 도라가셔 부니까. 어멍이 가끔 이 환자로 이를 몯터여.

= 겨난 나가 이제 그 그 어멍 대표로[152] 받띠[153] 강[154] 일도 허곡. 이제 어멍을 이제 동싱드를 뒤발려줜 나가 키왇꺼든.

= 경 허단 보난 이젠 춤 나이가 크니까[155] 미테 아시[156]가 이제 어멍 봄 시작커난 나가 육찔 나간쭈.

= 육찌 나간디 멘 년 가보지도 아녀고 ᄒᆞᆫ 헤. ᄒᆞᆫ 헤 간 오난 출릴 꺼 어시난[157] 돈도 몯 뻘고 게연 와네. 이젠 완 보난 약코는 헤선게게[158].

= 경허난 어는제[159] 저 선뚤 나민 씨집갈 꺼시다 영허난 출릴 꺼시 얻쭈게. 경허난 우리 이모가 이제 불칸[160] 저 신홍니[161] 살멍 우리 이모가 소게[162]도 요 ᄒᆞᆫ 채 이불 ᄒᆞᆫ 채 경 내여줜. 게영 그거 출령 그건만 아산[163] 간쭈 뭐. 더 출령 갈 껀또 업꼬.

으.

= 경헨 이제 그걸로 헤영 가난 ᄒᆞ꼼 이녀기 부납케고나마는[164] 나가 인생을 다 바쪈[165] 그 지빌 간디 나 무시건 테영 가렌.

(웃음) 이불 ᄒᆞᆫ 채 요?

그런 데는 좀 많아.

= 아 이제도 있어. 하는 집들은 합니다.

그러문요. 여자 삼춘님은 결혼할 때 궤하고 이불은 얼마 만큼 하셨습니까?

= 나는 아무 것도 아니해서 갔어.

아.

= 우리가 왜냐 하면 재산도 좋고 집도 있고 동기간도 많은데 아버지가 이제 일찍 돌아가셔서.

= 열두 살에 아버지가 이제 우리 큰오빠는 열 저 열다섯 나는 이제 열두 살 우리 동생이 열 살 우리 이제 나 중학교 다니던 그때 한 동생은 이제 여섯 살. 그렇게 할 때 아버지가 돌아가셔 버리니까. 어머니가 가끔 이 환자로 일을 못해.

= 그러니까 내가 이제 그 그 어머니 대신 밭에 가서 일도 하고. 이제 어머니를 이제 동생들을 뒤보아줘서 내가 키웠거든.

= 그렇게 하다 보니까 이제는 참 나이가 많으니까 밑에 아우가 이제 어머니 보기 시작하니까 내가 육지를 나갔지.

= 육지 나갔는데 몇 년 가보지도 아니하고 한 해. 한 해 가서 오니까 차릴 것 없으니까 돈도 못 벌고 그렇게 해서 왔어. 이제는 와서 보니까 약혼은 했었던데.

= 그렇게 하니까 언제 저 선달 나면 시집갈 것이다 이렇게 하니까 차릴 것이 없지. 그렇게 하니까 우리 이모가 이제 불탄 저 신흥리 살면서 우리 이모가 솜도 요 한 채 이불 한 채 그렇게 내어줘서. 그렇게 해서 그것 차려서 그것만 가져서 갔지 뭐. 더 차려서 갈 것도 없고.

으.

= 그렇게 해서 이제 그것으로 해서 가니까 조금 이녁이 나쁨하지만 내가 인생을 다 바쳐서 그 집에를 갔는데 나 무엇 해서 가라고.

(웃음) 이불 한 채 요?

= 경헌디 이제 우리 씨어머니미 동복써[166] 물질허나네 촘 나도 막 상구는[167] 아니라도 중상구니 뒈난.

= 메여글 ᄌᆞ무란[168] 씨찝가던 헤에 그 보미[169] 이제 메여글 ᄌᆞ무난 촘 메역 ᄒᆞᆫ 칭 바닌가 헤져선게게.

= 경 허난 이제 우리 씨어멍이 아이고 얘야. 이거 ᄑᆞ랑으네[170] 친정도 몬 싸난. 씨지비서 헌 거라부난 아상[171] 가지도 몬터곡. 이젠 그걸 ᄑᆞ란 우리 씨어머니미 이제 궤 어신 걸 이제 궤나 하나 사 노라.

= 이제 저디 읻쭈. 궤.

= 그 궬 이제 함덕[172] 간 물쿠실낭[173]으로 아피는 이제 굴무기[174]로 허고 뒤에는 물쿠실낭으로 헌 걸로 허여네 우리 씨어머니 간 마추와네 이제 씨어멍 메누리가 함덕 간 젼 완 이제 궤 논 거시 저거.

= 경허난 친정에서는 난 이 좁썰 ᄒᆞᆫ 방울 아니 헤 온 사름.

= 경헨 씨지비 와네 그자 악빠리ᄀᆞ찌 산 게 이때ᄁᆞ지 사란 사람쭈[175].

게면 그 친정에서 겨론시킬 때 어떤 음식드를 멘드러쑤과?

= 그때는 불칸[176] 오난 음시기 얻쭈게. 무시거 출릴 꺼시 어서. 게난 이디서 헤 간 뒈야지고기[177]에 저 찌짐[178]. 그 밀ᄏᆞ를로 찌짐 헤네 그거 영 상귀나케시리[179] 써렁 그거 노콕.

= 이제 두부 저 콩헤네 둠비[180]허연 그거 ᄒᆞᆫ 점썩 노콕 이제 뒈야지고기 석 점 경 헤영 출령 허곡.

= 이제 촘 무신 건 이 콩ᄂᆞ물 대신 이제 짐치. 무신 이제ᄀᆞ치 무신 훼가 이서 무시거 헤서게 그걸로 그자 무마시켰쭈.

= 우리도 이 신치비[181] 막 쎄주게. 동보게[182]. 덥떠리[183] 하[184].

= 경헨 헤도 또 우리 큰조근아방네[185] 아덜덜 셋따방[186] 아덜덜 조근아방[187] 아덜더른 다 부산 사라부니까 이 큰아방[188] 어멍으로썬 우리 어멍 뿌니고 ᄉᆞ춘 아지망[189] 하나 이디[190] 살단 부산 가부나네.

= 그렇게 했는데 위제 우리 시어머님이 동복서 물질하니까 참 나도 막 상군은 아니어도 중상군이 되니까.

= 미역을 캐어서 시집가던 해애 그 봄에 이제 미역을 캐어서 참 미역 한 칭 반인가 했졌던데.

= 그렇게 하니까 이제 우리 시어머니가 아이고 애야. 이것 팔아서 친정도 못 사니까. 시집에서 한 것이어서 가져서 가지도 못하고. 이제는 그것을 팔아서 우리 시어머님이 이제 궤 없는 것을 이제 궤나 하나 사서 놓아라.

= 이제 거기 있지. 궤.

= 그 궤를 이제 함던 가서 멀구슬나무로 앞에는 이제 느티나무로 하고 뒤에는 먹구슬나무로 한 것으로 해서 우리 시어머니 가서 맞춰서 이제 시어머니 며느리가 함덕 가서 지고 와서 이제 궤 놓은 것이 저것.

= 그러니까 친정에서는 나는 이 좁쌀 한 알 아니해서 온 사람.

= 그렇게 해서 시집에 와서 그저 악바리같이 산 것이 이때까지 살아서 살고 있지.

그러면 그 친정에서 결혼시킬 때 어떤 음식들을 만들었습니까?

= 그때는 불타서 오니까 음식이 없지. 무엇 차릴 것이 없어. 그러니까 여기서 해 간 돼지고기에 저 지짐이. 그 밀가루로 지짐이해서 그것 이렇게 귀나게끔 썰어서 그것 놓고.

= 이제 두부 저 콩해서 두부해서 그것 한 점씩 놓고 이제 돼지고기 석 점 그렇게 해서 차려서 하고.

= 이제 참 무슨 것 이 콩나물 대신 이제 김치. 무슨 이제같이 무슨 회가 있어 무엇 했나. 그것으로 그저 무마시켰지.

= 우리도 이 신집이 막 세지. 동복에. 친척들이 많아.

= 그렇게 해도 또 우리 큰작은아버지네 아들들 둘째아버지 아들들 작은아버지 아들들은 다 부산 살아버리니까 이 큰아버지 어머니로서는 우리 어머니뿐이고 사촌 아주머니 하나 여기 살다가 부산 가버리니까.

= 그때 ᄉᆞ춘 아지망이 씨지비 강완[191] 이제 ᄋᆞᆯ ᄁᆞ라입젠 허민 어떵 허코 게난 우리 친정의 ᄉᆞ춘 오라방[192] 아지망이 멩지[193] 그 베추색 물 드려네 이젠 따드만[194] 저고리 하나 해줜. 겨고 인조 치메 이번[195] 나 그거뿐.

= 원 춤 친정엔 허연 춤 손빠닥 발빠닥만 들런 이 고치비[196] 완쭈.

= 경헌디 경 오니까 씨어멍덜 춤 ᄆᆞᆫ저도 ᄀᆞᆯ쭈마는 씨어멍이 두 개라.

= 그디 메누리더른 막 잘 출령[197] 와도 난 출령 갈 꺼시 어시난[198] 춤 이불 놓 침구광 이불 하날 더ᄁᆞ젠[199] 헤도 이부리 어서[200]. 그자 그거 하나.

= 경헤도 나 이 씨지블 마랑 가믄[201] 어멍 아방이 팔짤 구진디 내 이 팔쩰 그리치믄[202] 어멍 담덴[203] 허카부덴[204] 포따리[205] 세 번 네 번 출려도이[206].

– 다 아까우난 헨찌.

= 동넨떠른드리 "야야." 동넨떠른드리 조으니까 사ᄅᆞᆫ쭈게.

= "야 조반빠블 잘 머거사 저녁빠비여. 저녁빠블 잘 머거사 조반빠비여. 똘 하나 시난 아멩이나[207] 사람시라[208]. 사람시라."

= 그 마를 듣고 우리 어멍이 아길 두 갤 놔뒹 온 거난 그 애기덜 어멍 어멍 허는[209] 애기덜 떼여 뒁[210] 온 걸 내도 이 ᄄᆞ를 떼여 뒁 가믄 내가 일쎙을 ᄆᆞ쳐불민[211] ᄆᆞ쳐불지 내 하나 중느냐 이 ᄄᆞ를 주기느냐.

= 경 헌 게 사란[212] 이떼ᄁᆞ지 사ᄅᆞᆫ쭈.

= 경헹 춤 압빡도 잘 받고 김도[213] 잘허고 거름도[214] 잘 걷고 돈도 하영[215] 버러서.

그 다으메 그 우리 그러면 실랑치비선 음시글 어떵 준비헤신고예?

= 그때 사촌 아주머니가 시집에 다녀와서 이제 옷 갈아입으려고 하면 어떻게 할까 그러니까 우리 친정에 사촌 오라버니 아주머니가 명주 그 배추 색 물들여서 이제는 다듬어서 저고리 하나 해줬어. 그리고 인조 치마 입어서 나 그것뿐.

= 원 참 친정이라고 해 서 참 손바닥 발바닥만 들어서 이 고 씨 집에 왔지.

= 그런데 그렇게 오니까 시어머니들 참 먼저도 말했지만 시어머니가 두 명이야.

= 거기 며느리들은 막 찰 차려서 와도 나는 차려서 갈 것이 없으니까 참 이불 놓아서 침구와 이불 하나를 덮으려고 해도 이불이 없어. 그저 그것 하나.

= 그렇게 해도 내 이 시집을 말아서 가면 어머니 아버지가 팔자 궂은데 나 이 팔자를 그르치면 어머니 닮다고 할까 봐 보따리 세 번 네 번 차려도.

– 다 아까우니까 했지.

= 동네 어른들이 "야야." 동네 어른들이 좋으니까 살았지.

= "야 조반을 잘 먹어야 저녁밥이다. 저녁밥을 잘 먹어야 조반이다. 딸 하나 있으니까 아무러하거나 살고 있어라. 살고 있어라."

= 그 말을 듣고 우리 어머니가 아기를 두 개 놔두고 온 것이니까 그 아기들 어머니 어머니 하는 아기들 떼어 두고 온 것을 나도 이 딸을 떼어 두고 가면 내가 일생을 마쳐 버리면 마쳐 버리지 내 하나 죽느냐 이 딸을 죽이느냐.

= 그렇게 한 것이 살아서 이때까지 살았지.

= 그렇게 해서 참 압박도 잘 받고 기기도 잘하고 걷기도 잘 걷고 돈도 많이 벌었어.

그 다음에 그 우리 그러면 신랑집에서는 음식을 어떻게 준비했을까요?

— 뭐 출리는 건 크게 뭐 경 다르게 찰리는 건 어선쭈게.

겐디 어 뒈지고기는 췌고로 칠 꺼 아니우꽝예.

— 으.

뒈지고기는 어떠케 준비헤쑤과?

— 뒈지고기는 이녁 치비서 길롸쭈게.

예.

— 뒈야지[216]는 예를 드렁 이제 겨론하게끔 뒈어 가며믄 이제 보통 이녁 찌비서 도새길 한 머릴 키와.

예.

— 키왕 또 경 아녀그네 헌 디는 이제 그 저 이녁 저 그 형제간더리 이제 마는 디는 큰지비서 ᄒᆞ나 키와주는 디도 읻꼬. 경 아넌 디는 이녁 찌비서 ᄒᆞ나 키와 가지고.

— 그 이제 겨론식칼 때 그걸 이제 뇽 그 우시헐[217] 때는 대바네는[218] 그러케 갈비 영 하나 걸치곡 뭐 허는데 그때 당시 그 도새기 여긴 점쑤로 ᄒᆞᆫ 석 쩜쯤 허믄 막 그건 잘 출린 거. 석 점쯤.

그 다음 바닌 경우는예 뒈지고기 석 점 둠비 ᄒᆞᆫ 점.

— 둠비[219].

= 정기[220] 하나.

정기.

— 정기 하나.

— 정기 순대가 아니고.

= 수에[221]도 허곡.

— 수에도 허곡.

수에도 허곡 정기도 하나.

— 응 그거 그거주.

예 게믄 바븐 쌀밥 헤신가마씨?

— 뭐 차리는 것은 크게 뭐 그렇게 다르게 차리는 것은 없었지.

그런데 어 돼지고기는 최고로 칠 것 아닙니까?

— 으.

돼지고기는 어떻게 준비했습니까?

— 돼지고기는 이녁 집에서 길렀지.

예.

— 돼지는 예를 들어 이제 결혼하겠끔 되어 가면 이제 보통 이녁 집에서 돼지를 한 마리를 키워.

예.

— 키워서 또 그렇지 않아서 한 데는 이제 그 저 이녁 저 그 형제간들이 이제 많은 데는 큰집에서 하나 키워주는 데도 있고. 그렇지 않은 데는 이녁 집에서 하나 키워 가지고.

— 그 이제 결혼식할 때 그것을 이제 놓아서 그 위요할 때는 대반에는 그렇게 갈비 이렇게 하나 걸치고 뭐 하는데 그때 당시 그 돼지 여기는 점수로 한 석 점쯤 하면 막 그것은 잘 차린 거. 석 점쯤.

그 다음 반기인 경우에는 돼지고기 석 점 두부 한 점.

— 두부.

= 빙떡 하나.

빙떡.

— 빙떡 하나.

— 빙떡. 순대가 아니고.

= 순대도 하고.

— 순대도 하고.

순대도 하고 빙떡도 하나.

— 응. 그게 그것이지.

예 그러면 밥은 쌀밥 했을까요?

— 게난 쏠밥 쏠바비 아니고.

예.

— 아주 뭐. 여기 뭐 우시나 이제 거기서 상객 오신 분드른 다 쏠바브로 다 거련 거련쩌[222].

예.

— 그 저 이 낭푸네도[223] 어떵 이제 사발도 그땐 잘 어실[224] 때난 그자 낭푸네 거려도 이제 우에만[225] 쌀바브로 영 탁 이제 뭐야? 앙꼬[226] 더퍼 그넹에 허곡.

— 저 사바레도 그자 우에는 쏘게는 다 보리바비고 이제 허영 푸시나 거세기 허믄 서끄곡.

= 폰[227] 놩[228] 밥.

— 경허영 우에 싹 더펀땅[229] 싸른 쌀바븐 우에만 더평 경허영 그자 경 헹 바븐 그런 시기고.

둠비는 어떵 멘드러신고예?

— 둠비는 ᄀ레[230] ᄀ랑[231] 다.

= 아이고 일뤠짠치[232] 옌나른게 잔치허젠 허믄 일뤠잔치엔 허지 아념니까게? 게믄 둠비[233] 허는 날 무시거 허는 날게 온 터는 날.

— 둠비 허는 날 뭐 오믄 이제 이블 끼우는[234] 날 둠비 허는 날 뭐 도새기[235] 잡느렌 허곡 뭐 이리 게난 일뤠잔치엔 헤 가지고. 잔치허젠 허믄.

= 둠빈 이제 서 마리믄 서 말 ᄀ레에서 다 벌렁[236] 이제 체 다 갈라뒹[237] 허영 이젠 둗뜯턴[238] 무레 컨땅[239].

= 이젠 옌나른 큰 이젠 다라[240]주마는 그땐 큰 도고리[241].

= 경헹 이제 ᄀ레[242] 이 알쩡으네 산디찍[243] ᄁ랑으네 영 동그레기 노믄 ᄀ레 둥글지[244] 말게 영 놩 그레[245] ᄀ레 알쩡[246] 이제 두리써기나 서이써기나[247] 영 ᄀ랑.

= 경허영 그걸 허민 이젠 그걸 이제 둠비 쭈멩이[248] 이제 그 베주멩

— 그러니까 흰밥 흰밥이 아니고.

예.

— 아주 뭐. 여기 뭐 위요나 이제 거기서 상객 오신 분들은 다 흰밥으로 다 떠 떴자.

예.

— 그 저 이 양푼에도 어떻게 이제 사발도 그때는 잘 없을 때니까 그 저 양푼에 떠도 이제 위에만 쌀밥으로 이렇게 탁 이제 뭐야? 팥소 덮어서 하고.

— 저 사발에도 그저 위에는 속에는 다 보리밥이고 이제 해서 팥이나 거시기 하면 섞고.

= 팥 넣어서 밥.

— 그렇게 해서 위에 싹 덮었다가 쌀은 쌀밥은 위에만 덮어서 그렇게 해서 그저 그렇게 해서 밥은 그런 식이고.

두부는 어떻게 만들었을까요?

— 두부는 맷돌 갈아서 다.

= 아이고 이레 잔치 옛날은요 잔치하려고 하면 이레 잔치라고 하지 않습니까? 그러면 두부 하는 날 무엇 하는 날 옷 하는 날.

— 두부 하는 날 뭐 오면 이제 이불 끼우는 날 두부 하는 날 뭐 돼지 잡느라고 하고 뭐 일이 그러니까 이레 잔치라고 해 가지고. 잔치하려고 하면.

= 두부는 이제 서 말이면 서 말 맷돌에서 다 깨서 이제 체 다 갈라두고 해서 이제는 따뜻한 물에 잠갔다가.

= 이제는 옛날은 큰 이제는 대야지만 그때는 큰 함지박.

= 그렇게 해서 이제 맷돌 이 앉혀서 밭볏짚 깔아서 이렇게 동그랗게 놓으면 맷돌 구르지 말게 이렇게 놓아서 거기에 맷돌 앉혀서 이제 둘씩이나 셋씩이나 이렇게 갈아서.

= 그렇게 해서 그것을 하면 이제는 그것을 이제 두부 주머니 이제 그 베주머

이[249]. 이젠 촘 그땐 어리서금도 헬쭈게. 이제 체로만 갈라도 뒈는디.

예.

= 경헌디 이젠 그 둠비 쭈멩이로 이젠 서이고 너이고 그걷떨 짜.

= 게 도새기자르미[250]라고 도새기 자바나민 이제 그 돋찌름[251] 나오지 아념니까?

= 그거 봘땅으네 이제 둗똗턴 무레 이젠 그걸 노경. 자르미[252]라고.

= 이 게끔[253] 부각커영으네[254] 짜질 모터주게. 부각부각커영.

= 허민 그 자르믈 놩으네 똗똗턴 무레 놩 휘 허게 도고리[255] 이젠 ᄀ레 아사[256] 뒁 그 큰 도고리에 놩으네 이젠 그 자름 놩으네 이젠 막 휘휘 저성[257].

= 게믄 우인 북짝케도[258] 아랜 휜허주게. 그 도새기지르미 드러가믄.

= 경허믄 이젠 그 베주멩이 그때도 어려와.

– 게면 "아무 지비 강 멘 깨 비러 오라게. 이시민 멘그랑 헤난 지비 잔치지비 강 비러 오라." 허곡. 이녁 냥으로 어디서 두건 마타 온[259] 거 이시믄 거 뺀라 뒁으네[260] 멘그랑으네.

– 주로 두건 마니 썯쭈.

= 경허영 이젠 그걸 이젠 쳅찌랑양[261] 경헤영 체로 바쳥[262] 초불[263] 무를 놔뒁 이젠 두불[264] 물ᄁ지 이제 그걸 똘랑[265] 이젠 초불 물디레[266] 놔뒁 이젠 세불[267] 무른 말깡허주[268].

= 경 헐 땐 그 다그리솓띄서[269] 이제 서 말 촘 두 말지기여[270] 무신 ᄒ 말지기여[271] 허는 건 둠비 몯 숨곡 큰 두 말뜨긴 허영으네 낭뻘[272] 베롱이[273] 때엉으네 솓 파싹[274] 몰랑[275] 이제 돋찌르므로[276] 눌지[277] 몯터게시리[278] 다 뭉게.

= 이젠 그걸 뭉게낭으네 저 세불 무를 노추. 놩으네 이제 ᄄ똗턴 무레 이젠 그걸 노믄 이젠 초불 저 ** 눌질[279] 아녀주게.

= 경허믄 그땐 초불 무를 놩 경 허영 이젠 근땐 이젠 솓띄서 술망 부

니. 이제는 참 그때는 어리석음도 했지. 이제 체로만 갈라도 되는데.

예.

= 그런데 이제는 그 두부 주머니로 이제는 셋이고 넷이고 그것들을 짜.

= 게 돼지기름이라고 돼지 잡고 나면 이제 그 돼지기름 나오지 않습니까?

= 그것 놔두었다가 이제 따뜻한 물에 이제는 그것을 녹여서. 기름이라고.

= 이 거품 부걱부걱해서 짜지를 못하지. 부걱부걱해서.

= 하면 그 기름을 넣어서 따뜻한 물에 넣어서 휘 하게 함지박 이제는 맷돌 가져 두고 그 큰 함지박에 넣어서 이제는 그 기름 넣어서 이제는 마구 휘휘 저어서.

= 그러면 위는 북작해도 아래는 훤하지. 그 돼지기름이 들어가면.

= 그러면 이제는 그 베주머니 그때도 어려워.

– 그러면 "아무 집에 가서 몇 개 빌려 오너라. 있으면 만들어서 했었던 집에 잔칫집에 가서 빌려 오너라." 하고. 이녁 양 어디서 두건 받아 온 것 있으면 그것 빨아 두고서 만들어서.

– 주로 두건 많이 썼지.

= 그렇게 해서 이제는 그것을 이제는 짜서요 그렇게 해서 체로 받아서 초벌 물을 놔두고 이제는 두벌 물까지 이제 그것을 따라서 이제는 초벌 물에 넣어두고 이제는 세벌 물은 말갛지.

= 그렇게 할 때는 그 다갈솥에서 이제 서 말 참 두 말들이다 무슨 한 말들이다 하는 것은 두부 못 삶고 큰 두 말들이 해서 장작불 희미하게 때서 솥 바싹 말려서 이제 돼지기름으로 눋지 못하게끔 다 뭉개어.

= 이제는 그것을 뭉개어서 저 세벌 물을 넣지. 넣어서 이제 따뜻한 물에 이제는 그것을 넣으면 이제는 초벌 저 ** 눋지를 않지.

= 그렇게 하면 그때는 초벌 물을 넣어서 그렇게 해서 이제는 그때는 이제는

끄지[280] 몯터게시리 뭐 요만인 종질 노난 아무 거라도 이제 노믄 그거 부각부각허민 부끄질 아념니다게.

= 달랑달랑허영 이젠 부각케 가믄 이젠 ᄋᆢ프로 영 둠비가 올라오주게. 올라와 가민 궤는[281] 디로부터 이젠.

— ᄀᆞᆫ물.

= 저 우뜨리서[282] 소곰물로 허는디 우리 세겐[283] ᄍᆞᆫ물 바당물[284].

= 그땐 바당무리 얼마나 깨끄텐쑤가게?

= 도새기통시[285]에서 질롸[286] 불곡 무시거 허난 무신 뺄레허는 무리든 갠무레[287] 간 작작 뻔랑 허곡게 빈무레서 ᄉᆞ답 놀령으네 강 헤움만[288] 헨쭈.

= 경허민 그 ᄍᆞᆫ무를 들러당[289] 간수물로 경허영 궤는 디마다 이젠 물 부끄카부덴. 그레 영 영 영 영 그 궤는 디레만 영 드리치주[290].

= 드리쳔땅 이젠 둠비가 이젠 거저[291] 헤 가믄 꼭꼭 누뜨렁으네[292]. 그 둠비를 "이제 거저 이근 거 답따[293] 노리룽허연." 경허민 "마시나 봅써[294]? 싱거우나 짜냐?"

= 게믄 싱구믄 이젠 소그믈 ᄒᆞᆫ꼼 드리치는 거라. 경 헹 그걸 이젠 베그 치메폭 큰 거양?

= 그거 허영으네 그땐 열두 포기엔 헌디 네 포글 이제 쫄라내주[295].

= 그걸 이젠 트덩으네[296] 뻔랑 이젠 큰 암바네[297] 엔날 그 ᄉᆞ답 뚜드리는 안바늘 아래 영 도고리[298] 우티레[299] 둠비 ᄀᆞ라난 도고리 우티레 톡 놩.

= 이젠 그거 이제 이디서 ᄒᆞᆫ 사름 사곡[300] 이디서 ᄒᆞᆫ 사름 상 이제 둠비 거려 놩.

= ᄒᆞᆫ뻐네 첸뻐네 촘 두 마린가 서 마린가. 우리 헐 땐게 두 말도 막 하영 헤낟쭈게.

솥에서 삶아서 끓어오르지 못하게끔 뭐 요만큼한 종지를 넣으나 아무 것이라고 이제 넣으면 그것 부걱부걱하며 끓어오르지 않습니다.

= 달랑달랑해서 이제는 부걱부걱해 가면 이제는 옆으로 이렇게 두부가 올라오지. 올라와 가면 끓는 데로부터 이제는.

- 간물.

= 저 웃드르에서는 소금물로 하는데 우리 마을에서는 짠물 바닷물.

= 그때는 바닷물이 얼마나 깨끗했습니까?

= 돼지우리에서 길러 버리고 무엇 하니까 무슨 빨래하는 물이 든 갯물에 가서 작작 빨아서 하고요 빗물에서 세답 놀려서 헹굼만 했지.

= 그렇게 하면 그 짠물을 길어다가 간수로 그렇게 해서 끓는 데마다 이제는 물 끓어오를까봐 그리로 이렇게 이렇게 이렇게 이렇게 그 끓는 데만 이렇게 들이뜨리지.

= 들이뜨리었다가 이제는 두부가 이제는 거의 해 가면 꼭꼭 눌러서. 그 두부를 "이제 거의 익은 것 같다 노르스름해서." 그렇게 하면 "맛이나 보십시오? 싱거우냐 짜냐?"

= 그러면 싱거우면 이제는 소금을 조금 들이뜨리는 거야. 그렇게 해서 그것을 이제는 베 그 치마폭 큰 거요?

= 그것 해서 그때는 열두 폭이라고 했는데 네 폭을 이제 잘라내지.

= 그것을 이제는 뜯어서 빨아서 이제는 큰 다듬잇돌에 옛날 그 빨래 두드리는 다듬잇돌을 아래 이렇게 함지박 위로 두부 갈았던 함지박 위에 톡 놓아서.

= 이제는 그것을 이제 여기서 한 사람 서고 여기서 한 사람 서서 이제 두부 떠 놓아서.

= 한번에 첫번에 참 두 말인가 서 말인가. 우리 할 때는 두 말도 아주 많이 했었지.

= 경 헹 그걸 이젠 영영영영 치민 무리 거저 빠져 가믄 이젠 영 마주청. 마주청 영 노콕 영 노콕 영 마주청 이젠 그레 또 암바늘 더끄는[301] 거라.

= 암바늘 지들퀑[302] 이제 그레 ᄀ레 콩 ᄀ라난 ᄀ레차글[303] 지들르믄에?

= 이제쯤 이제 건줌[304] 이디 논 거믄[305] 바미 ᄒᆞᆫ 열 씨나 뒈민 무리 드끌게[306] 빠지믄 이제 그걷또 허곡. 아치미 이제 술마낸 건 나지 이젠 거 기창[307] 벨미로덜 갈라당 먹꼬 경헤영 둠비[308] 헤낟쑤다.

예예.

지금 둠비허고 마시 달치예?

― 달기만[309] 헤?

예예.

― 마시.

= 아이고 맏싸 촘 그땐 ᄀ라도[310] ᄀ레 ᄀᆞᆫ 거시 얼마나?

게난 정성도 드러가고예?

= 으으.

뭐 혹씨 겨로네 대해서 뭐 재미인는 얘기가 이쓰면 푸대쌈 그런 걷또 조코예?

― 우리 헐 때는 이제 그런 내용 그르후제[311] 무신 실랑도 ᄃᆞ라메영으네게 발창[312] 떼리고 뭐허곡 헨는데 우리 에 그때 헐 때는 뭐 그런 건 어서[313]. 아 그때 뭐 좀 읻낀 이서실[314] 꺼라.

= 예게. 그 잔칠날게 그 청년덜 새각씨 친구더리영 새시방 친구. 우리 그때는 이 어른 혹꾜 뎅길[315] 때고 이거시 바로 신장노 찌비민 촘 신장노 민 이거시 우리 씨지비주게. 게난 오거리.

= 경 허난게 경 모다치질[316] 몬텐쭈마는 우리 친구 아이덜 씨집갈 땐 강 보민 이치록헌 딘 가믄 남ᄌᆞ 친구덜 여자 친구덜 모다아지믄[317] "아 우리 새시방 ᄃᆞ라메게." 영허주게.

= 그렇게 해서 그것을 이제는 이렇게 이렇게 이렇게 이렇게 치면 물이 거의 빠져 가면 이제는 이렇게 마주쳐서. 마주쳐서 이렇게 넣고 이렇게 넣고 이렇게 마주쳐서 이제는 그리로 또 다듬잇돌을 덮는 거야.

= 안반을 지질러서 이제 그리로 맷돌 콩 갈았던 망돌짝을 지지르면요?

= 이제쯤 이제 거의 여기 놓은 것이면 밤에 한 열 시쯤 되면 물이 많이 빠지면 이제 그것도 하고. 아침에 이제 삶아낸 것은 낮에 이제는 그것 끓어서 별미로들 갈라다가 먹고 그렇게 해서 두부 했었지요.

예예.

지금 두부하고 맛이 다르지요?

– 다르기만 해?

예예.

– 맛이.

= 아이고 맛이야 참 그때는 갈아도 맷돌 간 것이 얼마나?

그러니까 정성도 들어가고요?

= 으으.

뭐 혹시 결혼에 대해서 뭐 재미있는 얘기가 있으면 보쌈 그런 것도 좋고요?

– 우리 할 때는 이제 그런 내용 그 이후에 무슨 신랑도 달아매서 발바닥 때리고 뭐하고 했는데 우리 아 그때 할 때는 뭐 그런 것 없어. 아 그때 뭐 조금 있기는 있었을 거야.

= 예. 그 잔칫날 그 청년들 새색시 친구들이랑 새신랑 친구. 우리 그때는 이 어른 학교 다닐 때고 이것이 바로 신작로 집이면 참 신작로면 이것이 우리 시집이지. 그러니까 오거리.

= 그렇게 하니까 그렇게 모다기령 못했지만 우리 친구 아이들 시집갈 때는 가서 보면 이렇게 한 데는 가면 남자 친구들 여자 친구들 모여앉으면 "아 우리 새신랑 달아매자." 이렇게 하지.

= 경허민 꺼꾸로 영 이제 발목 두 개 톡 무껑 경헤 영 꺼꾸로 영 둘러 메민[318] 이젠 "매 치라." 허민 이제.

발빠닥.

= 으 경 헨 이젠 그걸로 이젠.

- 그 저 뭐야 이젠 남술[319] 다 가튼 거 헤당으네게 그때 자. 자. 그 마름질허는 자 가튼 거 헤당으네게 이제 영.

= 매 치라 바른말 허라 바른말 허라 허영.

- 이거 이제 새각씨 도둑찔헹 왼따. 이제 헤서 바른말 허렌. "너 어떵 허연 이디 여자를 꼬셔 완느냐?" 경헨 그 저.

= 경 허믄 이제는 춤 지집빠이더리[320] 다 건방지주마는 근땐 실랑 다릴 강[321] 시멍[322] 그 청년 두리서게 남자덜 대여시 다마졍[323] 헤가민 자락[324] 커게 실랑 우티레 업떠정 무신 둥그려[325] 불카분덴[326] 검낭[327] 술쩨기 두이로[328] 강 이제 손만 내미렁 그 벨 클르주게[329].

= 경 헤나서. 우리 커올 때 경 허멍 헌디 우리 성네덜 씨집갈 때도 강 보믄 대개 경 허여.

예. 혹씨 옌나른 지금 창이 창오지로 발랃잔쑤강예?

= 으.

그러믄 그 동네 친구드리 뭐 이러케 창곰 뚤르고 헤낟쑤가?

= 허고말곡.

- 그건 그 친구드리 다 그런 지슨 다 헨쭈게.

= 게난 훈 머리 지서 시나[330]? 발마간누워 시나[331]? 말ᄀ람시나[332]? 이제 어떵 헴시냐? 저 자파릴[333] 헴신가?

= 경 허영 이제 창고냥[334]으로 영허영 영.

- 게난 쪽뚜리가 이제 그 이제 그 실랑이 베끼는 거 아니라게? 족뚜리를.

= 그렇게 하면 거꾸로 이렇게 이제 발목 두 개 탁 묶어서 그렇게 해서 거꾸로 이렇게 둘러메면 이제는 "매 쳐라." 하면 이제.

발바닥.

= 으. 그렇게 해서 이제는 그것으로 이제는.

- 그 저 뭐더라? 이제는 죽젓개 다 같은 거 해다가 그때 자. 자. 그 마름질하는 자 같은 거 해다가 이제 이렇게.

= 매를 쳐라. 바른말 해라. 바른말 해라 해서.

- 이거 이제 새색시 도둑질해서 왔다. 이제 해서 바른말 하라고. "너 어떻게 해서 여기 여자를 꾀어 왔느냐?" 그렇게 해서 그 저.

= 그렇게 하면 이제는 참 계집아이들이 다 건방지지만 그때는 신랑 다리를 가서 잡아서 그 청년 둘이서 남자들 대여섯이 몰려들어서 해가면 자락 하게 신랑 위로 엎더지어서 무슨 굴려 버릴까 봐 겁나서 살짝 뒤로 가서 이제 손만 내밀어서 그 베를 끄르지.

= 그렇게 했었어. 우리 클 때 그렇게 하면서 했는데 우리 형네들 시집갈 때도 가서 보면 대개 그렇게 해.

예. 혹시 옛날은 지금 창이 창호지로 발랐잖습니까?

= 으.

그러면 그 동네 친구들이 뭐 이렇게 창구멍 뚫고 했었습니까?

= 하고말고.

- 그것은 그 친구들이 다 그런 짓은 다 했지.

= 그러니까 한 머리 짓고 있나? 발 막아서 누워 있는가? 말하고 있는가? 이제 어떻게 하고 있나? 저 장난을 하고 있는가?

= 그렇게 해서 이제 창구멍으로 이렇게 해서 이렇게.

- 그러니까 족두리가 이제 그 이제 그 신랑이 벗기는 것 아닌가? 족두리를.

– 쪽뚜리를 이제 베꼉으네게 그거까지 다 감시허젠 기냥 그 친구드리 와그네 다 그 창꿈[335] 다 뚤렁[336] 봐난 거지. 이제.

게난 어르신도 창꿈 뚤라봅띠가?

– 난 이 그런 지슬 난 헨짜 그 그런 시기 헐 씨가니 어선쭈. 그냥 똘 하나만 생겨 뒨 그냥 군대 가곡 뭐 헤부난.

– 족두리를 이제 벗겨서 그것까지 다 감시하려고 그냥 그 친구들이 와서 다 그 창구멍 다 뚫어서 봤던 것이지. 이제.

그러니까 어르신도 창구멍 뚫어봤습니까?

– 나는 이 그런 짓을 나는 했자 그 그런 식 할 시간이 없었지. 그냥 딸 하나만 생겨 두고 그냥 군대 가고 무엇 해버리니까.

2.3 결혼 생활에 대한 이야기

게난 신논 살리믄 어디서 한 세민고예? 그냥 씨지비서예?

– 씨지비서 그냥 헨쭈. 우리 지비서 저 이제.

게난 씨어머니 모시고 산 거네.

그럼 쳗ᄄᆞ른 지베서 난 거 아니우꽝예?

쳗ᄄᆞ른 뚤.

= 지비서 촘 가젼 지비서 난쭈.

게믄 혹씨 애기설 때 어떤 뭐 입떨 허거나 뭐 그런 건 어섣쑤가?

= 으 그런 거. 우리 큰년[337] 설 땐 그런 거 몰르고 질 생각난 게 이제 메역 ᄌᆞ문허젠[338] 허난 이제 저 코지[339] 이제 헤안도로 가는 그디가 우리 동복[340] 빠당이거든.

= 그디 간 이제 그땐 헤안도로 안 나난 사저니로[341] 지를[342] 영 골모그로 너머갈[343] 때 보난 그 보미 그 촘 셍게[344]라고 읻찌 아녀우꽈게[345]?

= 셍게. 셍게.

예예.

예.

= 저 꺼꺼 머그믄 셉씨금헌[346] 거.

예예 셍게예 물셍게 셍게.

= 그거시 지레 봐지나네 그 받떼염[347]으로 영 담 너므멍 그 테왁[348] 졍 가단 보난 그거시 나왇서. 보미.

= 그거 허난 그걸 똑 꺼껑 머근 거라.

= 경 헨 와네 우리 이모신디[349]. 우리 이모니믄 신흥[350] 살주게.

= 조천짱[351]에 간 신흥을 이모신디 드령[352] 올 때난 이모신디 간.

= “저 이모님 우상허우다[353].” 영허난.

그러니까 신혼 살림은 어디에서 한 셈인가요? 그냥 시집에서요?

ㅡ 시집에서 그냥 했지. 우리 집에서 저 이제.

그러니까 시어머니 모시고 산 거네.

그러면 첫딸은 집에서 낳은 것 아닙니까?

첫딸은 딸.

= 집에서 참 가져서 집에서 났지.

그러면 혹시 아기설 때 어떤 뭐 입덧 하거나 뭐 그런 것은 없었습니까?

= 으 그런 것. 우리 큰딸 설 때는 그런 것 모르고 젤 생각나는 것이 이제 미역 캐려고 하니까 이제 저 곶 이제 해안도로 가는 거기가 우리 동복 바다거든.

= 거기 가서 이제 그때는 해안도로 안 나니까 산전으로 길을 이렇게 골목으로 지나갈 때 보니까 그 봄에 그 참 수영이라고 있지 않습니까?

= 수영. 수영

예예.

예.

= 저 꺾어 먹으면 시금한 것.

예예 수영요 애기수영 수영.

= 그것이 길에 보이니까 그 밭섶으로 이렇게 담 넘으며 그 테왁 지고 가다보니까 그것이 나오고 있어. 봄에.

= 그것 하니까 그것을 똑 꺾어서 먹은 거야.

= 그렇게 해서 와서 우리 이모한테. 우리 이모님은 신흥리 살지.

= 조천장에 가서 신흥을 이모한테 들러서 올 때니까 이모한테 가서.

= "저 이모님 이상합니다." 이렇게 하니까.

= "무사[354]?" 영 허난. "야 저 무사?"

= "어 무레 들레[355] 간양 메역 ᄌᆞ무는 허고양 무레 들레 가젠 가는디양 생게[356] 봐전[357] 생겔 꺼껀 머거집띠다." 허난 "아이고 느 우상헴쩌." 허연.

= "그 마리 무슨 마리우꽈?" 영 허난.

= 헌 짐작또 이서도 그런 거 생가글 헤서게. 새끼 나올 쭝[358]은 몰랃쭈.

= 경허난 "아이고 늬 똑 입떧커는 거 담다[359]." 그거 하나. 첸때기 설 땐 그거고.

= 두 번채 아기 설 때도 우리 ᄋᆞ선 쏠마니 우리 아기가 이제 우리 큰 아더리 신디[360].

= 그때꺼지도 군대에 간 이서 불곡 무시거 헤 부난 그땐 무신 화랑담벤가 무신거 허여 부난 아기덜 어섬쩬[361] 헤낟쭈게.

= 경헌디 촘 나 어떵 공드리난 그 우리 큰노믈 설 때엔 아방[362]이 완 가부난 받띠 간 조 비다[363] 보난. 옌날 조팥띠[364] 콩을 노추. 장콩이라고.

= 그걸 헌디 아장 그 조 내벼둬네 나가 세가늘 마트니까[365].

= 게난 씨어멍넨 ᄄᆞ로 살고.

= 콩죽 쒼 저 눌차[366] 콩 까네 이젠 그 보리쏘레이 좁써른 장만 안 헐 때난 조 빌[367] 때난.

= 겨엔 이젠 그 보리쏠 놘 주글 쒀네 씨누이영 씨어멍 사는 디 간.

= 우리 궨당 치비[368] 간 사난.

= "야." 우리 씨누이 이르미 태수니주. 그디 거렁 간 나 사는 지비서 거런 간.

= "야 태수나 오라. 태수나 오라. 나 콩죽 쒿쩌. 보리쏠 놘 콩죽 쒿쩌." 영 허난 우리 그 씨할망[369] 저 먼 궨당 씨할망 뒐 어르니.

= "야이[370] 콩죽 생각허는 거 보난 ᄉᆞ망이런쩌[371]." 영허난.

= "왜?" 이렇게 하니까. "야 저 왜?"

= "어 물에 들러 가서요 미역 캐기는 하고요 물에 들러 가려고 가는데요 수영 보게 되어 수영을 꺾어서 먹게 됩디다." 하니까 "아이고 너 이상하다." 해서.

= "그 말이 무슨 말입니까?" 이렇게 하니까.

= 한 짐작도 있어도 그런 것 생각을 했어. 새끼 나올 줄은 몰랐지.

= 그렇게 하니까 "아이고 너 꼭 입덧하는 거 같다." 그것 하나. 첫아기 설 때는 그것이고.

= 두 번째 아기 설 때도 우리 여섯 살 만에 우리 아기가 이제 우리 큰 아들이 있는데.

= 그때까지도 군대에 가서 있어 버리고 무엇 해 버리니까 그때는 무슨 화랑담배인가 무엇 해 버리니까 아기들 없다고 했었지.

= 그렇게 했는데 참 나 어떻게 공들이니까 그 우리 큰놈을 설 때에는 남편이 왔다 가버리니까 밭에 가서 조 베다 보니까. 옛날은 조밭에 콩을 놓지. 장콩이라고.

= 그것을 했는데 앉아서 그 조 내버려두고 내가 살림을 맡으니까.

= 그러니까 시어머니네는 따로 살고.

= 콩죽 쒀서 저 날짜 콩 까서 이제는 그 보리쌀에 좁쌀은 장만 안 할 때니까 조 벨 때니까.

= 그래서 이제는 그 보리쌀 넣은 죽을 쒀서 시누이하고 시어머니 사는 데 가서.

= 우리 권당 집에 가서 사니까.

= "야." 우리 시누이 이름이 태순이지. 거기 걸어서 가서 내가 사는 집에서 걸어서 가서.

= "야 태순아 오너라. 태순아 오너라. 내가 콩죽 쒔다. 보리쌀 넣어서 콩죽 쒔다." 이렇게 하니까 우리 그 시할머니 저 먼 권당 시할머니 될 어른이.

= "애 콩죽 생각하는 것 보니까 사망일었다." 이렇게 하니까.

= ᄉᆞ망이 무신거고?

= 게난 이제 우리 씨어멍안티레 "아이고 자이[372] 입떡커는 셍이여[373]." 그거시 입떡. 그거고.

= 우리 센년[374] 벨 때도 그런 건또 몰르고[375].

= 우리 조그년[376] 설 때에 우리 저 지블 간 짇쩬 허난 우리 냥으로 아방[377] 군대 간 와네 지블 짇쩬 허나네 이제.

= 고등에 그땐 반차니 고동에 반차이난게 소고메 저령 ****.

= 거 산[378] 솓깡아레[379] 굽쩬 허연 영 구워 가난 고등에 내[380]가 그거시 밤내 촘 무신 밤내[381]여 무신 내가 그거 입떡커는 거 그거.

= 밥 짇쩬 허난 밤내 나고 고등에 굽쩬[382] 허난 그 고둥에 내가 입띠레 쿡커게 드러오난 '아차 나가 어떵 우상허다[383].' 그거시 입떡.

= 우린 경 밥 아기 베민 기냥 밤만 무장 머거져.

– 팔짜 조은 사름드리 입떨터곡 뭐허곡 허지. 살기 바쁜데 아이 밥펴곡 뭐허곡 헤네.

= 아기 설멍도이.

– 입떡커고 무신.

= 아기 설멍도[384] 서리[385] 집 짇쩬[386] 허난.

예예.

= 서리 이제 그 산저니[387] 강[388] 기차당으네게[389] 지게로 지어 아졍 왕으네 이제 경 허곡. 우리 지블 지선 사라 부난 촘 입떡컬 셍펴니 어서나서.

애기는 누가 바닫쑤가? 씨어머니 바닫쑤가? 애기?

= 아기 내우는 할망.

아아.

= 아기 내우는. 나 막 아기 쎄게 나기 때무네 이제 아기 내우는 할망이 완 내와 주곡 우리 센놈[390]만 이제 아방허고 나만 낟쭈.

= 사망이 무엇인가?

= 그러니까 이제 우리 시어머니한테 “아이고 재 입덧하는 모양이야.” 그것이 입덧. 그것이고.

= 우리 둘째 딸 밸 때도 그런 것도 모르고.

= 우리 작은딸 설 때에 우리 저 집을 가서 지으려고 하니까 우리 양으로 남편 군대 갔다 와서 집을 지으려고 하니까 이제.

= 고등어 그때는 반찬이 고등어 반찬이니까 소금에 절여서 ****.

= 그것 사서 솥밑에 구우려고 해서 이렇게 구워가니까 고등어 냄새가 그것이 밥내 참 무슨 밥내야 무슨 냄새가 그것 입덧하는 것 그것.

= 밥 지으려고 하니까 밥내 나고 고등어 구우려고 하니까 그 고등어 냄새가 입으로 쿡 하게 들어오니까 ‘아차 내가 어떻게 이상하다.’ 그것이 입덧.

= 우리는 그렇게 밥 아기 배면 그냥 밥만 무장 먹게 되어.

- 팔자 좋은 사람들이 입덧하고 뭐하고 하지. 살기 바쁜데 아니 밥하고 뭐하고 해서.

= 아기 서면서도.

- 입덧하고 무슨.

= 아기 서면서도 서까래 집 지으려고 하니까.

예예.

= 서까래 이제 그 산전에 가서 끊어다가 지게로 져 가지고 와서 이제 그렇게 하고. 우리 집을 지어서 살아 버리니까 참 입덧할 형편이 없었었어.

아기는 누가 받았습니까? 시어머니 받았습니까? 아기?

= 아기 내우는 할머니.

아아.

= 아기 내우는. 내가 아주 아기 세게 나기 때문에 이제 아기 내우는 할머니 와서 내워 주고 우리 둘째아들만 이제 남편하고 나만 났지.

그 애기 날 때 애기 좀.

뭐 그때 뭐 쫌 그 얘기를 쫌 해줍써? 애기 날 때 얘기를.

= 응?

애기 날 때 얘기를. 예를 들면.

힘드럳쓰니까.

힘드럳쓰니깐.

- 애기 날 때 워낙 이 애기 날 때 쎄게 나. 쎄게 나 부니까 그냥 막 딴스[391]를 헌덴 허여. 딴스 헌덴 허여.

= 경헹 아기 ᄋᆞ선 깨.

- 경헌디 이제 우리 저 지금 중구게 간 인는 아이가 그 뜨리 뜨리 날 땐 이 워낙 그 쎄게 나노니까.

= 신장노 지비서게.

- 동네 동네 그 남자드를 데려오렌 헤난쭈게.

- 그 아펜 아졍 이제 뭐.

= 우리 큰년[392] 날 때는.

- 헨는디.

= 저거 선뚤 쓰무ᄋᆞᆫ쎈 날 난 건디 우리 씨아지방이[393] 잔치라.

= 우리 센씨아지방이. 잔치기 때무네 잔치찌비서 그땐 첸떼긴 동넨 싸르미 몰르게 난덴 허주게.

= 알민 이제 그치룩 쎄게 난덴 경 헹.

= 경헌디 우리 그 궨당 씨아방 뒈는 어르니 "어떵 허난 태워니[394] 각씬 아니 왐시니?" 영 허난.

= "아이고 아긴뻬마춘[395] 셍이우다[396]." 허난.

= 그땐 그 사진과네 강[397] 찍지 아년 이 지비서 사지는 찌거난쑤게.

= 게난 "사진 찌그레 어떵허난 태워니 각씨 아니 와시? 아니 와시?" 해 가난.

그 아기 날 때 이야기 좀.

뭐 그때 뭐 좀 그 얘기를 조금 해 주십시오? 아기 날 때 이야기를.

= 응?

아기 날 때 이야기를. 예를 들면.

힘들었으니까.

힘들었으니까는.

– 아기 날 때 워낙 이 아기 날 때 세게 나. 세게 나 버리까 그냥 막 댄스를 한다고 해. 댄스 한다고 해.

= 그렇게 해서 아기 여섯 개.

– 그런데 이제 우리 저 지금 중국에 가서 있는 아이가 그 딸이 딸이 날 때는 이 워낙 그 세게 나니까.

= 신작로 집에서.

– 동네 동네 그 남자들을 데려오라고 했었지.

– 그 아편 가지고 이제 뭐.

= 우리 큰딸 날 때는.

– 했는데.

= 저것 섣달 스무엿새 날 난 것인데 우리 시아주버니 잔치야.

= 우리 둘째 시아주버니가. 잔치이기 때문에 잔칫집에서 그때는 첫아기는 동네 사람 모르게 난다고 하지.

= 알면 이제 그처럼 세게 난다고 그렇게 해.

= 그런데 우리 그 권당 시아버지 되는 어른이 "어떻게 하니까 태원이 각시는 아니 오는가?" 이렇게 하니까.

= "아이고 산기가 온 모양입니다." 하니까.

= 그때는 그 사진관에 가서 찍지 않고 이 집에서 사진을 찍었었습니다.

= 그러니까 "사진 찍으러 어떡하니까 태원이 각시 아니 왔니? 아니 왔니?" 해 가니까.

= "아이고 아긴빼마촤네."

= 경 헌 거시 아기가 경 아치미 세벼기 마춘[398] 아기가 저녁 일굽 씨 뒈사 그 아기가 나온 거라.

= 경 허난 삼신할망이 세 개.

= 견디 훈 어르니 네 개차 드라오나넨.

= "이 어른드라 잔치치비 강으네[399] 그걷또 잔치도 큰 잔치주마는 이 거시 이제 할망 큰 잔친디 할망 나시[400] 무시거 헤당 올립띠강[401]?" 허난.

= 문저 온 어른더리 "아이고 그 셍각글 몬텐." 허난.

= "강 상 강 출려[402] 옵쎈[403]. 이 대상[404]을 출령 옵쎈. 할망 나시." 경헨 이젠 출려단 할망쌍디레[405] 올려가난 아기 무리 돌안. 그땐 막 할망더리 그 막 고분산처늘 허연 잘몬텐쑤덴.

= 경헌 게 촘 저 우리 큰넌[406] 난.

게난 산누조리는 어떵 헤신고예? 예를 들면 애기 애기를 나면 그 다으메 메역꾸글 머걷쑤강? 모멀쭈글 머걷쑤가?

= 첸뻐는 피가 사가렌[407].

얘기하십써? 예.

게난 산누조리는 어떠케 하셧씁니까?

= 그땐 아방[408] 군대 가불고 아방 군대 가불곡 헤부난 아기 그때 사름 하나 봉그기가[409] 경 힘들덴 막 케난쭈게이.

= 경허난 이젠 우리 씨아방에선 이제 큰동센[410] 아더를 난쭈마는 난 그거세 두 번챈 이젠 나가 아기 무시걸 허난.

= 메역꾸근 저 할망쌍[411]에 첸 뻰 그 할마쌍에 이제 삼 멜 올련게게. 보시로[412] 거리멍[413].

아 메 세 개예?

= 으. 아기 그냥 나 떠러지난 상에 할망쌍을 올리는 거라. 궤 우의[414].

= 경허영 궤 우의 올리난 그 바블 다 무시거 헤난 이젠 우의 꺼 거던

= “아이고 진통해서.”

= 그렇게 한 것이 아기가 그렇게 아침에 새벽에 진통한 아기가 저녁 일곱 시 되어야 그 아기가 나온 거야.

= 그렇게 하니까 삼신할머니가 세 개.

= 그런데 한 어른이 네 개째 데려오니까.

= “이 어른들아 잔칫집에 가서 그것도 잔치도 큰 잔치지만 이것이 이제 할머니 큰 잔치인데 할머니 몫 무엇 해다가 올렸습디까?” 하니까.

= 먼저 온 어른들이 “아이고 그 생각을 못했어.” 하니까

= “가서 상 가서 차려 오십시오라고. 이 대상을 차려 오십시오라고. 할머니 몫.” 그렇게 해서 이제는 차려다가 삼신상에 올려가니까 아기 물이 돌아서. 그때는 막 할머니들이 그 막 고분산천을 해서는 잘못했다고.

= 그렇게 한 것이 참 저 우리 큰딸 났어.

그러니까 산후조리는 어떻게 했습니까? 예를 들면 아기 아기를 낳으면 그 다음에 미역국을 먹었습니까? 메밀죽을 먹었습니까?

= 첫 번은 피 삭으라고.

이야기하십시오? 예.

그러니까 산후조리는 어떻게 하셨습니까?

= 그때는 남편 군대 가버리고 아버지 군대 가버리고 해 버리니 아기 그때 사람 하나 만나기가 그렇게 힘들다고 막 했었지.

= 그렇게 하니까 이제는 우리 시아버지에서는 이제 큰동서는 아들을 났지만 나는 그것에 두 번째는 이제는 내가 아기 무엇을 하니까.

= 미역국은 저 삼신상에 첫 번 그 삼신상에 이제 삼 메를 올리던데. 보시기로 뜨면서.

아 메 세 개요?

= 으. 아기 그냥 나서 떨어지니까 상에 삼신상을 올리는 거야. 궤 위에.

= 그렇게 해서 궤 위에 올리니까 그 밥을 다 무엇 하니까 이제는 위에

이 할망쌍에 꺼 거던 저 우티레 올려둬네 이제 접씨에.

= 접씨에 국 때신 메여글 논 걸 세 개 강 폭폭 비와[415] 노콕 밥 흔 사바를 줘네 그거세 즈만[416] 그거 먹끄.

= 밤은 중서그로 이젠 모멀크를 그라다네 뇓딴 궁둥즈베기[417] 우리 씨어멍이 궁둥즈베기를 헤다 줜게[418].

= 그때는 이제 궁둥즈베기 헐 땐 함박 이시믄 그 낭함박[419] 그걸로 헤주고 함박 어신 사르믄 낭푸네 헤당 그자 저 팔팔 끌리는[420] 무레 기자영 므랃땅[421] 그레[422] 팍 놩 수까라그로 닥딱 찌경 피 사가렌. 경 헤연 줜게. 그거 머건냥.

= 허곡 또 뒨날 아처근[423] 또 생성[424]에 이제 메역꾸게 끌련 겨엔 줍띠다.

그리고 첟 저슨 꼬마안티 어떵 물렫쑤가?

= 아 첸 빼는이 아기 이 즈슬[425]. 사을 뒈민 이제 아기어멍이[426] 모요글 허주.

= 소그로[427]. 다 모욕커고 다 헨 나올 때엔 이젠 졷꼬고리도[428] 그 소그로 다 시천[429].

= 사흘 똥안 즈슬 몯 메기믄 이제 사탕물 헨딴 접씨에 놩 이제 그걸 입디레 그 소게[430].

= 속케네 이제 톡 입띠레 멘네속[431]. 거 다드맏따네 톡 그 납짝커게시리 그 접시디레 뇓딴 이젠 그걸 이젠 아기 입띠렌 톡 켄 사을을 산 거라.

= 사으를 사난 이제 사을 처녁[432] 사을 아치민 이트를 너머난 사을 뒐 꺼 아니.

= 그땐 이제 새베기[433] 모욕커여네 이제.

= "아가." 우리 씨어머니미 "아가 저 존[434] 물리라." 영.

= 씨어멍신디레도 비끄룹꾸[435]. 어떵 즈슬 물리코? 나 생각에만. 게도.

= "ᄋ따[436] 여즈엔 헌 게 이거시 여자이 헹동이 이거여."

것 걷어서 이 삼신상에 것 걷어서 저 위로 올려두고 이제 접시에.

= 접시에 국 대신 미역을 넣은 것을 세 개 가서 팍팍 부어 놓고 밥 한 사발을 줘서 그것에 말아서 그것 먹고.

= 밤에는 간식으로 이제는 메밀가루 갈아다가 놔뒀다가 궁둥수제비 우리 시어머니가 궁둥수제비를 해다 주던데.

= 그때는 이제 궁둥수제비 할 때는 함박 있으면 그 나무함박 그것으로 해주고 함박 없는 사람은 양푼에 해다가 그저 저 팔팔 끓는 물에 그저 이렇게 말았다가 그리 팍 넣어서 숟가락으로 닥닥 찍어서 피 삭으라고. 그렇게 해서 주던데. 그것 먹었지요.

= 하고 또 뒷날 아침은 또 옥돔에 이제 미역국에 끓여서 그렇게 해서 줍디다.

그리고 첫 젖은 꼬마한테 어떻게 물렸습니까?

= 아 첫 번은 아기 이 젖을. 사흘 되면 이제 아이어머니가 목욕을 하지.

= 쑥으로. 다 목욕하고 다 해서 나올 때에는 이제는 젖꼭지도 그 쑥으로 다 씻어서.

= 사흘 동안 젖을 못 먹이면 이제 사탕물 했다가 접시에 넣어서 이제 그것을 입으로 그 솜.

= 솜 해서 이제 톡 입으로 면화솜. 그것 다듬었다가 톡 그 납작하게끔 그 접시에 놓았다가 이제는 그것을 이제는 아기 입으로 톡 해서 사흘을 산 거야.

= 사흘을 사니까 이제 사흘 저녁 사흘 아침이면 이틀을 넘으니까 사흘 될 것 아니?

= 그때는 이제 새벽에 목욕해서 이제.

= "아가." 우리 시어머님이 "아가 저 젖 물려라." 이렇게.

= 시어머니한테도 부끄럽고. 어떻게 젖을 물릴까? 내 생각에만. 그래도.

= "아따 여자라고 한 것이 이것이 여자의 행동이 이것이야."

= "훈저[437] 줌[438] 물리라. 물리라." 허난.

= 그때 이제 누든차그로부터[439] 이제 주슬 물리나네 웨차근[440] 뭉게[441]를 젼게양.

= 게난 뭉게를 지난 이제 웬착[442]도 부라가고 누든착[443]또 부러가난 웬짜겐 껀 이제 나신더리[444] "영 몽글몽글 헤 가민 줌꼬고리[445]가 나온다."

= 게난 줌꼬고리 나오민 웬짝 누든짝 그땐 물련. 주스로만 키완쭈.

예. 게난 애기 몽땅 저스로만 키윈쑤가?

= 양. 저 세 설 똥아는 주스로[446]. 두 설 너머가민 밥또 훈꼼[447] 먹꼭 그 무시거 헐 땐 그자 일년내낭은[448] 이제 주스로만.

= 게민 받띠 강 일허당 죽저살저[449] 일허당 이제 후를 이제 아치미 메경 가믄 이제 그 다으멘 이제 바빵 몯 또믄 이제 그 청무리나[450] 무시거 허영 그 메기곡.

= 이젠 우유여 무시거 헤도 경헹 메기곡.

= 열뚜 시 뒈민 이제 할망이 오나 경 아녀민 나가 이레[451] 두라와 사주[452].

= 검질[453] 조컴질[454] 메당이라도 두라왕[455] 애기 전[456] 메겨 뒹 또 활딱활딱 거러 아젼[457] 에고 이젠 오도바[458]나 읻쭈.

= 그냥 활딱활딱 절믈 때난양. 받띠 강 검질메당[459] 이제 훈 네 시쯤 뒈가믄 "아이고 아기가 울럼쩌." 우리 씨어멍이 "가거라. 가거라." 나 아기할망[460]을 두랑[461] 헤난쭈.

= 우리 웨씨수춘[462] 씨할망[463]을 두란[464].

= 경헹 "가라. 가라." 허영 이제 두라왕[465] 모욕커곡 경 왕 저녁또 허곡 아기 줌또 메기곡.

= 경 헹 사랃쭈이. 난 인셍을이 아자[466] 보지 비 온 날 아니믄 아자 본 나리 어서나서.

= "어서 젖 물려라. 물려라." 하니까.

= 그때 이제 오른쪽으로부터 이제 젖을 물리니까 왼쪽을 젖멍울을 지대요.

= 그러니까 젖멍울이 지니까 이제 왼짝도 불어가고 오른쪽도 불어가니까 왼쪽에 것은 이제 나한테 "이렇게 몽글몽글 해 가면 젖꼭지가 나온다."

= 그러니까 젖꼭지가 나오면 왼짝 오른짝 그때는 물렸어. 젖으로만 키웠지.

예. 그러니까 아기 몽땅 젖으로만 키웠습니까?

= 예. 저 세 살 동안은 젖으로. 두 살 넘어가면 밥도 조금 먹고 그 무엇 할 때는 그저 일년내는 이제 젖으로만.

= 그러면 밭에 가서 일하다가 죽자살자 일하다가 이제 하루 이제 아침에 먹여서 가면 이제 그 다음에는 이제 바빠서 못 오면 이제 그 꿀물이나 무엇 해서 그 먹이고.

= 이제는 우유다 무엇 해도 그렇게 해서 먹이고.

= 열두 시 되면 이제 할머니가 오나 그렇지 않으면 내가 이리 달려와야지.

= 김 조김 매다가도 달려와서 아기 젖 먹여 두고 또 활딱활딱 걸어 가지고 에고 이제는 오토바이나 있지.

= 그냥 활딱활딱 젊을 때니까요. 밭에 가서 김매다가 이제 한 네 시쯤 되어 가면 "아이고 아기가 운다." 우리 시어머니가 "가거라. 가거라." 내가 아이보개를 데려서 했었지.

= 우리 외시사촌 시할머니를 데려서.

= 그렇게 해서 "가거라. 가거라." 해서 이제 달려와서 목욕하고 그렇게 와서 저녁도 하고 아기 젖도 먹이고.

= 그렇게 해서 살았지. 나는 인생을 앉아 보지 비 온 날 아니면 앉아 본 날이 없었어.

게난 그 애기 오슨 어떠케 준비험니까?

= 애기 오슨양 볼떼저고리라고[467] 볼떼저고리라고 미녕[468]으로.

= 이제 우리 큰녀는 저시레[469] 나니까 그 미녕을 곱쩌고릴 멩기랑[470] 이제 일로 영허연 그냥 다 멩기라놔넨 영 저 소밀[471] 영 마주 부쪄네 이젠 욜로[472] 영 배꼇띠로[473] 손 동동 ***. 경허연 이젠 접쩌고리 두 개 허영 허민.

= 아기 좀 머그멍 좀 헐민[474] 무레 빽랑 그걸 입찌곡 경헹 가우리고[475].

= 옌나른 이젠 그 시랑모그로[476] 지성길[477] 헴쭈마는 우린 시랑모그로 지성길 헤 보질 몯테서.

= 아기 ㅇ선 깨라도이.

= 기자 뎅기당[478] 이치룩 컨 헌오시나 그땐 갈중일[479] 주려 이브나 갈중이 가다를[480] 그치나[481] 이제 가다를 그치나 다릴 춤 무시거고. 그 뚜데바지[482] 헤난 걸로 그걸로 기치멍 애기 산빠[483] 헤연. 그걸 산빠엔 허영.

= 이제 비누루[484] 읻자[485] 아녀우꽈게? 옌나른 비니루이. 비니루 그땐 어선[486].

= 그때 그 무신 가죽 요만이[487] 헌 거 이제 ㄱ트민 그 비온 달믄 거 요마니 한 것 베령으네[488] 이제 이디 저 험벅[489] 쫄로 게영 톡톡 무껑.

= 경허곡 우린 애기 뚜데기[490]도 아녕[491] 키웁꼭[492].

= 그자 그걸로 기자 아긴꾸더게[493] 눅찔[494] 땐 꿀레이불[495] 더끄곡[496] 기자 우왕이나[497] 톡 더껑 내벼뒹 그자 도라뎅기곡[498].

= 바진 옌나른 바지 멩글민 이제 미녕 춤 무시거 허는 걸로 이젠 요마니[499] 이 가달 냅꼭[500] 요마니 허영 또끄낭[501] 이제 다 텅으네[502] 이제 입쪙 그건 뎅기당 오줌싸렌.

= 경 허연 키왇쭈. 아기 ㅇ선 깨라도 난 아기 지성기 허연 키와 본 저기 업꼬.

그러니까 그 아기 옷은 어떻게 준비합니까?

= 아기 옷은요 깃저고리라고 깃저고리라고 무명으로.

= 이제 우리 큰딸은 겨울에 나니까 그 무명을 겹저고리를 만들어서 이제 이리로 이렇게 해서 그대로 다 만들어 놓고 이렇게 저 소매를 이렇게 마주 붙여서 이제는 요리로 바깥으로 손 동동 ***. 그렇게 해서 이제는 겹저고리 두 개 해서 하면.

= 아기 젖 먹으면서 젖 흘리면 물에 빨아서 그것을 입히고 그렇게 바꾸고.

= 옛날은 그 이제는 그 시렁목으로 기저귀를 하고 있지만 우리는 시렁목으로 기저귀를 해 보지를 못했어.

= 아기 여섯이라도.

= 그저 다니다가 이처럼 한 헌옷이나 그때는 갈중이를 줄여서 입으나 갈중이 다리를 끊으나 이제 그 다리를 끊으나 다릴 참 무엇이지. 그 누비바지 했던 것으로 그것으로 끊으면서 아기 기저귀 했어. 그것을 '삿바'라고 해서.

= 이제 비닐 있지 않습니까? 옛날은 비닐 비닐 그때는 없어서.

= 그때 그 무슨 가죽 요만큼 한 것 이제 같으면 그 비옷 닮은 것 요만큼 하게 찢어서 이제 여기 저 헝겊 줄로 그렇게 해서 톡톡 묶어서.

= 그렇게 하고 우리는 아기 처네도 아니해서 키우고.

= 그저 그것으로 그저 아기구덕에 눕힐 때는 누비이불 덮고 그저 윗옷이나 톡 덮어서 내버려두고서 그저 돌아다니고.

= 바지는 옛날은 바지 만들면 이제 무명 참 무엇 하는 것으로 이제는 요만큼 이 다리 내고 요만큼 해서 똥구멍 이제 다 터서 이제 입혀서 그것은 다니다가 오줌싸라고.

= 그렇게 해서 키웠지. 아기 여섯이라도 나는 아기 기저귀 해서 키워 본 적이 없고.

= 우리 큰뚤 날 때 타냑[503] 훈 제 머거 봔쭈 그 나무지 껀 우리 큰놈 나난 타냑 훈 헤당 사으린가 딸련[504] 머거 봔. 아기 그 알로[505] 저 네 개 나도 타냑또 머거 보지 아녀고.

= 그자 아이고 베 아판 주거지켜 허민 이 어른 그자 탁뻬기 사당[506] 사탕ㄲ를[507] 허영 딸령[508] 그거 머그민 그자 쑥 베가 누경 그거로 인셍을 사랃쭈.

= 타냐기엔 헌 게 무신거라. 난 경 헌 걸 머거 보지 아녀서.

게믄 그 아들 딸들 베길잔친 헤봅띠가?

= 베길잔치도 아녀고 돌도 너머 가민 밥 푼 사발 허영으네 이거 아기 덜 허영으네 벨또로 메겨 본 저기 어서.

= 뭐 사진도 찌거본 도레[509] 얻꼬.

= 벵와네도 난 아기 벵워네 헤도 아방[510]이나 아랑 둘주[511] 벵완 무뚱이[512] 어디산디[513].

= 우리 조근놈[514] 나나네 촘 베 포 요마니 헌 거 봗땅 그거 끄러 아정[515] 짐녕[516] ***헌 어르니 읻쭈. 벵원장 반 침 반 허는[517] 어른.

= 그 어르신디[518] 가나네[519] 월쩡[520] 어른더리 "아이고 이 어른 아기 베 포로 끄려 왇쩌." 허난.

= 우리 조케가 조르메[521] 우리 성 뜨리 조창 갇딴 "그 어른네찝 막 부자 아니우꽈? 게도 이거 귀헌 아기엔양 아이 더우머그카[522] 부덴 사노롱 허게 지성기 헨 왇쪤." 겐 확 헤벼늘 돌려줜게게.

= 경 허연 헤봗쭈. 우린 어느 거 날 때 뚜데기[523] 하나. 어벙 뎅기는 거 그거 헤봗쭈. 어벙 뎅기는 걸렌빼[524]도 아녀 보고 질빵으로 아길 어번 키왇쭈.

= 경 헤연 헤봗쭈. 촘 살믈 살므로 우린 안 사라서.

게난 지금 여섣오누이를 나콕 키운 거 아니우꽝에? 여섣오누이예. 그때 뭐 가장 기어게 남는 이리 뭐 읻껜쑤가?

= 우리 큰딸 날 때 탕약 한 제 먹어 봤지 그 나머지 것은 우리 큰놈 나니까 탕약 한 해다가 사흘인가 달여서 먹어 봤어. 아기 그 아래로 저 넷 나아도 탕약도 먹어 보지 아니하고.

= 그저 아이고 배 아파서 죽겠다 하면 이 어른 그저 막걸리 사다가 사탕가루 해서 달여서 그거 먹으면 그저 쑥 배가 눅여서 그것으로 인생을 살았지.

= 탕약이라고 한 것은 뭐야. 나는 그렇게 한 것을 먹어 보지 아니했어.

그러면 그 아들 딸들 백일잔치는 해봤습니까?

= 백일잔치도 아니하고 돌도 넘어 가면 밥 한 사발 해서 이것 아기들 해서 별도로 먹여 본 적이 없어.

= 뭐 사진도 찍어본 바 없고.

= 병원에도 나는 아기 병원에 해도 남편이나 알아서 달리지 병원 입구가 어디인지.

= 우리 작은아들 나니까 참 베 보자기 요만큼 한 것 놔두었다가 그것 꾸려 가지고 김녕리 *** 하는 어른이 있지. 병원장 반 침 반 하는 어른.

= 그 어른한테 가니까 월정리 어른들이 "아이고 이 어른 아기 베 보자기로 꾸려 왔네." 하니까.

= 우리 조카가 꽁무니에 우리 형 딸이 좇아서 갔다가 "그 어른네집 아주 부자 아닙니까? 그래도 이것 귀한 아기라고요 아기 더위먹을까 봐 사늘하게 기저귀 헤서 왔다고." 그래서 확 ***을 돌려줬지.

= 그렇게 해서 해봤지. 우리는 어느 거 날 때 처네 하나. 업어서 다니는 것 그것 해봤지. 업어서 다니는 띠도 아니해 보고 질빵으로 아기를 업어서 키웠지.

= 그렇게 해서 해봤지. 참 삶을 삶으로 우리는 안 살았어.

그러니까 지금 여섯오누이를 놓고 키운 것 아닙니까? 여섯오누이요. 그때 뭐 가장 기억에 남은 일이 뭐 있겠습니까?

= 아 키우멍?

예.

= 저 우리 가장 나믄 건 큰스나이[525] 나나네 어디 간 오당 보나네 구진할망[526] 내운 이젠 그때는 구진할망 구진할망 헨쭈게. 아기 어신 어른 더리 방세[527]로 아기 나젠[528] 그거 헤논 걸 나가 놈 아기 바든 드레 이제 오월 따리난.

= 게난 그 우리 동넨 그땐 개물[529]도 개물도 짜주. 조금 물찌[530] 이써부난.

= 짜나네 그 뒨무레서 저 뺄레허는 사르미 이시난[531] 저 사름신디 저 사름 저 우리 씨삼춘 저 막 제구그로[532] 도라가라 허멍 그걸 막 헤쿠렴서 구나게[533].

= 경 헤도 난 아기 신 어멍이난 나신디[534] 올 쭝은 몰르고 저 사름덜 ᄀ싸[535] 저 젤 마탇쭈.

= 게연 개낀[536] 딸로[537] 벵벵 도란 완 그 신장노 찌빌 이제 온 거라.

= 완 헌디 아긴뻴 간 마추난[538] 나는 나레 이제 보리 ᄀ실허레[539] 아방은 ** 아방은 안 가고 우리 씨어멍은 보리 ᄀ실허레 가부난 보리 비레[540] 가부난.

= 아긴 바레[541] 눅쪄[542] 뒨 난 창문뚜에[543] 눸쭈.

= 누난 그때도 두려도[544] 셍가게 아니 두림도[545] 아녇쭈. 스물일고베 아니 스물ᄋ다베난.

= 아이고 아긴 ᄄ로 눅찐 ᄌ난애긴[546] ***** ᄄ로 안 눅찐덴[547] 헌디 나가 아길 바렐 아쪄 뒨 나만 이제 씨원헌 디엔[548] 이레 고갤 돌련 눠졀꾸나. 허연.

= 불써 간 보난이 그 징을 헴떠라고[549]. 자박자박[550]. 저 무시거 허연 지네[551] 허는 거[552] 허연.

= 아마떵어리[553]. 이건 이젠 무신거꼬 헤연 이젠.

= 아 키우면서?

예.

= 저 우리 가장 남은 것은 큰아들 나니까 어디 가서 오다 보니까 마마낸 이제는 그때는 '굿인할망 굿인할망' 했지. 아기 없는 어른들이 방법으로 아기 나으려고 그것 해놓은 것을 내가 남 아기 받은 달에 이제 오월 달이니까.

= 그러니까 그 우리 동네는 그때는 갯물도 갯물도 짜지. 조금 무수기 있어버리니까.

= 짜니까 그 뒷물에서 저 빨래하는 사람이 있으니까 저 사람한테 저 사람 저 우리 시삼촌 저 아주 제자리로 돌아가라 하면서 그것을 막 헤집고 있더군.

= 그렇게 해도 나는 아기 있는 어머니이니까 나한테 올 줄은 모르고 저 사름들 이제 막 저 제를 맡았지.

= 그래서 갯가 아래로 뱅뱅 돌아서 와서 그 신작로 집에를 이제 온 거야.

= 와서 했는데 진통하니까 나는 날에 이제 보리 가을하러 남편은 ** 아버지는 아니 가고 우리 시어머니는 보리 가을하러 가버리니까 보리 베러 가버리니까.

= 아기는 발 쪽에 눕혀 두고 나는 창문 쪽에 누웠지.

= 누니까 그때도 어려도 생각에 아니 어리지도 않지. 스물일곱에 아니 스물여덟이니까.

= 아이고 아기는 따로 눕힌 갓난아기는 ***** 따로 안 눕힌다고 하는데 내가 아기를 발 쪽엘 앉혀 두고 나만 이제 시원한 데라고 이리 고개를 돌려서 누워졌구나. 해서.

= 벌써 가서 보니까 그 증을 하고 있더라고. 자박자박. 저 무엇 해서 자기네 하는 것 해서.

= 아뿔싸. 이것은 무엇인가 해서 이제는.

= 그냥이 보선도[554] 안 신고 수건도 안 씨고[555] 나는 뒨날 우리 궨당네[556] 지비가 그 아래 궨당네 지비 이섣쭈.

= 이 어르니 간 그디 신 디[557] ᄃ라간 "아이고 갑쎙이 아버지 아긴 틀렫쑤다." 영 허난 그냥 뛰어완.

= 게난 우리 씨어멍신디레 간 ᄀ르난[558] 우리 씨어멍 와선게[559]. 완 저 시에[560] 장 무신거 하르방이[561] 이 침주는 하르방이 막 유식커덴 허주게.

= 게연 이제 그땐 빼스. 빼스 이젠 갈 땐 그 미국 담뇨 끄려네[562] 이 어른허곡 어멍이 간 거라.

= 겐 두 버늘 가왇쭈. 세 번챈 간디 아기가 그제도 그 징을 허더라고. 누니 자박자박커고이.

= 경허난 그땐 똔 받 타나 머거서[563]. 그 아드리.

= 경헤연 헌디 완 오꼳[564] 침 맞춰 노코 허연 영 눅찌난[565] 또 그 징을 허관테[566] 오당 해녀촌 지신[567] 집 그디 동사니라낟쭈게.

= **** 그디 놔뒁 오카부께[568]? 나민 애긴디.

= 게난 우리 씨어멍이 허는 마리 "아이고 영 준 고칠[569] 무사 내부느니[570]? 무사 내부느니?"

= "아이고 어머님 이 노르슬 어떵 헐꺼우껜. 이걸랑 버려둥 왕으네 허주 따시 나민 아긴디." 영 허난.

= "앋따[571] 나 내비지 몯터켜. 이 아길 무사 내부니니?"

– "걷뽀다 더 헌 애기도 안 버리는디 그걸 버리켄."

= 경헌디 또 뒨나르 또 가니까 차에서 가멍 이거 어제 난 에기엔 허난.

= 뒨나른 게난 어젠 오늘 경허나네 이젠 곤 나는 날 경 허난 이젠 어제 뒐 꺼 아니라게[572]?

= 이거 어제 난 애기 이거 ᄃ랑 가노난[573] 차에 빼스 탄 사름더리 이

= 그냥 버선도 안 신고 수건도 안 쓰고 나는 뒷날 우리 권당네 집이 그 아래 권당네 집이 있었지.

= 이 어른이 가서 거기 있는 데 달려가서 "아이고 갑생이 아버지 아기는 틀렸습니다." 그렇게 하니까 그냥 뛰어와서.

= 그러니까 우리 시어머니한테 가서 말하니까 우리 시어머니 왔던데. 와서 저 제주시에 장 무엇 할아버지 이 침주는 할아버지가 막 유식하다고 하지.

= 그래서 이제 그때는 버스. 버스 이제는 갈 때는 그 미국 담요 꾸려서 이 어른하고 어머니가 간 거야.

= 그래서 두 번을 다녀왔지. 세 번째 갔는데 아기가 그제도 그 증을 하더라고. 눈이 자박자박하고.

= 그렇게 하니까 그때 돈으로 밭 하나 먹었어. 그 아들이.

= 그렇게 했는데 와서 그만 침 맞혀 놓고 해서 이렇게 눕히니까 또 그 증을 하니까 오다가 해녀촌 지은 집 거기 동산이었었지.

= **** 거기 놔두고 올 거 아닙니까? 나면 아기인데.

= 그러니까 우리 시어머니가 하는 말이 "아이고 이렇게 준 고추를 왜 내버리니? 왜 내버리니?"

= "아이고 어머님 이 노릇을 어떻게 하겠습니까? 이것이랑 버려두고 와서 하지 다시 나 아기인데." 그렇게 하니까.

= "아따 나 내버리지 못하겠다. 이 아기를 왜 내버리니?"

- "그것보다 더 한 아기도 안 버리는데 그것을 버리겠다고."

= 그런데 또 뒷날은 또 가니까 차에서 가면서 이것 어제 나은 아기라고 하니까.

= 뒷날은 그러니까 어제는 오늘 그렇게 하니까 이제는 곧 나는 날 그렇게 하니까 이제는 어제 될 것 아닌가?

= 이거 어제 난 아기 이것 데려서 다녀오니까 차에 버스 탄 사람들이

제 “영 협써[574] 보저. 어제 난 아길 영 아나졍[575] 어레 치믈 노첸 가미우 껜[576]?” 허나네.

= “아이고 아긴 크구나. 아이구, 영 허난 어멍이 몯 쪈더쭈.[577]” 영 헌디.

= 그땐 참 고와. 아기가. 내불질 몯터주게.

= 게연 오멍 이젠 허나네 우리 할망이[578] 허는 마리 “나 구진할망이나 내여보켜.[579]” 게연 구진할망을 내난이.

= ㄲ땐 도니 그땐 마뉜만 헬써도 이 돌렝이[580] 하난 살 때 아이라게.

= 게난 그 진짜 산신할망[581] ᄃ라단[582] 마뉜 줘네 이젠 ᄃ[583] 사단 노코이 이를[584] 넹긴[585] 거 아니. 일 넹겨 뒨 오는 날부턴 그 징이 업떠라고.

= 경 헌 게 눈도 영 삼파리[586] 져불곡[587].

= 이 ᄂ든짝[588] 촘 ᄂ든짜글 하도 요디 간 치믈 이제 손 도라오렌 치믈 줘부난 요 소니 ᄒ꼼[589] 영.

= 경 허주마는 누는 삼파리 둬부난 궁민학꾜 때에 곧추 바리는 건디 읍떤[590] 누늘 안 도라가.

= 겨난 아이고 나 저 아긴 벵신 애길 나전 어떵 허영 조코? 쏘그로 끈끈헤도[591] 자 놈안티[592] 골지도[593] 몯터고 이 아길 킵쩬[594] 허난 하도 서룹꾸이[595].

= 세상 사르미 다 나는디 난 무슨 젤. 그때부터 이거 눈무리 나는 거라.

= 무신 젤 지고 이 아길 하날 지탱을 몯터영 어떵 허영 조코[596] 헌 게.

= 촘 열ᄋ덥 서른 나나네. 아니 궁민학꾜에 유 캉녀는 나난 이디 고 ** 고 선생엔 헌 어르니 “아지망[597] 아기 수술허게.” 영 허난.

= “도니 어디 성[598] 허느니? 도니 어디 성 허느니?” 영 허난.

= 경 헤도 ᄒ꼼 더 윽껴들랑[599] 허케메[600] 걱쩡허지 마랑 궁민학꾜에 유 캉녀는 ᄆ치주.

= 경허난 이제 이 아방이[601] 그때 일본 가기 저니 이제 다마네기[602] 받

이제 “이렇게 하십시오. 보자. 어제 난 아기를 이렇게 안아 가지고서 어디로 침을 놓으려고 가고 있습니까?고” 하니까.

= “아이고 아기는 크구나. 아이구 이렇게 하니까 어머니가 못 견뎠지.” 이렇게 하니까.

= 그때는 참 고와. 아기가. 내버리지를 못하지.

= 그래서 오면서 이제는 하니까 우리 시어머니가 하는 말이 “내 마마나 내보겠다.” 그래서 마마신을 내니까.

= 그때는 돈이 그때는 만 원만 했어도 이 밭뙈기 하나는 살 때 아닌가.

= 그러니까 그 진짜 무격 데려다가 만 원 줘서 이제는 닭 사다 놓고 일을 넘긴 것 아니. 일 넘겨 두고 오는 날부터는 그 증이 없더라고.

= 그렇게 한 것이 눈도 영 사팔눈 되어버리고.

= 이 오른짝 참 오른 쪽을 하도 요디 가서 침을 이제 손 돌아오라고 침을 줘버리니까 요 손이 조금 이렇게.

= 그렇게 하지만 눈은 사팔눈 되어버리니까 초등학교 때에 곧추 보는 것인데 옆에는 눈이 안 돌아가.

= 그러니까 아이고 나 저 아기는 병신 아기를 나서 어찌 하면 좋을까? 속으로 끙끙해도 자 남한테 말하지도 못하고 이 아기를 키우려고 하니까 하도 서럽고.

= 세상 사람이 다 나는데 나는 무슨 죄를. 그때부터 이것 눈물이 나는 거야.

= 무슨 죄를 짓고 이 아기를 하나를 지탱을 못해서 어찌 해서 좋을까 한 것이.

= 참 열여덟 서른 나니까. 아니 초등학교에 육 학년은 나니까 여기 고 ** 고 선생이라고 한 어른이 “아주머니 아기 수술하자.” 이렇게 하니까.

= “돈이 어디 있어서 하겠니? 돈이 어디 있어서 하겠니?” 이렇게 하니까.

= 그렇게 해도 조금 더 크거들랑 하겠으니 걱정하지 말아 초등학교에 육 학년은 마치자.

= 그렇게 하니까 이제 이 남편이 그때 일본 가기 전에 이제 양파 밭

타날 이젠 노나네 이베긴가 바다전게이.

= 경허난 그걸 이제 바단 이젠 서우린가 어디사 가와신[603] 가와실 꺼라. 벵와넬 드런[604] 그 누늘 돌련쭈게.

= 게난 예상 트는[605] 꺼 딸마도 게난 차도 몬터게 허고.

— 누늘 고정 시켠쭈. 고정.

= 게난 이걸 영 삼파리[606] 허영 영 도라간 걸 영 돌려네 이젠 그걸 허난 예상 누는 뒈어도.

= 이 고추[607] 허는 건 눈빠른 불이랑[608] 막 커는디 영 차 허젠 허민 읍떨[609] 봐살 꺼[610] 아니게. 경 허난 찰 몬터게 각씨가 차 모랑 경 허영 헌디 그거시 질 기엉 나.

— 시려근 막 존디. 예를 드렁 우리가 본 디는 약 칸 에 구십 또 각또로 이제 다 보이는데 야이는 직선 하나베끼 몬 빠.

= 게난 시려근 막 존디 이 이제 여페 꺼를.

= 영 도라가질 아녀.

— 아니 게난 우리가 영 보민 저 방에 꺼고 이 방에 꺼고 거저[611] 다 보이지 아녀게. 다 보이는데 이 아이는 직썬베끼 몬 뽀니까 여디 신[612] 걸 몬 뽀는 거라.

혹씨 이 마으레서 스무 살 뒈면 뭐 머리 언치고 관 쓰곡 그런 걷또 헤낟쑤가? 옌나레.

— 옌나레?

요새 말로하면 성인식?

— 성인식 그런 식도 어서[613].

= 무사 건지[614] 벤끼는[615] 거 마린 셍[616]인게.

괄례예.

— 성인식 어선쭈. 성인식.

건 뭐우꽈? 삼춘 곧은 건. 아니 아니 아까 건지 뭐허는 거.

하나를 이제는 놓으니까 이 백인가 받았었지.

= 그러니까 그것을 이제 받아서 이제는 서울인가 어디야 다녀오기는 다녀왔을 거야. 병원에를 들러서 그 눈을 돌렸지.

= 그러니까 예상 뜨는 것 닮아도 그러니까 차도 못하게 하고.

– 눈을 고정 시켰지. 고정.

= 그러니까 이것을 이렇게 사팔눈 해서 이렇게 돌아간 것을 이렇게 돌려서 이제는 그것을 하니까 예상 눈은 되어도.

= 이 곧추 하는 것은 눈발은 밝아서 아주 하는데 이렇게 차 하려고 하면 옆을 봐야 할 것 아닌가. 그렇게 하니까 차를 못하게 각시가 차 몰아서 그렇게 해서 하는데 그것이 젤 기억 나.

– 시력은 아주 좋은데. 예를 들어서 우리가 본 데는 약 한 에 구십 도 각도로 이제 다 보이는데 얘는 직선 하나밖에 못 봐.

= 그러니까 시력은 아주 좋은데 이 이제 옆에 것을.

= 이렇게 돌아가지를 않아.

– 아니 그러니까 우리가 이렇게 보면 저 방에 것이고 이 방에 것이고 거의 다 보이지 않는가. 다 보이는데 이 아이는 직선밖에 못 보니까 여기 있는 것을 못 보는 거야.

혹시 이 마을에서 스무 살 되면 뭐 머리 얹고 관 쓰고 그런 것도 했었습니까? 옛날에.

– 옛날에?

요즘 말로 하면 성인식?

– 성인식 그런 식도 없어.

= 왜 딴머리 벗기는 것 말인 모양인데.

관례요.

– 성인식 없었지. 성인식.

그것은 뭡니까? 삼촌 말하는 것은. 아니 아니 아까 딴머리 뭐하는 것.

= 으 그때 옌나른 영 머리 키우믄 이제 양지[617] 영영 허영 비네[618] 찔런찌.

= 비네 안 찔렁으네 무시거 허는 사름 호ᄉᆞ허는 사르믄 이제 이 머릴 두 가달[619]로 허영 영 다왕[620].

= 이 차그로 영 다콕[621] 이 차그로 영 뒨 놩으네 이제 건질 영 에꼉[622] 욜로[623] 왕 톡 거시질렁[624] ᄋᆞ든짝떠레[625]. 그거시 호ᄉᆞ고.

– 아 게난 호ᄉᆞ허는 게 아니고 성인식 이제 예를 드러 스무 사를 지나민 어르니 뒈는 게 아니라?

= 으 그건 아녀.

예예 예예예.

= 으 그때 옛날은 이렇게 머리 키우면 이제 얼굴 이렇게 이렇게 해서 비녀 찔렀지.

= 비녀 안 찔러서 무엇 하는 사람 호사하는 사람은 이제 이 머리를 두 가닥으로 해서 이렇게 땋아서.

= 이 쪽으로 이렇게 땋고 이 쪽으로 이렇게 무엇 놓아서 이제 딴머리를 이렇게 얹혀서 요리로 와서 톡 맞찔러서 오른쪽으로. 그것이 호사고.

– 아 그러니까 호사하는 것이 아니고 성인식 이제 예를 들어 스물 살을 지나면 어른이 되는 것 아닌가?

= 으 그것은 아니해.

예예 예예예.

2.4 시집살이에 대한 경험담

그러면 이제는예 으 여자 삼추니 계속 쫌 마를 헤주셔야 뒈쿠다예.

예 씨집와서 어 지금 여자 삼추니 씨집 온 때하고 지금 며느리를 봗찌 안쑤광예? 어떤 차이가 읻씀니까?

= 아아 우리 헐 때와 이제 저 시대가 ᄄᆞ나니까.

예 씨집싸리 게난 씨집싸립쭈.

= 으 우리 헐 때는 이제 씨어멍이 식께[626] 때에이 가무는[627] 떠글 ᄆᆞ라 오라[628] 떠글 ᄆᆞ라 오라 떠글 멩길라[629] 떠글 술므라[630] 이제 물 어시민[631] 통무레 강 물 질 허버그로[632] 져 오라.

= 그거는 이젠 씨어멍은 떡 커는 걸 영 ᄆᆞ랑으네 영 허라 지지라 영 허곡.

= 이제 따이더른 그런 거 아녀거든.

= 방에지를[633] 허영 무신 ᄈᆡ시믈[634] 허여.

= 기겐빵에[635] 강으네 기자 떡 마춰두곡. 기곈빵에서 저 춤 지름떠기라도 멘그라 ᄃᆞ렌[636] 허민 곤떡[637] 지름떡 설귀떡[638] 다 헤 오지 아녀?

= 경 헤불곡. 이제.

= 이제 허는 아이더른 이제 돈만 이시믄 차덜 모랑 강 씨아방허곡 강 이젠 제무를 이 적깔[639] 헐 껄 다 허영.

– 아니 이녀기 씨집싸리를 헤나니까.

으.

– 이건 이제 나가 웨 구속 빠다난는데 나가 웨 메누리더를 구소글 주느냐.

– 게서 이제 메누리더를 이제 전부 이녁 ᄄᆞ리나 마찬가지로 헤서 경 헤서 저 그 고부 가네 그 갈뜽이라는 게 원[640] 얻쭈[641]. 어서.

그러면 이제는요 아 여자 삼촌이 계속 좀 말을 해주셔야 되겠습니다.

예 시집와서 아 지금 여자 삼촌이 시집 온 때하고 지금 며느리를 봤지 않나요? 어떤 차이고 있습니까?

= 아아 우리 할 때랑 이제 저 시대가 다르니까.

예 시집살이 그러니까 시집살이지요.

= 으 우리 할 때는 이제 시어머니가 제사 때에 가면 떡을 반죽해 오너라 떡을 반죽해 오너라 떡을 만들어라 떡을 삶아라 이제 물 없으면 통물에 가서 물 길 물동이로 져 오너라.

= 그것은 이제는 시어머니는 떡 하는 것을 이렇게 반죽해서 이렇게 해라 지져라 이렇게 하고.

= 이제 아이들은 그런 것을 아니하거든.

= 방아질을 해 무슨 빻기를 해.

= 방앗간에 가서 그저 떡 맞춰두고. 방앗간에서 저 참 기름떡이라도 만들어 달라고 하면 송편 기름떡 설기떡 다 해 오지 않는가?

= 그렇게 해버리고. 이제.

= 이제 하는 아이들은 이제 돈만 있으면 차들 몰아 가서 시아버지하고 가서 이제는 제물은 이 산적 할 것을 다 해서.

– 아니 이녁이 시집살이를 했었으니까.

으.

– 이것은 이제 내가 왜 구속 받았었는데 내가 왜 며느리들을 구속을 주느냐.

– 그래서 이제 며느리들을 이제 전부 이녁 딸이나 마찬가지로 해서 그렇게 해서 저 그 고부 간에 그 갈등이라는 것이 전혀 없지. 없어.

예예예.

– 우리는 월래 춤 메누리더리 이 쫌 어떠케 이상하게 생각컬 쭐 모르긴 모르주만 메누리를 춤 막 이젠 춤 ** 쩡도로 모시고 읻찌 아녀게?

예.

혹씨 예를 들면 가튼 동네니까 뭐 풍스비 달커나 그런 건 엄는 거 아니우꽝예?

– 아니 그 우리.

= 우리 메누린 하난 시흥니[642] 하난 할림[643] 하나는 이제 미랑 부산 미랑[644].

아 예예.

= 경헌디 안지근[645] 식께도[646].

= 나가 게 쓰물다서세 식껠 멩지를[647] 마탄 그넌 씨집싸리를 헤시니까 내 이 메누리더를 웨 씨집싸리를 시기니[648]?

= 나 똘도 노므 지비 가믄 씨집싸리를 허는디 나 똘광 고생허는 거난 메누리 왕으네[649] 나신디[650] 이제 헹복커는 거나 이제 무신거헌다 허영난 그런 걸 아녀주.

= 게민 아방이[651] 무사 메누리 보미 경 ᄆᆞᄉᆞ왑디[652]?

= 요 세테는 씨어멍은 메누리가 퉤곡 메누린 씨어멍이 퉤는 시대난 난 나가 씨지블 어멍 두 개에서 그넌 환경을 바다나니까 나가 웨 씨어멍 탤 허리.

= 경허연 메누리 첸 뻰 헤 올 땐 춤 메누리 부어게[653] 드러가믄 나 부어게 안 드러가.

= 우리 씨어멍은 나 씨집가나네 기자 나가 부를 ᄉᆞ맘시민[654] "애야 저거 허라. 이거" 시기질[655] 아녀고 당신 냥으로 소꼉도[656] 둘르고[657] 당신 냥으로 쏠도 놩 전꼭[658] 경허기 때무네.

= 나가 이제 드러가믄 메누리가 어씩커다 경헌 미테 나 손깡아레[659]

예예예.

– 우리는 원래 참 며느리들이 이 좀 어떻게 이상하게 생각할 줄 모르긴 모르지만 며느리를 참 막 이제는 참 ** 정도로 모시고 있지 않는가?

예

혹시 예를 들면 같은 동네니까 뭐 풍습이 다르거나 그런 것은 없는 것 아닌가요?

– 아니 그 우리.

= 우리 며느리는 하나는 시흥리 하나는 한림리 하나는 이제 밀양 부산 밀양.

아 예예.

= 그렇게 하는데 아직은 제사도.

= 내가 그래 스물다섯에 제사 명절을 맡아서 그런 시집살이를 했으니까 내 이 며느리들을 왜 시집살이를 시키느냐?

= 내 딸도 남의 집에 가면 시집살이를 하는데 내 딸과 고생하는 것이니까 며느리 와서 나한테 이제 행복하는 것이나 이제 무엇한다 해서 나는 그런 것을 아니하지.

= 그러면 남편이 왜 며느리 보는 것은 그렇게 무서워하니?

= 요 세태는 시어머니는 며느리가 되고 며느리는 시어머니가 되는 시대니까 나는 내가 시집을 어머니 두 개에서 그런 환경을 받았었으니까 내가 왜 시어머니 태를 하리.

= 그렇게 해서 며느리 첫 번 해서 올 때는 참 며느리 부엌에 들어가면 나 부엌에 안 들어가.

= 우리 시어머니는 내가 시집가니까 그저 내가 불을 때고 있으면 "애야 저것 해라. 이거." 시키지를 아니하고 당신 양으로 솥전도 두르고 당신 양으로 쌀도 넣어서 젓고 그러하기 때문에.

= 내가 이제 들어가면 며느리가 어색하다 그렇게 한 밑에 나 부엌에

안 드러가.

= 우리 메누리 올 때꺼지도 낭뿔로[660] 마니 바블 헨꺼든.

= 경헤도 난 손깡아레 안 드러가는 건 이유가 왜 메누리 우리 씨어멍은 가인[661] 동추니고[662] 난 서추닌디[663] 서춘 싸름더른 경 아년다 허는디 우리 씨어멍은 무사 경헴신고 헌 마를 드르켄

= 난 베서리[664] 그를 몰라도 베서리 훈꼼 과헌 저미 읻쭈게이.

= 경허기 때무네 내가 왜 메누리 씨집싸릴 허리.

= 경허민 "야!" 우리 아더리 창버미난 "창버마! 느네 각씨 이름 무시건꼬?" 영허민.

= "어머니 이르믈 불르지 말고." 우리 큰아덜 허는 마리 "아가! 아가! 허민 그거시 젤 존[665] 이리우다.[666]" 허기 때무네.

= 그자 요마니 가도 "아가 어디레[667] 감디? 저 요거 허라?"

= "나 ** 감쩌[668] 아기야! 이." 영 허영 난 "야!"엔도 불러보지 아녀서. "아가!"

= 경허곡 이 부산 아기도 오믄 "야! 느 야야!" 영허질 아녕[669] "아가!" 영허민.

= 우리 씨어멍은 원 쏘근[670] 어떵사 헴신지[671] 모르지. '우리 씨어멍은 원 이름도 안 불르고 좀 우상헤.' 영 헴실 꺼라. 육찐 따이로. 경 헴쭈마는.

= 난 조근메누리신디도[672]. "연자야!" 불르는 건 조근메누리난 어떤 때 "연자야! 연자야!" 허주.

= 아기덜 남[673] 시작커난 기자 아기 이름. 정립 어멍 정시기 어멍 인시리 어멍 경허영 불르주. 난 경 아녀.

그러면 그건 지금 여자 삼추니 며느리하고이 관계고. 그런디 이제는 여자 삼추니 며느리고 이젠 씨어머니하고 관계는 또 어땐씀니까? 씨어머니가 두 부니어서. 막 어려웠찌예?

안 들어가.

= 우리 며느리 올 때까지도 장작불로 많이 밥을 했거든.

= 그렇게 해도 나는 부엌에 안 들어가는 것은 이유가 왜 며느리 우리 시어머니는 걔는 동촌이고 난 서촌인데 서촌 사람들은 그렇지 아니한다 하는데 우리 시어머니는 왜 그렇게 하는가 하는 말을 들으려고.

= 나는 성깔이 글을 몰라도 성깔이 조금 과한 점이 있지.

= 그렇게 하기 때문에 내가 왜 며느리 시집살이를 하리.

= 그러면 "야!" 우리 아들이 창범이니까 "창범아! 너희 각시 이름 무엇이니?" 이렇게 하면.

= "어머니 이름을 부르지 말고." 우리 큰아들 하는 말이 "아가! 아가 하면 그것이 젤 좋은 일입니다." 하기 때문에.

= 그저 요만큼 가도 "아가 어디로 가니? 저 요거 하여라?"

= "나 ** 간다 아가야! 이." 이렇게 해서 나는 "야!"라고도 불러보지 않았어. "아가!"

= 그리고 이 부산 아기도 오면 "야! 너 야야!" 이렇게 하지를 아니하고 "아가!" 이렇게 하면.

= 우리 시어머니는 원 속은 어떻게야 하는지 모르지. '우리 시어머니는 원 이름도 안 부르고 참 이상해.' 이렇게 하고 있을 거야. 육지 아이로. 그렇게 하고 있지만.

= 나는 작은며느리한테도. "연자야!" 부르는 것은 작은며느리니까 어떤 때 "연자야! 연자야!" 하지.

= 아기들 나기 시작하니까 그저 아기 이름. 정립 엄마 정식이 엄마 인실이 엄마 그렇게 해서 부르지. 나는 그렇게 아니해.

그러면 그것은 지금 여자 삼촌이 며느리하고 관계고. 그런데 이제는 여자 삼촌이 며느리이고 이제는 시어머니하고 관계는 또 어땠습니까? 시어머니가 두 분이어서. 아주 어려웠지요?

= 씨집올 때에?

예예예.

= 이녁 난 씨어멍은 구저도 압띠레[674] 오곡 조아도 압띠레 오지 아녀게. 경허주마는.

= 이제 베달른[675] 씨어멍은 어떵 허연 이 메누리 내조차 불[676] 여산[677]만.

= 당신네는 몬 뜨랑[678] 사니까 메누리 세 개라도 하나토 본체 메누릴 아녇꺼든.

= 게난 조근어멍[679] 메누릴?

= 녹음 뒙사[680]?

으 상관엇쑤다게.

= 무사 저 이 씨지블 갈랑으네 나강ᄀ치[681] 이제 메누리 베왐쩬[682]. 그거시 그거 하나가 기자 ᄒ꼼허민 촘 난 뚤 안 난 메누리만 나난 저 아덜만 나부난.

= ᄎ말로 그넌 말 저넌 말 드를 때에 쏘기 경 아프더라고.

= 으. 경허곡. 씨지비 가며는 "아이고! 우리 아덜 머글 재산 이 아더리 머검쩬[683]."

= 영 ᄀ를[684] 때엔 이젠 이녁 씨어멍신디[685] 왕[686] "어머니 큰어멍 가난 영영영영 헙디따." 영 허난.

= "장을 ᄒ디[687] 다만다[688]? 무를 ᄒ 항에 머검다[689]? ᄊ를 ᄒ디 다만냐? 니허곡 나만 조믄 조치 아녀냐?"

= 경 허연 이젠 생활빌 허연 사라왇쭈게이. 경 허연 사라오고. 또 메누리 저.

= 어떤 땐 씨어멍이 페들락커게[690] 욕컬 때엔 그러케 가심[691] 씨러저[692].

= 나가 이 행녕을 만난는디 왜 메누리신디덜 가시믈 아프게 허느니? 오늘 마랑[693] 가도 옌말 골겔[694] 헤사주.

= 경헨 나 메누리신딘 일절.

= 시집올 때에?

예예예.

= 이녁 나은 시어머니는 궂어도 앞으로 오고 좋아도 앞으로 오지 않는가. 그렇기는 하지만.

= 이제 배다른 시어머니는 어떻게 해서 이 며느리 내쫓아 버릴 예산만.

= 당신네는 못 데려서 사니까 며느리 세 개라도 하나도 본처 며느리를 안했거든.

그러니까 작은어머니 며느리를?

= 녹음 되니?

으 상관없습니다.

= 왜 저 이 시집을 나눠서 나와 같이 이제 며느리를 보인다고. 그것이 그것 하나가 그저 조금하면 참 나는 딸 안 나아 며느리만 나니까 저 아들만 나버리니까.

= 참말로 그런 말 저런 말 들을 때에 속이 그렇게 아프더라고.

= 으. 그렇게 하고. 시집에 가면 "아이고! 우리 아들 먹을 재산 이 아들이 먹는다고."

= 이렇게 말할 때에는 이제는 이녁 시어머니한테 와서 "어머니 큰어머니 가니까 이렇게 이렇게 이렇게 이렇게 합디다." 이렇게 하니까.

= "장을 함께 담았느냐? 물을 한 항에 먹고 있느냐? 쌀을 함께 담았는냐? 너하고 나만 좋으면 좋지 아니하냐?"

= 그렇게 해서 이제는 생활비를 해서 살아왔지. 그렇게 해서 살아오고. 또 며느리 저.

= 어떤 때는 시어머니가 팩하게 욕할 때에는 그렇게 가슴 쓰러져.

= 내가 이 행운을 만났는데 왜 며느리한테들 가슴을 아프게 하느냐?

오늘 그만두고 가도 옛말 말하게를 해야지.

= 그렇게 해서 나 며느리한테는 일절.

= 춤 이녁 아기신딘 욕커주마는 노므 아기안틴 경 헤 보지 아넌.

= 아덜안틴 욕커지. 아덜안틴.

= 경허주마는 이제 이거 나 쉰네세 메누리를 헴쭈마는 우리 씨어멍은 완 보난 마은아옵이란게.

= 경허곡 난 이젠 혼저[695] 나난 나가 오십 우리 인시리가 임시늘 허나 네이 오던 오던 뒤테에 나나네 이제 멘 녀니라. 멘 써리 뒈신고?

= 춤 그넌 사라가는 생활들 다 ᄀ라 봥[696] 무신 거 허리마는 그 영 물기[697] 때무네 내가 ᄀ람쭈[698].

= 남편네신디도 막 앙앙헤도 "나 너네 지베 종사리 헴네" 마를 몯 테봔.

– 무사 ᄀ랃쭈.

사위는 본 처레우꽝? 사오?

= 나. 어이.

– 아 사위사 뵏쭈.

그러치예. 사위하고 관계는 어떧쑤가?

= ᄋ 사우[699]는이 경 허더라고.

= 이 큰사우는 ᄒ 동세[700] 큰 나니까 이녁 아덜ᄀ찌.

= 게야 쏘게 말허곡. 동넫 싸름더리 "너네 가시어멍[701] 막 독커메." 영 허민 사우가 벌써 날 저여.

= 접찔 아니라도 하간[702] 거 헹동을 다 헤도 무습께 생각을 헤. 사우가.

= "어머니 영 영."

= "무사 경험디?" 허민.

= "아이 동넫 떠른더리 어머님양 막 무섭께 생각컵띠다." 영 허연.

= 난 경 아녀누렌 헤도 그거시 하나 그거고 질 ᄆ으메[703] 든 건 큰사우[704].

– 마장도 잘허곡 노름도 잘허곡 허주게.

= 참 이녁 아이한테는 욕하지만 남의 아이한테는 그렇게 해 보지 아니했어.

= 아들한테는 욕하지. 아들한테는.

= 그렇게 하지만 이제 이것 나 쉰넷에 며느리를 했지만 우리 시어머니는 와서 보니까 마흔아홉이던데.

= 그렇게 하고 나는 이제 혼자 낳으니까 내가 오십 우리 인실이가 임신을 하니까 오던 오던 뒷해에 나니까 이제 몇 년이야. 몇 살이 되었는가?

= 참 그런 살아가는 생활들 다 말해 보아서 무엇 하리마는 그 이렇게 묻기 때문에 내가 말하고 있지.

= 남편한테도 마구 앙앙해도 "나 너희 집에 종살이 하고 있네." 말을 못해 봤어.

– 왜 말했지.

사위는 본 셈입니까? 사위?

= 나. 어이.

– 아 사위야 봤지.

그렇지요. 사위하고 관계는 어떻습니까?

= 오 사위는 그렇게 하더라고.

= 이 큰사위는 한 동서 큰 아이니까 이녁 아들같이.

= 그렇게 해야 속에 말하고. 동네 사람들이 "너희 장모 막 독해." 이렇게 하면 사위가 벌써 나를 저어해.

= 저어하지 아니해도 온갖 것 행동을 다 해도 무섭게 생각을 해. 사위가.

= "어머니 이렇게 이렇게."

= "왜 그렇게 하니?" 하면.

= "아니 동네 어른들이 어머님요 막 무섭게 생각합디다." 이렇게 해서.

= 나는 그렇게 아니하노라고 해도 그것이 하나 그것이고 젤 마음에 든 것은 큰사위.

– 마작도 잘하고 노름도 잘하고 하지.

예.

= 소리[705)]도 잘허곡.

– 할무니허곡 커노니까 이 뭐 분수를 몰라.

– 돈두 몰라.

으.

– 게난 뭐 이녁 아방 일보네서 헤연 잘 벌겐따.

– 게 할마니 뭐 "할머니 돈 주세요?" 허믄 뭐 용똔 그냥 팍팍 주겐따.

– 게난 뭐 귀헌 처레[706)]를 몰르는 노민디 허곡 이제 우리 큰ᄄᆞ리 겨로늘 헨는데.

– 결국 이제 그 마장을 잘허여.

= 아방이 일본서 마장 주이니라노난.

– 옌날 그 일본 가니까 아방이 이제 일본 사니까 이젠 일본 간 이제.

= 그 아방이 마장 빠위를 헨써. 마장 빠위를 허난 이젠 마장 그 그걸 이제.

= 괄릴 헤부난.

– 괄리를 헨딴 마려. 사위가.

사위가? 아 예예예예.

– 게난 그걸 헤 가난 마작커고 뭐허곡 또 경 아녀도 이 노미 이걸 그 **** 걸 막 조아허여.

= 우리 ᄄᆞᆯ.

– 경허난.

= 고셍 잘 헨쭈.

= 경헌 아이더리 이제 대학 뜨러가멍 다 공불 잘허연덜 사람쑤다게.

= 경허연 살곡 그 아이도 이녁 아덜ᄀᆞ치 그자 "어머니 영허우다. 정허우다." 영헌디 촘 ᄄᆞ리 어시난.

= 게 옌날도게 ᄄᆞᆯ 업는 화리 촘 불 엄는[707)] 화리[708)] ᄄᆞᆯ 엄는 사우.

예.

= 노래도 잘하고.

– 할머니하고 커 놓으니까 이 뭐 분수를 몰라.

– 돈도 몰라.

으.

– 그러니까 뭐 이녁 아버지 일본에서 해서 잘 벌겠다.

– 그래서 할머니 뭐 "할머니 돈 주세요?" 하면 뭐 용돈 그냥 팍팍 주겠다.

– 그러니까 뭐 귀한 줄을 모르는 놈인데 하고 이제 우리 큰딸이 결혼을 했는데.

– 결국 이제 그 마작을 잘해.

= 아버지가 일본에서 마작 주인이니까.

– 옛날 그 일본 가니까 아버지가 이제 일본 사니까 이제는 일본 가서 이제.

= 그 아버지가 마작 바위를 했어. 마작 바위를 하니까 이제는 마작 그 그것을 이제.

= 관리를 해버리니까.

– 관리를 했단 말이야. 사위가.

사위가? 아 예예예예.

– 그러니까 그것을 해 가니까 마작하고 뭐하고 또 그렇지 않아도 이 놈이 이것을 그 **** 것을 아주 좋아해.

= 우리 딸.

– 그렇게 하니까.

= 고생 잘 했지.

= 그런 아이들이 이제 대학 들어가면서 다 공부를 잘해서들 살고 있습니다.

= 그렇게 해서 살고 그 아이도 이녁 아들같이 그저 "어머니 이렇습니다. 저렇습니다." 이렇게 하는데 참 딸이 없으니까.

= 그래 옛날도 딸 없는 화로 참 불 없는 화로 딸 없는 사위.

= 게난 멀리 생각커여져도 그자 이땅[709] 난 무신거 허믄 보내주게.

= 경허고 센싸운 어디냐 허믄 이제 부산.

– 김해 김해.

= 짐헤.

= 경허연 헌디 첼 뺀 큰 센싸운[710] 허난 ᄒᆞ꼼 이제도 ᄒᆞ꼼 저 먼 테져.

= 이 나이가 지극커곡 이제 무시거 허난.

= 아 나가 이제 가치 어시 생가글 허당 보믄 이 사우도 얼마나 날 까치 ** 생각을 허는 게.

= 오민 그자 첼 빼는 춤 예도나 다름업씨 헨찌. 이젠 허라 말라 헤도. 경헨 난 사는 사름.

= 게도 센똘[711] 버러다 줭 나 해 사라.

예예.

오느른 여기까지만 하겔쑤다예. 예. 아주 고생햇쑤다.

= 그러니까 멀리 생각해져도 그저 이따금 나는 무엇 하면 보내지.

= 그렇게 하고 둘째 사위는 어디냐 하면 이제 부산.

– 김해 김해.

= 김해.

= 그렇게 해서 했는데 첫 번 큰 둘째 사위는 하니까 조금 이제도 조금 저 머쓱해.

= 이 나이가 지극하고 이제 무엇 하니까.

= 아 내가 이제 가치 없이 생각을 하다가 보면 이 사위도 얼마나 나를 가치 ** 생각을 하는 것이.

= 오면 그저 첫 번은 참 예도나 다름없이 했지. 이제는 하라 말라 해도. 그렇게 해서 나는 사는 사람.

= 그래도 둘째딸 벌어다 줘서 나 많이 살아.

예예.

오늘은 여기까지만 하겠습니다. 예. 아주 고생했습니다.

2.5 환갑잔치

에 오느른 환갑잔치에 대해서 쫌 무러볼까 그러케 하고 읻씀니다.

어 환갑 때는 어떤 절차로 진행을 하는고예? 예를 들면 뭐 일쫑의 잔치니까는 음식또 어떵 허고 또 어느 뿐드를 초청을 하고 어떠케 지내시는지 그걸 쫌 말쓰메 주십써?

– 환갑잔치 때는 이제 춤 이녀기 태어난 도라완 그 육십일 넌 마네 이제 도라오게 뒈며는 환갑잔치 환가벤 헤네 환갑잔치를 허는디.

– 우리도 이제 쫌 환가벤[712] 헤네 뭐 잔치도 잔치 요새 뭐 환갑허게 뒈믄 그냥 빨리 이제 주근다[713] 뭐 헌다 헤서 뭐 잘 아녀. 환갑잔치는 잘 아녀 가지고 지반 식꾸들끼리만 조초허게시리[714] 뭐 어디 강이라도[715] 좀 먹고 뭐 허곡 허는데.

– 옌나레는 그 좀 사는 지븐 뭐야 이 과일드리영 뭐영 준비헤그넹에 떡또 헤다 노콕 뭐 헤서 그 환가블 이제 치르는 거슬 가녹 가당[716] 한 버니나 강 보긴 봔는데.

– 근가네 경 크게 환갑잔치를 세지 아녀서. 칠쑤는 이제 에 요샌 그 환갑보담도 더 칠쑤는 더 마니 좀 세긴 세는 모양이던데.

아 그러면 칠쑤네 대해서도 말쓰메주십써?

– 칠쑨두 여기서는 그 지바네서 그 지베서 그냥 칠쑨잔치도 허는 사름도 읻꼭[717] 뭐 영헹 허는데.

– 허는 사람더른 막 저 자식뜨리 와 가지고 크게 상 차려 놩 과일도 이제 막 여러 종 헤다 놔 가지고 이제 그 잔치를 허저 이제 정말 그 제라허게[718] 한복덜토 입꼭.

– 이제 이제또록 살멍 자식떠리 이제 우리 이러케 좀 곱께 잘 키와줨따고 헤 가지고 그 부모에 대한 거시 이제 성의를 이제 표시허고 뭐 이러

아 오늘은 환갑잔치에 대해서 조금 물어볼까 그렇게 하고 있습니다.

어 환갑 때는 어떤 절차로 진행을 하나요? 예를 들면 뭐 일종의 잔치니까 음식도 어떻게 하고 또 어느 분들을 초청을 하고 어떻게 지내시는지 그것을 조금 말씀해 주십시오.

– 환갑잔치 때는 이제 참 이녁이 태어난 돌아와서 그 육십일 년 만에 이제 돌아오게 되면 환갑잔치 환갑이라고 해서 환갑잔치를 하는데.

– 우리도 이제 좀 환갑이라고 해서 뭐 잔치도 잔치 요새 뭐 환갑하게 되면 그냥 빨리 이제 죽는다 뭐 한다 해서 뭐 잘 아니해. 환갑잔치는 잘 아니해 가지고 집안 식구들끼리만 조촐하게끔 뭐 어디 가서라도 좀 먹고 뭐하고 하는데.

– 옛날에는 그 좀 사는 집은 뭐야 이 과일들과 무엇과 준비해서 떡도 해다 놓고 무엇 해서 그 환갑을 이제 치르는 것을 간혹 가다가 한 번이나 가서 보기는 봤는데.

– 근간에는 그렇게 크게 환갑잔치를 세지 아니했어. 칠순은 이제 에 요새는 그 환갑보다도 더 칠순을 더 많이 좀 세기는 세는 모양이던데.

아 그러면 칠순에 대해서도 말씀해주십시오?

– 칠순도 여기서는 그 집안에서 그 집에서 그냥 칠순잔치도 하는 사람도 있고 뭐 이렇게 해서 하는데.

– 하는 사람들은 아주 저 자식들이 와 가지고 크게 상 차려 놓아서 과일도 이제 막 여러 종 해다 놓아 가지고 이제 그 잔치를 하랴 이제 정말 그 제대로 한복들도 입고.

– 이제 이제도록 살면서 자식들이 이제 우리 이렇게 참 곱게 잘 키워줬다고 해 가지고 그 부모에 대한 것이 이제 성의를 이제 표시하고 뭐 이러

케 허는데.

– 막 그냥 저 출령[719] 허는 딘 막 크게 출령 허주게.

– 겐디 우리는 이제 칠순잔치 때 막 크게 출리지 아년 간 어디 간 좀 불고기라도 먹곡 뭐허고 헨쭈마는.

= 집써[720] 헨쭈.

– 으. 지베서 경 출령 헤서.

= 경허난 나가 아라지녠?

– (웃음)

게믄 그때 여자 삼춘 그때 칠순 쌍은 어떵 출려신고예?

= 아 칠순 상은 자식뜨리 다 육찌서 와.

아 예.

= 으 오고. 온쩝써[721] 온 텐 완 이젠 개량복[722]또 훈 불썩[723] 허연 완 이벙 헙쎈[724] 허여네.

= 이제 자식떨 이제 과일더리영 떡떠렁 경 헤다 놩 저 아지방덜[725] 동싱덜 다 오렌[726] 허연 ᄀ찌 이디서 밥퍼연 먹곡 경 헨쭈게. 그베끼 더 허여. 어디 무신 어디 간 무신 아덜 퐅이고 뚤 프는 거라.

게난 친척뜨른 초청 아넘니까?

– 친척떨 초청 별로 경 아녀곡. 아이더리나 오게 뒈믄 저 자식떠리나 와그네 뭐 허주. 경 뭐 그 형제간더리 막 오곡 뭐 허곡 아녀.

= 성제덜 다 완 다 머건쭈게.

– 아 게난게 무신 크게.

= 아이그 참. (웃음)

= 게난 잘싸는 지빈 가믄 거보다 더 출령[727] 헤줘?

– 경허주게. 잘싸는 지빈게 막 잘 출련.

게난 사진도 찌급데강?

= 으.

게 하는데.

– 마구 그냥 저 차려서 하는 데는 아주 크게 차려서 하지.

– 그런데 우리는 이제 칠순잔치 때 아주 크게 차리지 아니해서 가서 어디 가서 좀 불고기라도 먹고 뭐 하고 했지만.

= 집에서 했지.

– 으. 집에서 그렇게 차려서 했어.

= 그러니까 내가 알겠느냐고?

– (웃음)

그러면 그때 여자 삼촌 그때 칠순 상은 어떻게 차렸나요?

= 아 칠순 상은 자식들이 다 육지에서 와.

아 예.

= 으 오고. 한복집에서 옷 해서 와서 이제는 개량 한복도 한 벌씩 해서 와서 입어서 하십시오라고 해서.

= 이제 자식들 이제 과일들하고 떡들하고 그렇게 해다 놓아서 저 아주버니들 동생들 다 오라고 해서 같이 여기에서 밥해서 먹고 그렇게 했지. 그밖에 더 해. 어디 무슨 어디 가서 무슨 아들 팔고 딸 파는 거야.

그러니까 친척들은 초청 않습니까?

– 친척들 초청 별로 그렇게 아니하고. 아이들이나 오게 되면 저 자식들이나 와서 뭐 하지. 그렇게 뭐 그 형제간들이 막 오고 뭐 하고 아니해.

= 형제들 다 와서 다 먹었지.

– 아 그러니까 무슨 크게.

= 아이고 참. (웃음)

= 그러니까 잘사는 집에는 가면 그것보다 더 차려서 해줘?

– 그렇게 하지. 잘사는 집에선 아주 잘 차려서.

그러니까 사진도 찍었습니까?

= 으.

아.

= 부산 이 저 환가벤 가서 이디선 우린 이제 부사늘 아기더리 다 이쓰니까 이딜[728] 따기더른 더러 아니 가도 그딜[729] 따기가 서너 너 으누이[730] 시니까[731].

= 그디 가넨 이제 뚤레[732] 집 큰뚤레 지비 간 크게 상 출련 경 헤넨 이제 저른 나 허지 말렌[733] 헨쭈게. 칠쑨 저 환가베고 칠쑤니랑 절허지 말라. 주근 사름 입짱 아니니까. 경헨 영 출려 놔네 저 사진더른 다 찌건쭈.

= 음식 출녀 놩. 부산서 헐 땐 환갑 저 칠쑨보다 더 환가베 더 크게 그자 큰뚤이네 셋뚤레[734] 셋따덜레[735] 그디[736] 다 이시니까. 이제 경헨 그디서 크게 조근뚤[737]도 그땐 사라이실 때고. 경허난 크게 출령 허곡.

= 저 칠쑤는 이디서[738] 출련[739] 헌디.

= 손지드리 다 촘 선세[740] 다 헤 오고 뭐 사진 찌그고 뭐 경헤넨 출련 이디서. 절허지 말라 절허지 말라 허난 씨아지방네 다 오고 경헤네 사진도 찌그곡 헤연 머건쭈. 무신 벨 큰 잔치 때 담지[741] 아녕 울라둘라[742] 아녀는 거난 그냥 지비서 허는 거난 그자 국커고 밥퍼곡 경헨 이제 씨아지방더령 씨누이더령 경헨 다. 인칙[743] 저 ᄉ춘 동세더령 겨엔 이제 지반 식꾸난게 다 경헨 완 이디서 허연.

그러믄예 혹씨 다른 디서 우리 환갑잔치헴시난 아니면 칠쑨잔치헴시난 옵써 허면 어떵헨 가는고예?

그냥 가진 몯터지 아녈건꽝?

= 우리 난 다른 딘[744] 안 뎅겨[745] 본디.

= 우리 셋따지방 이제 칠쑤늘 이제 아기덜 육찌 사난 와네[746] 허는디 보난.

= 저 부주[747] 촘 이제 우리 갈 껄 때문 부주 아니라게. 암만헤도 그냥 빈소는 몯 까니까.

아.

= 부산 이 저 환갑에는 가서 여기서는 우리는 이제 부산을 아기들이 다 있으니까 여기 아기들은 더러 아니 가도 거기 아기가 서너 네 오누이 있으니까.

= 거기 가서 이제 딸네 집 큰딸네 집에 가서 크게 상 차려서 그렇게 해서 이제 절은 나 하지 말라고 했지. 칠순 저 환갑이고 칠순이랑 절하지 마라. 죽은 사람 입장 아니니까. 그렇게 해서 이렇게 차려 놓아서 저 사진들은 다 찍었지.

= 음식 차려 놓아서. 부산에서 할 때는 환갑 저 칠순보다 더 환갑에 더 크게 그저 큰딸네 둘째딸네 둘째아들네 거기 다 있으니까. 이제 그렇게 해서 거기서 크게 작은딸도 그때는 살아 있을 때고. 그렇게 하니까 크게 차려서 하고.

= 저 칠순은 여기서 차려서 했는데.

= 손자들이 다 참 선사 다 해서 오고 뭐 사진 찍고 뭐 그렇게 해서 차려서 여기서. 절하지 마라 절하지 마라 하니까 시아주버니네 다 오고 그렇게 해서 사진도 찍고 해서 먹었지. 무슨 별 큰 잔치 때 닮지 않아서 야단법석 아니하는 것이니까 그냥 집에서 하는 것이니까 그저 국하고 밥하고 그렇게 해서 이제 시아주버니들이랑 시누이들이랑 그렇게 해서 다. 일찍 저 사촌 동서들이랑 그렇게 해서 이제 집안 식구니까 다 그렇게 와서 여기에서 했어.

그러면요 혹시 다른 데서 우리 환갑잔치하니까 아니면 칠순잔치하니까 오십시오 하면 어떻게 해서 가는가요?

그냥 가기는 못하지 않겠습니까?

= 우리 나는 다른 데는 안 다녀 봤는데.

= 우리 둘째아주버니 이제 칠순을 이제 아이들 육지 사니까 와서 하는데 보니까.

= 저 부조 참 이제 우리 갈 것이기 때문에 부조 아닌가. 아무래도 그냥 빈손으로는 못 가니까.

= 겨엔 이젠 부주허영 가젠[748] 허난 헤영 오지 말렌. 아니 반넨[749]. 칠쑤니나 환가비나 부지[750] 반는 버비 아니엔.

= 겨엔 아니 헤연 완. 우리도 안 받꼬양 그디도 안 헹[751] 갇쑤다. 간 머그믄[752] 헤도.

– 이건 부모덜안티 칠쑨잔치옌 헤네 자식뜨리 출리는 거라노난.

– 보닌더리 출려그네[753] 허는 거 ᄀᆞ트민 이거 ᄒᆞᄊᆞᆯ[754] 영 부주가 뒐 쑤가 인는디 이건 자식떠리 출리는 거니까 이젠 월래 부모덜안티 어떤 뭐 영 거시기 헹 용또늘 드려야 뒐 껄 이제 반느냐 허는 시그로 헤 가지고 받찔 아난덴[755].

= 소상 대상 아니니까 받찌 말렌 아녇쑤다게[756]. 우리도 안 받꼬.

= 그렇게 해서 이제는 부조해서 가려고 하니까 해서 오지 말라고. 아니 받는다고. 칠순이나 환갑이나 부조 받는 법이 아니라고.

= 그렇게 해서 아니 해서 완. 우리도 안 받고요 거기도 안 해서 갔습니다. 가서 먹기는 해도.

- 이것은 부모들한테 칠순잔치라고 해서 자식들이 차리는 것이니까.

- 본인들이 차리고서 하는 것 같으면 이것 조금 이렇게 부조가 될 수가 있는데 이것은 자식들이 차리는 것이니까 이제는 원래 부모들한테 어떤 뭐 이렇게 거시기 해서 용돈을 드려야 될 것을 이제 받느냐 하는 식으로 해 가지고 받질 않는다고.

= 소상 대상 아니니까 받지 말라고. 않았습니다. 우리도 아니 받고.

2.6 장례 절차에 대한 이야기

예. 졷씁니다. 이버는예 그 영장 나면 영장 지내는 절차 예를 들면 아까 말씀드린 대로 쭘 위독카다 그러면 뭐 다시 이부자리 하고 뭐 옫 입찌고 초신 신찌곡 뭐 상도 노코 그러지 안씀니까? 혼부르고예.

거기서 쭉 시자글 헤서 뭐 사밀짱이면 사밀짱 뭐 오일짱이면 오일짱 장네 치르는 걷까지 그 과정을 그 쭉 말쓰믈 한번 헤 주십써?

– 그 마냑 이제 위급펴다 영[757] 허믄 이제 그 동넬 싸람더리라도 이제 위급퍼덴 허민 자기네마는 이제 좀 너무 절차하는 식또 모르곡 뭐허민.

– 뭐허민 이제 그 좀 그 혼도 부르국[758] 뭐 종명헴신가 하는 걷또 알기도 허곡 그런 쫌 이 모든 그 예의범저를 아는 분드를 이제 좀 오도록 허주게.

– 그 마냐게 자기가 저 무슨 땔 이심직커믄[759].

– 게믄 왕 보믄 이제 촘 곧 종명컴직허믄[760] 이제 그 어느 방에 모실꺼냐 헤서 방을 다 출리곡[761].

– 그 뭐 농 ᄀᆞ튼 건 이시믄 퀀문[762] 거튼 걷또 이시믄 다 퀀문 허영 다 중가[763] 가지고 그 테이프 ᄀᆞ튼 거 다 이시믄 다 부치도록 이러케 허곡 경허영.

– 출령 이제 이제 그 방더레[764]. 이제 마냑 그 자기 부모가 이제 종명허믄 그 모실 방더레 이제 방을 옴기주[765].

– 옴겨그넹에 허민 거기서 허당 보민 이제 종명하며는 이제 종명하며는 이제 ᄒᆞᆫ ᄒᆞᆫ 시간 내지 두어 시간 쫌 기다려 가지고.

– 게난 종명하기 저네 이제 상에 이제 크게 이제 쫌 뭐야? 과일덜 삼종 사다 노콕 고기도 이제 하나 굽꾹[766] 이제 술도 ᄒᆞᆫ 잔 헤서 술도 석짠 거령[767] 체시[768] 내시[769] 미리헤그네 봗땅으네 이제.

= 초신[770]도 세 베[771].

– 이제 또 뭐야? 시랑모기믄 시랑목[772]. 시랑목또 ᄒᆞᆫ 필 헤 가지고 이

예. 좋습니다. 이번은요 그 초상 나면 초상 지내는 절차 예를 들면 아까 말씀드린 대로 좀 위독하다 그러면 뭐 다시 이부자리 하고 뭐 옷 입히고 짚신 신기고 뭐 상도 놓고 그러지 않습니까? 복부르고요.

거기서 쭉 시작을 해서 뭐 삼일장이면 삼일장 뭐 오일장이면 오일장 장례 치르는 것까지 그 과정을 그 쭉 말씀을 한번 해 주십시오?

– 그 만약 이제 위급하다 이렇게 하면 이제 그 동네 사람들이라도 이제 위급하다고 하면 자기네만은 이제 좀 너무 절차 하는 식도 모르고 뭣하면.

– 무엇하면 이제 그 좀 복도 부르고 뭐 종명하는가 하는 것도 알기도 하고 그런 좀 이 모든 그 예의범절을 아는 분들을 이제 좀 오도록 하지.

– 그 만약에 자기가 저 무슨 때를 있음직하면.

– 그러면 와서 보면 이제 참 곧 종명함직하면 이제 그 어느 방에 모실 것인가 해서 방을 다 차리고.

– 그 뭐 농 같은 것은 있으면 궤 문짝 같은 것도 있으면 다 궤 문짝 해서 다 잠가 가지고 그 테이프 같은 것 있으면 다 붙이도록 이렇게 하고 그렇게 해서.

– 차려서 이제 이제 그 방에. 이제 만약 그 자기 부모가 이제 종명하면 그 모실 방에 이제 방을 옮기지.

– 옮겨서 하면 거기서 하다 보면 이제 종명하면 이제 종명하면 이제 한 한 시간 내지 두어 시간 좀 기다려 가지고.

– 그러니까 종명하기 전에 이제 상에 이제 크게 이제 좀 뭐야? 과일들 세 종 사다 놓고 고기도 이제 하나 굽고 이제 술도 한 잔 해서 술도 석 잔 따라서 사자 몫 미리 해서 두었다가 이제.

= 짚신도 세 켤레.

– 이제 또 뭐더라? 시렁목이면 시렁목. 시렁목도 한 필 해 가지고 이

제 그 체시 내시 다 헤당 놛땅.

– 마냑 이제 경헹 두어 시간 이제 기다리는 거주.

– 게서 이제 완저니 도라가셛따 그러케 허며는 이제 그 유식카고 좀 담녀기 쎈 부니 이제 호늘 불를[773] 꺼주.

– 호늘 이제 그 세 번 뭐 호늘 부르며는 이제 상주가 이제 큰상주가 기다렫따가 이제 혼불르믄 영 그 호늘 혼적싸믈[774] 이제 차롱차그로[775] 헤연 바당. 바당 이제 그 도라가신 망인 우티레[776] 이제 그걸 헹 놛땅[777] 그때 이제 헤영 이제 펭풍[778]도 치국 뭐헤 가지고.

– 이제 한 메칠 저 뭐냐믄 이제 그때 뒈믄 이제 강[779] 테길 이 강 봥[780] 오라 이러케 허영.

– 게믄 테길 보민 이제 사밀짱이 낟껀 사일짱[781]이 낟껀 허곡.

– 그거 보레 간 다으메 지바네서는 이제 쫌 그 저 쪼끄만허게 성복커믄 크게 상을 노콕 뭐 허는데 성복 성복커기 저네는 쪼끄만허게 그 망이늘 위헤서 이제 미음도 쒀당 올리곡 뭐 헤 가지고 읻땅.

– 이제 성보글 허게 뒈며는 이제 촘 크게 두건도 헤그네게. 성복커기 저네는 두건도 통두거늘[782] 쓰주. 통두거늘. 이제 우로 줍찌[783] 아녀영.

– 기냥 이레 썯땅으네게 성보글 하게 뒈믄 이제 그걸 허영 이제.

– 아 그거 허기 저네 이제 그 임시 그 저 뭐야 허믄 가대 가대리믈[784] 허주. 어머니 저 영 허영 푸렁 뭐허카부덴.

– 임시 영 초 그 걷뽀고 뭐라 허나? 그 저 뭐야.

초시림?

– 저 허기 저네 그 대림허기 저네 곧 도라가시믄 영 허영 온 떱찌고[785] 뭐헤그넹에.

– 대림.

= 대림허기 저네 상제. 저 상제 이제 통두건 씹 저 씨웁꾹[786].

= 이제 두루마글 흰두루막. 영 어깨에 메영 영 허영 헨땅.

제 그 사자 몫 다 해다가 두었다가.

— 만약 이제 그렇게 해서 두어 시간 이제 기다리는 것이지.

— 그렇게 해서 이제 완전히 돌아가셨다 그렇게 하면 이제 그 유식하고 좀 담력이 센 분이 이제 복을 부를 것이지.

— 복을 이제 그 세 번 뭐 복을 부르면 이제 상주가 이제 큰상주가 기다렸다가 이제 복부르면 이렇게 그 혼을 혼적삼을 채롱으로 해서 이렇게 받아서. 받아서 이제 그 돌아가신 망인 위에 이제 그것을 해서 놓았다가 그때 이제 해서 이제 병풍도 치고 무엇해 가지고.

— 이제 한 며칠 저 뭐냐 하면 이제 그때 되면 이제 가서 택일 이 가서 보고 오너라 이렇게 해서.

— 그러면 택일 보면 이제 삼일장이 났건 사일장이 났건 하고.

— 그것 보러 간 다음에 집안에서는 이제 좀 그 저 조그만하게 성복하면 크게 상을 놓고 뭐 하는데 성복 성복하기 전에는 조그마하게 그 망인을 위해서 이제 미음도 쒀다가 올리고 무엇 해 가지고 있다가.

— 이제 성복을 하게 되면 이제 참 크게 두건도 해서. 성복하기 전에는 두건도 통두건을 쓰지. 통두건을. 이제 위로 접지 아니해서.

— 그냥 이리로 썼다가 성복을 하게 되면 이제 그것을 해서 이제.

— 아 그것 하기 전에 이제 그 임시 그 저 뭐냐 하면 가대 가대렴을 하지. 어머니 저 이렇게 해서 풀어서 뭐할까 봐서.

— 임시 이렇게 초 그 그것보고 뭐라고 하나? 그 저 뭐야.

소렴.

— 저 하기 전에 그 대렴하기 전에 곧 돌아가시면 이렇게 해서 옷 입히고 뭐해서.

— 대렴.

= 대렴하기 전에 상제. 저 상제 이제 통두건 씌우 저 씌우고.

= 이제 두루마기를 흰두루마기. 이렇게 어깨에 메어서 이렇게 해서 했다가.

= 이젠 오늘 멕키다[787] 이젠 낼꺼지 멕키다 허믄 그때엔 그자 상에 ᄀ마니 그 모상[788] 놓따가.

– 아니 게난.

= 멘 씨 넬모리[789] 이제 날도 나곡양. 영장도 이제 나가게 뒈곡 이제 성복또 헤사민 그땐 이제 대리믈[790] 허는 거라. 성복커는 날.

= 다 오슬 이제 무근 오슨 다 벧껴[791] 뒹 새로 호상[792]을 입쪙[793] 경 허민 이젠 자식떨 왕 이제 ᄄᆞ리 큰ᄄᆞ리 뒈나 ᄯᅩᆯ 어신[794] 사르믄 큰메누리 뒈나 강으네[795] 이제 할망[796] 모믈 ᄀᆞᆷ지는[797] 거라.

= 상물[798] 허영 다 영 건식기주게. 경허영 영영 허민 이젠 그 온 떱찌는 하르방[799]이 이젠 "알로랑으네[800] 저 메누리가 알또슬 입찌라." 영허영 허민 속고슬 입찌나 살마다[801]를 입찌나 경허믄 우로[802] 다 허영 하르방더리 그땐 다 호서[803]를 입쩌.

– 호상은 입찌는데 임시 이제 그 곧 도라가셩 망이니 이제 그 사밀짱이 나거나 또 경 아넝 이제 오일짱이 나나 이제 치릴짱이 나나 허믄 이제 성복카는 기일이 쫌 **** 읻쭈게[804]. 이시믄[805] 이제 저 가다리믈[806] 허여.

– 가다리믈 헨따가 이제 그 성복커게끔 뒈믄 이제 그걸 이제 완저니 다 클러내곡[807] 그 또 온 떱찐 걷또 이제 임시 그 초** 초시림 똔만 입쪄땅[808] 이제 그걸 이제 입쪄따가 내중에는 이제 대림허게끔 뒈믄 다 오슬 베낄[809] 꺼주게.

– 베껑 엄는[810] 사름 지베는 이제 그냥 그 저 베껑 입져딴 오슬 기냥 또 베껴 가지고 허곡 인는[811] 사름 지븐 이제 그 초수림[812]헤난 걸 이제 다 헤영 불케웁또록[813] 허곡.

– 내중에 이제 그 성복 아니 저 대림헤 나며는 이제 그 완전 대리미[814] 끈나며는 이제 그때야 이제 성보그로 허는 거주.

– 입꽌허곡.

= 이제는 오늘 막히다 이제는 내일까지 막히다 하면 그때에는 그저 상에 가만히 그 모시어 놓았다가.

– 아니 그러니까.

= 몇 시 내일모레 이제 날도 나고요. 영장도 이제 나가게 되고 이제 성복도 해야 하면 그때는 이제 대렴을 하는 거야. 성복하는 날.

= 다 옷을 이제 묵은 옷은 다 벗겨 두고 새로 수의를 입혀서 그렇게 하면 이제는 자식들 와서 이제 딸이 큰딸이 되나 딸 없는 사람은 큰며느리 되나 가서 이제 할머니 몸을 감기는 거야.

= 향수 해서 다 이렇게 건식이지. 그렇게 해서 이렇게 이렇게 하면 이제는 그 옷 입히는 할아버지가 이제는 "아래로는 저 며느리가 아래옷을 입혀라." 이렇게 하면 속옷을 입히나 속곳을 입히나 그렇게 하면 위로 다 해서 할아버지들이 그때는 다 수의를 입혀.

– 수의는 입히는데 임시 이제 그 곧 돌아가셔서 망인이 이제 그 삼일장이 나거나 또 그렇지 않아서 이제 오일장이 나거나 이제 칠일장이 나거나 하면 이제 성복하는 기일이 좀 **** 있지. 있으면 이제 저 가대렴을 해.

– 가대렴을 했다가 이제 그 성복하게끔 되면 이제 그것을 이제 완전히 다 끌러 내고 그 또 옷 입힌 것도 이제 임시 그 초** 소렴 옷만 입혔다가 이제 그것을 이제 입혔다가 나중에는 이제 대렴하게끔 되면 다 옷을 벗길 거지.

– 벗겨서 없는 사람 집에는 이제 그냥 그 저 벗겨서 입혔던 옷을 그냥 또 벗겨 가지고 하고 있는 사람 집은 이제 그 소렴했던 것을 이제 다 해서 불태우도록 하고.

– 나중에 이제 그 성복 아니 저 대렴하고 나면 이제 그 완전 대렴이 끝나면 이제 그때야 이제 성복으로 하는 것이지.

– 입관하고.

예. 근데 입꽈늘 헐려고 허면 관도 차야 뒐 꺼 아니우꽈예?

– 관도 차곡[815].

옌나른 과늘 어떵 차신고예?

– 옌나른 과늘 이제 지그믄 다 과니 이제 다 사오국[816] 뭐 주문만 허믄 그냥 저나만 허민 과니 오는디 연나른 성복커기 저네 그 저 테기리 나오며는 지베서 다 너리[817]. 이제 자기가 그 노이니 인는 지븐 심 녀니 가고 이심 녀니 가고 그 관너를[818] 다 준비허영 놔둬.

– 준비허영 놔두국. 개판[819] 이제 준비헤영 놔두국.

– 경허믄 이제 에 이제 그 부모가 도라가시믄 이제 즉씨 관도 짤 쑤 읻또록 다 준비 이제 어떠케 헤영 아주 쫌 저 썩찌 아녀게 영 ᄃᆞ라메영[820] 다 허영 놔두주게. 과늘.

– 겨곡 그 데와지카부덴[821] 데와지지 몯터게시리 다 영 칭칭이 헤 가지고 그 썩또[822] 아너곡 뭐허도록 헤 놛땅 이제 테기리 나며는 도라가시고 테기리 나믄 그때부터 이제 과늘 짜는 거주.

– 관 허믄 이제 목쑤 비렁[823] 허믄 이제 우리도 이제 그 관 짜는 디 간 영 거드러도 주곡 뭐허곡 허믄.

– 관 짜곡 영 관 짱 성복 다 끋나곡 이제 허믄 이제 성복케 나믄 친족떠리고 뭐이고 다 두건도 주국 이제 ᄉᆞ추니구 이제 팔초니건 가네 그 이제 온또[824] 헤영 다 입찌곡.

– 이제 또 여자분더른 이제 치마[825] 주로 마니 허곡 남자더른 이제 두건 주는 디도 읻꼭 또 셍펴네 따라서 복꼳[826]도 다 그 남자덜안틴 주국 경허주.

게믄 구사는 어떵 큰아더리 감니까? 구산헐 때는?

– 구산허레는 이제 경허믄 이제 그거시 이제 성보기 끋나곡 뭐 헤나믄 이제 그 정시[827]를 이제 좀 초빙헤서 저 불러다 모셔다가 춤 이녁 받띠[828] 가그네 영 도라보던가 게영 이제 구산허렌 이제 이녁 받띠 강 도라보주.

예. 그런데 입관을 하려고 하면 관도 짜야 될 것 아닙니까?

— 관도 짜고.

옛날은 관을 어떻게 짰을까요?

— 옛날은 관을 이제 지금은 다 관이 이제 다 사서 오고 뭐 주문만 하면 그냥 전화만 하면 관이 오는데 옛날은 성복하기 전에 그 저 택일이 나오면 집에서 다 널이. 이제 자기가 그 노인이 있는 집은 십 년이 가고 이십 년이 가고 그 관판을 다 준비해서 놔두어.

— 준비해서 놔두고 횡대 이제 준비해서 놔두고.

— 그렇게 하면 이제 에 이제 그 부모가 돌아가시면 이제 즉시 관도 짤 수 있도록 다 준비 이제 어떻게 해서 아주 좀 저 썩지 않게 이렇게 매달아서 다 이렇게 놔두지. 관을.

— 그렇게 하고 그 틀어질까 봐 틀어지지 못하게끔 다 이렇게 층층이 해 가지고 그 썩지도 않고 뭐하도록 해 놓았다가 이제 택일이 나면 돌아가시고 택일이 나면 그때부터 이제 관을 짜는 것이지.

— 관 하면 이제 목수 빌려서 하면 이제 우리도 이제 그 관 짜는 데 가서 이렇게 거들어도 주고 뭐하고 하면.

— 관 짜고 이렇게 관 짜서 성복 다 끝나고 이제 하면 이제 성복해 나면 친족들이고 무엇이고 다 두건도 주고 이제 사촌이고 이제 팔촌이건 간에 그 이제 상복도 해서 다 입히고.

— 이제 또 여자분들은 이제 치마 주로 많이 하고 남자들은 이제 두건 주는 데도 있고 또 형편에 따라서 상복도 다 그 남자들한테는 주고 그렇게 하지.

그러면 구산은 어떻게 큰아들이 가나요? 구산할 때는?

— 구산하러는 이제 그렇게 하면 이제 그것이 이제 성복이 끝나고 뭐 해나면 이제 그 지관을 이제 좀 초빙해서 저 불러다 모셔다가 참 이녁 밭에 가서 이렇게 돌아보든가 그렇게 해서 이제 구산하러 이제 이녁 밭에 가서 돌아보지.

— 도라봥으네 안 뒈믄 이제 촘 노미 받띠도 강 쓰는 쑤도 읻꼭.

— 근가네는 다 이제 이녁 받띠 다 헤영 쓰국 뭐허고 허는데.

— 경헤영 그부니 이제 가그네 이제 제일[829] 꼬지 다 노콕 허민 이제 제일 논 다으메 이제 그때 이제 영장 준비가 이제 끈나는 거주.

그러믄 예를 들면 친척드리 와서 조무늘 헐 꺼 아니우꽝에? 조문허젠 허면 상주는 뭐 방장때도 집꼭 찝뎅이도 허곡 경헤야 뒐 꺼 아니우꽈?

— 게난 그 그때 이 저 화관[830] 아니 거시 성보글 하며는 관 짜곡 관 짤 때 뭐 찝뗑이고[831] 방장때[832]이곡 그날에 전부 다 준비허는 거주.

— 게난 이제 그거시 끈나믄 성보글 드러가게 뒈는 거주. 경허믄 이제 찝뗑이도 만들곡 이제 방장때도 만들곡 어멍인 경우는 에 멍먹커덴 헤여서 머구남[833] 헤서 허곡.

— 이제 아바지 그튼 경우는 이제 왕대 ᄆᆞ디ᄆᆞ디 생각난다 헤서 왕대 그 이제 허곡 경헤나서. 경헨.

그러믄 그러믄에 왕대 헐 때는 멘 ᄆᆞ작짜리를 험니까? 오절육통?

— 오절육통[834]이난 뭐 오절 오절육통인가 칠통인가 경도 허곡.

— 경 꼭 그 규격 규겨기 꼭 마칠 쑤가 얻쭈게. 게난 그 뭐 이.

= 삼 ᄆᆞ작[835] 놔실 꺼라.

— 뭐 꼭 그 저 뭐 삼절 삼절육통 아 삼절사통 뒈는 수도 읻꾸 그거는 꼭 그냥 ᄆᆞ디를 경 어디 꼭 규격 뒈게 경 오절육통 허게끔 뒌.

어디 가난 오절육통이라고예?

— 예. 경헤서 허는 수 읻낀 헌디 거 왕대가 경 오절육통 뒈는 그 뒈게끔 뒈 인는 디가 이서?

찝 찝뗑이는 멘 깨로 무끔니까?

— 일곱 마디.

— 찝뗑이[836]는 이제 건 우리도 이제 주로 상가에 가믄 요새는 아넌디 그 저네는 다 우리도 그거 관 짜난 다으메 이제 산디찝[837] 가져 오렌 허

— 돌아봐서 안 되면 이제 참 남의 밭에도 가서 쓰는 수도 있고.

— 근간에는 다 이제 이녁 밭에 다 해서 쓰고 뭐하고 하는데.

— 그렇게 그분이 이제 가서 이제 재혈까지 다 놓고 하면 이제 재혈 놓은 다음에 이제 그때 이제 초상 준비가 이제 끝나는 것이지.

그러면 예를 들면 친척들이 와서 조문을 할 것 아닙니까? 조문하려고 하면 상제는 뭐 상장도 짚고 짚덩이도 하고 그렇게 해야 할 것 아닙니까?

— 그러니까 그 그때 이 저 상여 아니 그것이 성복을 하면 관 짜고 관 짤 때 뭐 짚동이고 상장이고 그날에 전부 다 준비하는 것이지.

— 그러니까 이제 그것이 끝나면 성복을 들어가게 되는 거지. 그렇게 하면 이제 짚덩이도 만들고 이제 상장도 만들고 어머니인 경우는 아 먹먹하다고 해서 머귀나무 해서 하고.

— 이제 아버지 같은 경우는 이제 왕대 마디마디 생각난나고 해서 왕대 그 이제 하고 그렇게 했었어. 그렇게 했어.

그러면 그러면요 왕대 할 때는 몇 마디짜리를 하나요? 오절육통?

— 오절육통이니까 뭐 오절 오절육통인가 칠통인가 그렇게도 하고.

— 그렇게 꼭 그 규격 규격이 꼭 맞을 수가 없지. 그러니까 그 뭐 이.

= 세 마디 넣었을 거야.

— 뭐 꼭 그 저 뭐 삼절 삼절육통 아 삼절사통 되는 수도 있고 그것은 꼭 그냥 마디를 그렇게 어디 꼭 규격 되게 그렇게 오절육통 하게끔 된.

어디 가니까 오절육통이라고요?

— 예. 그렇게 해서 하는 수 있기는 한데 거 왕대가 그렇게 오절육통 되는 그 되게끔 되어 있는 데가 있어?

짚 짚동은 몇 개로 묶습니까?

— 일곱 마디.

— 짚덩이는 이제 그것 우리도 이제 주로 상가에 가면 요새는 아니하는데 그 전에는 다 우리도 그것 관 짜고 난 다음에 이제 밭볏짚 가져 오라

영 산디찌브로 헤서 이제 일곱 마디를 무끄주.[838]

그러면 이젠 영장날 아니우꽈? 그러면 상여를 메야뒐 껀데 그때는 사람드를 어떠케 부려신고마씨? 돈 줨?

– 돈 준 게 아니라게. 요저뻬네도 ᄀ랃쭈마는[839] 여기는 동네가 그러코 허니까 그 준비는 이제 동상 동하 서상 서하 영 이시니까[840] 그 난 동에서 준비는 다 이제 상아[841]를 이제 가져오기도 허곡 틀기도 허곡 준비는 다 그 동에서 조합짱 위시로 헤서 허곡.

– 메어 가는 거는 이제 동넬 뿐뜨리 청년드리 나상으네[842] 이제 어디까지라도 그 거리가 머럳껀 가찹껀[843] 가네 거기 다 메어 가주. 메어 가곡.

여자 분드른 설빼도 메곡마씨?

– 여자 부는 여자 부는 이제 거 다 설빼[844] 다 아페 헤 가지고 설빼 헤영 둘곡.

– 또 또 장구도 아상[845] 강[846] 뭐 때리고 북또 때리기도 허곡 뭐 허는 수도 읻꼭.

게믄 이제는 그 과니 영장받띠 간 거라마씨. 게믄 놉 빼렁 개광짜리도 파곡 또 나중에 개판도 더끄곡 봉분도 멘들 꺼 아니우꽈?

그 과정을 쫌 말쓰메 주십써?

– 그 과정은게 그 이제.

예. 산땀도 헤나니까 잘 알 꺼 아니우꽈?

– 으. 그 가믄 이제 정시[847]가 이제 제일[848] 논 대로 이제 그 상고지[849] 중꼬지[850] 하고지[851] 영 딱 다 이쓰니까 그걸 기준 해서 이제 화관[852] 개광짜리[853]를 팡.

– 개광짜리를 두 번 파지 아너주게. 개광짜리는 다른 디 옴기거나[854] 뭐 허지 아녀.

– 그 여기를 이제 암서기 생견껀 뭐 헨껀 이거는 이 여기 헤서 “에이 여긴 안 뒈니까” 욜로 옴기는 버븐 업써.

고 해서 밭볏짚으로 해서 이제 일곱 마디를 묶지.

그러면 이제는 장삿날 아닙니까? 그러면 상여를 메야할 것인데 그때는 사람들을 어떻게 부렸을까요? 돈 줘서?

– 돈 준 것이 아니라. 요전번에도 말했지만 여기는 동네가 그렇고 하니까 그 준비는 이제 동상 동하 서상 서하 이렇게 있으니까 그 난 동에서 준비는 다 이제 상여를 이제 가져오기도 하고 틀기도 하고 준비는 다 그 동에서 조합장 위시로 해서 하고.

– 메어 가는 것은 이제 동네 분들이 청년들이 나서서 이제 어디까지라도 그 거리가 멀었건 가깝건 간에 거기 다 메어 가지. 메어 가고.

여자 분들은 설배도 메고요?

– 여자 분은 여자 분은 이제 거 설배 다 앞에 해 가지고 설배 해서 달고.

– 또 또 장구도 가져 가서 뭐 때리고 북도 때리기도 하고 무엇 하는 수도 있고.

그러면 이제는 그 관이 장지에 간 거예요. 그러면 놉 빌려서 굿도 파고 또 나중에 횡대도 덮고 봉분도 만들 것 아닙니까?

그 과정을 좀 말씀해 주십시오?

– 그 과정은 그 이제.

예. 산담도 했었으니까 잘 알 것 아닙니까?

– 으. 그 가면 이제 지관이 이제 재혈 놓은 대로 이제 그 상고지 중고지 하고지 이렇게 딱 다 있으니까 그것을 기준 해서 이제 상여 굿을 파서.

– 굿을 두 번 파지 아니하지. 굿은 다른 데 옮기거나 뭐 하지 않아.

– 그 여기를 이제 암석이 생겼건 뭐 했건 이것은 이 여기 해서 “에이 여기는 안 되니까” 요리로 옮기는 법은 없어.

— 개광짜리를 파믄 파기 시작하며는 여기가 안 뒈구 이제 암서기 나오거나 뭐 허믄 복토허건 뭐 허건 이걸 이제 옴기는 버르슨 업쭈.

— 게난 이제 판 디까진 전부 다 팡 잘 나오민 "아이고 개광짜리 춤 잘 나왐쩌." 이러케 헤 가지고.

— 개광짜리 끈나믄 하관 시가니 뭐 오시[855]도 뒈국 ᄉ시[856]도 뒈곡 미시[857]도 뒈곡 시가니 따라서 이제 망이네 따라서 시가니 딸르는데.

— 게믄 이제 ᄉ시 뒈믄 ᄉ시가 뒈며는 이제 하관헤영 하관헤난 다으멘 이제 개판[858] 더껑[859] 다 이제 자체가 끈나믄 이제 봉분 싸.

— 봉분 싸기도 이제 우선 하관 아 개판 더꺼 노믄 이제 상주드리 큰상주안티 와그넹에 "이제 아부지 어머니 이제 집 지슬 꺼여. 너네 흐기라도 흔 좀[860] 이레[861] 몬저 해 놔라." 이러케 헤그네.

— 허여 난 다으메 이제 해 놩 개판 다 더꺼 진토꾼[862] 메여 오렌 헤네 진톧꾼 메여다그네 이젠 허믄 이제 거기서 이젠 허믄 뭐야?

= 무신 성 이써 어서?

— 아 그거 헤난 다으메 진톧꾼 헤영 끈나믄 이제 달구 달구 지엉[863]. 달구 진 다으메 이제 이젠 봉분 싸으믄 거라.

— 봉분 싸으믄 이제. 뭐 산땀[864]허게 뒈믄 이제 그때부턴 이젠 산땀도 허곡.

— 그 저네도 이제 그 고지 찌근 디 이쓰니까 산땀헐 껀 크게 산땀헐 껀 다 준비 다 헤영 산땀도 해 가고.

— 이제 게민 봉분 다 끈나믄 이제 산땀또 거자 끈나곡 뭐 헤영.

게믄 이젠 봉분 다 이제 이러케 멘든 거라예. 예를 들면 뭐 두 자 봉부니다 석 짜 봉분 이제 다 싼 거 아니우꽈?

그러면 이제는 또 제를 지내야 뒐 꺼 아니우꽝예. 몸쩨부터 시작헤서. 그 제를 쭉 한 번 ᄀ라 줍써?

— 그게 이제 다 뒈믄 이제 다 뒌쩬[865] 토신쩨를 지낼 꺼 아니라?

— 굿을 파면 파기 시작하면 여기가 안 되고 이제 암석이 나오거나 뭐 하면 복토하건 뭐 하건 이것을 이제 옮기는 버릇은 없지.

— 그러니까 이제 판 데까지는 전부 다 파서 잘 나오면 "아이고 굿 참 잘 나왔다." 이렇게 해 가지고.

— 굿 끝나면 하관 시간이 뭐 오시도 되고 사시도 되고 미시도 되고 시간에 따라서 이제 망인에 따라서 시간이 다른데.

— 그러면 이제 사시 되면 사시가 되면 이제 하관해서 하관하고 난 다음에는 이제 횡대 덮어서 다 이제 자체가 끝나면 이제 봉분 쌓아.

— 봉분 쌓기도 이제 우선 하관 아 횡대 덮어 놓으면 이제 상제들이 큰 상제한테 와서 "이제 아버지 어머니 이제 집 지을 거야. 너희들 흙이라도 한 줌 이리 먼저 해 놓아라." 이렇게 해서.

— 하고 난 다음에 이제 해 놓아서 횡대 다 덮어 진토굿 메어 오라고 해서 진토굿 메다가 이제는 하면 이제 거기서 이제는 하면 뭐지?

= 무는 성 있어 없어?

— 아 그것 한 다음에 진토굿 해서 끝나면 이제 달구 달구 찧어서. 달구 찧은 다음에 이제 이제는 봉분 쌓는 거야.

— 봉분 쌓으면 이제. 뭐 산담하게 되면 이제 그때부터는 이제는 산담도 하고.

— 그 전에도 이제 그 꽂이 찍은 데 있으니까 산담할 것은 크게 산담할 것은 다 준비 다 해서 산담도 해 가고.

— 이제 그러면 봉분 다 끝나면 이제 산담도 거의 끝나고 무엇 해서.

그러면 이제는 봉분 다 이제 이렇게 만든 거지요. 예를 들면 뭐 두 자 봉분이다 석 자 봉분 이제 다 쌓은 것 아닙니까?

그러면 이제는 또 제를 지내야 할 것 아닙니까? 초우제부터 시작해서. 그 제를 쭉 한 번 말씀해 주십시오?

— 그게 이제 다 되면 이제 다 되었다고 토신제를 지낼 것 아닌가?

— "영 헨쓰니까 이제 이 망이늘 잘 지켜 주십씨오." 헹 초우제[866] 지내곡.

— 게믄 이제 초우제 재우제[867] 사무제[868]가 읻쭈.

— 겐디 초우제는 그 당일 거기서 지내영 와.

— 이제 그 몸쩨라고 헤서 초우제를 거기서 지내영 오곡.

— 온 다으메 재우 사무는 지베 와그네[869] 제를 지내여.

— 요새는 뭐 그냥 사네서[870] 초우제 뭐 다 지내는데 그 저네는.

= 사무꺼지 다 지내는디.

— 우리는 재우제 사무제는 지베 와그네 어머니 지내영.

— 거 지내 지내그네 오믄 석 뚤 후에는. 걷 뽀고 뭔 제엔 허느니?

= 난 그건 이저부러서.

담제?

— 아니.

졸곡?

— 거 지내믄 졸곡쩨?

= 졸곡쩬가?

— 졸곡쩬가 뭐인가 삼 년 아 삼 개월 후에는 지내여.

예.

— 삼 개월 후에 지내믄.

= 그건 세길광[871] ᄀᆞ치 지내주게. 세길광.

— 게민.

= 세기른 세 번 지낸 후제 그 졸곡쩨가 이서. 그거세 세길쩨광 그 나른 ᄒᆞᆷ치[872] 지내주게.

— 초ᄒᆞ를날 이제 세기[873]를 지내곡 보름날 세기[874]를 지내여.

— 이제 경헨 삼 개월 지내믄 졸곡쩬가 뭐를 지내여.

— 게믄 이제 삼 년 일 년 후에 일 년차 뒈는 나른 소상 지내여.

— "이렇게 했으니까 이제 이 망인을 잘 지켜 주십시오." 해서 초우제 지내고.

— 그러면 이제 초우제 재우제 삼우제가 있지.

— 그런데 초우제는 그 당일 거기서 지내고 와.

— 이제 그 몸제라고 해서 초우제를 거기서 지내서 오고.

— 온 다음에 재우 삼우는 집에 와서 제를 지내.

— 요새는 뭐 그냥 묘소에서 초우 뭐 다 지내는데 그 전에는.

= 삼우까지 다 지내는데.

— 우리는 재우제 삼우제는 집에 와서 어머니 지냈어.

— 그것 지내 지내서 오면 석 달 후에는. 그것 보고 무슨 제라고 하는가?

= 나는 그것은 잊어버렸어.

담제?

— 아니.

졸곡?

— 그것 지내면 졸곡제?

= 졸곡제인가?

— 졸곡제인가 뭐인가 삼 년 아 삼 개월 후에는 지내.

예.

— 삼 개월 후에 지내면.

= 그것은 삭일과 함께 지내지. 삭일과.

— 그러면.

= 삭일은 세 번 지낸 후에 그 졸곡제가 있어. 그것에 삭제와 그 날은 함께 지내지.

— 초하룻날 이제 삭제를 지내고 보름날 망제를 지내.

— 이제 그렇게 해서 삼 개월 지내면 졸곡제인가 무엇을 지내.

— 그러면 삼 년 아 일 년 후에 일 년째 되는 날에는 소상 지내.

— 이제 또 다음 헤에는 이제.

대상.

— 대상 지내영 또 거기도 삼 삼 개월 후에는. 아 담제 담제 지내영 담제 지내영 그때는 졸곡쩨 지내는가 뭐인가 하이튼.

= 아니우다게.

— 뭐냐? 그 때 제가?

= 저 그 졸곡쩨 지내민 이제 소상제 소상 도라올 꺼 아니우꽝? 소상 지나믄 이젠.

대상.

= 대상 도라오믄 저 대상 끈나믄 이젠.

담제.

= 저 무신 건꼬? ᄀ싸[875] 아방[876] ᄀ라라마는.

— 졸곡쩬가 뭐 담제?

= 담제 그걸 끈나믄 이젠 식께[877]에 도라가는 거라.

— 게메 게메 경헹 식께에 식께엘 돌아갈 ** 게난.

= 아방은 거꿀로ᄂ다[878] ᄀ라부니까 경허는 거주게.

— 게 그 마리 그 마리여 ****. 게난.

= 식께옌[879] 드러가믄 그거시 아니 아니우꽈?[880]

— 이건또 이건또 경 헤 나믄 그 다 이제 영장이 끈나며는.

— 영장 끈나 와도 이제 관 짠 싸람안티 "아이고 영 허영 관 짜젠[881] 허연 수고헨쑤다." 이제 영 다소 이제 춤 떡 한 저미라도 뭐이라도 가져가곡.

— 이제 손 본 사람도 대렴허곡 뭐허곡 헌 사름안티도 가져가곡.

— 이제 정시안티도 가져가고.

— "수고헨쑤다." 마리 삼년상을 삼년 지날 때까지 다 그 분들안티 공을 가파.

– 이제 또 다음 해에는 이제.

대상.

– 대상 지내서 또 거기도 삼 삼 개월 후에는. 아 담제 담제 지내서 담제 지내서 그때는 졸곡제 지내는가 무엇인가 하여튼.

= 아닙니다.

– 뭐야? 그 때 제가?

= 저 그 졸곡제 지내면 이제 소상제 소상 돌아올 것 아닙니까? 소상 지내면 이제는.

대상.

= 대상 돌아오면 저 대상 끝나면 이제는.

담제.

= 저 무엇이지? 아까 남편 말해라만.

– 졸곡제인가 뭐 담제?

= 담제 그것 끝나면 이제는 제사에 돌아가는 거야.

– 그래. 그래. 그렇게 해서 제사에 제사에 도아갈 **. 그러니까.

= 남편은 뒤죽박죽 말해버리니까 그렇게 하는 것이지.

– 그래 그 말이 그 말이야 ****.그러니까.

= 제사라고 들어가면 그것이 아니지 않습니까?

– 이것도 이것도 그렇게 하고 나면 그 다 이제 영장이 끝나면.

– 영장 끝나 와도 이제 관 짠 사람한테 "아이고 이렇게 해서 관 짜려고 해서 수고했습니다." 이제 이렇게 다소 이제 참 떡 한 점이라도 무엇이라도 가져가고.

– 이제 손 본 사람도 대렴하고 무엇하고 한 사람한테도 가져가고.

– 이제 지관한테도 가져가고.

– "수고했습니다." 말이 삼년상을 삼년 지낼 때까지 다 그 분들한테 공을 갚아.

– 이제 어떠케 그 도느로 헤영 가프는 게 아니고 지그믄 뭐 그냥 영장 끈나믄 다소 도느로 봉투로 다마 가지고 영영 허는데 그때는 이제 삼년쌍 지낼 때까지 그 공을 가파.

= 공정[882].

– 공정으로 헤서.

공정은 뭐우꽈?

= 공정은 떡 아사가는[883] 거. 그 크게 출령[884] 아사가는 거시 공정.

– "아이 게난 수고헨씀니다."

= 공 가프므로게.

– "우리 아버지 어머니께."

= 이제 ᄀᆞ트믄 도느로 줘불주만.

= 에고 나 문 ᄒᆞ끔 ᄋᆞ라벼사켜[885]. 더원.

– "수고헨씀니다." 헤여네 이제 그 공정을 가져가.

– 공정은 이제 요샌 무신 ᄒᆞ를레[886] 다 치와 부는 게 아니고 그 삼년 똥아늘 다 가져가낟써.

그럼 예저닌 경우는 그 영장헐 띠가 막 머러예. 그러믄 공시 올리곡 그래나지 아녇쑤가?

– 지금도 그 도공시[887]에 헌 거는.

= 도공신?

– 여자 여자 부니 도공시는 마냑 ᄄᆞ리 이제 서이건 두리건 이시믄[888] 도공시를 이제 한 버는 출리주게.

– 게난 아치메 이제 도공실 헤서 ᄒᆞᆫ 버늘 메긴다든가. 그 딸 딸더리.

– 그걸 이제 한번 정심[889] 메기던가 ᄒᆞᆫ 버는 출령 메기주.

– 영장나도[890] 이제 딸더리 ᄒᆞᆫ 번 영 메기는 거 경허지 아녀낟써?

= 이젠 아니 그땐 소상 저 영장 도라오무는 영장을 가젠 허믄 에 도공실 딸더리 ᄒᆞᆫ 번 메기주. 받띠[891] 강.

– 이제 어떻게 그 돈으로 해서 갚는 것이 아니고 지금은 뭐 그냥 초상 끝나면 다소 돈으로 봉투로 담아 가지고 이렇게 이렇게 하는데 그때는 이제 삼년상 지낼 때까지 그 공을 갚아.

= 공정.

– 공정으로 해서.

공정은 무엇입니까?.

= 공정은 떡 가져가는 것. 그 크게 차려서 가져가는 것이 공정.

– "아이 그러니까 수고했습니다."

= 공 갚음으로.

– "우리 아버지 어머니께."

= 이제 같으면 돈으로 줘버리지만.

= 에고 나 문 조금 열어버려야겠어. 더워서.

– "수고했습니다." 해서 이제 그 공정을 가져가.

– 공정은 이제 요새는 무슨 하루에 다 치워 버리는 것이 아니고 그 삼년 동안을 다 가져갔었어.

그러면 예전인 경우는 그 영장할 데가 막 머잖아요. 그러면 공시 올리고 그랬었지 않았습니까?

– 지금도 그 도공시라고 한 것은.

= 도공시는?

– 여자 여자 분이 도공사는 만약 딸이 이제 셋이건 둘이건 있으면 도공시를 이제 한 번은 차리지.

– 그러니까 아침에 이제 도공시를 해서 한 번을 먹인다든가. 그 딸 딸들이.

– 그것을 이제 한번 점심 먹이든가 한 번은 차려서 먹이지.

– 초상나도 이제 딸들이 한 번 이렇게 먹이는 것 그렇게 하지 않았는가?

= 이제는 아니 그때는 소상 저 초상 돌아오면 장지에 가려고 하면 에 도공사를 딸들이 한 번 먹이지. 장지에 가서.

— 경헹 메기고.

= 소상 때도 이녀기 이제는 담네푸므로 다 줘 부는디 그때는 벨또로 떡커고 밤만 메길 때난 그때는 그 무시거[892] 허는 걸 아녀난.

— 겨민 그땐 뚤더리 이제 상제 사랑으네 대소간 헌 건만 도새기[893]만 질롸시믄[894] 소상허는 건 우리 뜨리 다서시믄 다섣 언마썩 커영 우리가 모도왕[895] 이젠 소상을 지내켄 헤영 경허연 헤난쑤다.

— 그게 그게 그게 도공시주기.

= 게난 우린 경허주.

= 겨고 동더렌[896] 가믄 저 일폰쩨[897]라고 뜨리 훈디[898] 메겨.

= 동디렌 가믄예. 일포라고[899]. 다른 디도 헴신디사 몰르쿠다. 경허주만 이 세계엔[900] 경허는 시근 어심니다[901].

합니다. 저의 동네.

= 일포 헤여?

예예예.

— 게난 이 우리 동네는 그 일포라는 건 허긴 허는디.

— 그 뚤더리 뚤더리 헹[902] 메기국 다 일폰쩨를 출리곡 뭐허곡 허는데 여기선 그자 제만 지내영 일폰쩨라고 헤 가지고 제만 지내영.

그 다으메 사돈치비 영장나믄 픋쭉 쒕 가지 아념니까?

— 예.

건 그 픋쭈근?

— 폳죽[903] 쒀 감니다. 허버그로예. 허버게[904] 쒕으네 종달리[905]도 져 가곡 이 서와리[906] 뜨리 오나 메누리 오민 사돈 주그민 서와리도 져 가곡 짐녕[907]도 져 가곡 영. 연나를 저 시[908]에까지도 져 가난쭈게.

게난 여자 삼춘니믄 어디까지 져 갑띠가?

= 우리 큰 후젠예. 난 열뚜 서레[909] 우리 아버지가 도라가시니까 뜨리 원간[910] 하난[911] 우린 두리고[912] 성네가[913] 다섣 썽제가 다 이제 씨지블 간 거지.

– 그렇게 해서 먹이고.

= 소상 때도 이녁이 이제는 답례품으로 다 줘 버리는데 그때는 별도로 떡하고 밥만 먹일 때니까 그때는 그 무엇 하는 것을 아니하니까.

– 그러면 그때는 딸들이 이제 상제 살아서 대소간 한 것만 돼지만 기르고 있으면 소상하는 것은 우리 딸이 다섯이면 다섯 얼마씩 해서 우리가 모아서 이제는 소상을 지내겠다고 해서 그렇게 해서 했었습니다.

– 그것이 그것이 그것이 도공시지.

= 그러니까 우리는 그렇게 하지.

= 그러하고 동으로는 가면 저 일포제라고 딸이 함께 먹여.

= 동으로 가면요. 일포라고. 다른 데도 하는지 모르겠습니다. 그렇지만 이 마을에는 그렇게 하는 식은 없습니다.

합니다. 저의 동네.

= 일포제 해?

예예예.

– 그러니까 이 우리 동네는 그 일포제라는 것은 하기는 하는데.

– 그 딸들이 딸들이 해서 먹이고 다 일폿제를 차리고 뭐하고 하는데 여기서는 그저 제만 지내서 일포제라고 해 가지고 제만 지내어.

그 다음에 사돈집에 초상나면 팥죽 쒀 가지 않습니까?

– 예.

그것은 그 팥죽은?

– 팥죽 쒀서 갑니다. 물동이로요. 물동이에 쒀서 종달리도 져 가고 이 세화리도 딸이 오나 며느리 오면 사돈 죽으면 세화리도 져 가고 김녕리도 지어 가고 이렇게. 옛날은 저 제주시까지도 지어 갔었지.

그러니까 여자 삼촌님은 어디까지 지어 갔었나요?

= 우리 큰 후에는요. 나는 열두 살에 우리 아버지가 돌아가시니까 딸이 워낙 많으니까 우리는 어리고 언니네가 다섯 형제가 다 이제 시집을 간 거지.

= 게믄 그 성 저 씨지비서 이제 동싱이 ᄋᆞ러[914] 개민 뭐 다선 터벅또[915] 오곡 열 허벅또 오곡 경헙띠다.

= 우리 아버지 헐 땐 우리 조근성[916]이 뒨깨[917] 씨지블 북초늘[918] 씨지블 가난 ᄒᆞᆫ 열땐 터벅[919] 와서.

= 겨니까양 큰항에양 바당앙[920] 그걸 먹딴 먹딴 버치난[921] 시에꺼지도 오곡 겨민 아시날[922] 이제 그 포젠날[923] 춤 저 일포제날 ᄒᆞᆫ ᄎᆞ레[924] 메기곡.

= 이제 그 성복[925] 지내젠 허믄 이제 그 입꽌허는 날 그 나리 대목 먹쭈게.

= 그 나리 대목 머그믄게 그땐 그 성 헤 온 주그로 메기당 메기당 버치믄[926] 뒨날ᄁᆞ지 그 주글 놥딴 먹곡.

= 게난 그땐 쏠도 안 드러오곡예 중만 드러옵니따.

= 게난 똘 다선 썽제 주기 드러온 거 보니까 아메도 스무나믄 허버기 더 드러온 거라.

= 경허난 큰항[927]에 놥딴양 사을꺼지 그걸 데우멍 데우멍 이워리난.

= 데우멍 데우멍 메경 우리 두린[928] 때 보니까 경허난 이 주글 다 어떵. 저 에기 늑씬네신디[929] 다 날라 가렌 경 허연 다 날라 가곡냥. 경 허는 거 봐낟쑤다게[930].

= 겨고 또 일폰쩨엔 저 동더렌[931] 가믄 ᄯᅩ로 ᄯᅩ리 ᄐᆞ로[932] ᄒᆞᆫ 둥[933]을 메기는디.

= 경 아녕 이제 아방 무든 날 이제 그 멍는 음시글 ᄊᆞ리 단 마리믄 단 말 이제 ᄯᅩ리 성제믄[934] 이 세 성제 세 성제 단 말씨기믄 ᄒᆞᆫ 섬 아니?

= 그걸로 이젠 밥펴영양 이제 도새기[935] ᄒᆞᆫ 머리 헤 놩으네 헤영 그거영 영장받띠[936] 강 메기는 거 봐나고[937].

= 우린 또 우리 할망더른 주건[938] 헐 땐 우리 저 씨할망[939]은 이제 나

= 그러면 저 형 저 시집에서 이제 동생이 여러 개면 뭐 다섯 물동이도 오고 열 물동이도 오고 그럽디다.

= 우리 아버지 할 때는 우리 작은언니가 북촌리 시집을 북촌리를 시집을 가니까 한 열댓 물동이 왔어.

= 그러니까요 큰항아리에요 받아서요 그것을 먹다가 먹다가 부치니까 제주시까지도 오고. 그러면 전날 이제 그 포제날 참 저 일포제날 한 차례 먹이고.

= 이제 그 성복제 지내려고 하면 이제 그 입관하는 날 그 날이 대목 먹지.

= 그 날이 대목 먹으면 그때는 그 언니 해 온 죽으로 먹이다가 먹이다가 부치면 뒷날까지 그 죽을 놨다가 먹고.

= 그러니까 그때는 쌀도 안 들어오고요 죽만 들어오데요.

= 그러니까 딸 다섯 형제 죽이 들어온 것 보니까 아마도 스무남은 물동이가 더 들어온 거야.

= 그렇게 하니까 큰항아리에 놔두었다가요 사흘까지 그것을 데우면서 데우면서 이월이니까.

= 데우면서 데우면서 먹여서 우리 어린 때 보니까 그러니까 이 죽을 다 어떻게. 저 아기 늙으신네한테 다 날라 가라고 그렇게 해서 다 날라 가고요. 그렇게 하는 것 봤었습니다.

= 그러고 또 일포제에는 저 동으로는 가면 따로 딸이 따로 한 끼니를 먹이는데.

= 그렇지 아니하고 이제 아버지 묻은 날 이제 그 먹는 음식을 쌀이 닷 말이면 닷 말 이제 딸이 자매면 이 세 자매 세 자매 닷 말씩이면 한 섬 아니?

= 그것으로 이제는 밥해서요 이제 돼지 한 마리 해 놓아서 해서 그것 이렇게 장지에 가서 먹이는 것 봤었고.

= 우리는 또 우리 할머니들은 죽어서 할 때는 우리 저 시할머니는 이

도 촘 흔 이년 깐 ᄃᆞ란[940] 사라신디 그 할망은 주그난 똘드리 다 전부 출립띠다[941].

= 어 이틀째고 그냥 영장허는 디 쏠 흔 가마니씩덜 헤 놩양 경 헤 놩 허고. 우린 멍는 건만 기자 임시 멍는 거만. 게난 우리 할머님 도라가시난 온쎌[942] 지비 산 거라[943].

= 온쎌 사니까 이제 온쌔 똥안 그땐 무신 쓰리 이실 꺼. 무시거 읻쓸 꺼우꽈? 보리바베양 폴[944] ᄒᆞ나썩 허끄멍[945] 온쌔 똥안 사니까.

= 이젠 영장나른[946] 이제 고모가 쏠 세 가멩이[947] 헤다 놩덜 당신네 조로메[948] 온[949] 건떨 다 메기곡 영장허곡 경 헨 헙띠다.

게난 어르시니 보기에 그 옌날 장녜 풍습파고 지금 현대하고 한번 비교를 헤서 말쓰메 주십써?

— 게난 옌날 허는 거나 지금 허는 거나 벨 차이는 업낀 엄는데 옌날 허는 거는 소상 대상 뭐 이러케 허는데 지그믄 글래에 와서는 소상 대상도 업꼭.

= 다 야제로[950].

— 영장 영장도 요새는 가서 집쩍 이제 사네 이녁 받띠라도 가서 이제 봉분 싸는 디도 읻꼭 경 아년 디는 기냥 화장헤그네 촘 버려부는 사름도 읻끄.

— 또 이제 뭐 저기 비서기라도 헹 세웁꼭[951] 뭐 허지만 차이가 이제 그거시 제일 차이가 만추.

— 옌날 허고는 지그믄 아주 간소화뒈고 뭐 영장헤 나믄 어머니 아버지 그 저 산 때부터도 "난 제ᄉᆞ허고 세기리고[952] 안 머경 갈 테니까 느네 헤지건 허고 마라지건[953] 말라." 영 허영 아주 기자 저 소상 대상 뭐 세길 이런 거는 고사헤 노코 식께[954] 멩일[955]도 아녀는 지반도 읻끄 영 헤.

게난 우리 훼장니믄 나 죽껄랑 어떵허렌 ᄀᆞ릅떼까?

— 나 죽꺼든 이제 화장헤영 아 저 화장헤연 이녁 부모라도 나가 영 헤

제 나도 참 한 이년 간 데려서 살았는데 그 할머니는 죽으니까 딸들이 다 전부 차립디다.

= 어 이틀째고 그냥 영장하는 데 쌀 한 가마니씩들 해 놓아서 그렇게 해 놓아서 하고. 우리는 먹는 것만 그저 임시 먹는 것만. 그러니까 우리 할머님 돌아가시니까 엿새를 집에 산 거야.

= 엿새를 사니까 이제 엿새 동안 그때는 무슨 쌀이 있을 것. 무엇 있을 겁니까? 보리밥에요 팥 하나씩 흩으면서 엿새 동안 사니까.

= 이제는 장삿날은 이제 고모가 쌀 세 가마니 해다 놓고들 당신네 뒤로 온 분들 다 먹이고 영장하고 그렇게 해서 합디다.

그러니까 어르신이 보기에 그 옛날 장례 풍습하고 지금 현대하고 한번 비교를 해서 말씀해 주십시오?

– 그러니까 옛날 하는 것이나 지금 하는 것이나 별 차이는 없기는 없는데 옛날 하는 것은 소상 대상 뭐 이렇게 하는데 지금은 근래에 와서는 소상 대상도 없고.

= 다 야제로.

– 장사 장사도 요새는 가서 직접 이제 산에 이녁 밭에라도 가서 이제 봉분 쌓는 데도 있고 그렇게 않은 데는 그냥 화장해서 참 버려버리는 사람도 있고.

– 또 이제 뭐 저기 비석이라도 해서 세우고 무엇 하지만 차이가 이제 그것이 가장 차이가 많지.

– 옛날 하고는 지금은 아주 간소화되고 뭐 영장하고 나면 어머니 아버지 그 저 산 때부터라도 "나는 제사하고 삭일이고 아니 먹어서 갈 테니까 너희 할 수 있으면 하고 싫건 마라." 이렇게 해서 아주 그저 저 소상 대상 뭐 삭일 이런 것은 고사해 놓고 제사 명일도 아니하는 집안도 있고 이렇게 해.

그러니까 우리 회장님은 나 죽거든 어떻게 하라고 말했습니까?

– 나 죽거든 이제 화장해서 아 저 화장해서 이녁 부모라도 내가 이렇

ᄃᆞ라956) 정 헤 ᄃᆞ라 헨짜957) 아덜더리 아라서 헐 꺼주마는.

— 모르주. 나가 먼저 주그믄 또 이 어멍958)이 또 어떵사 헐찌 모르주만 화장허켄 허난 화장사 허기야 헐 테주.

— 경 허주만 그 어떠케 그 절차 어떠케 뭐 땅에 강959) 무더불960) 껀지.

— 경 아녀민 요새 어디 뭐 소낭961) 아래 강으네962) "아 이거 느네 아방 보드시 보라." 허영 드러쌍963) ** 산디.

— 뭐 바당더레 강 데껴964) 불찌965) 모르긴 모르지마는 기자 우리는 기자 부부가 다 화장헤서.

— 저 이제 우리 영 어디 갈 띠가 이쓰니까 미리 준비 헤 논 자리가 이스난 그자 거기 헤그네 그자 ᄌᆞ근ᄌᆞ근966) 느네도 거기 강 그레967) 거기 가곡.

— 그자 경 헤영 거기 가서 기자 영 헤연 깨끄시 헤라. 영 허고 읻쭈 이제. 이제.

요새 보니깐녜 보통 화장도 마니 하곡 어 트키 어머님드리 나 죽꺼들랑 아방영 ᄒᆞᆫ 나레 식께헤불라.

= 예 그건 다.

합쩨예?

= 다 경 헴쑤게. 우리도 경 ᄀᆞ람쑤다968).

혹씨 어르신께서 상여노래 불러봅띠가? 운상허멍.

— 상여노래969)는 안 불러봐써.

진톧꾿노래는?

— 질토꾿노래970)도 달구쏘리971)도 아녀보곡.

예에.

— 그 헨는디 그런 거 어떠케.

우리 여자 삼추는 모르주예. 여자 삼춘 그 상여 헐 때 노래?

게 해 달라 저렇게 해 달라 했자 아들들이 알아서 할 것이지만.

– 모르지. 내가 먼저 죽으면 또 이 아내가 또 어떻게 할지 모르지만 화장하겠다고 하니까 화장이야 하기야 할 테지.

– 그렇게 하지만 그 어떻게 그 절차 어떻게 뭐 땅에 가서 묻어버릴 것인지.

– 그렇게 아니하면 요새 어디 뭐 소나무 아래 가서 “아 이것 너희 아버지 보듯이 보아라.” 해서 드던져서 **인지.

– 뭐 바다로 가서 던져 버릴지 모르긴 모르지만 그저 우리는 그저 부부가 다 화장해서.

– 저 이제 우리 이렇게 어디 갈 데가 있으니까 미리 준비 해 놓은 자리가 있으니까 그저 거기 해서 그저 차근차근 너희도 거기 가서 그리 거기 가고.

– 그저 그렇게 해서 거기 가서 그저 이렇게 해서 깨끗이 하라. 이렇게 하고 있지 이제. 이제.

요새 보니까요 보통 화장도 많이 하고 어 특히 어머님들이 나 죽거든 아버지랑 한 날에 제사해버려라.

= 예 그것은 다.

합제요?

= 다 그렇게 하고 있습니다. 우리도 그렇게 말하고 있습니다.

혹시 어르신께서 상여노래 불러봤습니까? 운상하면서.

– 상여노래는 안 불러봤어.

진토굿노래는?

– 진토굿노래도 달구소리도 아니해 보고.

예에.

– 그 했는데 그런 것 어떻게.

우리 여자 삼촌은 모르지요. 여자 삼촌 그 상여할 때 노래?

= 아 노랜 우린 그런 노랜 불러보질 아녀난. 이 놈 허는 거 뒷바침 "어 뒤야." 그건만 바다봗쭈[972]. 노래헐 충[973] 모르난.

= 경 허주마는양 할망 춤 봉분 쌀 때 기자 달구쏘리 허는 거 하르방덜 성[974]이 인나[975] 아무 거시 인나 언나[976] 건 저 불렁 저 보지 말렌 헌 사름[977] 그 달구쏘리헐 때 불를 때에 김씨 인나 엄나.

= 이제 또 무시거 부를민 업따 영 허민 "춤 세상만사가 허스로구나." 허영[978] 그자 개판[979] 우티레[980] 흑 더끄는[981] 그거 하나만 봐나고.

– 호충[982]은 그 이제 입꽌헐 때도 호충 읻꾸 하관헐 때도 호충이 읻꾸.

– 이제 그 영장할 때 바로 다 호충 인는[983] 거주. 게난 멘 쏠[984] 멘 쏠 안 본다는 거. 게믄 이서도[985] 업쏘 어서도[986] 업쏘 그게. 읻쩬[987] 허믄 시머갈[988] 꺼라부난.

= 게믄 세상만스가 허스로구나. 그걸로 끈낭 그자 달구 정 그자 영장 허는 거 그거.

게난 여자 삼춘에 혹씨 그 어떠튼 그 씨아버지나 씨어머니 영장이 낟쓸 때 어떤 음시뜨를 헬떤 기어기 남쑤과?

제물도 어떤 게 핻썯꼬.

= 제물 그거주게. 믄저 나 안 ㄱ릅띠깡[989]?

= 그거시 이제 쏠 헤당으네 제물헐 때에 이제 사네 갈 꺼. 이제 이디서 성복쩨 지낼 꺼.

= 게믄 떠글 훈디[990] 헤당 ㅁ랑[991] 멩그라도 성복쩨 헐 껀 뜨로. ㄱ치 처[992] 놔도 우로[993].

= 겨곡 또 사넨 강으네 산제[994] 지낼 꺼. 겨 헹 다 이제 훈 차롱에 헤 강 그디 강 반[995] 노는 사르미 "아이고 성복쩨 지내젠 헴쑤다." 영 허믄 이제 뜨로 차롱에 그치록 출려 놩 강 성복쩨 지내는 디 아사가곡[996].

= "이제 산제 출리젠[997] 헴쑤다[998]." 허민 이제 몸쩨[999]광 산쩰 출릴

= 아 노래는 우리는 그런 노래는 불러보지를 않았으니까. 이 남 하는 것 뒷받침 “어 뒤야.” 그것만 받아봤지. 노래할 줄 모르니까.

= 그렇게 하지만요 할머니 참 봉분 쌓을 때 그저 달구소리 하는 것 할아버지들 성씨가 있나 아무 것이 있나 없나 그것은 저 불러서 저 보지 말라고 한 사람 그 달구소리 할 때 부를 때에 김씨 있나 없나.

= 이제 또 무엇 부르면 없다 이렇게 하면 “참 세상만사가 허사로구나.” 해서 그저 횡대 위로 흙 덮는 그것 하나만 봤었고.

– 호충은 그 이제 입관할 때도 호충 있고 하관할 때도 호충이 있고.

– 이제 그 영장할 때 바로 다 호충 있는 것이지. 그러니까 몇 살 몇 살 안 본다는 것. 그러면 있어도 없소 없어도 없소 그것이. 있다고 하면 잡아가 버릴 것이니까.

= 그러면 세상만사가 허사로구나. 그것으로 끝나서 그저 달구 찧어서 그저 영장하는 것 그것.

그러니까 여자 삼촌요 혹시 그 어떻든 그 시아버지나 시어머니 초상이 났을 때 어떤 음식들을 했던 기억이 나나요?

제물도 어떤 것을 했었고.

= 제물 그것이지. 먼저 나 안 말합디까?

= 그것이 이제 쌀 해다가 제물할 때에 이제 산에 갈 것. 이제 여기서 성복제 지낼 것.

= 그러면 떡을 함께 해다가 반죽해서 만들어도 성복제 할 것은 따로. 같이 쪄 놓아도 위로.

= 그러하고 또 산에 가서 봉분제 지낼 것. 그렇게 해서 다 이제 한 채롱에 해 가서 거기 가서 반기 놓는 사람이 “아이고 성복제 지내려고 합니다.” 이렇게 하면 이제 따로 채롱에 그처럼 차려 놓아서 가서 성복제 지내는 데 가져가고.

= “이제 봉분제 차리려고 합니다.” 하면 이제 초우와 봉분제를 차릴

땐 산쩨부터 ᄆᆞᆫ저 가주.

= 게믄 차롱에 이젠 산쩨 ᄆᆞᆫ저 출령 안네민[1000] “그 다으멘 몸쩨 아사옵써[1001].” 영허민 이젠 그거 아사당[1002] 놩으네 “영 허영 오너른 이디서 장네시글 지냄쑤다.” 영허영 그거.

= 경허곡 뜨시 봉분 쌍[1003] 지비 올 때에는 몸쩰 지내지 아념니까?

= 그때도 이제 산제도 노콕 몸쩨도 지내곡. 근때는 ᄌᆞ식뜨리 다 업뗘 경 절허영 마지막 절로. 경 헤연 도라삼니다[1004].

– 경헌디 그거 하기 저네 영장나믄[1005] 영장허레 가기 저네 그 토신쩨엔 헌 게 토신쩨엔 헌 게 오느리믄 그 뭐야? 날짜 볼 때 토신쩨 지낼 시가늘 봐 줘.

– 게믄 새베기[1006] 이제 지금 ᄀᆞ트민 ᄒᆞᆫ 세 시나 네 시쯤 뒈믄 토신쩨 지내는 데 가젠 허믄 토신쩨 지내레 가는 사르믄 그거 벨또로 사라믈 비령[1007].

= 정성. 사흘 정성.

– 비령. 이제 영장난 지비서도 이제 그거 몸 비린덴[1008] 헤서 영장난 지비서도 제물도 안 출리곡.

= 겨믄 그 제물 출리 저 제관 지베서 여기선 그냥 돈만 아따당[1009] 줘버리믄 이제 소고기 ᄒᆞᆫ 반 근쯤 허곡 이제 멘테[1010] 허곡 주로 그건 이제 그 다른 건떨또 이제.

= 그디서 다 출령 가.

– 저 이 밥또 이제 그 뭐야 삼 메[1011]. 삼 메 헤 가지고.

– 이 모든 건또 경 막 익키질 아녀.

– 날걸로[1012]. 가그네 이제 밥ᄀᆞ튼 거나 익키곡 뭐허국 허지 주로 날걸로. 사과 과일도 삼종[1013] 이상 오종 으 출려그네 강 산제[1014]를 끈나야 영장도 허곡 뭐허곡 허주.

– 게난 땅을 토지신안티[1015] 사 놔야.

때는 봉분제부터 먼저 가지.

= 그러면 채롱에 이제는 봉분제 먼저 차려서 드리면 “그 다음에는 초우 가져오십시오?” 이렇게 하면 이제는 그것 가져다가 놓아서 “이렇게 해서 오늘은 여기서 장례식을 지내고 있습니다.” 이렇게 해서 그것.

= 그렇게 하고 다시 봉분 쌓아서 집에 올 때에는 초우를 지내지 않습니까?

= 그때도 이제 봉분제도 놓고 초우도 지내고. 그때는 자식들이 다 엎더져서 절해서 마지막 절로. 그렇게 해서 돌아섭니다.

— 그런데 그것 하기 전에 초상나면 영장하러 가기 전에 그 토신제라고 한 것이 토신제라고 한 것이 오늘이면 그 뭐더라? 날짜 볼 때 토신제 지낼 시간을 봐 줘.

— 그러면 새벽에 이제 지금 같으면 한 세 시나 네 시쯤 되면 토신제 지내는 데 가려 하면 토신제 지내러 가는 사람은 그것 별도로 사람을 빌려서.

= 정성. 사흘 정성.

— 빌려서. 이제 초상난 집에서도 이제 그것 몸 부정을 탄다고 해서 초상난 집에서도 제물도 안 차리고.

= 그러면 그 제물 차리 저 제관 집에서 여기서는 그냥 돈만 가져다가 줘 버리면 이제 소고기 한 반 근쯤 하고 이제 명태 하고 주로 그것은 이제 그 다른 것들도 이제.

= 거기서 다 차려 가.

— 저 이 밥도 이제 그 뭐랄까. 그 삼 메. 삼 메 해 가지고.

— 이 모든 것도 그렇게 마구 익히지를 않아.

— 날것으로. 가서 이제 밥 같은 것이나 익히고 뭐하고 하지 주로 날것으로. 사과 과일도 삼종 이상 오종 으 차려서 가서 봉분제를 끝나야 영장도 하고 뭐하고 하지.

— 그러니까 땅을 토지신한테 사 두어야.

예. 게문 아깐 그 어떤 제를 지내기 위한 음시기라고 허면 이젠 조문들도 올 꺼 아니우꽈양? 그럼 조문 온 사름더른 뭘 메김니까?

= 밤 메기주.

밥파곡 국커곡?

= 국커곡 고기허고.

궤기 또?

= 으. 그건벧끼 더 메길 꺼 무신거 셔[1016]?

= 경허믄 이제 이제난 이거 요 중가네사 담네푸미여 무신거 허지 엔나른 전부 떠그로만 헤나지 아녇쑤가게?

= 게민 우린 난 우리 씨할망 주건 허고. 우리 씨어멍 헌 땐 우리 씨어멍넨 담네푸므로만 넹겨[1017] 부난 뭐 촘 비누 훈 장을 헨떤 뭐 무시거 훈저 헨떤 그건 비누로만 내쳔 무시거 헤 부난 허고.

= 우리 씨할머니믄 헐 땐 보난 떠글예 쌍으네[1018] 그자 무신 종이에라도 싸곡 무신거세 허영 그거 훈 반[1019]씩 내쳐.

바느로?

= 예 바느로. 늑씬네신디[1020] 기자 벧또로 출령으네 할망 ****.

그 장녜 음식 아까는 뭐 떡 켇쪄 밥펟쪄 영만 이러케 골이지 말고 장네헐 때 성보게 거기 올라가는 거 떡또 무신 떡 올라가고 멘 깨 올라가는 거 읻짜녀꽈? 이거를 쭉 ᄀ라줍써?

= 우리 세게에선 그런 걸 저 성보게 무신 저 서더레ᄀ치[1021] 반둘떠기여[1022] 무신 동글락컨[1023] 떠기여 무신 묵 켕으네 요마니 쳥으네[1024] 부게기[1025] 궤영[1026] 무신 떠기여 그런 거 아녀.

이 동네에서 허는 거?

= 우리 동네서 허는 건 게메 제펜[1027]허곡 셍펜[1028]허곡 만뒤[1029]허곡 이제 지름떡 그거.

= 그거 허곡 뜨시 영 수까락 쯔라그로[1030] 영 동글동글허게 영허게 멘

예. 그러면 아까는 그 어떤 제를 지내기 위한 음식이라고 하면 이제는 조문들도 올 것 아닙니까? 그럼 조문 온 사람들은 무엇을 먹이나요?

= 밥 먹이지.

밥하고 국하고?

= 국하고 고기하고.

고기 또.

= 으. 그것밖에 더 먹일 것 무엇 있어?

= 그렇게 하면 이제 이제니까 이것 요 중간에야 답례품이다 무엇 하지 옛날은 전부 떡으로만 했지 않았습니까?

= 그러면 우리는 나는 우리 시할머니 죽어서 하고. 우리 시어머니 할 때는 우리 시어머니네는 답례품으로만 넘겨 버리니까 뭐 참 비누 한 장을 했던 뭐 무엇 한 저 했던 그것은 비누로만 내쳔 무엇 해 버리니까 하고.

= 우리 시할머니 할 때는 보니까 떡을요 싸서 그저 무슨 종이에라도 싸고 무엇에 해서 그것 한 반기씩 내쳐.

반기로?

= 예 반기로. 늙으신네한테는 그저 별도로 차려서 할머니 ****.

그 장례 음식 아까는 뭐 떡 했다 밥했다 이렇게만 이렇게 말하지 말고 장례할 때 성복에 거기 올라가는 것 떡도 무슨 떡 올라가고 몇 개 올라가는 것 있잖습니까? 이것을 쭉 말해주십시오?

= 우리 마을에서는 그런 것을 저 성복에 무슨 저 서쪽처럼 반달떡이여 무슨 동그란 떡이다 무슨 묵 해서 요만큼 쪄서 부걱부걱이 괴어 무슨 떡이다 그런 것 아니해.

이 동네에서 하는 것?

= 우리 동네에서 하는 것은 그러게 제편하고 송편하고 만두하고 이제 기름떡 그것.

= 그것 하고. 다시 이렇게 숟가락 자루로 이렇게 동글동글하게 이렇게

드랑 꼭 커븐 수까라그로 두 받띄[1031] 누뜨렁[1032]. 그거 골미떠기라고[1033] 그거 허영으네 그거만 올리주. 다른 건 아니.

거는 떠기자나예?

— 적[1034]. 적.

저근 무신 적 올려마씨?

= 저근 삼 종게. 소고기나 소고기 허고.

— 뒈지고기.

= 뒈지고기 허곡.

= 이제.

— 바닫꼬기.

= 바닫꼬길 허민 삼 종을 드러가나.

— 상어.

= 영허민.

— 상어적[1035].

= 상어고길 허영 삼 종을 드러가나 오징엘 허영 삼 종을 드러가나 꿰영양. 게영 세 꼬지[1036] 허영으네 그거 허주.

— 그거 허곡. 또 ᄆᆞ른 제숙[1037].

= 경헤영.

— 바닫꼬기.

ᄆᆞ른 제수근 게믄 뭐 올라가?

— ᄆᆞ른 제수근 바닫꼬기 하나 헤영 올라가주.

바닫꼬기도 종뉴 이실 꺼 아니우꽈?

— 걷또 주로 허는 건 그 저넨 우러그로 마니 헨쭈. 우럭.

= 또 조기. 요새 조기가 만허주. 우러근 베랑[1038] 어서도[1039] 조기.

— 그 저넨 다 우러그로 다.

= 경 아녀민 또 저 동의서[1040] 오는 그 저 무신 거 오테미[1041]. 그건

만들어서 꼭 하면 숟가락으로 두 군데 눌러서. 그것 골무떡이라고 그것 해서 그것만 올리지. 다른 것은 아니.

그것은 떡이잖아요?

– 산적. 산적.

산적은 무슨 산적 올립니까?

= 산적은 삼 종. 소고기나 소고기하고.

– 돼지고기.

= 돼지고기 하고.

= 이제.

– 바닷고기.

= 바닷고기를 하면 삼 종을 들어가나.

– 상어.

= 이렇게 하면.

– 상어산적.

= 상어고기를 해서 삼 종을 들어가나 오징어를 해서 삼 종을 들어가니까 꿰어서요. 그래서 세 꼬치 해서 그것 하지.

– 그것 하고. 또 마른 제육.

= 그렇게 해서.

– 바닷고기.

마른 제육은 그러면 무엇 올라가?

– 마른 제육은 바닷고기 하나 해서 올라가지.

바닷고기도 종류 있을 것 아닙니까?

– 그것도 주로 하는 것은 그 전에는 우럭으로 많이 했지. 우럭.

= 또 조기. 요새 조기가 많지. 우럭은 별로 없어도 조기.

– 그 전에는 다 우럭으로 다.

= 그렇지 않으면 또 저 동쪽에서 오는 그 저 무슨 것 옥돔. 그것은

헤야 바단꼬긴 그거고.

그 다으메 탕쉬 채소는?

= 채소는 이제 고사리. 우리 세게선.

– 콩나물.

= 고사리 허곡 이제 콩느물 허곡 이제 미나리. 그거베낀 다른 세게ᄀ치 무수[1042]나 다른 거 아념니다.

세 가지 허영 이러케 올리고예. 게믄 상에 제 지내는 상엔 다 올라간 거우꽈? 거기에 다른 거 뭐 노는 건?

= 국커고 밥퍼곡 경허영 떠근 그거고 다른 거 어서[1043]. 그거만 올려.

밥 꾹?

= 으. 밥 훈 사발허곡 국커곡 수제[1044]허곡.

= 견디양 상에 막 춤 이 동의서나 서의서나 강 비제기[1045] 경 올리지 아녕 간딴허게 험니다. 옌날로부터도.

과이른 어떤?

= 과이른 이제 삼 종.

= 또 경 아녀민 오 종을 허게 뒈민 이제 오 종은 이제 미깡[1046]허곡이 이제 사과허곡 베[1047]허곡 이제 대추 밤허믄 이제 오 종.

= 그거세 칠 쫑을 드러가믄 그거세 감도 드러가곡이 또 하난 무신 건고? 경헤연 칠 쫑을 허곡. 저 비자. 그거 허영으네 저 칠 쫑을 드러가고 경 아녀민 오 종 경 아녀민 삼 종.

= 게믄 우리 세게에선 경 험니다. "저 분주허게 헐 꺼 어시 삼 종만 허라."

– 삼 종 오 종. 오 종이 만추[1048].

= 드러갈 땐 밤허고 대추 드러가민 오 종 뒈부는[1049] 거.

아까 비자도 올려마씨?

= 비존[1050] 칠 쫑에.

해야 바닷고기는 그것이고.

그 다음에 탕쉬 채소는?

= 채소는 이제 고사리. 우리 마을에서는.

– 콩나물.

= 고사리 하고 이제 콩나물 하고 이제 미나리. 그것밖에는 다른 세계처럼 무나 다른 것 않습니다.

세 가지 해서 이렇게 올리고요. 그러면 상에 제 지내는 상에는 다 올라간 겁니까? 거기에 다른 거 뭐 놓는 것은?

= 국하고 밥하고 그렇게 해서 떡은 그것이고 다른 것 없어. 그것만 올려.

밥 국?

= 그래. 밥 한 사발하고 국하고 수저하고.

= 그런데요 상에 막 참 이 동쪽에서나 서쪽에서나 가서 빽빽하게 그렇게 올리지 아니해서 간단하게 합니다. 옛날로부터도.

과일은 어떤?

= 과일은 이제 삼 종.

= 또 그렇게 하지 않으면 오 종을 하게 되면 이제 오 종은 이제 귤하고 이제 사과하고 배하고 이제 대추 밤 하면 이제 오 종.

= 그것에 칠 종을 들어가면 그것에 감도 들어가고 또 하나는 무슨 것이지? 그렇게 해서 칠 종을 하고. 저 비자. 그것 해서 저 칠 종을 들어가고. 그렇지 아니하면 오 종 그렇지 아니하면 삼 종.

= 그러면 우리 마을에서는 그렇게 합니다. "저 분주하게 할 것 없이 삼 종만 하여라."

– 삼 종 오 종. 오 종이 많지.

= 들어갈 때는 밤하고 대추 들어가면 오 종 되어버리는 것.

아까 비자도 올립니까?

= 비자는 칠 종에.

칠 쫑에?

= 으. 그 이거 노민 베 사과 이젠 저 댕우지[1051] 이제 삼 종 아이라? 게믄 이제 대추 밤 허민 오 종 아이라? 이젠 저 비자 감허민 칠 쫑 아이라게. 경허영 칠 쫑이 드러가곡 경 아녀민 이제 오 종 경 아녀민 삼 종.

비자 요디 이쓰난 비자 올리는 모냥이네.

= 으. 아이 장에 가믄 풀주게. 경 허민 풀민 그건 이 비자도양 큰상에 올리는 거난[1052] 비자 드러감니다.

= 그거허곡 이제 감허곡 견디 다른 거 뭐 수박 ᄀᆞ뜬 거 빠나나 ᄀᆞ튼 거 웨[1053] ᄀᆞ튼 건 줄로 번는 건 이녁 사치로 노는 거고이.

– 아 그건 과이리 과이리 아니주게.

= 이제 나무 ᄃᆞ라진[1054] 거시 이제 그거시 다 과이리지.

그러면 그거는 상 우에 올리는 거 아니우꽈예? 그 조상을 위헤서 올리는 거고. 그 다으메 아까 멍는 거고 떠글 헤갇꼬 다 늑씬네안티도 아져간덴 허지 아녇쑤과? 지베서 메기는 떠근 어떤 거 허고 멘 말 헤마씨?

= ᄆᆞ저도 ᄀᆞᆯ쭈마는[1055] 막 잘 출리는 지븐 이제 부제치븐 건 특별리 허는 지븐 그땐 좁썰로만 허난.

= 좁썰 이제 열 말 컨쩌[1056] ᄒᆞᆫ 섬 컨쩌 게영 큰 이제 서 말 드는 시리[1057]에 허영 그걸 쳐[1058] 내영으네 이제.

= 거 그차[1059] 내영 요거 ᄒᆞᆫ 빋썩[1060] 그차 내영 허곡. 이제 상에 떡[1061] 허곡 이제 부게기[1062] 궤운[1063] 만뒤. 그 저 밀ᄁᆞ를 헌 거 그거 반착짜리[1064] 하나 노콕. 이제 곤떡[1065] 노콕.

= 이제 경허민 이젠 사바레 디리청양[1066] 사바레 줄주리 노추게.

= 게믄 그거 이젠 춤 비니루 이시난[1067] 비니루에 톡톡 쌍[1068] 노민 경 베질[1069] 아녈 껀디.

= 그땐 큰 구더게[1070] 이젠 그땐 다라[1071]도 얻꼭 그땐 질꾸더게양[1072] 거 사바를.

칠 종에.

= 으 그 이것 놓으면 배 사과 이제는 저 당유자 이제 삼 종 아닌가? 그러면 이제 대추 밤 하면 오 종 아닌가? 이제는 저 비자 감하면 칠 종 아니라. 그렇게 칠 종이 들어가고 그렇지 아니하면 이제 오 종 그렇지 않으면 삼 종.

비자 요기 있으니까 비자 올리는 모양이네.

= 으. 아니 장에 가면 팔지. 그렇게 하면 팔면 그것은 이 비자도요 큰 상에 올리는 것이니까 비자 들어갑니다.

= 그것하고 이제 감하고 그런데 다른 것 뭐 수박 같은 것 바나나 같은 것 참외 같은 것은 줄로 뻗는 것은 이녁 사치로 올리는 것이고.

– 아 그것은 과일이 과일이 아니지.

= 이제 나무에 매달린 것이 이제 그것이 다 과일이지.

그러면 그것은 상 위에 올리는 것 아닙니까? 그 조상을 위해서 올리는 것이고. 그 다음에 아까 먹는 것이고 떡을 해가지고 다 늙으신네한테도 가져간다고 하지 않았습니까? 집에서 먹이는 떡은 어떤 것 하고 몇 말 합니까?

= 먼저도 말했지만 아주 잘 차리는 집은 이제 부잣집은 그것은 특별히 하는 집은 그때는 좁쌀로만 하니까.

= 좁쌀 이제 열 말 잠갔다 한 섬 잠갔다 그렇게 해서 큰 이제 서 말 드는 시루에 해서 그것을 쪄 내서 이제.

= 그것 끊어 내어서 요것 한 빗씩 끊어 내어서 하고. 이제 빵떡 하고 이제 부걱부걱하게 괴운 만두. 그 저 밀가루 한 것 그것 반쪽짜리 하나 넣고. 이제 흰떡 넣고.

= 이제 그렇게 하면 이제는 사발에 들이뜨려서 사발에 줄줄이 놓지.

= 그러면 그것 이제는 참 비닐 있으니까 비닐에 톡톡 싸서 넣으면 그렇게 무겁지 아니할 것인데.

= 그때는 큰 바구니에 이제는 그때는 대야도 없고 그때는 지는 바구니요 그것 사발을.

= 서이나 너이나[1073] 이제 들렁[1074] 구더게 영 들렁 나사믄[1075] 이제 "할망 이신 지비랑 ᄒᆞᆫ 반[1076] 더 주라." 건 할망 나시[1077].

= 수정[1078] 한[1079] 디 가믄 무시거 허카부덴 수정 한 디고 조근[1080] 디고 기자 주 바니고[1081] 쌍[1082] 내쳥. 겨엔 ᄆᆞ을빤[1083] 테웁꼭[1084].

= 경헹 허곡. 우리 게난 우리 할마니도 도라가실 때에 산디[1085] 역뿔[1086] 산디 가랃따네 이제 그거 ᄀᆞ란[1087] 칠뤌 ᄄᆞ레. 그땐 기계가 이시난 기곌빵[1088]에 가네 ᄀᆞ라단 우리도 ᄆᆞ을빠늘 헨쑤다게.

= 또 공정[1089]은 촘 아버지 갑쎙이 아방[1090] ᄃᆞᆫ뜨시[1091] 도느로 안 아사가 그때. 공정은 이마닌헌 그 차롱에예 그거세 이젠 큰 낭푸넨[1092] 밥파나 노콕 그거세 이젠 떠글 ᄌᆞ근ᄌᆞ근[1093] 그땐 비스로[1094].

= 게영 놓으네 이제 곤떡[1095] 노콕 특별리 영허영 공정으로 그 지비강 이제 "메시 나상으네[1096] 가라." 영허영. 게영 공정 설러가곡[1097] 밥퍼곡 그뿌니주.

그리고 이제 요즈믄 부주헐 때 도느로 다 허지 아념니까예? 옌나레는 떠그로도 부주 하영 헤짜나예? 어떤 떡?

= 떠그로 줘쑤다게.

여기서 주는 걷또 헹 오곡 머그레 오는 사름드른 부주를 뭐 헹 와?

= 아 그땐 그땐 촘 시 뒌도 오곡이 이제 베 권도 오곡 한[1098] 부주믄 삼시 뒌 우리 두린[1099] 때 우리 아버지네 도라가실 때 보니까 삼시 뒌도 오곡 이제 이베 권도 오곡 삼베 권도 오곡 그때도 큰 도니라. 제국씨대에.

= 경허영 그치룩[1100] 커영 오믄 떠그로. 그자 "줄 껀 얻따[1101]. 이거 아상[1102] 강[1103] 아이덜 주라." 영 허영.

= 경허는 거. 바븐 지비 왕[1104] 바븐 메기곡 부주 아상. 그땐 또 이녀기 도니 어시믄[1105] 이제 큰 낭푸네이 이제 ᄌᆞᆸᄊᆞᆯ도 ᄒᆞᆫ 낭푼 아상오곡[1106] 이제 보리ᄊᆞᆯ도 ᄒᆞᆫ 낭푼 아상오곡.

= 게믄 저 구드레[1107] 이제 이젠 푸데[1108]주마는 그땐 푸데가 어디 서

= 셋이나 넷이나 이제 들어서 바구니에 이렇게 들어서 나서면 이제 "할머니 있는 집에는 한 반기 더 줘라." 그것은 할머니 몫.

= 개수 많은 데 가면 무엇 할까봐서 개수 많은 데고 적은 데고 그저 주 반기고 싸서 내쳐. 그리고 마을반기를 태우고.

= 그렇게 해서 하고. 우리 그러니까 우리 할머니도 돌아가실 때에 밭벼 일부러 밭벼 갈았다가 이제 그것 갈아서 칠월 달에. 그때는 정미소가 있으니까 정미소에 가서 갈아다가 우리도 마을반기를 했습니다.

= 또 공정은 참 아버지 갑생이 아버지 말하듯이 돈으로 아니 가져가 그때. 공정은 이만큼한 그 채롱에요 그것에 이제는 큰 양푼에는 밥 하나 넣고 그것에 이제는 떡을 차곡차곡 그때는 빗으로.

= 그렇게 해서 넣어서 이제 흰떡 넣고 특별히 이렇게 해서 공정으로 그 집에 가서 이제 "몇이 나서서 가거라." 이렇게 해서. 그렇게 해서 공정 걷어가고 밥하고 그뿐이지.

그리고 이제 요즘은 부조할 때 돈으로 다 하지 않습니까? 옛날에는 떡으로도 부조 많이 했잖아요? 어떤 떡?

= 떡으로 줬습니다.

여기서 주는 것도 해 오고 먹으러 오는 사람들은 부조를 뭐 해 와?

= 아 그때는 그때는 참 십 원도 오고 이제 백 원도 오고 많은 부조면 삼십 원 우리 어린 때 우리 아버지네 돌아가실 때 보니까 삼십 원도 오고 이제 이백 원도 오고 삼백 원도 오고 그때도 큰 돈이야. 제국시대에.

= 그렇게 해서 그처럼 해서 오면 떡으로. 그저 "줄 것은 없다. 이것 가지고 가서 아이들 줘라." 이렇게 해서.

= 그렇게 하는 것. 밥은 집에 와서 밥은 먹이고 부조 가져서. 그때는 또 이녁이 돈이 없으면 이제 큰 양푼에 이제 좁쌀도 한 양푼 가져오고 이제 보리쌀도 한 양푼 가져오고.

= 그러면 저 구들에 이제 이제는 부대지만 그때는 부대가 어디 있어.

게[1109]. 저 요만썩 컨 이제 멕[1110] ᄌ랑[1111] 놘땅이.

= 고팡[1112]에 그거 놔심소로[1113] 이제 좁쏠 트로 히린좁ᄊ른[1114] 히린 좁쏠 트로 모힌좁ᄊ른 모힌좁쏠[1115] 트로 이제 보리쏠 반는 사름 보리쏠 트로 멕 세 개 놩이. 게영 톡톡 비왕으네[1116] 그거세 떡 놩으네 줘.

= 이제 ᄀ뜨민 담네푸미 주주마는 그때는 경 헙띠다게.

영장받띠 강도 음식 아까 메긴덴 헨짜나예? 도새기 자방 메기기도 허주만 또 떡도 주고 허지 아념니까?

= 영장받띠[1117] 가믄 이제.

뭐렌 곱이니까?

= 뚤더리 이제 벨또로 이제 사둔덜 공정[1118] 헤영 출령[1119] 오주. 이 메누리 조르므로[1120]. 경허믄 이제 그거 다 놩으네 써렁으네 다 사발로 싹 텝쭈[1121].

= 경허영 테왕으네 이젠 거 바당 오는 사름 바당 오곡. 아니 아상[1122] 가켄[1123] 허는 사람 어서. 그땐 베고프니까예.

– 다 가정오주[1124].

= 뭐 치메 영 바다도 수거네 싸도 다 아상와[1125]. 경헤영 그때 경허연 게. 나 두린[1126] 때 봔쭈마는.

= 게믄 이제 도공시[1127] 출령[1128] 가멍 그디서 지비서 바블 허영으네 이제 큰 무신거세 다망양.

= 경허영 포타리[1129] 큰 베 험벅[1130] 헹으네 베 허영 포[1131] 멩그랑[1132] 경허영 그 멕[1133] 쏘게 놩 그 바블 다 펑.

= 게영 밥짜[1134] 노콕 허영 그거세 펑 가믄 이제 그 영 그 메게 노민 버물카부덴[1135] 이제 영 베껴띠레 이젠 폴[1136] 다 더꺼[1137].

= 촘 내청 경허영 이제 바블 낭푸네[1138] 이젠 거리멍[1139] 이제 줄주리 아지민[1140] 이제도 영장받띠[1141] 가믄 우리 알찌[1142] 아념니까? 경허영 아장[1143] 허믄 그거세 구게 반차네 그 바베 노믄[1144] 이젠 머겅 경허영 와낟쭈게.

그 떡 테우는 걸 뭐렌 헤마씨? 이르믈.

저 요만씩 한 이제 멱 결어서 놓았다가.

= 고방에 그것 놔두고서 이제 좁쌀 따로 차좁쌀은 차좁쌀 따로 메좁쌀은 메좁쌀 따로 이제 보리쌀 받는 사람 보리쌀 따로 멱 세 개 놓아서. 그렇게 해서 부어서 그것에 떡 넣어서 줘.

= 이제 같으면 답례품 주지만 그때는 그렇게 합디다.

장지에 가서도 음식 아까 먹인다고 했잖아요? 돼지 잡아서 먹이기도 하지만 또 떡도 주고 하지 않습니까?

= 장지에 가면 이제.

무엇이라고 말하나요?

= 딸들이 이제 별도로 이제 사돈들 공정 해서 차려서 오지. 이 며느리 뒤로. 그렇게 하면 이제 그것 다 넣어서 썰어서 다 사발로 싹 태우지.

= 그렇게 해서 태워서 이제는 그것 받아서 오는 사람 받아서 오고. 아니 가져 가겠다고 하는 사람 없어. 그때는 배고프니까요?

- 다 가져오지.

= 뭐 치마 이렇게 받아도 수건에 싸도 다 가져와. 그렇게 해서 그때 그렇게 하던데. 나 어릴 때 봤지만.

= 그러면 이제 도공시 차려 가면서 거기서 집에서 밥을 해서 이제 큰 무엇에 담아서요.

= 그렇게 해서 보따리 큰 베 헝겊 해서 베 해서 보 만들어서 그렇게 해서 그 멱 속에 넣어서 그 밥을 다 퍼서.

= 그렇게 해서 밥주걱 넣고 해서 그것에 퍼서 가면 이제 그 이렇게 그 멱에 넣으면 더러울까 봐 이제 이렇게 바깥으로 이제는 보를 다 덮어.

= 참 내쳐서 그렇게 해서 이제 밥을 양푼에 이제는 뜨면서 이제 줄줄이 앉으면 이제도 장지에 가면 우리 앉지 않습니까? 그렇게 해서 앉아 하면 그것에 국에 반찬에 그 밥에 놓으면 이제는 먹어서 그렇게 해서 왔었지.

그 떡 태우는 것을 무엇이라고 합니까? 이름을.

= 반[1145].

그냥 바니레만 허여?

= 반

뭐 피력 이런 말 안 허여?

= 피력[1146] 아녀 이넉 반. "반덜 노라게." 영.

- 가는 바니여 뭐.

= "가느 반 주라. 무신 할망 쩍시[1147] 주라[1148]." 엄청 언쭈게. 경헐 때엔.

= 뭐 우린 우리 아바진 아기가 하노난[1149] 우리 아버지네 ᄉᆞ 형제고 ᄄᆞ리 이제 두 개난 고모가 칠 오누이난 그 조로메[1150] 다 허곡. 우리 이제 신치비[1151] 이 동보게선[1152] 촘 일체라고 허주게. 경허난 이제 번떨 하노난 엄청 머거.

= 반기.

그냥 반기라고만 하나요?

= 반기.

뭐 필역 이런 말 안 해요?

= 피력 안 해 이녁 반기. "반기들 놓아라." 이렇게.

- 가는 반기야 뭐.

= "가는 반기 달라. 무슨 할머니 몫 달라." 엄청 얻지. 그렇게 할 때에는.

= 뭐 우리는 우리 아버지는 자식이 많으니까 우리 아버지네 사 형제이고 딸이 이제 두 개니까 고모가 칠 오누이니까 그 뒤에 다 하고. 우리 신집에 이 동복에서는 참 일체라고 하지. 그렇게 하니까 이제 벗들 많고 하니 엄청 먹어.

2.7 제사에 대한 이야기

그러믄예 이젠 영장 헹 소상 대상 다 지넨 거라마씨? 그럼 이젠 삼 년째부터는 식께를 헤야 뒐 꺼 아니우꽈예. 제사를. 그러믄 제사에는 어떤 종뉴가 이신고예?

– 제사에는 종뉴가 어서.

차례도 지내고.

– 아니. 여기 차려나지도 아녀고.

= 아니. 첼 식께나른[1153] 소상에도 이제 "아버지 오십써[1154]?" 허영 인사 가곡.

사네?

= 또 대상에도 "아버지 오널 아버지 이제 제 지냄시메 옵써[1155]." 허영 상제가 가. 상주가. 겐디 식께나른 가는 거 오는 거 건 모르커라[1156]. 우리 허는 거 봐나기 때무네 그건 험니다.

– 대소상 땐 가주게. 대소상 때는. 상주가 이제 상주도 다 가는 게 아니고 거기 이제 모멘[1157] 상주가 읻찌 아녀게. 큰상주가. 상주가 가 가지고.

= 식께[1158] 출리는 상주가.

= 아버지 허열낀 어머니 허열낀 이제 "오너른 저 기이리니까 영허영 옵써[1159]." 허는 시그로 강[1160] 인사차 가그네게 강 와야 이제 제 지내곡 뭐 허곡.

게난 예를 들면 도라가신 부니 나에 나에 삼대다. 그럼 증조까지는 제사를 지내곡 고조부터는 시제로 함니까? 묘제로 함니까?

– 고조까진 제수를 지내주[1161]. 고조까지. 고조까지는 제수를 지내고.

증조까지가 아니고마씨?

그러면요 이제는 영장 해서 소상 대상 다 지낸 거예요? 그럼 이제는 삼 년 째부터는 제사를 해야 될 것 아닙니까? 제사를. 그러면 제사에는 어떤 종류가 있을까요?

— 제사에는 종류가 없어.

차례도 지내고.

— 아니. 여기 차려나지도 않고.

= 아니. 첫 제삿날은 소상에도 이제 "아버지 오십시오?" 해서 인사 가고.

묘소에?

= 또 대상에도 "아버지 오늘 아버지 이제 제 지내고 있으니까 오십시오." 해서 상제가 가. 상주가. 그런데 제삿날은 가는 것 오는 것 그것은 모르겠어. 우리 하는 것 봤었기 때문에 그것은 합니다.

— 대소상 때는 가지. 대소상 때는. 상주가 이제 상주도 다 가는 것이 아니고 거기 이제 책임 맡은 상주가 있지 않은가. 큰상주가. 상주가 가 가지고.

= 제사 차리는 상주가.

= 아버지 했든 어머니 했든 이제 "오늘은 저 기일이니까 이렇게 오십시오." 하는 식으로 가서 인사차 가서 와야 이제 제 지내고 무엇 하고.

그러니까 예를 들면 돌아가신 분이 나에게 나에게 삼대다. 그러면 증조까지는 제사를 지내고 고조부터는 시제로 합니까? 묘제로 합니까?

— 고조까지는 제사를 지내지. 고조까지. 고조까지는 제사를 지내고.

증조까지가 아니고요?

— 징조까지 이 징조까지 지금 제亽를 모시는디 요 중간까지도 고조까지 제사를 모셧쭈. 고조까지. 겐디 이제 나의 징조 징조가 이제 창버미네 안티는 고조 퉤불 꺼 아니라?

— 게난 고조 퉤믄 이제 지제[1162]를 하고.

예 그럼. 지제하면 이젠 또 시제로 모셔야 될 꺼 아니우꽈?

— 시제[1163]로 모시주.

= 지제허민 이젠 그때 **** 하르방덜 모시는 디 이제 ᄀ찌 드러갈 꺼주. 고치 드러강 이젠 시제를 머글[1164] 꺼주.

= 또 어떤 집떠렌양 그냥 저 지제도 아녀고양 그냥 무헤붑니다[1165].

— 무허는 게 아니라 그냥 그 저 뭐야 소분[1166]허레 가는 날 좀 음씩또 쪼금 낟께[1167] 찰령가그네 거기 강 이제 올려서 이제 지제하고.

= 술 혼 잔 비와[1168] 뒁 오믄 매기[1169]주게.

— 우리가 지금 지바네는 지금 나의 징조가 지제헌 이리 읻쭈게.

— 게난 조카더리 이제 조카 퉤신 뿐드리 이제 제亽를 모시게 퉤니까 이제 지제를 헤 가지고 지제허난 이제 우리집써 이제 그 시제를 허난 출리난 우리 지븨서 혼 거자[1170] 한 오십 위를 시제를 모시주.

그러믄예. 일딴 어 정월 때 차례를 모실 꺼고. 그 다으메 어 지그믄 한시근 안 하지예?

— 그 옌나른 새벡국쑤[1171]를 허여. 새벡국쑤. 이 저 멩이레[1172]. 초ᄒ를날 음력 초ᄒ를날 새벡꾹커게 퉤며는 그때 퉤믄 혼 일곱 씨쯤 퉤는가 ᄋ섣 씨나 이쯤 퉤믄 이제 새벡꾸글 헤 가지고.

= 네 시라.

— 아니 네 시에는 뭐라. 그자 새베꾸글 헤영.

= 네 시에 네 시에 이러낭이 독[1173] 울자마자 헐 때에 그때 새베꾸글 허는 거주. 일곱 씨에 허믄 멩질허는 사르미.

— 올령 이제. 아이 그땐 다섯 씨 퉤믄 캄캄헐 때라게. 게영 이제 그거

– 증조까지 이 증조까지 지금 제사를 모시는데 요 중간까지도 고조까지 제사를 모셨지. 고조까지. 그런데 이제 나의 증조 증조가 이제 창범[1174]이네한테는 고조 될 것 아닌가?

– 그러니까 고조 되면 이제 지제를 하고.

예 그럼. 지제하면 이제는 또 시제로 모셔야 될 것 아닙니까?

– 시제로 모시지.

= 지제하면 이제는 그때 **** 할아버지들 모시는데 이제 같이 들어갈 것이지. 같이 들어가서 이제는 시제를 봉사 받을 것이지.

= 또 어떤 집들은요 그냥 저 지제도 아니하고 그냥 없애버립니다.

– 없애버리는 것이 아니라 그냥 그 저 뭐야 벌초하러 가는 날 좀 음식도 조금 낫게 차려가서 거기 가서 이제 올려서 이제 지제하고.

= 술 한 잔 부어 두고 오면 끝이지.

– 우리가 지금 집안에는 지금 나의 증조가 지제한 일이 있지.

– 그러니까 조카들이 이제 조카 되신 분들이 이제 제사를 모시게 되니까 이제 지제를 해 가지고 지제하니까 이제 우리집에서 이제 그 시제를 하니까 차리니까 우리 집에서 한 거의 한 오십 위를 시제를 모시지.

그러면요. 일단 아 정월 때 차례를 모실 것이고. 그 다음에 아 지금은 한식은 안 하지요?

– 그 옛날은 새벽국수를 해. 새벽국수. 이 저 명일에. 초하룻날 음력 초하룻날 새벽국수하게 되면 그때 되면 한 일곱 시쯤 되는가. 여섯 시나 이쯤 되면 이제 새벽국수를 해 가지고.

= 네 시야.

– 아니 네 시에는 뭐야. 그저 새벽국수를 해서.

= 네 시에 네 시에 일어나서 닭 울자마자 할 때에 그때 새벽국을 하는 것이지. 일곱 시에 하면 명절하는 사람이.

– 올려서 이제. 아니 그때는 다섯 시 되면 캄캄할 때야. 그래서 이제

국쑤멩지[1175]를 헤영 국쑤멩지를 헤난 다으멘 이녁 그 초상[1176] 인는 디는 초상안티[1177] 이제 "어머니 아버지 이제 금년 훈 헤도 건강하십써." 허영 이제 세배도 촘 드리곡.

– 그 헤 나야 이젠.

= 과세[1178]도 갈 꺼고.

– 과세도. 이젠 멩일 저 친족지베 도라다니렌 허곡. 이녁 찌베서만 이녁 찜만 허는 거주.

게난 어 정월멩질 읻꼬예?

그 다으메.

지금 한시근 안 허지예?

– 한시근 안 허고.

다노도 아너고?

– 오월 다노도 그저네 헤난쭈. 오월 다노.

그 다으메 그 추석 멩질 허고예?

– 으. 추석커고.

두 번예?

= 두 번 허는 거주. 건.

그러면예? 이버는 어 아버니미 제사날이 뒌 거라예. 그러면 그 제사에 대해서 파제헐 때까지 쭉 ᄀ라 줍써?

예를 들면 음시그론 뭐를 하고 헌과는 누구를 하고 지방은 어떠케 준비를 하고 그 다으메 반도 어떠케 테우고 쭉 문전쩨 하면 문전쩨는 어떠케 지네고 안네 또 상 차리면 상 허는 지 안 허는지.

– 여기 여기는 에 이제 우선 문전 문전쌍[1179] 이제 큰상 이제 허곡.

– 안네[1180] 안네는 우리 지바는 이 안네가 두리 두리주. 안네가 두리 두 부니난 메를 두 개 올려. 올리곡 커믄.

– 떠근 이제 보통 이제 시루떡 커고 곤떡[1181] 커고 만뒤[1182] ᄀ튼 건

그것 국수명절을 해서 국수명절을 한 다음에는 이녁 그 조상 있는 데는 조상한테 이제 "어머니 아버지 금년 한 해도 건강하십시오." 해서 이제 세배도 참 드리고.

— 그 하고 나서야 이제는.

= 과세도 갈 것이고.

— 과세도. 이제는 명절 저 친척집에 돌아다니라고 하고. 이녁 집에서만 이녁 집만 하는 것이지.

그러니까 아 정월 명절 있고요?

그 다음에.

지금 한식은 안 하지요?

— 한식은 안 하고.

단오도 안 하고?

— 오월 단오도 그전에 했었지. 오월 단오.

그 다음에 그 추석 명절 하고요?

— 으. 추석하고.

두 번요?

= 두 번 하는 것이지. 그것은.

그러면요? 이번은 아 아버님의 제사날이 된 거예요. 그러면 그 제사에 대해서 파제할 때까지 쭉 말씀해 주십시오?

예를 들면 음식으로는 무엇을 하고 헌관은 누구를 하고 지방은 어떻게 준비를 하고 그 다음에 반기도 어떻게 나누고 쭉 문전제 하면 문전제는 어떻게 지내고 안에 또 상 차리면 상 하는 지 안 하는지.

— 여기 여기는 아 이제 우선 문전 문전상 이제 큰상 이제 하고.

— 안에 안에는 우리 집안은 이 안에가 둘 둘이지. 안에가 둘 두 분이니까 메를 두 개 올려. 올리고 하면.

— 떡은 이제 보통 이제 시루떡 하고 흰떡 하고 만두 같은 것은 안 하

아녀곡 그자 지름떡 커고 경 헹 허곡.

— 적깔[1183]도 이제 그저네는 삼 종 헤난는데 요 근가넨 이제 이 종. 두 가지만 허연.

— 과이른 보통 삼 종 이제 삼 종이나 오 종. 지금도 오 종까지도 출리곡.

— 뭐 경허곡 허믄 이제 ᄂᆞ므른[1184] 이제 콩ᄂᆞ물 허고 고사리 허곡 미나리나 허곡 영 허곡.

— 또 건 다른 거떠른 ᄂᆞ물도 안 놓 경 헹 이제.

— 술 허곡 이제. 이제 경 헹 이제 제를 지내고.

— 예.

— 게믄 이제 친쪽떠리 올 꺼 아닙니까? 이제 제사 머그레 오믄 다 저녁떨 뭐허고 허믄 동네 싸르미 왈껀 머헨껀.

— 오기 저네 이거 저녀글 준비를 허여. 본주 이 제ᄉᆞ헌 디서. 본주 여기서 허믄 이제 어떤 때 이 할망[1185] 잘 허영 오믄 이 뭐 성게꾹[1186]또 허곡. 경 아녀민 이제 고기 사다가 이제 고긴꾹또 허곡.

— 경헹 이제 소님더를 이제 접때를. 오는 사름마다 접때를 허곡. 왕으네[1187] 가는 사름 이시믄 가는 사름안티 준비를 허주게.

— 뭐 시리떠글 이제 골미[1188]를 빠[1189] 온다든가 뭐 시리떠글 이제

= 골미 빠옴니까? 인절미엔 헙써[1190].

— 인절민지 뭐 골미 처렌지[1191] 아라지나[1192]?

— 이제 그거 헤당으네 (웃음) 준비를 이제 저 이제 헤여.

— 상에떡[1193] 가서 사온다든가[1194] 허영 허민 아이더리 다 이제 그거 다 반[1195] 쌍[1196] 가시는 분들안티 이제 **** 밤만 머경 가지 아녀곡 이제 그 떡또 이제 ᄒᆞᆫ꼼썩 다 드려.

— 가믄 이제 아장으네[1197] 형제분끼리만 아장 좌담도 허곡 경 사라가는 거 "어떵 마농[1198]더른 헤점시냐?" "어떵 몸드른 건강허냐?" 어떵 헤

고 그저 기름떡 하고 그렇게 해서 하고.

– 산적도 이제 그전에는 삼 종 했었는데 요 근간에는 이제 이 종. 두 가지만 해서.

– 과일은 보통 삼 종 이제 삼 종이나 오 종. 지금도 오 종까지도 차리고.

– 뭐 그렇게 하고 하면 이제 나물은 이제 콩나물 하고 고사리 하고 미나리나 하고 이렇게 하고.

– 또 그것은 다른 것들은 나물도 안 놓아서 그렇게 해서 이제.

– 술하고 이제. 이제 그렇게 해서 이제 제를 지내고.

– 예.

– 그러면 이제 친족들이 올 것 아닙니까? 이제 제사 먹으러 오면 다 저녁들 무엇하고 하면 동네 사람이 왔건 뭐했건.

– 오기 전에 이것 저녁을 준비를 해. 본주 이 제사한 데서. 본주 여기서 하면 이제 어떤 때 이 아내 잘 해서 오면 이 뭐 성게국도 하고. 그렇게 않으면 이제 고기 사다가 이제 고깃국도 하고.

– 그렇게 해서 이제 손님들을 이제 접대를. 오는 사람마다 접대를 하고. 와서 가는 사람 있으면 가는 사람한테 준비를 하지.

– 뭐 시루떡을 이제 골무떡을 빼어 온다든가 뭐 시루떡을 이제.

= 골무떡 빼 옵니까? 인절미라고 하십시오.

– 인절미인지 뭐 골무떡 차례인지 알아지나?

– 이제 그것 해다가 (웃음) 준비를 이제 저 이제 해.

– 빵떡 가서 사온다든가 해서 하면 아이들이 다 이제 그것 다 반기를 싸서 가시는 분들한테 이제 **** 밥만 먹어서 가지 않고 이제 그 떡도 이제 조금씩 다 드려.

– 가면 이제 앉아서 형제분끼리만 앉아서 좌담도 하고 그렇게 살아가는 것 "어떻게 마늘들은 하고 있니?" "어떻게 몸들은 건강하니?" 어떻게

점시니 들끼도 허곡 곧끼도 허곡 이제 허영 이제.

— 그저네는 열뚜 시 여란 시가 너머야 제 파지[1199]를 헨는디.

— ᄒᆞᆫ 오 년쯤 뒈는데 우리 나 자시니 궤롭꼭 아이덜 이제 다 직짱 다니는 아이더리니까 아이덜 이제 생각또 허곡 이제랑 열뚜 시 여란 시 아니 아옵 씨 반 뒈믄 무조껀 메를 지어라.

— 게영 열 씨 뒈믄 메 올령. 우리 이제 저 우리 이제 할망 할망 기일만 도라가신 기일만 이제 이저불지 아녕 허민 뒐 꺼 아니냐? 나가 제의를 헤서 이제 열 씨 뒈믄 이제 메를 올려.

— 게영 메 올령 이제 허믄 열 씨 반쯤 뒈믄 그럭쩌럭 케영 허게 뒈믄 게도 아장 이야기 허곡 뭐 허당 보믄 열란 시 반도 뒈고 열뚜 시 뒈부러.

게난 삼헌과는 꼭 차리지예?

— 삼헌 으. 삼허는 다 출리주게.

그 다으메 집싸는 사위 사위가 보통 험니까?

— 그저네는 집싸가 이제 저 사위가 허렌 그 허믄 이제 이녕네 거기 지바네 사위가 허렌 헌 건 지바네 거 사둔치베[1200] 그 이 예의범저리라도 사위가 아람신가 뭐 허는가 테스트 헤보젠 허는데.

게난 어르신네 어떵 험니까? 사위도 올 꺼 아니우꽈?

— 이젠 사위도 이제 사위도 오는 사위 어서[1201].

— 지금 현재는 사위가 여기 사는 사우가 업꼭[1202]. 다 어디 가는 노믄 가고 다 육찌에 읻꼬 여기 인는 사위도 이제 사위 이제 가녹 가당[1203] 오는 사위도 이선짜[1204] 경허는 사위도 업써.

— 우리 조카들 하믄[1205] 이제 이젠 이 늘근 하르방이 완전니 베제뒈부렁 지네끼리 "누구 누구랑 집싸 허여." 이제 아더리 이제 어머니 제사 때나 뭐 허믄 "나허고 누구 큰아덜허곡 이제 조카랑 제관허여."

— 또 우리 아더리 이제 여기 질[1206] 연상이주. 경허난 동생들안테랑

해지냐고 묻기도 하고 말하기도 하고 이제 해서 이제.

– 그전에는 열두 시 열한 시가 넘어야 파제를 했는데.

– 한 오 년쯤 되는데 우리 내 자신이 괴롭고 아이들 이제 다 직장 다니는 아이들이니까 아이들 이제 생각도 하고 이제는 열두 시 열한 시 아니 아홉 시 반 되면 무조건 메를 지어라.

– 그렇게 해서 열 시 되면 메 올려서. 우리 이제 저 우리 이제 할머니 할머니 기일만 돌아가신 기일만 이제 잊어버리지 않아서 하면 될 것 아니냐? 내가 제의를 해서 이제 열 시 되면 이제 메를 올려.

– 그렇게 해서 메 올려서 이제 하면 열 시 반쯤 되면 그럭저럭 해서 하게 되면 그래도 앉아서 이야기 하고 무엇 하다 보면 열한 시 반도 되고 열두 시 되어버려.

그러니까 삼헌관은 꼭 차리지요?

– 삼헌 으. 삼헌은 다 차리지.

그 다음에 집사는 사위 사위가 보통 합니까?

– 그전에는 집사가 이제 저 사위가 하라고 그 하면 이제 이녁네 거기 집안에 사위가 하라고 하는 것은 집안에 그것 사돈집에 그 이 예의범절이라도 사위가 아는가 무엇 하는고 테스트 해보려고 하는데.

그러니까 어르신네는 어떻게 합니까? 사위도 올 것 아닙니까?

– 이제는 사위도 이제 사위도 오는 사위 없어.

– 지금 현재는 사위가 여기 사는 사위가 없고. 다 어디 가는 놈은 가고 다 육지에 있고 여기 있는 사위도 이제 사위 이제 간혹 가다가 오는 사위도 있었자 그렇게 하는 사위도 없어.

– 우리 조카들 많으면 이제 이제는 이 늙은 할아버지가 완전히 배제되어버려서 자기들끼리 "누구 누구는 집사 해라." 이제 아들이 이제 어머니 제사 때나 뭐 하면 "나하고 누구 큰아들하고 이제 조카는 제관해라."

– 또 우리 아들이 이제 여기 젤 연상이지. 그렇게 하니까 동생들한테

"야 누구랑 집ᄉ질 허라."

– 게믄 우린 아장 허염시믄 파지[1207] "다 절 다 끈나쑤다." 영허믄 "저리나 헙써. 이제." 경허믄 와그네 형님도 이제 읻꼭 허난 형님허곡 나 허곡 가그네 절 헤나믄 이제.

– 그 지방[1208]은 지방은 내가 요 그 중간까지도 안 씨다네[1209] 나가 지방은 꼭 쓰주. 지방은 이제.

– 아버지 하라버지 이제 지방은 썽 경 허영 이제 아덜안티도 시키단 놔뒴서. 지방을 이제 누구 누구 지비 제ᄉ는 뭐 왕[1210] 허믄 사진도 안 노콕 지방도 안 노콕 안 쓰믄 안 뒈니까 "지방은 써라." 경허영으네 아이덜안티도 지방 쓰렌 시키고 읻쭈.

음보근 어떠케 함니까?

– 음보근 제필[1211]. 끈나믄 이제 지방 다 ᄉ라[1212] 두고 다 이제 상 내려놩 이제 문전 문저는 이제 헤영 문전 걷꺽[1213] 안네 걷꺽 헤뒁.

– 이 따른 지바네선 뭐 큰상에 꺼 걷꼬 뭐허곡 허는데 큰상에 껀 걷찌 말렌[1214]. 큰상에 껀 이녁 머거난 조상 머거난 거 경 던지는 거 뭐 허는 거 허지 말렌 경 안 거덩.

– 에 문전 안네만 거덩 이제 거 가져오믄 이제 늘그니가 어떵. 그거 다 이제 지붕디레 올리곡 노는 자리에 다 놔둥. 다 내려놩으네[1215] 허믄.

– 음보근 거 쌀 꺼 다 싸 인는 상테니까 이제 게영 사과더리나 헤당 노콕 밥 메 헤그네 헤난 거 헤영 머글 싸르믄 먹꼭.

– 에 주로 이제 혼잔허멍 이제 겡[1216]은 혼잔허멍 이제 겡은 혼 사발씩 다 먹끼도 허곡.

– 그러추 뭐. 그러케 헤 가지고 이제 "아이고 다덜 완 고셍덜 고셍덜 헨쩌." 이제 경 ᄀ는[1217] 사름도 읻꼭 그냥 가는 사름도 읻꼬. "형님네 와네 완 고맙쑤다. 고셍헨쑤다." 영.

그러믄 여자 삼춘예. 어 식께를 허젠 허면 음시근 우리 여자 삼촌하고 누구

"야 누구는 집사질 해라."

– 그러면 우리는 앉아서 하고 있으면 파제 "다 절 다 끝났습니다." 이렇게 하면 "절이나 하십시오. 이제." 그렇게 하면 와서 형님도 이제 있고 하니까 형님하고 나하고 가서 절 하고 나면 이제.

– 그 지방은 지방은 내가 요 그 중간까지도 안 쓰다가 내가 지방은 꼭 쓰지. 지방은 이제.

– 아버지 할아버지 이제 지방은 써서 그렇게 해서 이제 아들한테도 시키다가 놔뒀어. 지방을 이제 누구 누구 집에 제사는 뭐 와서 하면 사진도 안 놓고 지방도 안 놓고 안 쓰면 안 되니까 "지방은 써라." 그렇게 해서 아이들한테도 지방 쓰라고 시키고 있지.

음복은 어떻게 합니까?

– 음복은 제필. 끝나면 이제 지방 다 살라 두고 다 이제 상 내려놓아서 이제 문전 문전은 이제 해서 문전 제반하고 안에 제반하고 해두고.

– 이 다른 집안에서는 뭐 큰상에 것 제반하고 뭐하고 하는데 큰상에 것은 제반하지 말라고. 큰상에 것은 이녁 먹었던 조상 먹었던 것 그렇게 던지는 것 뭐 하는 것 하지 말라고 그렇게 아니 제반해.

– 에 문전 안에만 걷어서 이제 그것 가져오면 이제 늙은이가 어떻게. 그것 다 이제 지붕에 올리고 놓는 자리에 다 놔두고. 다 내려놓아서 하면.

– 음복은 그것 쌀 것 다 싸 있는 상태니까 이제 그렇게 해서 사과들이나 해다가 놓고 밥 메 해서 했던 것 해서 먹을 사람은 먹고.

– 에 주로 이제 한잔하면서 이제 갱은 한잔하면서 이제 갱은 한 사발씩 다 먹기도 하고.

– 그렇지 뭐. 그렇게 해 가지고 이제 "아이고 다들 와서 고생들 고생들 했다." 이제 그렇게 말하는 사람도 있고 그냥 가는 사람도 있고. "형님네 와서 와서 고맙습니다. 고생했습니다." 이렇게.

그러면 여자 삼촌. 어 제사를 하려고 하면 음식은 우리 여자 삼촌하고 누가 준비함니까?

= 난 메누리덜 허는 후젠 난 아념니다.

= 메누리더리 다 허여.

– 내가 다 헤 오믄 메누리 하나 데령강 차에 내가 다 준비를 다 혜영 이제 지비 가져당으네 아시날[1218] 게난 이 월래 이제 제ᄉ를 허젠 허며는 그 사흘 정썽엔 허지 아녀?

– 게믄 요 미깡[1219] 하나라도 하나건 뭐이건 ᄒᆞᆫ 사을 저네 이걸 타당으네[1220] 영헹 지베다 놔뒁.

– 내이른 이젠 어머니 제ᄉ다 아버지 제ᄉ다 할머니 제ᄉ다 허믄 아시날 이제 강 적[1221] 헐 꺼니 과이리니 이제 뭐 준비무를 다 강 이제 또 구이블 허여. 내가 재무난.

– (웃음) 할망[1222]은 할망은 여기 오믄게 아시날 이제 뒨날 그나른 이제 메누리가 이제 다 왕 이제 준비를 헐 꺼주.

– 메누리가 이제 오믄 조카메누리영 ** 허믄 대시 와그네[1223] 준비다 허믄.

– 이제 할망은 이제 메누리덜 메껴 뒁 와네 그거 왕그네 손보곡 뭐허곡 헐 께 아니? 그냥 좀도 자곡 누엉땅[1224] 아잔땅[1225] 허단.

– 이제 메누리드리 다 거자[1226] 끈나믄 정심 때 뒈며는 아 이제 메누리드리 "오널은 아구찜 머거야 뒈쿠다[1227]." 영허영 아구찜. 경허연 게난 아구찜 사당으네게 이제 주민 이제 거기서 정심 머경.

– 준비. 준비 다 끈나믄 이제 조카드른 가긴 가곡.

– 메누리더른 이제 그때까지 다 끈날 때까지 메누리더른 다 출릴 꺼주.

게믄 메는 누가 거림니까? 그러면 메는?

– 메는 큰메누리가 거릴[1228] 꺼주.

아 여자 삼춘 안 거리고.

준비합니까?

= 나는 며느리들 하는 후에는 나는 안 합니다.

= 며느리들이 다 해.

– 내가 다 해서 오면 며느리 하나 데려가서 차에 내가 다 준비를 다 해서 이제 집에 가져다가 전날 그러니까 이 원래 이제 제사를 하려고 하면 그 사흘 정성이라고 하지 않는가?

– 그러면 요 귤 하나라도 하나건 뭐이건 한 사흘 전에 이것을 따다가 이렇게 해서 집에다 놔두고.

– 내일은 이제는 어머니 제사다 아버지 제사다 할머니 제사다 하면 전날 이제 가서 산적 할 것이니 과일이니 이제 뭐 준비물을 다 가서 이제 또 구입을 해. 내가 재무니까.

– (웃음) 아내는 아내는 여기 오면 전날 이제 뒷날 그날은 이제 며느리가 이제 다 와서 이제 준비를 할 거지.

– 며느리가 이제 오면 조카며느리와 ** 하면 다섯이 와서 준비 다 하면.

– 이제 아내는 이제 며느리들 맡겨두고 와서 그것 와서 손보고 뭐하고 할 게 아니? 그냥 잠도 자고 누웠다가 앉았다가 하다가.

– 며느리들이 다 거의 끝나서 점심 때 되면 아 이제 며느리들이 “오늘은 아귀찜 먹어야 되겠습니다.” 그래서 아귀찜. 그래서 그러니까 아귀찜 사다가 이제 주면 이제 거기서 점심 먹어서.

– 준비. 준비 다 끝나면 이제 조카들은 가기는 가고.

– 며느리들은 이제 그때까지 다 끝날 때까지 며느리들은 다 차릴 것이지.

그러면 메는 누가 뜨나요? 그러면 메는?

– 메는 큰며느리가 뜰 거지.

아 여자 삼촌 안 뜨고.

— 이젠 오랜쭈. 이제.

아 그럼 완전니 그 어 지방은 게믄 누구 이르므로 씀니까?

— 지방은 지금 나가 하는 거로.

그러니까 훼장니미 지방 쓰는 주체라고 하면 우리 여자 삼추니 메를 거려야지.

마니레 메누리가 메를 거리게 뒈면 거리게 뒈면 건 아들 이르므로 지방을 써야 뒙쭈.

— 게난 아들 이르므로 안 썽[1229] 나 이르므로 나가 허는 걸로 허연 지방은 쓰곡.

— 이제 우리 저 메누리 기자 이제 이녁 남편 제스를 이녁 남편 제스를 메누리가 허주. 게난 메누리가 허는 걸로 헤네[1230] 현베[1231]. 메누리 허는 걸로.

— 아들 허는 거 ᄀ뜨민 현고[1232] 헐 껀디 메누리 허는 거라부난 현베엔 헤넨 나가 이제.

게난예 우리 동넨 어떵 허느냐 허면 식께는 본주가 지방 쓰고 메도 다 거립쭈게. 게면 또 메 거리는 사라미 동넫 뿌주를 다 헤.

= 으?

부주를.

— 아지근 아지근 우리가 다 허여.

아아.

— 아지근.

게난 우리 쪼게선 걸 뭐렌 허냐 허면 고팡물리멘 헙쭈. 고팡물림. 게난 고팡 열쒜도 다 줘부니까 이제는 메도 몯 꺼려. 부주도 동네 꺼 다 허곡.

= 엔나른 경 헤낟쭈. 견디 지그믄양 그런 거 아녀. 엔나른 나 씨집가나네 이젠 우리 나[1233] 쓰물다서세 세간을 마탕[1234] 사랃꺼든.

— 이제 오랬지. 이제.

아 그럼 완전히 그 어 지방은 그러면 누구 이름으로 씁니까?

— 지방은 지금 내가 하는 것으로.

그러니까 회장님이 지방 쓰는 주체라고 하면 우리 여자 삼촌이 메를 떠야지.

만일에 며느리가 메를 뜨게 되면 뜨게 되면 그것은 아들 이름으로 지방을 써야 되지요.

— 그러니까 아들 이름으로 안 써서 내 이름으로 내가 하는 것으로 해서 지방은 쓰고.

— 이제 우리 저 며느리 그저 이녁 남편 제사를 이녁 남편 제사를 며느리가 하지. 그러니까 며느리가 하는 것으로 해서 현배. 며느리 하는 것으로.

— 아들 하는 것 같으면 현고 할 것인데 며느리 하는 것이니까 현배라고 해서 내가 이제.

그러니까요 우리 동네는 어떻게 하느냐 하면 제사는 본주가 지방 쓰고 메도 다 뜨지요. 그러면 또 메 뜨는 사람이 동네 부조를 다 해.

= 으?

부주를.

— 아직은 아직은 우리가 다 해.

아아.

— 아직은.

그러니까 우리 쪽에서는 그것을 무엇이라고 하느냐 하면 고방물림이라고 하지요. 고방물림. 그러니까 고방 열쇠도 다 줘버리니까 이제는 메도 못 떠. 부조도 동네 것 다하고.

= 옛날은 그렇게 했었지. 그런데 지금은요 그런 것 아니해. 옛날은 내가 시집가니까 이제는 우리 나이 스물다섯에 세간을 맡아서 살았거든.

= 경헌디 아방[1235]은 군대 가불곡 이제 세가늘 마탄 이제 사는디. 씨어멍이 이제 제사를 모시렌 허난 이젠 제술 모시난 씨어멍이 메를 거리렌[1236] 허연 나 멜[1237] 거리게 뒐쑤다. 경허연 멜 거린디.

= 메누릴 헤연 오난 나가 저 부어게서 메를 이제 메누리가 다 출리지 아념니까게? 견디 메누리신디 멜 거린디 메누리가 이제 아진디[1238] 안 뒈커라고[1239].

= "느가 메를 거리라. 아무 때 마타도 느가 헐 꺼니까 이 멜 거리라." 나 메 거려 나건 디가 훈 이심 년. 훈 이심 년.

= 그자 메누리 오난 그자.

– 메누리가 메 헤 나믄 그냥 메 거리고 뭐 허곡.

= 난 그런 거세 원[1240] 신경 안 써.

그러믄예? 여자 삼춘예. 어떤 거냐 허면 식께를 출릴 때에 예를 들면 아까 사밀 정성을 한다라고 하면 메누리 모를 비렫따고 하면 "지금 떡 쳠 시메 떡 치는 디랑 어지리지 말라." 뭐 그런 걷뜨리 쫌 읻쑤가?

= 아 메누리가 이제 메누리가 아무 메누리라도 나 역씨라도 몸 비리민[1241] 이 제물허는 디 거녀믈[1242] 아녀주게.

= 겨민 거 아이더리 더 아라. 경허연 그거센 상관 아녀주기.

예를 들면 시루떠글 치는디 어딘 익꼬 어딘 설고 허지 아념니까? 게믄 건 무사 경 헌덴 험니까?

– 정성이 모지렌[1243].(웃음)

= 그건 옌날 이제 촘 이젠 그냥 메껴부난 경헌디 제펜[1244] ᄀ튼 건 설고 익꼴 아녀주게.

= 이 제페는 근때 나 세가늘 마트난 거 저 아르미[1245] 시리[1246]가 요마니 헌 게 이선게[1247] 훈 뒈짜리양.

= 그거세 제페늘 치민[1248] 그 식껠 이제 제페늘 허영 식껠 올리주게. 정성으로.

= 그런데 남편은 군대 가버리고 이제 세간을 맡아서 이제 사는데. 시어머가 이제 제사를 모시라고 하니까 이제는 제사를 모시니까 시어머니가 메를 뜨라고 해서 나 메를 뜨게 됐습니다. 그렇게 해서 메를 떴는데.

= 며느리를 해서 오니까 내가 저 부엌에서 메를 이제 며느리가 다 차리지 않습니까? 그런데 며느리한테 메를 뜨는데 며느리가 이제 앉았는데 안 되겠더라고.

= "네가 메를 떠라. 아무 때 맡아도 네가 할 것이니까 이 메를 떠라." 나 메 떠 난 지가 한 이십 년. 한 이십 년.

= 그저 며느리 오니까 그저.

– 며느리가 메 해고 나면 그냥 메 뜨고 뭐하고.

= 나는 그런 것에 전혀 신경 안 써.

그러면요? 여자 삼촌요. 어떤 것이냐 하면 제사를 차릴 때에 예를 들면 아까 삼일 정성을 한다라고 하면 며느리 몸을 부정했다고 하면 "지금 떡 찌고 있으니 떡 찌는 데는 어지르지 말라." 뭐 그런 것들이 좀 있습니까?

= 아 며느리가 이제 며느리가 아무 며느리라도 나 역시라도 몸 부정타면 이 제물하는 데 권념을 아니하지.

= 그러면 그것 아이들이 더 알아. 그렇게 해서 그것에는 상관 아니하지.

예를 들면 시루떡을 찌는데 어디는 익고 어디는 설고 하지 않습니까? 그러면 그것은 왜 그렇게 한다고 합니까?

– 정성이 모자라서.(웃음)

= 그것은 옛날 이제 참 이제는 그냥 맡겨버리니까 그렇게 하는데. 제편 같은 것은 설고 익고를 아니하지.

= 이 제편은 그때 나 세간을 맡으니까 그것 저 알루미늄 시루가 요만이 한 것이 있던데 한 되짜리요.

= 그것에 제편을 찌면 그 제사를 이제 제편을 해서 제사를 올리지. 정성으로.

= 경 허는디예 이젠 제페늘 저레 올리곡. 옌날 좁쌀 헐 때에 좁썰 큰 시리 두 말가윤 잉는 시리가 일쭈양. 이마니 헌 거양. 무쉐손써 치는 거.

= 그거는 부를 잘몯 ᄉᆞ마도[1249] ᄇᆞ룸 이제 영 북풍을 드러오나 경헌 딜로 이제 석석커민[1250] 이제 떠기 안 이거.

= 경허곡 또 시리가 짐 올르저말저[1251] 헐 때에 손깡아레서[1252] 불 슴당 그땐 낭뿔[1253]로 ᄉᆞ믈 때난 슴당 이제 배꼍띠[1254] 나오믄.

= "야 지미나 올르건 가라." "오줌 ᄆᆞ르왕[1255] 감쑤다." 영. "오주미고 뭐시고 짐 올르건 가라." 영허주게.

= 겨민 그자 날ᄀᆞ치[1256] 이제 무식컨 거 ᄀᆞ라도[1257] 헤뜩커게[1258] 나노민 그거시 파파파파[1259] 허는 거라.

= 욥깔리[1260] ᄋᆞ피 다 떠글[1261] 부쪄도양[1262] 뭐 그건 촘 구시닌지 원 무시건지 몰라.

= 그냥 원. 그딘 그자 떡 케영 요마니 ᄆᆞ랑[1263] 놔둠서[1264] 밀ᄏᆞ르[1265] ᄆᆞ랑 놔둠서로 마가도 파파파파 마가도 파파파파. "야이더라 무신 거엔 ᄀᆞ라니?"

– 그건 막찐 몯터는 거라게. 그거시 에아시기주[1266]. 에아[1267] 허는데 꺼그네 시거야 막쭈.

= 경허난 이치록 컨 떠글 이제 치민[1268] 촘 바는 익꼭 바는 안 익쭈게.

= 경허민 이젠 그 이근 딜로만[1269] 골랑 **** 그창[1270] 이제 제펜니라도 노라.

= 영 헤영 이젠 그걸 놔뒁. 그건 이젠 촘 이젠 뭐 다라[1271]여 무시거 무시거 헨쭈마는 근땐 푸는체[1272]. 푸는체허곡 차롱이 주종이라난쭈. 그때.

= 게연 푸는체에 ᄌᆞ근ᄌᆞ근 써렁양. 영 놛땅 이젠 막 시겅 어중가니 더워도 또 재불[1273] 쳐도 익찌도 아녀. 이노무 거.

= 그렇게 하는데요 이제는 제편을 저리 올리고. 옛날 좁쌀 할 때에 좁쌀 큰 시루 두 말가웃 익는 시루가 있지요. 이만큼 한 거요. 무쇠솥에서 찌는 것.

= 그것은 불을 잘못 때도 바람 이제 이렇게 북풍을 들어오나 그런 데로 이제 서늘하면 이제 떡이 안 익어.

= 그렇게 하고 또 시루가 김 오르자마자 할 때에 솥밑에서 불 때다가 그때는 나뭇불로 땔 때니까 때다가 이제 바깥에 나오면.

= "야 김이나 오르건 가거라." "오줌 마려워서 갑니다." 이렇게. "오줌이고 무엇이고 김 오르건 가거라." 이렇게 하지.

= 그러면 그저 나같이 이제 무식한 것 말해도 잘못 나오면 그것이 파파파파 하는 거야.

= 옆구리 옆에 다 시룻번을 붙여도요 뭐 그것은 참 귀신인지 원 무엇인지 몰라.

= 그냥 원. 거기는 그저 시룻번 해서 요만큼 반죽해서 놔두고서 밀가루 반죽해서 놔두고서 막아도 파파파파 막아도 파파파파. "얘들아 무엇이라고 말했니?"

- 그것은 막지는 못하는 거야. 그것이 공기식이지. 공기 하는데 꺼서 식어야 막지.

= 그렇게 하니까 이처럼 한 떡을 이제 찌면 참 반은 익고 반은 안 익지.

= 그렇게 하면 이제는 그 익은 데로만 골라서 **** 끊어서 이제 제편이라도 놓아라.

= 이렇게 해서 이제는 그것을 놔두고. 그것은 이제는 참 이제는 뭐 대야다 무엇 무엇 했지만 그때는 키. 키하고 채롱이 주종이었었지. 그때.

= 그래서 키에 차근차근 썰어서요. 이렇게 놓았다가 이제는 아주 식어서 어중간히 더워도 또 재벌 쪄도 익지도 않아. 이놈의 것.

= 막 시기믄 이젠 "야 그 떡 치라[1274]. 이제랑 머거보게."

= 경헹 이젠 그거 쳐그네양 바미 온 어른덜토 촘 엔날 그 촘 "떡 안네라[1275]." 영허영 허주.

= 그 안넬 꺼 어시믄[1276] 경 아녀낟쑤강? 게난.

= 그거 보민 "저 삼춘네 떡 안네라." 영. 사바레 이제 곤떡[1277] 하나 노콕 상에떡[1278] 하나 노콕 침떡[1279] 노콕 허영. 밤 머거 난 끄텐.

= 이제난 저녁빰만 머그렌 헨쭈. 그땐 저녁빠비 업써.

= 이제는 우리 식께 머그레 가민 그냥 여상 저녁빱 주지 아념니까게?

= 그땐 저녁빠비 업써. 그냥 그 식께 머그레 오민 제 파지헤사[1280] 식겐빠블[1281] 먹쭈.

= 경허민 이제 떡 아사당[1282] 이제 입노렴ᄒᆞ십쎈[1283] 이제 떠글 헤당 그거 겨헹 안네곡.

= 뭐 이제는 이젠 겨민 이젠 초시리메[1284] 궨당덜토 왇땅 "아이고 궤롭따." 허민 반[1285] 쌍[1286] 놛땅 아상강[1287]. 비니루에 헨땅 아상강.

= 아이더리나 줘 봅써[1288]. 요새 떡 머검쑤가? 영 허영 허주.

= 엔나른 촘 그 떠기 촘 꿀ᄀᆞ치 경 맏씨니까[1289]. 겨헹 이젠 밥 아녕 그 떠글 줘땅으네 이제 먹기 실프믄[1290] 거 톡 놛땅 반 싸준 거세 놛땅 그거 할망더리 아상가는 거라. 경허영.

= 우리 역씨도 경허고. 경헨쭈. 뭐 무신 이 ᄒᆞᆫ 심 년 이 안쪼그론 떠글 안 쳐봗쑤다게.

= 무사 놈덜토 다 동넨 싸름덜토 뭐 간 마췽 허는디[1291] 우리 초상[1292]만 뭔 나 소네. 이젠 초상이 더 우리 아기더리 잘살 꺼 아니난. 우리도 노미대동[1293]허겐.

– 요샌 곤떠기고[1294] 지름떠기고 아녀영 아녕.

= 아녀봗쑤다. 나 겨민 메누리덜 강 출령게.

– 요새는 그 영장나도[1295] 경 떠글 신경 쓰지 아녕 뭐 제물 맞춰 불믄

= 아주 식으면 이제는 “야 그 떡 쪄라. 이제는 먹어보자.”

= 그렇게 해서 이제는 그것 쪄서요 밤에 온 어른들도 참 옛날 그 참 “떡 드려라.” 이렇게 해서 하지.

= 그 드릴 것 없으면 그렇게 아니 했었습니까? 그러니까.

= 그것 보면 “저 삼촌네 떡 드려라.” 이렇게. 사발에 이제 흰떡 하나 넣고 빵떡 하나 넣고 시루떡 넣고 해서. 밤 먹고 난 끝에.

= 이제니까 저녁밥만 먹으라고 했지. 그때는 저녁밥이 없어.

= 이제는 우리 제사 먹으러 가면 그냥 여상 저녁밥 주지 않습니까?

= 그때는 저녁밥이 없어. 그냥 제사 먹으러 오면 제 파제해야 제삿밥을 먹지.

= 그렇게 하면 이제 떡 가져다가 이제 입노릇하십시오라고 이제 떡을 해다가 그것 그렇게 해서 드리고.

= 뭐 이제는 이제는 그렇게 하면 이제는 어스름에 권당들도 왔다가 “아이고 괴롭다.” 하면 반기 싸서 놔두었다가 가져가서. 비닐에 했다가 가져가서.

= 아이들이나 줘 보십시오. 요새 떡 먹고 있나요? 이렇게 해서 하지.

= 옛날은 참 그 떡이 참 꿀같이 그렇게 맛있으니까. 그렇게 해서 이제는 밥 아니해서 그 떡을 줬다가 이제 먹기 싫으면 그것 톡 놔두었다가 반기 싸준 것에 놔두었다가 그것 할머니들이 가져가는 거야. 그렇게 해서.

= 우리 역시도 그렇게 하고. 그렇게 했지. 뭐 무슨 이 한 십 년 이 안쪽으로는 떡을 안 쪄보았지요.

= 왜 남들도 다 동네 사람들도 뭐 가서 맞춰다가 하는데 우리 조상만 왜 내 손에. 이제는 조상이 더 우리 아기들이 잘살 것 아니니까. 우리도 남과 대동 하자고.

– 요새는 송편이고 기름떡이고 아니해서 아니해서.

= 아니해 봤습니다. 내가 그러면 며느리들 가서 차려서.

– 요새는 그 초상나도 그렇게 떡을 신경 쓰지 않고 뭐 제물 맞춰 버리

그냥 뭐 적써부터[1296] 뭐까지 그자 짝 케영 내려왕.

게난 어르신 그거슨 어떠케 보면 옌날 제사 지내는 거 하고 요새 꺼 허고 쫌 달라진 거네예?

— 달라진 거주게.

게난 떡 준비하는 걷또 달코?

— 다르고.

또 뭐가 달라젿껟씀니까?

— 모든 게 전부 다 다 간소화허주. 전부 다.

= 달라지믄 달라져.

— 요새 주경 초상지넨덴[1297] 헤도 복부터 모든 게 다 달라젿쭈. 그 저 네사 경 헤서게.

아니 식께만 식께만. 식께 식께.

— 식께도.

파지가, 파지하는 시가니 달라젿꼬?

— 파지[1298]허는 시가니 달라젿꼬.

— 아까 지비싸름도 ᄀᆞ랃쭈마는 이 초승[1299]에 와도 밥 저녁 주곡 뭐 허는 버비 어서난는데[1300] 지그믄 뭐 누구네 집 헐 꺼 얻꼬 가믄 으레 에 오느리랑 가그네 그 지비 강.

— 아 저 기냥 빈소느로 가는 건 아니니까.

— 저 큰식께[1301] 때는 쫌 큰식께엔 허게 뒈믄 이녁게 당 삼춘 제사나 뭐나 허게 뒈며는 부모 제사쯤 뒈믄 돈 마 눤만 다망 가는 건 요샌 거시기 허난 돈 이마 눤 다망 가거든.

— 이마 눤 다망 가믄 "글라[1302]. 가그네 이제 강 저녀기라도 강 헤오곡 허게." 강 저녁또 먹꼭 술도 거기서 먹꼬 뭐 허당 오게 뒈믄 기냥 와 불곡 뭐 허지만 그러쿠 뭐 달라진 게 만추.

그 다음 또 합쩨도 마니 하는 펴니지예?

면 그냥 뭐 산적부터 무엇까지 그저 쭉 해서 내려와서.

그러니까 어르신 그것은 어떻게 보면 옛날 제사 지내는 것 하고 요새 것 하고 좀 달라진 것이네요?

– 달라진 것이지.

그러니까 떡 준비하는 것도 다르고.

– 다르고.

또 무엇이 달라졌겠습니까?

– 모든 것이 전부 다 간소화하지. 전부 다.

= 달라지기는 달라져.

– 요새 죽어서 장사지낸다고 해도 복부터 모든 것이 다 달라졌지. 그 전에야 그렇게 했어.

아니 제사만. 제사만. 제사. 제사.

– 제사도.

파제가. 파제하는 시간이 달라졌고?

– 파제하는 시간이 달라졌고.

– 아까 안사람도 말했지만 이 초저녁에 와도 밥 저녁 주고 뭐 하는 법이 없었는데 지금은 뭐 누구네 집 할 것 없고 가면 으레 에 오늘이랑 가서 그 집에 가서.

– 아 저 그냥 빈손으로 가는 것은 아니니까.

– 저 큰제사 때는 좀 큰제사라고 하게 되면 이녁 당 삼촌 제사나 뭐나 하게 되면 부모 제사쯤 되면 돈 만 원만 담아서 가는 것은 요새는 거시기 하니까 돈 이만 원 담아서 가거든.

– 이만 원 담아서 가면 "자. 가서 이제 가서 저녁이라도 가서 해오고 하자." 가서 저녁도 먹고 술도 거기서 먹고 무엇 하다가 오게 되면 그냥 와버리고 뭐 하지만 그렇고 뭐 달라진 것이 많지.

그 다음 또 합제도 많이 하는 편이지요?

— 으. 우리도 할망 하르방 할망 하르방은 전부 다 합쩨[1303]헤 벼서[1304].

으.

— 우리도 이제 전부 다 여름 제사주. 이제 우리 하르버지가 이제 넬모리[1305] 이제 오월 쓰무일레날 이제 하르버니 제ᄉᆞ고.

— 또 할머니 제ᄉᆞ는 치뉠 열아흘나리라.

— 게난 이제 넬모리 이제 오월 쓰무일렌 날로 다 합쩨헤 불곡.

— 또 어머니 제ᄉᆞ는 어머니가 나도 이제 그 양헌[1306] 어머니가 읻꼬 또 양아버지가 읻꼬 허난 양어머니 제ᄉᆞ는 오월 열여드렌나리고.

— 게난 하르버지 제ᄉᆞ허고 우리 어머니 제사허곡 오월 열여드레날 허곡 쓰무일렌 허곡.

아흐레 차이.

— 또 우리 할머님 제ᄉᆞ허고 아들 내가 아버지 제사 뒐 꺼지. 게난 치뉠 쓰무나흘날 허곡 또 아버지 제ᄉᆞ가 또 치뉠 쓰물ᄒᆞ를나리라. 게난 이게 그냥 식께가 거세기 식께가 만케 뒈니까.

— 이제 나만 결쩡허지도 모터곡 이제 형님안티도 의논허곡.

— 또 이제 웨ᄉᆞ춘안티도. 웨ᄉᆞ추니 이제 게난 우리 고모 아더리주.

— 이제 제사 머그레 자꾸 다니곡 뭐허니까 이거 할무니 제ᄉᆞ는 하라버지 제사안티[1307] 이제 합쩨 헤야겓따.

— 또 어멍도 이제 뚤 하나 나뒌 뚤 하나 나둬네 이젠 다른 디 개가헤부난[1308]. 뚤 하나가 이서 부니까.

— 아 거기 간 또 딸 하나 우리 지비 뚤 하나 나둬네 이젠 노미 지비 간도[1309] 뚤 하나 놔뒌 주거 부난.

— 이제 제ᄉᆞ를 이제 우리가 모셔 오난 이제 그 ᄄᆞ리 사라 읻쓰니까 "어머니 제ᄉᆞ를 이제 아버지 제ᄉᆞ에 모셔야 뒈겓따. 합짱 하페야 뒈쿠다[1310]." 의논허연.

— 으. 우리도 할머니 할아버지 할머니 할아버지는 전부 다 합제해 버렸어.

으.

— 우리도 이제 전부 다 여름 제사지. 이제 우리 할아버지가 이제 내일모레 이제 오월 스무이레 날 이제 할아버지 제사고.

— 또 할머니 제사는 칠월 열아흐렛날이야.

— 그러니까 이제 내일모레 이제 오월 스무이레 날로 다 합제해 버리고.

— 또 어머니 제사는 어머니가 나도 이제 양자한 어머니가 있고 또 양아버지가 있고 하니까 양어머니 제사는 오월 열여드레 날이고.

— 그러니까 할아버지 제사하고 우리 어머니 제사하고 오월 열여드레 날 하고 스무이레는 하고.

아흐레 차이.

— 또 우리 할머님 제사하고 아들 내가 아버지 제사 될 것이지. 그러니까 칠월 스무나흗날 하고 또 아버지 제사가 또 칠월 스무하룻날이야. 그러니까 이제 그냥 제사가 거시기 제사가 많게 되니까.

— 이제 나만 결정하지도 못하고 이제 형님한테도 의논하고.

— 또 이제 외사촌한테도. 외사촌이 이제 그러니까 우리 고모 아들이지.

— 이제 제사 먹으러 자꾸 다니고 뭐하니까 이것 할머니 제사는 할아버지 제사한테 이제 합제 해야겠다.

— 또 어머니도 이제 딸 하나 나아두고 딸 하나 나아두고 이제는 다른데 개가해 버리니까 딸 하나가 있어 버리니까.

— 아 거기 가서 또 딸 하나 우리 집에 딸 하나 나아두고 이제는 남의 집에 가서도 딸 하나 나아두고 죽어 버리니까.

— 이제 제사를 이제 우리가 모셔 오니까 이제 그 딸이 살아 있으니까 "어머니 제사를 이제 아버지 제사에 모셔야 되겠다. 합장 합해야 되겠습니다." 의논해서.

– "게믄 뭐 동생허는 거 어떠케." 경 뭐.

– 겐 이제 이제 네 번 헐 꺼를 이제 두 버네로 주련쭈. 간소화허게.

= 또시 또 훈 번 이서낟쭈. 우리 씨할망이 이젠 또 나가 모시난. 이젠 그건 유월 쓰무나흗나리라. 겐디 큰아주방이.

– 그거시 나의 징조부 징조분디. 징조몬딘 징조모니까 징조하르버지는 큰아더리 허곡.

– 이제 우리 지비 그 하르버지가 삼형젠디.

– 이 셴따더른[1311] 몬저 도라가셔 불고 열한 사레 도라가시고 게난 큰 형님허고 이젠 조근하르버지[1312]하고 사란 이시니까 큰지비 큰아더레는 우리 형님네가 제ᄉᆞ를 다 모시고.

– 이제 할머니는 아 저 조근아더른 이제 우리 그 나의 제ᄉᆞ 모시는 하르버지는 조근아더리난 이제 조근할망[1313]이 이제 제ᄉᆞ를 모셔낟쭈[1314]. 조근아더리. 조근아더리 모셔나난 이제 조근할망이 이젠 그걸 내가 이제 모셤쭈[1315].

– 이제 그거시 그날 할망이 나의 징조가 이서난는디[1316] 징조모는 이제 나의 아덜안티 이제 허게 뒈믄 고조니까 고조까지 할 피료 얻꼬.

– 이제 형니미 모시던가 모시지 아너며는 형님도 이제 제사 모시는 거니까 고조 이제 조카더리 제ᄉᆞ를 모시니까 제ᄉᆞ를 지제허는 방향으로 협써[1317].

– 경허난 형니믄 아니 지제 아녀켄[1318] 허는 거라.

으.

– 게믄 지제를 아녀컨 형니미 할머니 제ᄉᆞ를 마타 갑써. 게연 할무니 마트니까 이임허난 제ᄉᆞ사 헴신디[1319] 서울서 아념신디[1320] 거기서 또 합쩨헨는지 모르주.

– 이제 게난 우리가 허던 게난 우리 허는 제ᄉᆞ는 나가 나[1321] 준 어머

— "그러면 뭐 동생하는 것 어떻게." 그렇게 뭐.

— 그래서 이제 이제 네 번 할 것을 이제 두 번으로 줄였지. 간소화하게.

= 다시 또 한 번 있었지. 우리 시할머니가 이제는 또 내가 모시니까. 이제는 그것은 유월 스무나흗날이야. 그런데 큰아주버니가.

— 그것이 나의 증조부 증조부인데. 증조모인데 증조모이니까 증조할아버지는 큰아들이 하고.

— 이제 우리 집에 그 할아버지가 삼형제인데.

— 이 둘째아들은 먼저 돌아가서 버리고 열한 살에 돌아가시고 그러니까 큰형님하고 이제는 작은할아버지하고 살아 있으니까 큰집에 큰아들에게는 우리 형님네가 제사를 다 모시고.

— 이제 할머니는 아 저 작은아들은 이제 우리 그 나의 제사 모시는 할아버지는 작은아들이니까 이제 작은할머니가 이제 제사를 모셨었지. 작은아들이. 작은아들이 모셨었으니까 이제 작은할머니가 이제는 그것을 내가 이제 모시고 있지.

— 이제 그것이 그날 할머니가 나의 증조가 있었었는데 증조모는 이제 나의 아들한테 이제 하게 되면 고조니까 고조까지 할 필요 없고.

— 이제 형님이 모시든가 모지지 않으면 형님도 이제 제사 모시는 것이니까 고조 이제 조카들이 제사를 모시니까 제사를 지제하는 방향으로 하십시오.

— 그렇게 하니까 형님은 아니 지제 아니하겠다고 하는 거야.

으.

— 그러면 지제를 아니하겠으면 형님이 할머니 제사를 맡아 가십시오[1322]. 그래서 할머니 맡으니까 위임하니까 제사야 하고 있는지 서울서 아니하고 있는지 거기서 또 합제했는지 모르지.

— 이제 그러니까 우리가 하던 것이니까 우리 하는 제사는 내가 나아

니. 나가 나 준 어머니는 치뤌 초은쌘날 이제 제스를 스월 초은쌔날 제사를 모시고.

— 그다으믄 이제 하르버님 제스. 그 다으믄 아버님 제스 이제 그런 시그로 이제.

게난 요샌 뭐 합쩨가 마는 펴니다예?

— 만추.

예예예.

— 게난 이게 다 달라젼쭈게. 그 저네는 어디. 그 저네 허고 그 어디 합쩨를 헤여져?

그럼 쫌 쉬엳따 하겓씀니다예.

— (웃음) 경 허여.

준 어머니. 내가 나아 준 어머니는 칠월 초엿샛날 이제 제사를 사월 초엿샛날 제사를 모시고.

– 그다음에는 이제 할아버님 제사. 그 다음에는 아버님 제사 이제 그런 식으로 이제.

그러니까 요새는 뭐 합제가 많은 편이네요?

– 많지.

예예예.

– 그러니까 이것이 다 달라졌지. 그 전에는 어디. 그 전에 하고 그 어디 합제를 할 수 있어?

그럼 좀 쉬었다가 하겠습니다.

– (웃음) 그렇게 해.

■ 주석

1) '있어도'의 뜻으로, '이시[有]-+-엇-+-자' 구성이다. '있다'의 방언형은 '시다, 싯다, 이시다, 잇다' 등으로 나타난다.
2) '말해'의 뜻으로, '골[曰]-+-아' 구성이다. '말하다'의 방언형은 '곧다, 골다, 말곧다, 말골다, 말ᄒᆞ다' 등으로 나타난다.
3) '같이'를 말한다. '같이'의 방언형은 'ᄀᆞ찌, ᄀᆞ치' 등으로 나타난다.
4) '성에'의 뜻으로, '성담[城]+-에' 구성이다. '성(城)'의 방언형은 '성, 성담, 잣' 등으로 나타난다.
5) '섰었지'의 뜻으로, '사[立]-+-아 나(보조용언)-+-앗주(-았지)+게+이' 구성이다. '-어나-'는 보조용언, '-앗주'는 동작의 완료를 나타내는 종결어미를, '게'와 '이'는 강조·확인의 종결보조사이다. '서다'의 방언형은 '사다, ᄉᆞ다' 등으로 나타난다.
6) '서면'의 뜻으로, '사[立]-+-믄' 구성이다.
7) '놀러'의 뜻이다.
8) '있으니까'의 뜻으로, '이시[有]-+-난에' 구성이다. '-난에'는 '-니까'의 뜻으로 쓰이는 연결어미이다.
9) '너'를 말한다. '너[汝]'의 방언형은 '너, 느, 늬' 등으로 나타난다.
10) '장가가라'의 뜻이나, 여기서는 '시집가라'는 의미로 쓰였다. '장가가다'의 방언형은 '장게가다', '시집가다'의 방언형은 '씨집가다'로 나타난다.
11) '다닐'의 뜻으로, '뎅기[行]-+-ㄹ' 구성이다. '다니다'의 방언형은 '뎅기다, 뎅이다, ᄃᆞ니다' 등으로 나타난다.
12) '와서'의 뜻으로, '오[來]-+-앙' 구성이다.
13) '우스개'를 말한다. '우스개'의 방언형은 '우시게'로 나타난다.
14) '장난말'을 말한다. '자파리말'의 '자파리'는 아이들이 잡되게 하는 장난을 말한다.
15) '궁계(窮計)'를 말한다.
16) 이를 '출가(出稼)물질' 또는 '육지물질, 밧긔물질'이라고 한다.
17) '군데'를 말한다. '군데'의 방언형은 '곤데, 반듸, 밧듸' 등으로 나타난다.
18) '중신을' 말한다.
19) 여기서 '고개를 터는 것'은 부정의 뜻으로 고개를 흔드는 것을 말한다. 곧 도리머리 하는 것이다. '도리머리하다'의 방언형은 '마니털다'로 나타난다.
20) '이야기했던'의 뜻이다. 여기서 '거느리다'는 '이야기를 할 때, 제3자의 이름을 대거나 그에 관한 이야기를 하다.'는 뜻을 지닌다.
21) '넣아야겠다'의 뜻으로, '놓[放]-+-아사켜(키여)' 구성이다. '-아사켜(키여)'는 '-아야겠다, -아야 하겠다'의 뜻으로 쓰이는 종결어미이다.
22) '불타서'의 뜻으로, '불카[燃]-+-네' 구성이다. '불타다'의 방언형은 '불카다'로 나타

난다.

23) '살려고'의 뜻으로, '살[生]-+-젠' 구성이다. '-젠'은 의도를 나타내는 어미로, 그 다음에는 'ᄒᆞ다, 말ᄒᆞ다' 따위가 연결되어 쓰인다.

24) '무서우니까'의 뜻으로, 'ᄆᆞ솝[恐]-+-으난' 구성이다. '무섭다'의 방언형은 '무섭다, ᄆᆞ섭다, ᄆᆞ습다, ᄆᆞ솝다' 등으로 나타난다.

25) '산사람하고'의 뜻이다. 여기서 '산사람'이란 제주 4·3사건 때 산에서 활동하던 무장대를 말한다.

26) '죽여 버리나'의 뜻이다.

27) '와서'의 뜻으로, '오[來]-+-안' 구성이다.

28) '갯가'를 말한다. '갯가'의 방언형은 '갯ᄀᆞᆺ'으로 나타난다.

29) '옆에' 또는 '곁에'의 뜻으로, '에염[傍]+-에' 구성이다.

30) '타서'의 뜻으로, '타[乘]-+-앙' 구성이다.

31) '독교'를 잘못 발음한 것이다.

32) 신부(新婦)가 타는 가마인 독교(獨轎)를 말한다.

33) '따지는'의 뜻이다. '따지다'의 방언형은 '따주다, 따지다' 등으로 나타난다.

34) '티(어떤 태도나 기색)'를 말한다.

35) '집안이냐?'의 뜻으로, '집안+-이고' 구성이다. '-이고'는 의문형어미이다.

36) '잡도리를'의 뜻이다. '잡도리'의 방언형은 '답도리'로 나타난다.

37) '위요(圍繞)'를 말한다. '위요'의 방언형은 '우시'로 나타난다.

38) '이엉'을 말하는데, 여기서는 '신랑 신부가 밟고 지나갈 깔개'의 의미로 쓰였다. '이엉'의 방언형은 'ᄂᆞ라미, ᄂᆞ람지, ᄂᆞ래미, 놀래' 등으로 나타난다.

39) '펴고'의 뜻으로, '페우[伸]-+-고' 구성이다. '펴다[伸]'의 방언형은 '페우다, 펩다' 등으로 나타난다.

40) '함지박'을 말하는데, 여기서는 신랑이 말을 타고 내릴 때 쓰는 발판의 의미로 쓰였다.

41) '엎어'의 뜻으로, '어프[覆]-+-어' 구성이다. '엎다[覆]'의 방언형은 '어꾸다, 어프다' 등으로 나타난다.

42) '해서'의 뜻이다.

43) '새신랑'을 말한다. '새신랑'의 방언형은 '새서방, 새스방, 새시방' 등으로 나타난다.

44) '그리로'의 뜻이다.

45) '입 막는'의 뜻이다.

46) 결혼식 때 새신랑의 얼굴 가리개는 '사선(紗扇)'이라고 한다. 신부의 얼굴 가리개는 '혼선(婚扇)'이다.

47) '서지'의 뜻으로, '사[立]-+-주게' 구성이다. '서다[立]'의 방언형은 '사다, ᄉᆞ다' 등으로 나타난다.

48) '잡아서'의 뜻으로, '심[執]-+-어근에' 구성이다. '잡다[執]'의 방언형은 '심다, 잡다' 등으로 나타난다.

49) '서서'의 뜻으로, '사[立]-+-앙' 구성이다.

50) '있으면'의 뜻으로, '이시[有]-+-믄' 구성이다. '있다[有]'의 방언형은 '시다, 싯다, 이시다, 잇다' 등으로 나타난다.

51) 한자어 '문전상(門前床)'으로, 집안이 큰일이 있을 때마다 문전신(門前神)을 위하여 차려 놓는 상을 말한다. '문전신'이 좌정하게 되는 이야기는 <문전본풀이>를 참고하면 된다.

52) '병풍'을 말한다. '병풍(屛風)'의 방언형은 '벵풍, 펭풍' 등으로 나타난다.

53) '받아서'의 뜻으로, '받[受]-+-앙' 구성이다. 여기서 받는 것은 새신랑 집에서 가지고 온 예장(禮狀)이다.

54) '위요(圍繞)간'의 뜻이다.

55) '끌러서'의 뜻으로, '클르[解]-+-엉' 구성이다. 여기서 끄르는 것은 예장 따위가 들어 있는 '홍세함'이라는 함(函)이다. '끄르다[解]'의 방언형은 '끌르다, 크르다, 클르다' 등으로 나타난다.

56) '함(函)을'의 뜻이다.

57) '치워'의 뜻이다.

58) '치워 버리면'의 뜻으로, '앗아불[持]-+-믄' 구성이다. '앗아불다'는 '집어 들어 딴 데로 옮겨 치워 버리다.' 또는 '빼앗아 버리다' 등의 뜻을 지니는 어휘이다.

59) '들어오라고'의 뜻으로, '들어오-+-렌' 구성이다. '-렌'은 '-라고'의 뜻으로 쓰이는 어미로, 그 다음에 'ᄒᆞ다' 또는 '말ᄒᆞ다' 등이 연결된다.

60) '사돈(査頓)'을 말하는데, 그 방언형은 '사돈, 사둔' 등으로 나타난다.

61) '가장자리'를 말한다.

62) '온다고'의 뜻으로, '오(來)-+-암-(진행)+-젠' 구성이다. '젠'은 '-다고'의 의미로 쓰이는 어미이다.

63) '허(許)하는'의 뜻이다.

64) '여기'를 말한다. '여기'의 방언형은 '여긔, 이듸' 등으로 나타난다.

65) '무격(巫覡)'을 말한다. 방언형 '심방'을 표준어 '무당'으로 대역하기도 하는데, 대개의 국어사전에서는 '무당'을 '무녀(巫女)'에 한정하고 있어 '무격'이어야 한다. 그런 면에서 『조선말대사전』의 '①굿하고 점치는 것 같은 미신적인 일을 업으로 하는 사람. ②무녀.'라는 풀이는 좋은 참고가 된다. 나아가 '심방'이 '무격'임은 『능엄경언해』(8 : 117)의 '巫는 겨집 심방이오 覡는 남진 심방이라'는 협주도 참고가 된다.

66) '굴레'를 말하는데, '굴레'의 방언형은 '녹대'로 나타난다. '구레나룻'을 '녹대쉬염'이라고 한다. '녹대'는 몽골어 '녹토(notog)'의 차용이다.

67) '잡아서'의 뜻으로, '심[執]-+-엉' 구성이다. '잡다[執]'의 방언형은 '심다, 잡다' 등으로 나타난다.

68) '드는'의 뜻으로, '드르[擧]-+-는' 구성이다. '들다[擧]'의 방언형은 '드르다, 들르다' 등으로 나타난다.

69) '독교(獨轎)'를 잘못 말한 것이다.

70) '왔다고'의 뜻으로, '오[來]-+-앗-(과거)+-젠' 구성이다. '-젠' '-다고'의 의미로 쓰이

는 어미이다.

71) '않고'의 뜻으로, '아니(ㅎ)-+-엉' 구성이다.

72) '인조(人造)'의 뜻이다.

73) '수의(壽衣)를'의 뜻으로, '호상옷+-을' 구성이다. '수의(壽衣)'의 방언형은 '저승옷, 호상, 호상옷' 등으로 나타난다.

74) '씁니다'의 뜻으로, '씨[用]-+-ㅂ니께+예' 구성이다. '-ㅂ니께'는 '-습니다'의 의미로 쓰이는 종결어미이고, '예'는 확인, 강조의 종결보조사이다. '쓰다[用]'의 방언형은 '쓰다, 씨다' 등으로 나타난다.

75) '써서'의 뜻으로, '쓰[冠]-+-엉' 구성이다. '쓰다[冠]'의 방언형은 '쓰다, 씨다' 등으로 나타난다.

76) '위에'의 뜻으로, '우[上]ㅎ+-디레' 구성이다. '-디레'는 장소를 나타내는 조사이다. '위[上]'의 방언형은 '우, 우이 우희' 등으로 나타난다.

77) '나의' 뜻이다. 이때 '나'는 관형격의 의미로 쓰인 경우다.

78) '꽁무니에'의 뜻이나, 여기서는 '(내) 뒤로'의 의미로 쓰였다. '꽁무니'의 방언형은 '조롬, 조름' 등으로 나타난다.

79) '위요(圍繞)'를 말한다.

80) '어머니 편에서'의 뜻으로, '외척(外戚)'을 의미한다. '외척(外戚)'의 방언형은 '어멍펜, 웨펜' 등으로 나타난다.

81) '남자 편에서'의 뜻으로, '내척(內戚)'을 의미한다. '내척(內戚)'의 방언형은 '성펜, 아방펜' 등으로 나타난다.

82) '외상(-床)'으로, 혼자 먹게 차린 음식상을 말한다.

83) '바리(놋쇠로 만든 밥그릇)'를 말한다.

84) '덮고'의 뜻으로, '더끄[蓋]-+-곡' 구성이다. '덮다(蓋)'의 방언형은 '더끄다, 더프다' 등으로 나타난다.

85) '부조해'의 뜻이다. '부조(扶助)'의 방언형은 '부조, 부주, 부쥐, 부지' 등으로 나타난다.

86) '끓이어'의 뜻이다. '끓이다'의 방언형은 '꿰우다, 끌리다, 끌이다' 등으로 나타난다.

87) '미끄러져서'의 뜻으로, '니끼려지-+-엉은에' 구성이다. '미끄러지다'의 방언형은 '닝끼리다, 니끼리다

88) '산다고'의 뜻으로, '살[生]-+-ㄴ덴' 구성이다. '-ㄴ덴'은 '-다고'의 의미로 쓰이는 어미이다.

89) '무[菁]'를 말한다. '무'의 방언형은 '눔삐, 무수' 등으로 나타난다.

90) '돼지고기'를 말한다. '돼지고기'의 방언형은 '도야지궤기, 돗궤기, 뒈야지궤기' 등으로 나타난다.

91) '무[菁]'를 말한다.

92) '바리(밥그릇)'를 말한다.

93) '바라뚜껑'을 말한다. '바리뚜껑'의 방언형은 '가짓겡이, 개, 개지, 수바끼두께, 수바끼뚜껑' 등으로 나타난다.

94) '덮어서'의 뜻으로, '더끄[蓋]-+-엉은에' 구성이다. '-엉은에'는 '-어서'의 의미로 쓰이는 어미이다. '덮다[蓋]'의 방언형은 '더끄다, 더프다' 등으로 나타난다.

95) '반기는'의 뜻이다. '반기(제사 후 여러 군데에 나누어 주려고 그릇에 몫몫이 담아 놓은 음식)'의 방언형은 '반'으로 나타난다.

96) '대반(對盤)이라고'의 뜻이다. '대반(對盤)'은 '전통 혼례에서 신랑이나 신부 또는 위요 온 사람을 옆에서 접대하는 일. 또는 그런 사람'을 말한다.

97) '고깃반'은 큰일이 있는 집에서 손님에게 대접하기 위하여 삶은 돼지고기 따위를 저미어서 가지런히 포개어 놓은 반기를 말한다. 여기에는 대개 돼지고기 3, 두부 1, 순대 1 등으로 구성된다.

98) '따로'를 말한다. '따로'의 방언형은 '뜨로, ᄐᆞ로' 등으로 나타난다.

99) '계란에' 또는 '달걀에'의 뜻이다.

100) '정기에'의 뜻이다. 여기서 '정기'란 '기름을 친 번철에서 메밀가루 반죽으로 전을 둥글넓적하고 얇게 지지고, 거기에 무채나 팥소를 넣어 길쭉하게 둘둘 말아 만든 떡'을 말하는데, 지역에 따라 달리 '멍석떡, 빈, 빈떡, 빙, 영빈, 전기, 전기떡, 정기, 정기떡'라 하기도 한다.

101) '간장(-醬)'을 말한다. '간장(-醬')의 방언형은 'ᄀᆞᆫ장, 물장, 장물' 등으로 나타난다.

102) '외상(-床)'을 말한다. '외상(-床)'은 혼자 먹게 차린 상으로, 독상(獨床)인 셈이다.

103) '쓴'의 뜻으로, '씨[冠]-+-ㄴ' 구성이다. '쓰다[冠]'의 방언형은 '쓰다, 씨다' 등으로 나타난다.

104) '숟가락이면'의 뜻이다. '숟가락'의 방언형은 '숟가락, 숟갈' 등으로 나타난다.

105) 새색시가 받을 신부상을 잘사는 사람이 들고 가야 새색시도 그 사람처럼 잘살 수 있을 것이라는 희망 사항을 담고 있는 일종의 민간 속설이다.

106) '동서(同壻)'를 말한다. '동서(同壻)'의 방언형은 '동세'로 나타난다.

107) '(시집) 와서'의 뜻으로, '오[來]-+-앙은에' 구성이다. '-앙은에'는 '-아서'의 의미로 쓰이는 어미이다.

108) '잡게 해' 또는 '잡혀'의 뜻으로, '심지[拘]-+-어' 구성이다. '잡히다'의 방언형은 '심지다'로 나타난다.

109) '부끄러워서'의 뜻으로, '비끄럽-+-앙게' 구성이다. '부끄럽다'의 방언형은 '부끄럽다, 부치럽다, 부치롭다, 비끄럽다, 비치럽다' 등으로 나타난다.

110) '같았으면'의 뜻이다. '같다'의 방언형은 'ᄀᆞ뜨다, ᄀᆞ트다, 닮다, 답다' 등으로 나타난다.

111) '입 붙였으니까'의 뜻이다. '붙이다'의 방언형은 '부찌다, 부치다' 등으로 나타난다.

112) '떠'의 뜻으로, '거리[分]-+-어' 구성이다. '뜨다[分]'의 방언형은 '거리다'로 나타난다.

113) '조금'을 말한다. '조금'의 방언형은 '아쓱, 아씩, 조곰, 조금, ᄒᆞ꼼, ᄒᆞ끔, ᄒᆞ쏠' 등으로 나타난다.

114) '뒤로'의 뜻으로, '두[後]ㅎ+-더레(처소)' 구성이다. '뒤[後]'의 방언형은 '두이, 뒤' 등으로 나타난다.

115) '당기어'의 뜻이다. '당기다'의 방언형은 'ᄃ리다, ᄃ기다, ᄃ이다' 등으로 나타난다.
116) '벗기지'의 뜻으로, '벳기-+-주' 구성이다. '벗기다'의 방언형은 '벳기다'로 나타난다.
117) '갈아입힐'의 뜻으로, 'ᄀᆯ아입지-+-ㄹ' 구성이다. '갈아입히다'의 방언형은 'ᄀᆯ아입지다'로 나타난다.
118) '동서(同壻)'를 말한다. '동서'의 방언형은 '동세'로 나타난다.
119) '위요(圍繞)'를 말한다.
120) '꽁무니에라도'의 뜻이나 여기서는 '뒤로라도'의 의미로 쓰였다. '꽁무니'의 방언형은 '조롬, 조름' 등으로 나타난다.
121) '좋은'의 뜻이다.
122) '이녁 편에서'의 뜻이다. 곧 친정 식구를 말한다.
123) '명주저고리'를 말한다. '명주(明紬)'의 방언형은 '멩주, 멩지' 등으로 나타난다.
124) '놓았으면'의 뜻으로, '놓[放]-+-아시-+-민' 구성이다. '-아시-'은 '-았-'의 의미로 쓰이는 어미이다.
125) '위요간(圍繞-)'의 뜻이다. '위요가다'의 방언형은 '우시가다'로 나타난다.
126) '낯[面]'의 뜻이다. '낯[面]'의 방언형은 'ᄂᆞᆾ'으로 나타난다.
127) '알림을'의 뜻이다.
128) '시어머니한테'의 뜻으로, '씨어멍-+-안티레' 구성이다. '-안티레'는 '-한테'의 의미로 쓰이는 조사이다.
129) '부탁함은'의 뜻이다.
130) '배우지'의 뜻으로, '벱[學]-+-지' 구성이다. '배우다'의 방언형은 '베우다, 베웁다, 벱다' 등으로 나타난다.
131) '누님이라고'의 뜻으로, '누님+-이엔' 구성이다. '-이엔'은 '-이라고'의 의미로 쓰이는 어미이다.
132) '데리어'의 뜻으로, 'ᄃᆞᆯ[與]-+-앙' 구성이다. '데리다'의 방언형은 '데리다, ᄃ리다, ᄃᆞᆯ다' 등으로 나타난다.
133) '시키며' 또는 '시키면서'의 뜻으로, '시기[使]-+-멍' 구성이다. '시키다'의 방언형은 '시기다, 시키다' 등으로 나타난다.
134) '돼지'를 말한다. '돼지'의 방언형은 '도새기, 도야지, 돗, 뒈야지' 등으로 나타난다.
135) '마리(짐승 따위를 세는 단위)'를 말한다. '마리'의 방언형은 '머리, 바리' 등으로 나타난다.
136) '없다고'의 뜻으로, '엇[無]-+-덴' 구성이다. '-덴'는 '-다고'의 의미로 쓰이는 어미이다.
137) '무엇'을 말한다. '무엇'의 방언형은 '무스거, 무스것, 무시거, 무신거, 무엇, 믜시거, 믜신거, 믜신것' 등으로 나타난다.
138) '받아서'의 뜻으로, 여기서는 '술을 사다'를 의미한다.
139) '있어'의 뜻으로, '잇[有]-+-어' 구성이다. '있다'의 방언형은 '시다, 싯다, 이시다, 잇다' 등으로 나타난다.

140) '바구니'를 말한다. '바구니'의 방언형은 '구덕, 바구리, 바굼지' 등으로 나타난다.
141) '가져서'의 뜻이다. '앗[持]-+-아#아지[持]-+-앙' 구성으로, '가지다'가 중첩되어 쓰인 경우다.
142) '같으면'의 뜻으로, '같다'의 방언형은 'ᄀᆞ뜨다, ᄀᆞ트다, 닮다, 답다' 등으로 나타난다.
143) '가져가듯이'의 뜻으로, '앗아가-+듯이' 구성이다. '가져가다'의 방언형은 '가져가다, 거져가다, ᄀᆞ져가다, 아져가다, 앗아가다, ᄋᆞ져가다' 등으로 나타난다.
144) '형편이'의 뜻이다.
145) '그래서'의 뜻이다.
146) '(돼지) 앞다리'를 말한다.
147) '처갓집에'의 뜻으로, '처갓집+-에' 구성이다. '처가(妻家)'의 방언형은 '처가, 처가칩, 처갓집' 등으로 나타난다.
148) '돼지의 다리'를 말한다.
149) '많아'의 뜻이다.
150) '있어'이 뜻으로, '잇[有]-+-어' 구성이다.
151) '다니던'의 뜻으로, '뎅기[行]-+-던' 구성이다. '다니다'의 방언형은 '뎅기다, 뎅이다, ᄃᆞ니다' 등으로 나타난다.
152) 여기서는 '대신' 또는 '대신해서'의 의미로 쓰였다.
153) '밭에'의 뜻으로, '밧[田]-+-듸(처소)' 구성이다. '밭[田]'의 방언형은 '밧'으로 나타난다.
154) '가서'의 뜻으로, '가[去]-+-앙' 구성이다.
155) 여기서는 '나이가 많으니까'의 의미로 쓰였다.
156) '아우[弟]'를 말한다. '아우'의 방언형은 '아시'로 나타난다.
157) '없으니까'의 뜻으로, '엇[無]-+-이난' 구성이다. '없다'의 방언형은 '없다, 엇다, 읎다, 읏다' 등으로 나타난다.
158) '했었던데'의 뜻으로, '허[爲]-+-어선게+게' 구성이다. '-어선게'는 '-어 있던데' 의미로 쓰이는 어미이고, '게'는 확인, 강조의 의미로 쓰이는 종결보조사이다.
159) '언제'를 말한다. '언제'의 방언형은 '어느제, 어는제, 언제' 등으로 나타난다.
160) '불탄'의 뜻으로, '불카[燃]-+-ㄴ' 구성이다. '불타다'의 방언형은 '불카다'로 나타난다.
161) 제주시 조천읍 신흥리(新興里)를 말한다.
162) '솜[緜]'을 말한다. '솜'의 방언형은 '소게, 솜' 등으로 나타난다.
163) '가져서'의 뜻으로, '앗[持]-+-안' 구성이다. '가지다'의 방언형은 '가지다, ᄀᆞ지다, 아지다, 앗다, ᄋᆞ지다' 등으로 나타난다.
164) '나쁨하지만'의 뜻이다. '나쁨하다'의 방언형은 '부납ᄒᆞ다'로 나타난다.
165) '바쳐서'의 뜻으로, '바찌-+-언' 구성이다. '바치다[獻]'의 방언형은 '바찌다, 바치다'로 나타난다.
166) '동복리에서'의 뜻이다. '동복리'는 조사 마을인 제주시 구좌읍 동복리(東福里)를 말한다.

167) '상군은'의 뜻이다. 잠녀는 그 물질하는 기량에 따라 '똥군→하군→중군→상군→대상군' 순으로 구분하여 부르기도 한다.

168) 'ᄌᆞ물-+-안' 구성이다. 'ᄌᆞ물다'는 달리 '좀다, ᄌᆞ문ᄒᆞ다'라 하기도 하는데, '바닷속에 들어가 전복, 소라, 미역 따위의 해산물을 따내다.'는 뜻을 지닌다.

169) '봄에'의 뜻으로, '봄[春]+-의(처소)' 구성이다.

170) '팔아서'의 뜻으로, 'ᄑᆞᆯ[賣]-+-앙은에' 구성이다.

171) '가져서'의 뜻으로, '앗[持]-+-앙' 구성이다. '가지다'의 방언형은 '가지다, ᄀᆞ지다, 아지다, 앗다, ᄋᆞ지다' 등으로 나타난다.

172) 제주시 조천읍 함덕리(咸德里)를 말한다.

173) '멀구슬나무'를 말한다. '멀구슬나무'의 방언형은 '고련목, 마주목, 머쿠슬낭, 머쿠실낭, 먹쿠실낭, 몰쿠실낭, 몰쿠지낭, ᄆᆞ쿠실낭' 등으로 나타난다.

174) '느티나무'를 말한다. '느티나무'의 방언형은 '굴무기, 굴묵낭, 느끼낭' 등으로 나타난다.

175) '살고 있지'의 뜻으로, '살[生]-+-암ㅅ-+-주' 구성이다. '-암ㅅ-'은 '-고 있-'의 의미로 쓰이는 선어말어미다.

176) '불타서' 또는 '불탄'의 뜻으로, '불캐[燃]-+-ㄴ' 구성이다.

177) '돼지고기'를 말한다. '돼지고기'의 방언형은 '도야지궤기, 돗궤기, 뒈야지궤기' 등으로 나타난다.

178) '지짐이'를 말한다. '지짐이'의 방언형은 '부끔이, 지짐이' 등으로 나타난다.

179) '상귀나-+게시리' 구성이다. '-게시리'는 '-게끔'의 의미로 쓰이는 어미이다.

180) '두부(豆腐)'를 말한다. '두부'의 방언형은 '둠비'로 나타난다.

181) '신씨 집안'을 말한다.

182) '동복리에'의 뜻이다. '동복'은 조사 마을인 제주시 구좌읍 동복리(東福里)를 말한다.

183) '덥덜'은 '같은 친척에 속하는 무리'의 뜻을 지닌다. 이와 비슷한 의미로 '우던(성과 본이 같은 겨레붙이), 방상·방답(일가붙이의 집안)' 등이 쓰인다.

184) '많아'의 뜻이다. '많다'의 방언형은 '만ᄒᆞ다, 하다' 등으로 나타난다.

185) 넷 가운데 셋째 아버지를 말한다. 넷인 경우 그 차례를 보이면 아래 표와 같은데, 동복리에서는 한자어 계통이 '말젯(末-)'이 나타나지 않는다.

	동복리	세화리 등	가파리 등	표선리
1	큰-	큰-	큰-	큰-
2	셋-	셋-	셋-	셋-
3	큰족은-	말젯-	족은-	ᄋᆢ은-
4	족은-	족은-	말젯-	족은-

186) '둘째아버지'를 말한다.

187) '작은아버지'를 말한다.

188) '큰아버지'를 말한다.
189) '아주머니'의 뜻이다.
190) '여기'를 말한다.
191) '다녀와서'의 뜻이다. '다녀오다'의 방언형은 '가오다, 뎅겨오다' 등으로 나타난다.
192) '오라버니'를 말한다.
193) '명주(明紬)'를 말한다. '명주(明紬)'의 방언형은 '멩주, 멩지' 등으로 나타난다.
194) '다듬어서'의 뜻으로, '다듬-+-안' 구성이다.
195) '입어서'의 뜻으로, '입[服]-+-언' 구성이다.
196) '고씨집에[高媤宅]'의 뜻으로, 시집(媤-)을 의미로 쓰였다.
197) '차려서'의 뜻으로, '출리[扮]-+-엉' 구성이다. '차리다[扮]'의 방언형은 'ᄎᆞ리다, 출리다' 등으로 나타난다.
198) '없으니까'의 뜻으로, '엇[-無]-+-이난' 구성이다. '없다[無]'의 방언형은 '없다, 엇다, 읎다, 읏다' 등으로 나타난다.
199) '덮으려고'의 뜻으로, '더끄[蓋]-+-젠' 구성이다. '-젠'은 의도를 의미하는 어미로 그 다음에 'ᄒᆞ다, 말ᄒᆞ다' 등의 어휘가 뒤따른다. '덮다[蓋]'의 방언형은 '더끄다, 더프다' 등으로 나타난다.
200) '없어'의 뜻으로, '엇[無]-+-어' 구성이다.
201) '내가 이 시집이 싫다고 해서 말고 가면'의 의미이다.
202) '그르치면'의 뜻이다. '그르치다'의 방언형은 '그르치다, 그리치다' 등으로 나타난다.
203) '닮다고'이 뜻으로, '닮[似]-+-덴' 구성이다. '-덴'은 '-다고'의 의미로 쓰이는 어미로, 그 다음에 'ᄒᆞ다, 말ᄒᆞ다' 등의 어휘가 뒤따른다. '닮다[似]'의 방언형은 '닮다, 답다' 등으로 나타난다.
204) '할까 봐'의 뜻으로, '허[爲]-+-카부덴'이 구성이다. '-카부덴'은 '-카푸덴'으로 나타나기도 하는데, '-ㄹ까 보아'의 의미로 쓰이는 어미이다.
205) '보따리[袱]'를 말한다. '보따리'의 방언형은 '포대기'로, '보자기[褓子]'의 방언형은 '보제기, 포제기'로 나타난다.
206) '차려도'의 뜻이나, 여기서는 '(보따리를) 싸도'의 의미로 쓰였다. '이'는 확인・강조의 뜻을 더하는 보조사이다.
207) '아무러하거나'의 뜻이다. '아명이나, 아멩이나' 등으로 나타난다.
208) '살고 있어라'의 뜻으로, '살[生]-+-암시라' 구성이다. '-암시라'는 '행동을 계속하고 있어라' 하는 의미로 쓰이는 어미이다.
209) "어머니 어머니 하는"의 뜻으로, 갓난아기들이 어머니를 부르며 찾는 것을 의미한다. 곧 어머니 없이는 살 수 없을 정도로 어리디어린 갓난아기를 말한다.
210) '떼어 두고'의 뜻이다.
211) '마쳐버리면'의 뜻으로, 'ᄆᆞ치[終]-+-어 불민' 구성이다. '마치다[終]'의 방언형은 '마치다, ᄆᆞᄁᆞ다, ᄆᆞ치다' 등으로 나타난다.
212) '살아서'의 뜻으로, '살[生]-+-안' 구성이다.

213) '기기도'의 뜻으로, '기[匐]-+-ㅁ+-도' 구성이다.
214) '걷기도'의 뜻이다.
215) '많이'를 말한다. '많이'이 방언형은 '만이, 만히, 하영, 해' 등으로 나타난다.
216) '돼지'를 말한다. '돼지'의 방언형은 '도새기, 도야지, 돗, 돼야지' 등으로 나타난다.
217) '위요(圍繞)할'의 뜻이나 여기서는 대반(對盤)의 의미로 쓰였다.
218) '대반에는(對盤--)'의 뜻이다. '대반(對盤)'은 전통 결혼식에서 위요 온 사람들 곁에서 접대하는 일이나 그렇게 하는 사람을 말한다.
219) '두부'를 말한다.
220) '정기'는 토속적인 떡의 한 종류로, '기름을 친 번철에서 메밀가루 반죽으로 전을 둥글넓적하고 얇게 지지고, 거기에 무채나 팥소를 넣어 길쭉하게 둘둘 말아 만든 떡'이다. 지역에 따라 '멍석떡, 빈, 빈떡, 빙, 영빈, 전기, 전기떡, 정기, 정기떡' 등으로 표현하는데, 그 가운데 '빙떡'이 가장 많이 알려진 이름이다.
221) '순대'를 말한다. '순대'의 방언형은 '수에, 수웨, 피창' 등으로 나타난다.
222) '떴자'의 뜻으로, '거리[除]-+-엇자' 구성이다. '-엇자'는 방임의 '-었자'의 의미로 쓰이는 어미이다.
223) '양푼에도'의 뜻이다. '양푼'의 방언형은 '낭푼이'로 나타난다.
224) '없을'의 뜻으로, '엇[無]-+-일' 구성이다. '없다[無]'의 방언형은 '없다, 엇다, 읎다, 읏다' 등으로 나타난다.
225) '위에만'의 뜻이다. '위[上]'의 방언형은 '우, 우이, 우희' 등으로 나타난다.
226) '앙꼬'는 일본어 'あんこ'이다. '팥소' 또는 '소'를 말한다.
227) '팥[小豆]'을 말한다. '팥'의 방언형은 'ᄑᆞᆺ'으로 나타난다.
228) '넣어서'의 뜻이다. '넣다'의 방언형은 '넣다, 놓다' 등으로 나타난다.
229) '덮었다가'의 뜻으로, '더프[蓋]-+-엇당' 구성이다. '-엇당'은 '-었다가'의 의미로 쓰이는 어미이다. '덮다'의 방언형은 '더끄다, 더프다' 등으로 나타난다.
230) '맷돌'을 말한다. '맷돌'의 방언형은 'ᄀᆞ레, ᄀᆞ렛돌' 등으로 나타난다.
231) '갈아서'의 뜻으로, 'ᄀᆞᆯ[磨]-+-앙' 구성이다. '갈다[磨]'의 방언형은 'ᄀᆞᆯ다'로 나타난다.
232) '이레에 거쳐서 준비하는 잔치'를 말한다.
233) '두부'를 말한다.
234) 여기서 '끼우다'는 만든 이불을 홑청 안으로 집어넣는 것을 말한다.
235) '돼지'를 말한다.
236) '(콩을) 깨어'의 뜻이다.
237) '가루와 겨를 따로따로 갈라서'의 의미이다.
238) '따뜻한, 따스한'을 말한다.
239) '잠갔다가'의 뜻으로, '크[潛]-+-엇당'의 구성이다. '-엇다'은 '-었다가'의 의미로 쓰이는 어미이다. '잠그다[潛]'의 방언형은 'ᄃᆞᆼ그다, 크다' 등으로 나타난다.
240) 일본어 たらい로, '대야'를 말한다. '대야'의 방언형은 '대양'으로 나타난다.
241) '함지박'을 말한다.

242) '맷돌'을 말한다.

243) '밭볏짚'을 말한다. '밭볏짚'의 방언형은 '산뒤찍, 산뒤찝, 산듸찍, 산듸찝' 등으로 나타난다.

244) '구르지'의 뜻이다. '구르다[輾]'의 방언형은 '굴르다, 둥글다' 등으로 나타난다.

245) '그리' 또는 '거기에'의 뜻이다.

246) '앉혀서'의 뜻으로, '앚지[坐]-+-엉' 구성이다. '앉히다'의 방언형은 '앚지다, 앉지다' 등으로 나타난다.

247) 둘 또는 셋이서 갈기 때문에 '맞ᄀ레'라 하고, 맷손은 둘이나 셋이 잡을 수 있게 대체적으로 긴 편이다.

248) '주머니'를 말한다. '주머니'의 방언형은 '주머니, 주멩기, 주엥이, 줌치' 등으로 나타난다.

249) '베주머니'를 말한다. '베주머니'의 방언형은 '베주멩기, 베주멩이' 등으로 나타난다.

250) '돼지기름'의 뜻으로 쓰였다. '도새기자르미'는 '도새기지르미'를 잘못 발음한 것 같다.

251) '돼지기름'을 말한다. '돼지기름'의 방언형은 '돗지름'으로 나타난다.

252) '기름'의 뜻으로 쓰였다.

253) '거품'을 말한다. '거품'의 방언형은 '게꿈, 게끔' 등으로 나타난다.

254) '부걱부걱해서'의 뜻이다. '부걱부걱하다'의 방언형은 '부각ᄒ다'로 나타난다.

255) '함지박'을 말한다.

256) '가져, 가지어'의 뜻으로, '앗[持]-+-아' 구성이다. '가지다[持]'의 방언형은 '가지다, ᄀ지다, 아지다, 앗다, ᄋ지다' 등으로 나타난다.

257) '저어, 저어서'의 뜻으로, '젓[艏]-+-엉' 구성이다. '젓다[艏]'는 표준어와 달리 활용할 때 어간 말음 'ㅅ'을 유지하는 것이 특징이다.

258) '거품이 인 모양'을 나타내는 말이다.

259) '맡아 온'의 뜻이지만, 여기서는 '받아 온'의 의미로 쓰였다.

260) '빨아 두고서'의 뜻이다.

261) '짜서요'의 뜻으로, '쮑질[搾]-+-앙#양' 구성이다. '양'은 존대의 의미로 쓰이는 보조사이다. '짜다[搾]'의 방언형은 '접질다, 쮑질다, 줍질다' 등으로 나타난다.

262) '밭아서'의 뜻으로, '바치[簁]-+-엉' 구성이다. '밭다[簁]'의 방언형은 '바치다'로 나타난다.

263) '초벌' 또는 '애벌'을 말한다.

264) '두벌'을 말한다.

265) '따라서[注]'의 뜻으로, '딸로[注]-+-앙' 구성이다. '따르다[注]'의 방언형은 'ᄄᆞ르다, 딸로다, 딸오다' 등으로 나타난다.

266) '물에'의 뜻으로, '물[水]+-디레(처격)' 구성이다.

267) '두벌 다음에 세 번째로 하는 일'을 말한다. '세벌갈이, 세벌논, 세벌매기' 등의 '세벌'과 같다.

268) '말갛지'의 뜻이다. '말갛다'의 방언형은 '말깡ᄒᆞ다'로 나타난다.

269) '다갈솥에서'의 뜻으로, '다그리솟+-듸서' 구성이다. '다갈솥'의 방언형은 '다가리솟, 다그리솟'으로 나타난다.

270) 여기서 '말지기'는 솥의 크기를 말하는 것으로, '두 말들이 솥'을 '두말띄기, 두말떼기, 두말치'라고 한다.

271) '한 말들이 솥'으로, '말치, 말치솟, 웨말떼기, 웨말뜨기, 웨말치' 등으로 표현하다.

272) '장작불'을 말한다.

273) '불빛이 희미하게'의 뜻이다.

274) '바싹'을 말한다. 여기서는 물기가 다 말라 버리는 것을 뜻한다.

275) '말리어[乾]'의 뜻으로, 'ᄆᆞᆯ리-+-앙' 구성이다. '말리다[乾]'의 방언형은 'ᄆᆞᆯ류다, ᄆᆞᆯ리다, ᄆᆞᆯ립다' 등으로 나타난다.

276) '돼지기름으로'의 뜻이다. '돼지기름'의 방언형은 '돗지름'이다.

277) '눋지'의 뜻이다. '눋다[焦]'의 방언형은 '눌다'이다.

278) '못하게끔'의 뜻으로, '못허-+-게시리' 구성이다. '-게시리'는 '-게끔'의 뜻으로 쓰이는 어미이다.

279) '눋지를'의 뜻으로, '눌[焦]-+-질' 구성이다. '-질'은 '-지'와 '-를'의 축약형으로, 그 다음에는 '못ᄒᆞ다, 아니다, 말다' 등 부정어가 온다.

280) '끓어오르지'의 뜻이다. '끓어오르다'의 방언형은 '부끄다'로 나타난다.

281) '끓는'의 뜻이다. '끓다[沸]'의 방언형은 '궤다, 꿰다, 끓다' 등으로 나타난다.

282) '웃드르'는 한라산(漢拏山)과 가까운 거리에 있는 들이나 마을을 말한다.

283) '우리 세계(世界)는'의 뜻으로, 여기서는 '우리 마을은'의 의미로 쓰였다.

284) '바닷물'을 말한다.

285) '돼지우리'를 말한다. '돼지우리'는 '돗통, 돗통시, 뒈야지통, 통시, 통제, 통지' 등으로 나타난다.

286) '길러'의 뜻으로, '질룹[養]-+-아' 구성이다. '기르다'의 방언형은 '질루다, 질룹다. 질우다' 등으로 나타난다.

287) '갯물에'의 뜻이다. '갯물'은 '바닷가에서 솟아 흐르는 단물'을 말한다.

288) '헹굼만'의 뜻이다. '헹구다[洗]'의 방언형은 '헤우다, 헹굽다' 등으로 나타난다.

289) '짠물을 들어다가'의 뜻이나, 여기서는 '짠물을 길어다가'의 의미로 쓰였다.

290) '들이뜨리지'의 뜻이다. '들이뜨리다'의 방언형은 '들이치다, 딜이치다' 등으로 나타난다.

291) '거의'를 말한다. '거의'의 방언형은 '거의, 거자, 거저, 거줌, 거진, 건자, 건줌' 등으로 나타난다.

292) '눌러서[壓]'의 뜻으로, '누뜰러+-엉은에' 구성이다. '누르다[壓]'의 방언형은 '누뜰다, 누르다, 누르뜨다, 누울리다, 눌뜨다, 눌르다' 등으로 나타난다.

293) '같다'의 뜻으로, '답[如]-+-다' 구성이다. 추측이나 불확실한 단정을 표현할 때는 '-ㄴ/-ㄹ 거 닮다(답다)' 형식을 취한다. '같다[如]'의 방언형은 'ᄀᆞᄄᆞ다, ᄀᆞ트다, 닮

다, 답다' 등으로 나타난다.

294) '보십시오'의 뜻으로, '보[示]-+-ㅂ서' 구성이다. '-ㅂ서'는 공대의 자리에서 행동하기를 바라는 의미를 지닌 어미이다.

295) '잘라내지'의 뜻이다. '자르다[剪]'의 방언형은 'ᄌᆞ르다, 줄르다' 등으로 나타난다.

296) '뜯어서'의 뜻으로, '틑[撦]-+-엉은에' 구성이다. '-엉은에'는 '-어서'의 의미로 쓰이는 어미이다. '뜯다[撦]'의 방언형은 '뜯다, 튿다, ᄐᆞᆮ다' 등으로 나타난다.

297) '안반에'의 뜻이나, 여기서는 '다듬잇돌'의 의미로 쓰였다.

298) '함지박'을 말한다.

299) '위에'의 뜻으로, '우ㅎ[上]+-티레(처속)' 구성이다. '위[上]'의 방언형은 '우, 우이, 우희' 등으로 나타난다.

300) '서고[立]'의 뜻이다. '서다[立]'의 방언형은 '사다, ᄉᆞ다' 등으로 나타난다.

301) '덮는'의 뜻으로, '더끄[蓋]-+-는' 구성이다. '덮다[蓋]'의 방언형은 '더끄다, 더프다' 등으로 나타난다.

302) '지질러서'의 뜻으로, '지들루[壓]-+-앙' 구성이다. '지지르다[壓]'의 방언형은 '지둘르다, 지들루다, 지들우다' 등으로 나타난다.

303) '망돌짝을' 뜻이다. '망돌짝'은 '맷돌의 중쇠를 중심으로 위짝과 아래짝'으로 구성되어 있다. 맷돌의 아래짝에는 매수쇠가 나와 있고, 위짝에는 매암쇠가 들어가 있어 두 짝을 맞추어 맷돌의 위짝을 돌려도 빠지지 않는다.

304) '거의'를 말한다. '거의'의 방언형은 '거의, 거자, 거저, 거줌, 거진, 건자, 건줌' 등으로 나타난다.

305) '것이면'의 뜻으로, '거[其]+-믄' 구성이다.

306) 문맥으로 보아 '많게' 또는 '가득' 정도의 뜻이다.

307) '끊어[切]'의 뜻으로, '기치-+앙' 구성이다. '끊다[切]'의 방언형은 '그치다, 기치다, 끈다, 끈치다' 등으로 나타난다.

308) '두부'를 말한다.

309) '다르기만'의 뜻이다. '다르다[異]'의 방언형은 '다르다, 달르다, 뜰리다, ᄄᆞ나다, 틀리다, ᄐᆞ나다' 등으로 나타난다.

310) '갈아도'의 뜻으로, 'ᄀᆞᆯ[磨]-+-아도' 구성이다.

311) '그 후에'의 뜻이다. '그르후제'는 '그루제, 그르우제, 그지후제, 글지우제, 글지후제' 등으로 나타난다.

312) '발바닥'을 말한다. '발바닥'의 방언형은 '발바닥, 발창' 등으로 나타난다.

313) '없어'의 뜻으로, '엇[無]-+-어' 구성이다. '없다'의 방언형은 '없다, 엇다, 읎다, 읏다' 등으로 나타난다.

314) '있기는 있었을'의 뜻으로, '잇[有]-+-기는 잇[有]-+-엇-+-일' 구성이다. '있다[有]'의 방언형은 '시다, 싯다, 이시다, 잇다' 등으로 나타난다.

315) '다닐'의 뜻이다. '다니다[行]'의 방언형은 '뎅기다, 뎅이다, ᄃᆞ니다' 등으로 나타난다.

316) '모다기령'의 뜻이다. '모다기령'의 방언형은 '모다치기, 모돔치기, 모둠치기' 등으

로 나타난다.

317) '모여앉으면'의 뜻이다. '모여앉다'의 방언형은 '모다앚다, 모여앚다' 등으로 나타난다.

318) '둘러메면'의 뜻이다. '둘러메다'의 방언형은 '두러메다, 둘러메다, 뚜러메다, 뚤러메다, 울러메다' 등으로 나타난다.

319) '죽젓개'를 말한다. '죽젓개'의 방언형은 '남숙, 남죽, 베수기, 베술기, 베술지, 저수게, 저수에, 저수웨, 저수의' 등으로 나타난다.

320) '계집아이들이'의 뜻이다. '계집아이'의 방언형은 '기집아의, 제집아의, 지집아의' 등으로 나타난다.

321) '가서'의 뜻으로, '가[去]-+-앙' 구성이다.

322) '잡아서'의 뜻으로, '심[執]-+-엉' 구성이다. '잡다[執]'의 방언형은 '심다, 잡다' 등으로 나타난다.

323) '몰려들어서'의 뜻으로, '담아지-+-엉' 구성이다. '몰려들다'의 방언형은 '담아들다, 담아지다' 등으로 나타난다.

324) '자락'은 '힘 있게 밀치는 모양'을 말한다.

325) '굴리어'의 뜻으로, '둥그리[轉]-+-어'의 구성이다. '굴리다[轉]'의 방언형은 '궁굴리다, 궁글리다, 둥굴리다, 둥그리다, 둥글리다' 등으로 나타난다.

326) '버리깔 봐'의 뜻으로, '불[보조용언]-+-카부덴' 구성이다. '-카부덴'은 '-버릴까 봐' 의미로 쓰이는 어미이다.

327) '겁나서'의 뜻이다.

328) '뒤로'의 뜻이다. '뒤[後]'의 방언형은 '두이, 뒤' 등으로 나타난다.

329) '끄르지'의 뜻이다. '끄르다[解]'의 방언형은 '끌르다, 크르다, 클르다' 등으로 나타난다.

330) '한 머리 지어 있다.'는 말은 '머리를 나란하게 하고 누워 있다.'는 의미이다.

331) '발 막아 누워 있다.'는 말은 '한 이부자리에 서로 발을 마주하여 눕다.'는 의미이다.

332) '말하고 있는가?'의 뜻이다. '말하다[謂]'의 방언형은 'ᄀᆞᆮ다, ᄀᆞᆯ다, 말ᄀᆞᆮ다, 말ᄀᆞᆯ다, 말ᄒᆞ다' 등으로 나타난다.

333) '자파리'는 '잡되게 하는 장난'을 뜻한다.

334) '창구멍'을 말한다. '창구멍'의 방언형은 '창고냥, 창고망, 창곰' 등으로 나타난다.

335) '창구멍'을 말한다.

336) '뚫어서'의 뜻으로, '뚤루[鑿]-+-엉' 구성이다. '뚫다[鑿]'의 방언형은 '뚤루다, 뚤우다, 뚤르다, 뚤우다, ᄯᅮᆲ다' 등으로 나타난다.

337) '큰딸'을 말한다. '큰딸'의 방언형은 '큰년, 큰똘' 등으로 나타난다.

338) '캐려고'의 뜻으로, 'ᄌᆞ문허-+-젠' 구성이다. '-젠'을 '-려고'의 의미로 쓰이는 어미로, 그 뒤에는 '말ᄒᆞ다, ᄒᆞ다, ᄀᆞᆮ다' 등의 어휘가 연결된다. 'ᄌᆞ문ᄒᆞ다'는 달리 'ᄌᆞ물다, 좀다'라 하는데, '바닷속에 들어가 전복, 소라, 미역 따위의 해산물을 따내다.'는 뜻을 지닌 어휘다.

339) '곶(串)'을 말한다. '곶(串)'의 방언형은 '코지'로 나타난다.
340) 조사 마을인 제주시 구좌읍 동복리(東福里)를 말한다.
341) '산전(山田)으로'의 뜻이다.
342) '길을'의 뜻으로, '질[路]+-을' 구성이다. '길[路]'의 방언형은 '길, 질'로 나타난다.
343) '지나갈'의 뜻이다. '지나가다'의 방언형은 '넘어가다, 지나가다' 등으로 나타난다.
344) '수영'이라는 식물을 말한다.
345) '않습니까?'의 뜻으로, '아녀-+우꽈+게' 구성이다. '-우꽈'는 공대의 자리에서 '-ㅂ니까?'의 의미로 쓰이는 어미이다. '아니하다'의 방언형은 '아녀다, 아니ᄒᆞ다' 등으로 나타난다.
346) '시금한'을 강조한 말이다.
347) '밭섶'을 말한다. '밭섶[田邊]'의 방언형은 '밧어염, 밧에염, 밧의염' 등으로 나타난다.
348) '테왁'은 '박에 구멍을 내어 씨를 파내고 난 다음에 구멍을 막아, 잠녀들이 바다에서 작업할 때 지친 몸을 의지하여 잠시 쉬거나 망사리를 매달아 두는 물건'을 말한다.
349) '이모한테'의 뜻이다. '-신듸'는 '-한테'의 의미로 쓰이는 조사이다.
350) 제주시 조천읍 신흥리(新興里)를 말한다.
351) 제주시 조천읍 조천리(朝天里)에 서는 오일장(五日場)을 말한다.
352) '들러서'의 뜻으로, '들리[留]-+-엉' 구성이다. '들르다[留]'의 방언형은 '들리다'로 나타난다.
353) '이상합니다'의 뜻이다. '이상하다'의 방언형은 '우상ᄒᆞ다, 이상ᄒᆞ다' 등으로 나타난다.
354) '왜'의 뜻이다.
355) '들러[入]'의 뜻이다. '물에 들다'는 '해산물을 따기 위하여 바닷물에 들다.'는 것을 말한다.
356) '수영'이라는 식물을 말한다.
357) '보게 되어'의 뜻으로, '보[示]-+-아지언' 구성이다. '-아지언'은 '-게 되어'의 의미로 쓰이는 어미이다.
358) '줄(방법, 셈속)'을 말한다.
359) '같다(의존명사)'를 말한다.
360) '있는데'의 뜻이다. '있다[有]'의 방언형은 '시다, 싯다, 이시다, 잇다' 등으로 나타난다.
361) '없다고'의 뜻으로, '엇[無]-+-엄쩬' 구성이다. '-엄쩬'은 '-고 있다고'의 의미로 쓰이는 어미이다.
362) '아버지'의 뜻이나, 여기서는 '남편'의 의미로 쓰였다.
363) '베다'의 뜻이다. '베다[刈]'의 방언형은 '버이다, 베다, 비다' 등으로 나타난다.
364) '조밭에'의 뜻으로, '조팟[粟田]+-듸(처소)' 구성이다. '조밭[粟田]'의 방언형은 '조팟'으로 나타난다.

365) '세간'은 집안 살림에 쓰는 여러 가지 물건을 말하는데, 여기서는 '살림'의 의미로 쓰였다.
366) '날짜(날것)'를 말한다. '날짜[生]'의 방언형은 '놀차, 놀체' 등으로 나타난다.
367) '벨[刈]'의 뜻이다. '베다[刈]'의 방언형은 '버이다, 베다, 비다' 등으로 나타난다.
368) '권당 집에'의 뜻이다. '권당(眷堂)'의 방언형은 '궨당'으로 나타난다.
369) '시할머니'를 말한다.
370) '애'를 말한다.
371) 'ᄉᆞ망일다'란 '좋은 운수가 생기다.' 또는 '장사에서 이익이 많이 생기다.'는 의미를 지닌다. 'ᄉᆞ망'은 표준어 '사망'에 해당하는 어휘로, '장사에서 이익을 많이 얻는 운수'를 말한다.
372) '재'를 말한다.
373) '모양이야'의 뜻으로, 이때 '모양'은 '짐작이나 추측을 나타낼 때 쓰는 말'이다.
374) '둘째딸'을 말한다.
375) '모르고[不知]'의 뜻으로, '몰르-+-고' 구성이다. '모르다[不知]'의 방언형은 '모르다, 몰르다' 등으로 나타난다.
376) '작은딸'을 말한다.
377) '아버지'의 뜻이나, 여기서는 '남편'의 의미로 쓰였다.
378) '사서[買]'의 뜻으로, '사[買]-+-안' 구성이다.
379) '솥밑에'의 뜻으로, '솟강알+-에' 구성이다. '솥밑'의 방언형은 '솟강알, 솟밋' 등으로 나타난다.
380) '냄새'의 뜻이다. '냄새'의 방언형은 '내움살, 냄세' 등으로 나타난다.
381) '밥내(밥에서 나는 냄새)'를 말한다.
382) '구우려고'의 뜻으로, '굽[炙]-+-젠' 구성이다.
383) '이상하다'의 뜻이다. '이상하다'의 방언형은 '우상ᄒᆞ다, 이상ᄒᆞ다' 등으로 나타난다.
384) '서면서도'의 뜻으로, '설[孕]-+-멍+-도' 구성이다. '서다[孕]'의 방언형은 '설다'로 나타난다.
385) '서까래'를 말한다.
386) '지으려고'의 뜻이다.
387) '산전(山田)에'의 뜻이다.
388) '가서'의 뜻으로, '가[去]-+-앙' 구성이다.
389) '끊어다가'의 뜻이다. '끊다[切]'의 방언형은 '그치다, 기치다, 끈다, 끈치다' 등으로 나타난다.
390) '둘째아들'을 말한다.
391) 영어 dance를 말한다. 곧 아기 낳기가 너무 힘들어서 몸부림치는 것이 마치 춤추는 것 같이 보였다는 것이다.
392) '큰딸'을 말한다.
393) '시아주버니'의 뜻이다.

394) 주제보자인 고태원의 이름이다.
395) '아깃배 맞추다'의 뜻으로, '아이를 밴 여자가 산기를 느껴 애 낳을 때가 다 되다.'는 의미로 쓰인다. 곧 '진통하다'의 뜻이다.
396) '모양입니다.'의 뜻으로, '셍[相]+-이우다' 구성이다. '-이우다'는 '-입니다'의 의미로 쓰이는 어미이다. '모양(짐작이나 추측을 나타내는 말)'의 방언형은 '상, 셍, 모냥, 모양' 등으로 나타난다.
397) '가서'의 뜻으로, '가[去]-+-앙' 구성이다.
398) '맞춘'의 뜻이지만, 여기서는 '진통한'의 의미로 쓰였다.
399) '가서'의 뜻으로, '가[去]-+-앙은에' 구성이다. '-앙은에'는 '-아서'의 의미로 쓰이는 어미이다.
400) '깃, 몫'을 말한다. '깃, 몫'의 방언형은 '나시, 적시, 직시, 찍, 찍세, 찍시' 등으로 나타난다.
401) '올립디강'의 뜻으로, '올리[上]-+-ㅂ디강' 구성이다. '-ㅂ디강'은 '-ㅂ디까'의 의미로 쓰이는 어미이다.
402) '차려'의 뜻이다. '차리다[扮]'의 방언형은 'ᄎᆞ리다, ᄎᆞᆯ리다' 등으로 나타난다.
403) '오십시오라고'의 뜻으로, '오[來]-+-ㅂ센' 구성이다. '-ㅂ센'은 '-ㅂ시오라고'의 의미로 쓰이는 어미이다.
404) 한자어 '대상(大床)'으로, '큰상'을 말한다.
405) '할머니상에'의 뜻으로, '삼신상에'를 말한다. '할망상[三神床]+-디레(처격)' 구성이다. '삼신상(三神床)'의 방언형은 '할망상'으로 나타난다.
406) '큰딸'을 말한다.
407) '삭으라고'의 뜻이다.
408) '아버지'의 뜻이나, 여기서는 '남편'의 의미로 쓰였다.
409) '줍기가'의 뜻이다. '봉그다'는 '뜻밖에 물건을 거저 줍다.'는 뜻을 지니나, 여기서는 '만나다'의 의미로 쓰였다.
410) '큰동서는'의 뜻이다. '큰동서'의 방언형은 '큰동세'로 나타난다.
411) '삼신상(三神床)'을 말한다.
412) '보시기로'의 뜻이다. '보시기'의 방언형은 방언형은 '보세기, 보시, 보시기'로 나타난다.
413) '뜨며'의 뜻으로, '거리[分]-+-멍' 구성이다. '뜨다[分]'의 방언형은 '거리다'로 나타난다.
414) '궤(櫃) 위에'의 뜻이다.
415) '부어'의 뜻이다. '붓다[注]'의 방언형은 '부수다, 부으다, 비우다, 빕다' 등으로 나타난다.
416) '말아서'의 뜻으로, '줌[解]-+-안' 구성이다. '말다'의 방언형은 '몰다, 줌다' 등으로 나타난다.
417) '궁둥ᄌᆞ베기'는 수제비의 한 종류로, '반죽한 메밀가루를 끓는 물에 넣어서 주걱 따위로 듬성듬성 잘라 만든 수제비'를 말한다. 주로 해산한 다음에 첫 번째로 먹

는 음식으로, 수제비가 딱딱하지 않고 국물이 툽툽하다.

418) '주던데'의 뜻으로, '주[授]-+-언게' 구성이다. '-언게'는 '-던데'의 의미로 쓰이는 어미이다.

419) '나무 함박'의 뜻으로, '함박'을 말한다.

420) '끓이는'의 뜻이다. '끓이다'의 방언형은 '꿰우다, 끌리다, 끌이다' 등으로 나타난다.

421) '말았다가'의 뜻으로, '몰[解]-+-앗당' 구성이다. '말다[解]'의 방언형은 '몰다, 줌다' 등으로 나타난다.

422) '그리'의 뜻이다.

423) '아침은'의 뜻으로, '아척[朝]+-은' 구성이다. '아침[朝]'의 방언형은 '아적, 아척, 아칙, 아침' 등으로 나타난다.

424) '생선'의 뜻이나, 여기서는 '옥돔'의 의미로 쓰였다.

425) '젖을'의 뜻으로, '줓[乳]+-을' 구성이다. '젖[乳]'의 방언형은 '젓, 젯, 줓' 등으로 나타난다.

426) '아이어머니가'의 뜻이다. '아이어머니'의 방언형은 '아기어멍, 아의어멍, 애기어멍' 등으로 나타난다.

427) '쑥으로'의 뜻이다. '쑥[艾]'의 방언형은 '속, 숙' 등으로 나타난다.

428) '젖꼭지도'의 뜻이다. '젖꼭지'의 방언형은 '젓고고리, 젓꼭지, 젯고고리, 젯꼭지, 줓고고리, 줓곡지' 등으로 나타난다.

429) '씻어서'의 뜻으로, '시치[洗]-+-언' 구성이다. '씻다'의 방언형은 '시지다, 시치다, 싯다' 등으로 나타난다.

430) '솜[緜]'의 뜻이다. '솜'의 방언형은 '소게, 솜' 등으로 나타난다.

431) '면화솜'을 말한다.

432) '저녁[夕]'을 말한다. '저녁'의 방언형은 '저낙, 저냑, 저녁, 저뭇, 제냑, 즈낙, 즈냑, 즈뭇, 처냑, 츠냑' 등으로 나타난다.

433) '새벽에'의 뜻이다. '새벽'의 방언형은 '새베, 새벡' 등으로 나타난다.

434) '젖[乳]'을 말한다. '젖[乳]'의 방언형은 '젓, 젯, 줓' 등으로 나타난다.

435) '부끄럽고'의 뜻이다. '부끄럽다'의 방언형은 '부끄럽다, 부치럽다, 부치롭다, 비끄럽다, 비치럽다' 등으로 나타난다.

436) 감탄사 '아따'를 말한다. '아따'의 방언형은 '아따, 으따, 옵다, 하따' 등으로 나타난다.

437) '어서'를 말한다. '어서'의 방언형은 '어서, 어예, 흔저' 등으로 나타난다.

438) '젖[乳]'을 말한다.

439) '오른쪽으로부터'의 뜻이다. '오른쪽'의 방언형은 '느단쪽, 오른쪽' 등으로 나타난다.

440) '왼쪽은'의 뜻이다. '왼쪽'의 방언형은 '웬쪽'으로 나타난다.

441) '젖멍울'을 말한다. '젖멍울'의 방언형은 '젓멍얼, 젯멍얼, 줓멍얼' 등으로 나타난다.

442) '왼짝'을 말한다. '왼짝'의 방언형은 '웬짝, 웬착' 등으로 나타난다.

443) '오른짝'을 말한다. '오른짝'의 방언형은 '느단짝, 느단착, 오른짝, 오른착' 등으로 나타난다.

444) '나한테'의 뜻으로 '내[我]+-신디리(여격)' 구성이다.
445) '젖꼭지'를 말한다. '젖꼭지'의 방언형은 '젓고고리, 젓꼭지, 젯고고리, 젯꼭지, 줏고고리, 줏곡지' 등으로 나타난다.
446) '젖으로'의 뜻으로, '줏[乳]+-으로' 구성이다. '젖[乳]'의 방언형은 '젓, 젯, 줏' 등으로 나타난다.
447) '조금[少]'을 말한다. '조금'의 방언형은 '아씩, 조곰, 조금, ᄒ꼼, ᄒ끔, ᄒ쏠' 등으로 나타난다.
448) '일년내는'의 뜻이다. '일년내'의 방언형은 '일년내낭'으로 나타난다.
449) '죽자사자'를 말한다. '죽자사자'의 방언형은 '죽을락살락, 죽자사자, 죽저살저' 등으로 나타난다.
450) '꿀물이나'의 뜻이다. '꿀물'의 방언형은 '청물'로 나타난다.
451) '이리'를 말한다. '그리'는 '그레', '저리'는 '저레'로 나타난다.
452) '달려와야지'의 뜻으로, '둘아오-+-아사주' 구성이다. '-아사주'은 '-아야지'의 의미로 쓰이는 어미이다. '달려오다'의 방언형은 '둘려오다, 둘아오다' 등으로 나타난다.
453) '김[雜草]'을 말한다.
454) '조밭에 난 김[雜草]'을 말한다.
455) '달려와서'의 뜻으로, '둘아오-+-앙' 구성이다. '달려오다'의 방언형은 '둘여오다, 둘아오다' 등으로 나타난다.
456) '젖[乳]'을 말한다. '젖[乳]'의 방언형은 '젓, 젯, 줏' 등으로 나타난다.
457) '가지고[持]'의 뜻으로, '아지[持]-+-언' 구성이다. '가지다[持]'의 방언형은 '가지다, ᄀ지다, 아지다, 앗다, ᄋ지다' 등으로 나타난다.
458) '오토바이'를 말한다.
459) '김매다가'의 뜻이다. '김매다'의 방언형은 '검질메다' 등으로 나타난다.
460) '아이보개'를 말한다. '아이보개'의 방언형은 '아기업게, 애기억궤, 애기업게, 애기할망' 등으로 나타난다.
461) '아기 할머니를 데려서'의 뜻이나, 여기서는 '아기보개를 데려서'라는 의미로 쓰였다. '아기보개'의 방언형은 '아기업게, 애기억궤, 애기업게' 등으로 나타난다.
462) '외시사촌[外媤四寸]'을 말한다.
463) '시할머니'를 말한다.
464) '데려서'의 뜻으로, '둘[與]-+-안' 구성이다. '데리다'의 방언형은 '데리다, ᄃ리다, 둘다' 등으로 나타난다.
465) '달려와서'의 뜻으로, '둘아오-+-앙' 구성이다. '달려오다'의 방언형은 '둘려오다, 둘아오다' 등으로 나타난다.
466) '앉아[坐]'의 뜻으로, '앚[坐]-+-아' 구성이다. '앉다'의 방언형은 '아지다, 안즈다, 안지다, 앉다, 앚다' 등으로 나타난다.
467) '깃저고리라고'의 뜻이다. '깃저고리'의 방언형은 '봇데옷, 봇뎃창옷, 봇뒷적삼, 봇뒷창옷, 봇옷' 등으로 나타난다.

468) '무명[木棉]'을 말한다. '무명[木棉]'의 방언형은 '미녕, 미명' 등으로 나타난다.
469) '겨울에'의 뜻이다. '겨울'의 방언형은 '겨슬, 저슬, 저실, 저을' 등으로 나타난다.
470) '만들어서'의 뜻이다. '만들다'의 방언형은 '만들다, 멘들다, 멩글다, ᄆᆡᆼ글다' 등으로 나타난다.
471) '소매를'의 뜻이다. '소매'의 방언형은 'ᄉᆞ메, ᄉᆞᄆᆡ' 등으로 나타난다.
472) '요리로' 또는 '요쪽으로'의 뜻이다.
473) '바깥으로'의 뜻으로, '배꼇[外]+-디로' 구성이다. '바깥'의 방언형은 '바깟, 바꼇, 바꼇, 바끗, 배꼇' 등으로 나타난다.
474) '흘리면'의 뜻이다. '흘리다'의 방언형은 '헌다, 흘리다, 흘치다' 등으로 나타난다.
475) 일본어 かわり를 말한다.
476) '시랑목으로'의 뜻이다. '시랑목'은 달리 '시라목, 시렁목'으로 나타나기도 하는데, '기계로 면실을 얇으면서도 성글게 짠 부드러운 천'을 말한다.
477) '기저귀를'의 뜻이다. '기저귀'의 방언형은 '삿바, 지성귀, 지성기, 지셍이' 등으로 나타난다.
478) '다니다가'의 뜻이다. '다니다'의 방언형은 '뎅기다, 뎅이다, ᄃᆞ니다' 등으로 나타난다.
479) '갈중의를'의 뜻이다. '갈중의'는 중의에 감물을 들인 옷을 말한다. 주로 여름철에 입는다.
480) '다리를'의 뜻으로, '가달[脚]+-을' 구성이다. '다리[脚]'의 방언형은 '가달, 다리' 등으로 나타난다.
481) '끊으나'의 뜻이다. '끊다'의 방언형은 '그치다, 기치다, 끈다, 끈치다' 등으로 나타난다.
482) '누비바지'를 말한다. '누비바지'의 방언형은 '누비바지, 늬비바지, 뚜데바지' 등으로 나타난다.
483) '살바'를 말하나 여기서는 '기저귀'의 의미로 쓰였다.
484) '비닐'을 말하는데, 일본어 ビニール이다.
485) '있지'의 뜻으로, '잇[有]-+-지' 구성이다. '있다'의 방언형은 '시다, 싯다, 이시다, 잇다' 등으로 나타난다.
486) '없어서'의 뜻으로, '엇[無]-+-언' 구성이다. '없다[無]'의 방언형은 '없다, 엇다, 읎다, 읏다' 등으로 나타난다.
487) '요만큼'의 뜻이다.
488) '찢어서'의 뜻이다. '찢다[裂]'의 방언형은 'ᄇᆞ리다, 찌지다, 찢다, 치지다, 칮다' 등으로 나타난다.
489) '헝겊'을 말한다. '헝겊'의 방언형은 '험벅'으로 나타난다.
490) '처네'의 뜻이다. '처네'의 방언형은 '뚜데기, 지석치메, 지성치메' 등으로 나타난다.
491) '아니해서'의 뜻으로, '아니하다'의 방언형은 '아녀다, 아니ᄒᆞ다' 등으로 나타난다.
492) '키우고'의 뜻이다. '키우다'의 방언형은 '키우다, 킵다' 등으로 나타난다.
493) '아기구덕'은 '아기를 눕혀 재우는, 대오리로 엮어 만든 장방형의 바구니'를 말한다.
494) '눕힐'의 뜻으로, '눅지-+-ㄹ' 구성이다. '눕히다'의 방언형은 '눅지다'로 나타난다.
495) '누비이불'을 말한다. '누비이불'의 방언형은 '꿀레이불, 누비이불, 늬비이불' 등으

로 나타난다.

496) '덮고'의 뜻으로, '더끄[蓋]-+-곡' 구성이다. '덮다[蓋]'의 방언형은 '더끄다, 더프다' 등으로 나타난다.

497) '윗옷이나'의 뜻이다. '우왕이'는 일본어 うわぎ이다.

498) '돌아다니고'의 뜻이다. '돌아다니다'의 방언형은 '놀아뎅기다, 돌아뎅기다, 돌아ᄃ니다' 등으로 나타난다.

499) '요만큼'의 뜻이다.

500) '내고[出]'의 뜻이다. '내다[出]'의 방언형은 '내우다, 냅다' 등으로 나타난다.

501) '똥구멍'을 말한다. '똥구멍'의 방언형은 '또꼬냥, 또꼬망, 똥고냥, 똥고망, 똥구냥, 똥구녁, 똥구멍' 등으로 나타난다.

502) 여기서 '똥구멍을 트다'는 바지의 밑을 터서 개구멍바지를 만들었다는 뜻이다.

503) '탕약(湯藥)'을 말한다.

504) '달여서[煎]'의 뜻이다. '달이다[煎]'의 방언형은 '딸리다, 딸이다' 등으로 나타난다.

505) '그 아래로'의 뜻이다. '아래[下]'의 방언형은 '아레, 알' 등으로 나타난다.

506) '막걸리 사다가'의 뜻이다.

507) '설탕' 또는 '사탕가루'를 말한다.

508) '달여서[煎]'의 뜻이다. '달이다[煎]'의 방언형은 '딸리다, 딸이다' 등으로 나타난다.

509) 여기서는 '바(앞에서 말한 내용 그 자체나 일 따위를 나타내는 말)'를 말한다.

510) '아버지'의 뜻이나, 여기서는 '남편'의 의미로 쓰였다.

511) '닫지'의 뜻으로, '둘[走]-+-지' 구성이다. '닫다[走]'의 방언형은 '돋다, 둘다' 등으로 나타난다.

512) '무뚱'은 달리 '문둥, 문도, 문두' 등으로 나타나는데, 문 바깥 근처를 의미한다. 여기서는 '병원 문 입구'의 뜻으로 쓰였다.

513) '어디인지'의 뜻으로, '어디+-산디' 구성이다. '-산디'는 체언에 붙어서, 막연한 의문이 있는 채로 뒤에 오는 말의 사실이나 판단과 관련시키는 데 쓰는 연결어미이다.

514) '작은아들'을 말한다. '작은아들'의 방언형은 '족은놈, 족은아덜, 족은아둘' 등으로 나타난다

515) '꾸려 가지고'의 뜻이다. '꾸리다[包]'의 방언형은 '끄리다'로 나타나고, '가지다'의 방언형은 '가지다, ᄀ지다, 아지다, 앗다, ᄋ지다' 등으로 나타난다.

516) 구좌읍 김녕리(金寧里)를 말한다.

517) '한의와 양의를 겸한'이라는 의미로 쓰였다.

518) '어른한테'의 뜻으로, '어른+-신디(한테)' 구성이다.

519) '가니까'의 뜻으로, '개[去]-+-난에' 구성이다.

520) 구좌읍 월정리(月汀里)를 말한다.

521) '꽁무니에'의 뜻이다.

522) '더위먹을까'의 뜻이다. '더위먹다'는 '더우먹다, 더위먹다' 등으로 나타난다.

523) '처네'를 말한다. '처네'의 방언형은 '뚜데기, 지석치메, 지성치메' 등으로 나타난다.

524) '걸렛배'는 '어린아이를 업을 때 어깨에 걸어서 등에 둘러 동여매는 천인 띠 대신에 쓰는 바'를 말한다.

525) '큰아들'을 말한다.

526) '궂은 할머니'의 뜻으로, 여기서는 '마마'를 이른다.

527) 한자어 '방사[防邪]'로, 사악함을 막아 목적하는 바를 이루기 위하여 취하는 수단이나 방법을 말한다. 곧 비법(秘法)이나 방법(方法)의 의미로 쓰였다.

528) '나으려고'의 뜻으로, '나[生]-+-젠' 구성이다.

529) '바닷가의 생수'를 뜻하는데, '갯물'을 말한다.

530) '무수기'를 말한다. '무수기'의 방언형은 '물끼, 물찌' 등으로 나타난다. 제주도의 무수기는 동부 지역과 서부 지역으로 나뉘어 차이가 있다. 곧 지역에 따라 "보름 일곱, 그믐 일곱" 하는 지역과 "보름 ᄋᆞ섯, 그믐 ᄋᆞ섯" 하는 지역으로 나뉘는 것이다. 동부 지역은 대체로 제주시의 조천읍, 구좌읍, 우도면과 서귀포시의 성산읍, 표선읍, 남원읍, 서귀포시이며, 서부 지역은 제주시의 제주시, 애월읍, 한림읍, 한경면과 서귀포시의 대정읍, 안덕면과 예전의 중문면을 이른다.

동부 지역	날짜(음력)		서부 지역	표준어
	상현	하현		
두물	10	25	ᄒᆞᆫ물	한무날
서물	11	26	두물	두무날
너물	12	27	서물	서무날
다섯물	13	28	너물	너무날
ᄋᆞᄉᆞᆺ물	14	29	다섯물	다섯무날
일곱물	15	30	ᄋᆞᄉᆞᆺ물	여섯무날
ᄋᆞ덥물	16	1	일곱물	일곱무날
아홉물	17	2	ᄋᆞ덥물	여덟무날
열물	18	3	아홉물	아홉무날
열ᄒᆞᆫ물	19	4	열물	열무날
열두물	20	5	열ᄒᆞᆫ물	열한무날
막물	21	6	열두물	열두무날
아끈줴기	22	7	아끈줴기	아츠조금
한줴기	23	8	한줴기	한조금
ᄒᆞᆫ물	24	9	부날, 게무심	무쉬

531) '있으니까'의 뜻으로, '이시[有]-+-난' 구성이다. '있다[有]'의 방언형은 '시다, 싯다, 이시다, 잇다' 등으로 나타난다.

532) '제자리로'의 뜻이다. '제자리'의 방언형은 '본굽, 본자국, 제굽, 제자국' 등으로 나타난다.
533) '헤집고 있더군'의 뜻이다.
534) '나한테'의 뜻으로, '내[我]+-신디' 구성이다. '-신디'은 '-한테'의 의미로 쓰이는 조사이다.
535) '이제 막'의 뜻이다.
536) '갯가'를 말한다. '갯가'의 방언형은 '갯ᄀᆞᆺ'으로 나타난다.
537) '아래로'의 뜻이다.
538) '아깃배 가서 맞추니까'의 뜻으로, '진통하니까'의 의미이다. 보통은 '애깃베맞추다'라 한다.
539) '가을하러'의 뜻이다. '가을하다'의 방언형은 'ᄀᆞ슬틀이다, ᄀᆞ슬ᄒᆞ다, ᄀᆞ실ᄒᆞ다, ᄀᆞ을ᄒᆞ다' 등으로 나타난다.
540) '베러'의 뜻으로, '비[刈]-+-레' 구성이다. '베다[刈]'의 방언형은 '버이다, 베다, 비다' 등으로 나타난다.
541) '발[足]에'의 뜻으로, '아기를 발 쪽에 눕히다.'는 의미이다.
542) '눕혀'의 뜻이다. '눕히다'의 방언형은 '누지다'로 나타난다.
543) '창문 쪽에' 뜻이다. '창무뚱' 또는 '창문둥'은 '집채 밖에서 구들방으로 드나들 수 있게 달아놓은 문 바깥 처마밑 근처'를 말한다.
544) '어려도'의 뜻이다. '어리다[幼]'의 방언형은 '두리다, 어리다' 등으로 나타난다.
545) '어리지도'의 뜻이다.
546) '갓난아기'를 말한다. '갓난아기'의 방언형은 'ᄀᆞᆺ난아기, ᄀᆞᆺ난애기, 물아기, 물애기' 등으로 나타난다.
547) '눕힌다고'의 뜻으로, '누지[臥]-+-ㄴ덴' 구성이다. '-ㄴ덴'은 '-다고'의 의미로 쓰이는 어미이다. '눕히다'의 방언형은 '누지다'로 나타난다.
548) '데라고'의 뜻이다. '디[處]+-엔' 구성이다. '-엔'은 '-라고'의 의미로 쓰이는 어미이다.
549) '하고 있더라고'의 뜻이다.
550) 이 '자박자박'은 '물이 어느 정도 고여 있는 모양'을 나타내는 말로, 여기서는 '눈에 눈곱 따위가 낀 모양'을 나타내는 말이다.
551) '자기네'의 뜻으로, '지[自]+-네' 구성이다. '자기'의 방언형은 '지, ᄌᆞ기' 등으로 나타난다.
552) 곧 어린아이들이 하는 구실인 홍역 따위를 말한다.
553) '아마떵어리'는 달리 '아마떠리, 어마떵어리'라 하는데, '일이 잘못되었을 때나 너무 놀라운 일을 보았을 때 내는 소리'를 말한다.
554) '버선도'의 뜻이다.
555) '쓰고[冠]'의 뜻이다.
556) '권당네'의 뜻이다.
557) '있는 데'의 뜻이다.

558) '말하니까'의 뜻으로, '골[曰]-+-으난' 구성이다. '말하다'의 방언형은 '곧다, 골다, 말곧다, 말골다, 말ᄒᆞ다' 등으로 나타난다.
559) '왔던데'의 뜻으로, '오[來]-+-아선게' 구성이다. '-아선게'는 '-았던데'의 의미로 쓰이는 어미이다.
560) '시(市)에'의 뜻으로, 여기서 '시(市)'는 제주시(濟州市)를 말한다.
561) '장 무엇 할아버지'의 뜻으로, '장 씨 성(姓)의 할아버지'의 의미이다.
562) '꾸려서'의 뜻으로, '끄리[包]-+-어네' '꾸리다'의 방언형은 '끄리다'로 나타난다. '-어네'는 '-어서'의 의미로 쓰이는 어미이다.
563) '밭 하나 먹었어.'의 뜻으로, 아기 병을 치료하기 위하여 밭 하나를 팔았다는 말이다.
564) '그만'을 말한다 '그만'의 방언형은 '그만'의 방언형은 '그만, 오꼿, 오끗' 등으로 나타난다.
565) '눕히니까'의 뜻으로, '눅지[臥]-+-난' 구성이다. '눕히다'의 방언형은 '눅지다'로 나타난다.
566) '하기에'의 뜻으로, '허[爲]-+-관테' 구성이다. '-관테'는 '-기에'의 의미로 쓰이는 어미이다.
567) '지은[作]'의 뜻으로, '짓[作]-+-인' 구성이다. '짓다[作]'의 방언형은 표준어와 같은데, 활용할 때 어간 말음 'ㅅ'이 탈락하지 않는다는 데 차이가 드러난다.
568) '올 거 아닙니까?'의 뜻으로, '오[來]-+-카부께' 구성이다. '-카부께'는 '-카부우께'로 나타나는기도 하는데, '-ㄹ 거 아닙니까?'의 의미로 쓰이는 어미이다.
569) '고추를'의 뜻이나, 여기서는 '사내아이를'의 의미로 쓰였다.
570) '내버리니'의 뜻이다. '내버리다[拌]'의 방언형은 '내불다, 내비다' 등으로 나타난다.
571) '아따'를 말한다. '아따'의 방언형은 '아따, ᄋᆞ따, 옵다, 하따' 등으로 나타난다.
572) '아닌가'의 뜻으로, '아니[不]-+-라게' 구성이다. '-라게'는 '-ㄴ가'의 의미로 쓰이는 어미이다.
573) '다녀와서'의 뜻으로, '가오-+-난' 구성이다. '다녀오다'의 방언형은 '가오다, 뎅겨오다' 등으로 나타난다.
574) '하십시오'의 뜻으로, '허[爲]-+-ㅂ서' 구성이다. '-ㅂ서'는 '-ㅂ시오'의 의미로 쓰이는 어미이다.
575) '안아 가지고서'의 뜻이다.
576) '가고 있습니까고'의 뜻으로, '감[去]+-이우껜' 구성이다. '-이우껜'은 '-ㅂ니까고'의 의미로 쓰이는 어미이다.
577) '견디지'의 뜻으로, '전디-+-주' 구성이다. '견디다'의 방언형은 '전디다, 존디다' 등으로 나타난다.
578) '할머니가'의 뜻이지만 여기서는 '시어머니가'의 의미로 쓰였다.
579) '궂은 할머니나 내보겠다'의 뜻으로, 여기서는 '궂은 할머니' 곧 '아기에게 달라붙은 마마(神)을 내보겠다.'는 뜻이다. 대개는 '손내다'라 한다.
580) '밭뙈기'를 말한다. '밭뙈기'의 방언형은 'ᄃᆞ렝이, ᄃᆞ로, ᄃᆞ로겡이, ᄃᆞ르, ᄃᆞ르겡이,

돌렝이, 토강지, 토겡이' 등으로 나타난다.

581) '삼신할머니'의 뜻이나 여기서는 '무격(巫覡)'의 의미로 쓰였다.

582) '데려다가'의 뜻으로, '돌[與]-+-아당' 구성이다. '-아당'은 '-아다가'의 의미로 쓰이는 어미이다. '데리다'의 방언형은 '데리다, ᄃᆞ리다, 돌다' 등으로 나타난다.

583) '닭'을 말한다. '닭'의 방언형은 'ᄃᆞᆨ'으로 나타난다.

584) '일을'의 뜻으로, 여기서 '일'이란 '무격을 빌려다 마마신을 내쫓는 의식인 비념' 말한다.

585) '넘겨'의 뜻이다. '넘기다'의 방언형은 '넘기다, 넹기다' 등으로 나타난다.

586) '사팔눈' 또는 '사팔뜨기'의 뜻이다. '사팔뜨기'의 방언형은 '사팔이, 사팔떼기' 등으로 나타난다.

587) '되어 버리고'의 뜻이다.

588) '오른짝'을 말한다. '오른짝'의 방언형은 'ᄂᆞ단짝, ᄂᆞ단착, 오른짝, 오른착' 등으로 나타난다.

589) '조금'의 뜻이다. '조금'의 방언형은 '아씩, 아씩, 조곰, 조금, ᄒᆞ꼼, ᄒᆞ끔, ᄒᆞ쏠' 등으로 나타난다.

590) '옆에는'의 뜻이다. '옆[傍]'의 방언형은 '역, 엽, 윽, 윺' 등으로 나타난다.

591) '끙끙해도'의 뜻이다. '끙끙하다'의 방언형은 '끈끈ᄒᆞ다, 끙끙ᄒᆞ다, 끈끈ᄒᆞ다' 등으로 나타난다.

592) '남한테'의 뜻이다.

593) '말하지도'의 뜻으로, 'ᄀᆞᆯ[曰]-+-지도'의 구성이다. '말하다'의 방언형은 'ᄀᆞᆮ다, ᄀᆞᆯ다, 말ᄀᆞᆮ다, 말ᄀᆞᆯ다, 말ᄒᆞ다' 등으로 나타난다.

594) '키우려고'의 뜻으로, '킵[養]-+-젠' 구성이다. '-젠'은 '-려고'의 의미로 쓰이는 어미이다. '키우다[養]'의 방언형은 '키우다, 킵다' 등으로 나타난다.

595) '서럽고'의 뜻으로, '서룹[弔]-+-구' 구성이다. '서럽다'의 방언형은 '서럽다, 서룹다, 설럽다, 설룹다, 설우다, 섧다, 섯줍다' 등으로 나타난다.

596) '좋을까'의 뜻으로, '좋[好]-+-고' 구성이다.

597) '아주머니'를 말한다.

598) '있어서'의 뜻으로, '시[有]-+-엉' 구성이다. '있다[有]'의 방언형은 '시다, 싯다, 이시다, 잇다' 등으로 나타난다.

599) '크거들랑'의 뜻이다. '욱다'는 동사(動詞)로, '어린아이가 지능적, 육체적으로 좀 자라다.'는 의미를 지닌다.

600) '하겠으니'의 뜻으로, '허[爲]-+-케메' 구성이다. '-케메'은 '-겠으니'의 의미로 쓰이는 어미이다.

601) '아버지가'의 뜻이지만 여기서는 '남편'의 의미로 쓰였다.

602) '양파'의 뜻으로, 일본어 たまねぎ를 말한다.

603) '다녀오기는'의 뜻이다. '다녀오다'의 방언형은 '가오다, 뎅겨오다' 등으로 나타난다.

604) '들러' 또는 '들러서'의 뜻으로, '들리-+-언' 구성이다. '들르다'의 방언형은 '들리

다'로 나타난다.
605) '뜨는[開]'의 뜻이다. '뜨다[開]'의 방언형은 '뜨다, 트다' 등으로 나타난다.
606) '사팔눈' 또는 '사팔뜨기'를 말한다.
607) '곧추'를 말한다. '곧추'의 방언형은 '곧초, 고짝, 과짝, 구짝' 등으로 나타난다.
608) '밝아서'의 뜻이다.
609) '옆에를' 또는 '옆을'의 뜻이다.
610) '봐야 할 것'의 뜻이다.
611) '거의'의 뜻이다. '거의'의 방언형은 '거의, 거자, 거저, 거줌, 건자, 건줌' 등으로 나타난다.
612) '있는'의 뜻이다. '있다'의 방언형은 '시다, 싯다, 이시다, 잇다' 등을 나타난다.
613) '없어'의 뜻으로, '엇[無]-+-어' 구성이다. '없다'의 방언형은 '없다, 엇다, 읎다, 읏다' 등으로 나타난다.
614) '딴머리'를 말한다. '딴머리'의 방언형은 '건지, 튼머리' 등으로 나타난다.
615) '벗기는'의 뜻이다. '벗기다[脫]'의 방언형은 '벳기다'로 나타난다.
616) '모양(의존명사)'을 말한다. '모양'의 방언형은 '모냥, 모양, 상, 셍' 등으로 나타난다.
617) '얼굴'을 말한다. '얼굴'의 방언형은 '양지, 얼굴' 등으로 나타난다.
618) '비녀'의 뜻이다. '비녀[簪]'의 방언형은 '빈네, 빈헤' 등으로 나타난다.
619) '가닥'을 말한다. '가닥[丫]'의 방언형을 '가달'로 나타난다.
620) '땋아서'의 뜻으로, '다우-+앙' 구성이다. '땋다[鬈]'의 방언형은 '다우다, 다으다, 닿다' 등으로 나타난다.
621) '땋고'의 뜻으로, '닿[鬈]-+-고' 구성이다.
622) '얹히어'의 뜻이다.
623) '요리로'를 말한다.
624) '맞찔러'의 뜻이다. '맞찌르다'의 방언형은 '가시지르다, 가시질르다. 가시찌르다, 가시찔르다' 등으로 나타난다.
625) '오른쪽으로'의 뜻이다. '오른쪽'의 방언형은 'ᄂᆞ단쪽, 오른쪽' 등으로 나타난다.
626) '제사(祭祀)'를 말한다. 방언형 '식게'는 '조선 때 집안의 기제사 때 관원에게 주어지는 정가 휴가'를 뜻하는 한자어 '식가(式暇)'에서 유래한다.
627) '가면은[去]'의 뜻이다.
628) '떡을 말아 오너라.'의 뜻으로, 여기서는 떡을 만들 '반죽을 말아 오너라.'의 의미로 쓰였다.
629) '만들어라'의 뜻이다. '만들다'의 방언형은 '만들다, 멘글다, 멘들다, 멩글다, ᄆᆞᆼ글다' 등으로 나타난다.
630) '삶아라'의 뜻이다. '삶다'의 방언형은 '술므다, ᄉᆞᇒ다, 숨다' 등으로 나타난다.
631) '없으면'의 뜻으로, '엇[無]-+-이민' 구성이다. '없다[無]'의 방언형은 '없다, 엇다, 읎다, 읏다' 등으로 나타난다.
632) '물동이로'의 뜻이다. '허벅'은 '물동이[甔]의 한 종류로, 물 등 액체 따위를 운반하

거나 보관할 때 쓰는 부리가 좁고 배가 부른 그릇'을 말한다. '허벅'이 어른들의 쓰는 물동이라고 한다면 어린이들은 '대바지'라는 크기가 작은 그릇을 이용한다.

633) '방아질을'의 뜻이다.

634) '빻기를'의 뜻이다. '빻다[䃥]'의 방언형은 'ᄈᆞᆺ다'로 나타난다.

635) '기계방에'를 뜻하나 여기서는 '떡방앗간'의 의미로 쓰였다.

636) '달라고'의 뜻이다.

637) '송편'을 말한다. '송편[粽]'의 방언형은 '곤떡, 솔펜, 송펜' 등으로 나타난다.

638) '설기떡'을 말한다. '설기떡'의 방언형은 '설귀떡, 설기떡' 등으로 나타난다.

639) '산적'의 뜻이다. '산적(散炙)'의 방언형은 '적, 적갈' 등으로 나타난다.

640) '원'은 '전혀, 조금도'의 의미로 쓰이는 어휘다.

641) '없지'의 뜻으로, '엇[無]-+-주' 구성이다. '없다[無]'의 방언형은 '없다, 읏다, 읎다, 읏다' 등으로 나타난다.

642) 서귀포시 성산읍 시흥리(始興里)를 말한다.

643) 제주시 한림읍 한림리(翰林里)를 말한다.

644) 경상남도 밀양시(密陽市)을 말한다.

645) '아직은'의 뜻으로, '안직+-은' 구성이다. '아직'의 방언형은 '아적, 안직' 등으로 나타난다.

646) '제사(祭祀)도'의 뜻이다. '제사(祭祀)'의 방언형은 '식게, 제사, 제ᄉᆞ, 지ᄉᆞ' 등으로 나타난다.

647) '제사(祭祀) 명절(名節)을' 말한다. '명절(名節)'의 방언형은 '멩절, 멩질, 명질' 등으로 나타난다.

648) '시키니?'의 뜻이다. '시키다'의 방언형은 '시기다, 시키다' 등으로 나타난다.

649) '와서'의 뜻으로, '오[來]-+-앙은에' 구성이다. '-앙은에'는 '-아서, -아서는'의 의미로 쓰이는 어미이다.

650) '나한테'의 뜻으로, '나[我]+-신디' 구성이다. '-신디'는 '-한테'의 의미로 쓰이는 보조사이다.

651) '아버지가'의 뜻이나 여기서는 '남편이' 의미로 쓰였다.

652) '무서워하니?' 또는 '무서워하고 있니?'의 뜻으로, 'ᄆᆞ솝[恐]-+-암디' 구성이다. '무섭다[恐]'의 방언형은 '무섭다, ᄆᆞ섭다, ᄆᆞ습다, ᄆᆞ솝다' 등으로 나타난다.

653) '부엌에'의 뜻이다. '부엌'의 방언형은 '부억, 정제, 정지' 등으로 나타난다.

654) '삶고 있으면'의 뜻이나 여기서는 '불을 때고 있으면'의 의미로 쓰였다.

655) '시키지를'의 뜻이다. '시키다'의 방언형은 '시기다, 시키다' 등으로 나타난다.

656) '솥전도'의 뜻이다. '솥전'의 방언형은 '솟전, 솟천' 등으로 나타난다.

657) '두르고'의 뜻이다. '두르다[旋]'의 방언형은 '두르다, 둘르다' 등으로 나타난다.

658) '젓고[攪]'의 뜻이다.

659) '솥밑에'의 뜻이나 여기서는 '부엌에'의 의미로 쓰였다. '솥밑'의 방언형은 '솟강알, 솟밋' 등으로 나타난다.

660) '장작불로'의 뜻이다. '장작불'의 방언형은 '낭불'로 나타난다.

661) '개는'의 뜻으로, 여기서는 며느리를 말한다.

662) '동촌(東村)이고'의 뜻이다. 대개 동도현에 속했던 마을을 의미한다. 고려 시대 때 제주도는 동도현과 서도현으로 나뉘어 있었는데, '조천읍, 구좌읍, 우도면, 성산읍, 표선면, 남원읍, 서귀포시' 등이 동도현에 속해 있었다. 한편 서도현은 '제주시, 애월읍, 한림읍, 한경면, 대정읍, 안덕면, 중문면' 등이 포함되었다.

663) '서촌(西村)인데'의 뜻이다. 대개 서도현에 속했던 마을을 의미한다. 곧 제주도의 서쪽 지역인 '제주시, 애월읍, 한림읍, 한경면, 대정읍, 안덕면, 중문면' 등을 말한다.

664) '배설(排泄)이' 뜻이나 여기서는 '성깔'의 의미로 쓰였다.

665) '좋은'의 뜻이다.

666) '일입니다'의 뜻으로, '일[事]+-이우다' 구성이다. '-이우다'는 '-입니다'의 의미로 쓰이는 어미이다.

667) '어디로'의 뜻으로, '어디+-레(향진)' 구성이다.

668) '간다'의 뜻으로, '가[去]-+-암쩌' 구성이다. '-암쩌'는 '-고 있다', '-ㄴ다'의 의미로 쓰이는 어미이다.

669) '아니하고'의 뜻으로, '아녀[不]-+-ㅇ' 구성이다. '아니하다'의 방언형은 '아녀다, 아니ᄒᆞ다' 등으로 나타난다.

670) '속[裏]은'의 뜻이다. '속[裏]'의 방언형은 '소곱, 속, 솝, 쏘곱, 쏙' 등으로 나타난다.

671) '하고 있는지'의 뜻으로, '허[爲]-+-엄신지' 구성이다. '-엄신지'은 '-고 있는지'의 의미로 쓰이는 어미이다.

672) '작은며느리한테도'의 뜻으로, '족은메누리+-신디+-도' 구성이다. '작은며느리'의 방언형은 '족은메누리'로 나타난다.

673) '나기[生]'의 뜻이다.

674) '앞으로'의 뜻으로, '앞+-디레(처격)' 구성이다.

675) '배다른[異腹]'의 뜻이다. '배다르다'의 방언형은 '베다르다, 베달르다' 등으로 나타난다.

676) '내쫓아 버릴'의 뜻이다. '내쫓다'의 방언형은 '내조치다, 내쪼끄다, 내쪼치다' 등으로 나타난다.

677) '예산(豫算)'을 뜻한다.

678) '데려서'의 뜻으로, 'ᄃᆞᆯ[與]-+-앙' 구성이다. '데리다'의 방언형은 '데리다, ᄃᆞ리다, ᄃᆞᆯ다' 등으로 나타난다.

679) '작은어머니'의 뜻이다. '작은어머니'의 방언형은 '족은어머니, 족은어멍' 등으로 나타난다.

680) '되고 있니?' 또는 '되니'의 뜻으로, '퉤[化]-+-엄샤' 구성이다. '-엄샤'는 '-고 있느냐?' 또는 '-니?'의 의미로 쓰이는 어미이다. "녹음 되고 있니?"라 말한 것은 조사자가 녹음기를 만졌기 때문에 제보자가 하는 말이다.

681) '나와 같이'의 뜻으로, '나[我]+-강(광)' 구성이다.

682) '보인다고'의 뜻으로, '베우[示]-+-암젠' 구성이다. '보이다[示]'의 방언형은 '베우다, 벱다, 붸우다' 등으로 나타난다.
683) '먹는다고'의 뜻으로, '먹[食]-+-엄젠' 구성이다. '-엄젠'은 '-는다고' 또는 '-고 있다고'의 의미로 쓰이는 어미이다.
684) '말할'의 뜻으로, '골[曰]-+-을'의 구성이다. '말하다'의 방언형은 '곧다, 골다, 말곧다, 말골다, 말ᄒᆞ다' 등으로 나타난다.
685) '시어머니한테'의 뜻으로, '씨어멍+-신디(여격)' 구성이다.
686) '와서'의 뜻으로, '오[來]-+-앙' 구성이다.
687) '함께'의 뜻이다. '함께'의 방언형은 'ᄒᆞᆫ듸, ᄒᆞᆷ끠, ᄒᆞᆷ치' 등으로 나타난다.
688) '담았느냐'의 뜻으로, '담[込]-+-안댜' 구성이다. '-안댜'는 '-았느냐'의 의미로 쓰이는 어미이다.
689) '먹고 있느냐?'의 뜻을, '먹[食]-+-엄디야' 구성이다. '-엄디야'는 '-고 있느냐?'의 의미로 쓰이는 어미이다.
690) '페들락ᄒᆞ다'는 '갑자기 성깔을 내다.'는 뜻을 지니는데, 표준어 '팩하다'에 가깝다.
691) '가슴[胸]'을 말한다. '가슴[胸]'의 방언형은 '가슴, 가심' 등으로 나타난다.
692) '쓰러져'의 뜻이다. '쓰러지다'의 방언형은 '쓰러지다, 씌러지다, 씨러지다' 등으로 나타난다.
693) '(시집살이를) 말아서'의 뜻이나 여기서는 '(시집살이를) 그만두고'의 의미로 쓰였다.
694) '말하게'의 뜻으로, '골[曰]-+-게+-ㄹ' 구성이다. '말하다'의 방언형은 '곧다, 골다, 말곧다, 말골다, 말ᄒᆞ다' 등으로 나타난다.
695) '혼자'의 뜻이다. '혼자'의 방언형은 '혼자, 혼체, 혼차, 혼체' 등으로 나타난다.
696) '말해 보아서'의 뜻이다.
697) '묻기[問]'의 뜻이다. '묻다'의 방언형은 '듣다, 묻다' 등으로 나타난다.
698) '말하고 있지'의 뜻으로, '골[曰]-+-암쭈' 구성이다. '-암쭈'는 '-고 있지'의 의미로 쓰이는 어미이다.
699) '사위[壻]'를 말한다. '사위[壻]'의 방언형은 '사오, 사위' 등으로 나타난다.
700) '동서(同壻)'를 말한다. '동서'의 방언형은 '동세'로 나타난다.
701) '장모(丈母)'를 말한다. '장모(丈母)'의 방언형은 '가시어멍, 장모' 등으로 나타난다.
702) '온갖'을 뜻한다. '온갖'의 방언형은 '하간, 하근' 등으로 나타난다.
703) '마음에'의 뜻이다. '마음'의 방언형은 'ᄆᆞ슴, ᄆᆞ심, ᄆᆞ음' 등으로 나타난다.
704) '큰사위'를 말한다. '큰사위'의 방언형은 '큰사오, 큰사위' 등으로 나타난다.
705) '노래'를 말한다.
706) '줄(의존명사)'의 뜻이다.
707) '없는'의 뜻이다.
708) '화로[爐]'를 말한다. '화로[爐]'의 방언형은 '화리'로 나타난다.
709) '이따금'의 뜻이다. '이따금'의 방언형은 '이땅'으로 나타난다.
710) '둘째 사위는'의 뜻으로, '셋-+사우+-ㄴ' 구성이다.

711) '둘째딸'을 말한다. '둘째딸'의 방언형은 '셋년, 셋뚤, 셋지집아의' 등으로 나타난다.
712) '환갑이라고'의 뜻으로, '환갑+-옌' 구성이다. '-옌'은 '-이라고'의 의미로 쓰이는 어미이다.
713) '죽는다'의 뜻이다. '죽[死]-+-은다' 구성이다.
714) '조촐하게끔'의 뜻으로, '조촐허-+-게시리' 구성이다. '-게시리'는 '-게끔'의 의미로 쓰이는 어미이다.
715) '가서라도'의 뜻이다. '개[去]-+-앙+-이라도' 구성이다.
716) '가다가'의 뜻이다.
717) '있고'의 뜻으로, '잇[有]-+-곡' 구성이다. '있다[有]'의 방언형은 '시다, 싯다, 이시다, 잇다' 등으론 나타난다.
718) '제격에 맞게'의 뜻으로, 여기서는 '제대로'의 의미로 쓰였다. '제라ᄒᆞ다'는 '제격에 알맞다.'는 의미를 지닌 어휘다. '제라ᄒᆞᆫ'은 빈번하게 쓰이는데, '제격에 알맞은, 정말의, 진짜의, 온전한, 제대로의' 등 여러 의미를 지니고 있다.
719) '차려서'의 뜻으로, '출리[扮]-+-엉' 구성이다. '차리다[扮]'의 방언형은 'ᄎᆞ리다, 출리다' 등으로 나타난다.
720) '집에서'의 뜻으로, '집[家]+-서(처격)' 구성이다.
721) 여기서 '옷집'은 한복을 전문으로 만드는 집인 '한복집'을 말한다.
722) '개량 한복'을 말한다.
723) '한 벌씩'을 말한다. '벌(옷을 세는 단위)'의 방언형은 '불'로 나타난다.
724) '하십시오라고'의 뜻으로, '허[爲]-+-ㅂ센' 구성이다. '-ㅂ센'은 '-ㅂ시오라고'의 의미로 쓰이는 어미이다.
725) '아주버니들'의 뜻이다. '아주버니'의 방언형은 '아지방'으로 나타난다.
726) '오라고'의 뜻으로, '오[來]-+-렌' 구성이다. '-렌'은 '-라고'의 의미로 쓰이는 어미이다.
727) '차려서'의 뜻으로, '출리[扮]-+-엉' 구성이다. '차리다[扮]'의 방언형은 'ᄎᆞ리다, 출리다' 등으로 나타난다.
728) '여기'의 뜻이다.
729) '거기'의 뜻이다.
730) '너 오누이'를 말한다. '오누이'의 방언형은 '오노의, 오누의' 등으로 나타난다.
731) '있으니까'의 뜻으로, '시[有]-+-니까'의 구성이다. '있다[有]'의 방언형은 '시다, 싯다, 이시다, 잇다' 등으로 나타난다.
732) '딸네'의 뜻으로, '뚤[女息]+-네(접사)' 구성이다.
733) '말라고'의 뜻으로, '말[勿]-+-렌' 구성이다. '-렌'은 '-라고'의 의미로 쓰이는 어미이다.
734) '둘째딸네'의 뜻이다.
735) '둘째아들네'의 뜻이다.
736) '거기'의 뜻이다.

737) '작은딸'의 뜻이다.

738) '여기서'의 뜻이다.

739) '차려서'의 뜻으로, '출리[扮]-+-언' 구성이다. '차리다[扮]'의 방언형은 'ᄎ리다, 출리다' 등으로 나타난다.

740) '선사(膳賜)'를 말한다. '선사(膳賜)'의 방언형은 '선사, 선세' 등으로 나타난다.

741) '닮지[似]'의 뜻이다. '닮다[似]'의 방언형은 '닮다, 답다' 등으로 나타난다.

742) '야단법석' 또는 '시끌벅적'의 뜻이다. '울라둘라'는 '매우 떠들썩하게 일을 벌이거나 부산하게 법석거리다'는 뜻의 '울러두드리다'에서 온 말이다. '울러두드리다'에 대응하는 표준어는 '야단하다'이다.

743) '일찍'의 뜻이다. '일찍'의 방언형은 '인칙, 일찍' 등으로 나타난다.

744) '데는'의 뜻이다.

745) '다녀'의 뜻이다. '다니다'의 방언형은 '뎅기다, 뎅이다, ᄃ니다' 등으로 나타난다.

746) '와서'의 뜻으로, '오[來]-+-안에' 구성이다. '-안에'는 '-아서'의 의미로 쓰이는 어미이다.

747) '부조(扶助)'를 말한다. '부조(扶助)'의 방언형은 '부조, 부주, 부줘, 부지' 등으로 나타난다.

748) '가려고'의 뜻으로. '가[去]-+-젠' 구성이다. '-젠'은 '-려고'의 의미로 쓰이는 어미이다.

749) '받는다고'의 뜻으로, '받[受]-+-넨' 구성이다. '-넨'은 '-는다고'의 의미로 쓰이는 어미이다.

750) '부조(扶助)'를 말한다.

751) '해서'의 뜻으로, '허[爲]-+-영' 구성이다.

752) '먹기는'의 뜻으로, '먹[食]-+-음+-은' 구성이다.

753) '차리고서'의 뜻으로, '출리-+-영근에' 구성이다. '-영근에'는 '-고서'의 의미로 쓰이는 어미이다.

754) '조금'의 뜻이다. '조금'의 방언형은 '조금'은 '아씩, 아씩, 조곰, 조금, ᄒ꼼, ᄒ끔, ᄒ쏠' 등으로 나타난다.

755) '않는다고'의 뜻이다.

756) '않았습니다'의 뜻이다.

757) '이렇게'의 뜻이다.

758) '복도 부르고'의 뜻이다. '복부르다(復---)'의 방언형은 '혼부르다, 혼불르다' 등으로 나타난다.

759) '있음직하면'의 뜻이다.

760) '종명함(終命-) 직하면'의 뜻이다.

761) '차리고'의 뜻이다. '차리다[扮]'의 방언형은 'ᄎ리다, 출리다' 등으로 나타난다.

762) '궤의 문짝'을 말한다.

763) '잠가'의 뜻의로, 'ᄌ그[鎖]-+-아' 구성이다. '잠그다'의 방언형은 'ᄌ그다'로 나타

난다.
764) '방에'의 뜻으로, '방(房)+-더레(처격)' 구성이다.
765) '옮기지'의 뜻이다. '옮기다[移]'의 방언형은 '옴기다, 옹기다, 웬기다, 웽기다' 등으로 나타난다.
766) '굽고[炙]'의 뜻이다.
767) '떠서[分]'의 뜻이나 여기서는 '따라서[注]'의 의미로 쓰였다.
768) '사자(使者)'를 말한다. '사자(使者)'의 방언형은 '체시, 체ᄉᆞ' 등으로 나타난다.
769) '몫'의 뜻이다. '몫'의 방언형은 '나시, 적시, 직시, 찍, 찍세, 찍시' 등으로 나타난다.
770) '짚신'을 말한다. '짚신'의 방언형은 '찍신, 집쎄기, 찝신, 초신' 등으로 나타난다.
771) '켤레'의 뜻이다. '켤레'의 방언형은 '베, 부애, 커리' 등으로 나타난다.
772) '시렁목'은 '기계로 면실을 얇으면서도 성글게 짠 부드러운 천'을 말한다. 달리 '시라목'이라 한다.
773) '혼(魂)을 부를'의 뜻이지만 여기서는 '복부를'의 의미이다. '복부르다(復---)'의 방언형은 '혼부르다, 혼불르다' 등으로 나타난다.
774) '혼적삼을'의 뜻이다. '혼적삼'은 '복부를(復--) 때 썼던 적삼'을 말한다.
775) '채롱짝으로'의 뜻이나 여기서는 '채롱으로'의 의미로 쓰였다.
776) '위에'의 뜻으로, '우[上]+-티레(처격)' 구성이다. '위[상]'의 방언형은 '우, 우이, 우희' 등으로 나타난다.
777) '놓았다가'의 뜻으로, '놓[放]-+-앗당' 구성이다. '-앗당'은 '-았다가'의 의미로 쓰이는 어미이다.
778) '병풍(屛風)'을 말한다. '병풍(屛風)'의 방언형은 '벵풍, 펭풍' 등으로 나타난다.
779) '가서'의 뜻으로, '가[去]-+-앙' 구성이다.
780) '보아'의 뜻으로, '보[示]-+-앙' 구성이다.
781) 택일을 해서 장례 날짜가 결정될 때는 대개 홀수 일을 선호하고, 짝수 일은 피한다. 사일장일 날 때는 토롱을 해야 한다거나 날짜가 너무 늦게 날 경우 등 부득이한 상황에서 나는 날에 속한다.
782) '통두건을'의 뜻이다. '통두건(-頭巾)'은 '초상이 나서 성복 전에 상제가 쓰는, 윗 부분을 접어 깁지 아니한 두건'을 말한다.
783) '접지'의 뜻으로, '줍[摺]-+-지' 구성이다. '접다[摺]'의 방언형은 '접다, 줍다' 등으로 나타난다.
784) '가대렴을' 뜻한다. '가대렴'은 '임시로 하는 대렴'을 말한다.
785) '입히고'의 뜻이다. '입히다'의 방언형은 '입지다'로 나타난다.
786) '씌우고'의 뜻이다.
787) '막히다'의 뜻으로, 여기서는 입관할(入棺-) 날짜가 나지 않는 것을 말한다. '막히다'의 방언형은 '막히다, 멕히다' 등으로 나타난다.
788) '모시어[侍]'의 뜻으로, '모스[侍]-+-앙' 구성이다. '모시다[侍]'의 방언형은 '모스다, 모시다, 뭬시다' 등으로 나타난다.

789) '내일모레'를 말한다. '내일모레'의 방언형은 '넬모리, 늴모리' 등으로 나타난다.
790) '대렴을(大斂-)' 말한다.
791) '벗겨'의 뜻으로, '벳기[褫]-+-어' 구성이다. '벗기다[褫]'의 방언형은 '벳기다'로 나타난다.
792) '수의(壽衣)'를 말한다. '수의(壽衣)'의 방언형은 '저승옷, 호상, 호상옷' 등으로 나타난다.
793) '입혀'의 뜻으로, '입지-+-엉' 구성이다. '입히다'의 방언형은 '입지다'로 나타난다.
794) '없는'의 뜻으로, '엇[無]-+-인' 구성이다. '없다'의 방언형은 '없다, 엇다, 읎다, ᄋᆞᆺ다' 등으로 나타난다.
795) '가서'의 뜻으로, '가[去]-+-앙은에' 구성이다. '-앙은에'는 '-아서'의 의미로 쓰이는 어미이다.
796) '할머니'의 뜻으로, 여기서는 '망자(亡者)'의 의미로 쓰였다.
797) '감기는[洗]'의 뜻으로, 'ᄀᆞᆷ지-+-는' 구성이다. '감기다[洗]'의 방언형은 'ᄀᆞᆷ지다'로 나타난다.
798) '향수'를 말하는 것으로, '마른 향나무 가지를 넣어 끓인 물'을 뜻한다.
799) '할아버지'의 뜻으로, 여기서는 망자의 시신을 수습하는 사람을 말한다.
800) '아래로랑은'의 뜻으로, '알[下]+-으로랑+-은에' 구성이다. '아래'의 방언형은 '아레, 알' 등으로 나타난다.
801) '속곳'의 뜻으로, 일본어 'さるまた'로 보인다.
802) '위로'의 뜻이다. '위[上]'의 방언형은 '우, 우이, 우희' 등으로 나타난다.
803) '호사(豪奢)'를 말하는 것으로, 여기서는 '수의(壽衣)'를 의미한다.
804) '있지'의 뜻으로, '잇[有]-+-주게' 구성이다. '있다[有]'의 방언형은 '시다, 싯다, 이시다, 잇다' 등으로 나타난다.
805) '있으면'의 뜻으로, '이시[有]-+-믄' 구성이다. '있다[有]'의 방언형은 '시다, 싯다, 이시다, 잇다' 등으로 나타난다.
806) '가대렴'을 말한다. '가대렴'은 '임시로 하는 대렴'을 말한다.
807) '끌러내고'의 뜻이다. '끄르다[解]'의 방언형은 '끌르다, 크르다, 클르다' 등으로 나타난다.
808) '입혔다가'의 뜻으로, '입지-+-엇당' 구성이다. '-엇당'은 '-었다가'의 의미로 쓰이는 어미이다. '입히다'의 방언형은 '입지다'로 나타난다.
809) '벗길'의 뜻으로, '벳기[脫]-+-ㄹ' 구성이다. '벗기다[脫]'의 방언형은 '벳기다'로 나타난다.
810) '없는'의 뜻으로, '없-+-는' 구성이다. '없다[無]'의 방언형은 '없다, 엇다, 읎다, ᄋᆞᆺ다' 등으로 나타난다.
811) '있는'의 뜻이다. '있다[有]'의 방언형은 '시다, 싯다, 이시다, 잇다' 등으로 나타난다.
812) '소렴(小殮)'을 말한다. '소렴(小殮)'의 방언형은 '소렴, 초소렴' 등으로 나타난다.
813) '불태우도록'의 뜻이다. '불태우다'의 방언형은 '불케우다, 불켑다, 불테우다' 등으

로 나타난다.
814) '대렴(大斂)'을 말한다. '대렴(大斂)'의 방언형은 '대렴, 대소렴' 등으로 나타난다.
815) '관(棺)도 짜고'의 뜻이다. 대개 '널빤지로 주검 넣을 관을 만드는 것'을 '관차다, 집차다'라 한다.
816) '사서 오고'의 뜻이다.
817) '널이[板-]' 뜻이다.
818) '관판(棺板)'을 말한다. '관판(棺板)'의 방언형은 '관널, 집널' 등으로 나타난다.
819) '횡대(橫帶)'를 말한다. '횡대(橫帶)'의 방언형은 '개판(蓋板), 개판널(蓋板-)' 등으로 나타난다.
820) '매달아서'의 뜻으로, '돌아메[懸]-+-엉' 구성이다. '매달다[懸]'의 방언형은 '돌아메다, 메돌다' 등으로 나타난다.
821) '틀어질까 봐'의 뜻으로, '틀어지다'의 방언형은 '데와지다. 뒈와지다, 틀어지다' 등으로 나타난다.
822) '썩지도'의 뜻이다.
823) '빌려서[借]'의 뜻이다. '빌리다[借]'의 방언형은 '빌리다, 빌다' 등으로 나타난다.
824) '옷도'의 뜻으로, 여기서 '옷'은 '상복(喪服)'을 말한다.
825) '복치마(服--)'를 말한다.
826) '상복(喪服)'을 말한다. '상복(喪服)'의 방언형은 '복옷, 상제옷' 등으로 나타난다.
827) '지관(地官)'을 말한다. '지관(地官)'의 방언형은 '정시, 지관' 등으로 나타난다.
828) '밭에'의 뜻으로, '밧[田]+-듸(처격)' 구성이다.
829) '재혈(裁穴)'을 말한다. '재혈(裁穴)'은 '지관이 패철(佩鐵)로 묏자리 혈의 위치를 재어서 정하는 것'을 뜻한다.
830) '보장(寶帳)'을 뜻하나 여기서는 '상여(喪輿)'의 의미로 쓰였다. '보장(寶帳)'의 방언형은 '화단'으로 나타난다.
831) '짚동이고'의 뜻이다. '짚동(상이 났을 때 상제 앞에 놓는, 상장(喪杖) 길이만큼 길고 굵직하게 다섯 혹은 일곱 마디로 묶은 짚단)'의 방언형은 '부썸, 북세미, 북시미, 찍동, 찝다불, 찝뎅이, 찝동, 찝동이' 등으로 나타난다.
832) '상장(喪杖)'을 말한다. '상장(喪杖)'의 방언형은 '방장대, 상장대, 상죽대' 등으로 나타난다. 상장은 망인의 성별에 따라 다르다. 곧 아버지(남성)면 왕대로, 어머니(여성)면 머귀나무로 상장을 만들어 쓴다.
833) '머귀나무'를 말한다. '머귀나무'의 방언형은 '머귀남, 머귀낭' 등으로 나타난다.
834) '오절육통(五節六筒)'의 뜻이다.
835) '마디'를 말한다. '마디[節]'의 방언형은 'ᄆᆞ디, ᄆᆞ작' 등으로 나타난다.
836) '짚동(상이 났을 때 상제 앞에 놓는, 상장(喪杖) 길이만큼 길고 굵직하게 다섯 혹은 일곱 마디로 묶은 짚단)'을 말한다. '짚동'의 방언형은 '부썸, 북세미, 북시미, 찍동, 찝다불, 찝뎅이, 찝동, 찝동이' 등으로 나타난다.
837) '밭볏짚'을 말한다. '밭볏짚'의 방언형은 '산뒤찍, 산뒤찝, 산듸찍, 산듸찝' 등으로

나타난다.

838) '묶지'의 뜻으로, '무끄[束]-+-주' 구성이다. '묶다[束]'의 방언형은 '무끄다'로 나타난다.

839) '말했지만'의 뜻으로, 'ᄀᆞᆯ[曰]-+-앗주마는' 구성이다. '말하다[曰]'의 방언형은 'ᄀᆞᆮ다, ᄀᆞᆯ다, 말ᄀᆞᆮ다, 말ᄀᆞᆯ다, 말ᄒᆞ다' 등으로 나타난다.

840) 조사 마을인 동복리(東福里) 자연 취락이 동상(東上), 동하(東下), 서상(西上), 서하(西下)로 구성되어 있다는 말이다.

841) '상여(喪輿)'를 말한다. '상여(喪輿)'의 방언형은 '상기, 상여, 상예, 생여, 생이, 화단' 등으로 나타난다.

842) '나서서'의 뜻으로, '나사-+-앙은에' 구성이다. '나서다'의 방언형은 '나사다, 나ᄉᆞ다' 등으로 나타난다.

843) '가깝건'의 뜻이다. '가깝다'의 방언형은 '가찹다'로 나타난다.

844) '설배'란 '상여를 메고 운반할 때, 상여에 두 가닥으로 매어 상여가 앞으로 나아갈 수 있게 줄을 선 부녀자들이 잡아서 당기는 바[索]'를 말한다.

845) '가지고'의 뜻으로, '앗[持]-+-앙' 구성이다. '가지다[持]'의 방언형은 '가지다, ᄀᆞ지다, 아지다, 앗다, ᄋᆞ지다' 등으로 나타난다.

846) '가서'의 뜻으로, '가[去]-+-앙' 구성이다.

847) '지관(地官)'을 말한다. '지관(地官)'의 방언형은 '정시, 지관' 등으로 나타난다.

848) '재혈(裁穴)'을 말한다. '재혈(裁穴)'은 '지관이 패철(佩鐵)로 묏자리 혈의 위치를 재어서 정하는 것'을 뜻한다.

849) '위에 있는 곶(串')을 말한다. 곧 재혈(裁穴)을 정할 때, 주검의 머리 부분에 꽂는 곶(串)을 말한다.

850) '중간에 있는 곶(串)'을 말한다. 곧 재혈(裁穴)을 정할 때, 주검의 허리 부분에 꽂는 곶(串)을 말한다.

851) '아래에 있는 곶(串)'을 말한다. 곧 재혈(裁穴)을 정할 때, 주검의 다리 부분에 꽂는 곶(串)을 말한다.

852) '보장(寶帳)'을 말하나 여기서는 '상여(喪輿)'의 의미로 쓰였다. '보장(寶帳)'의 방언형은 '화단'으로 나타난다.

853) '굿(뫼를 쓸 때에 방향을 바로잡아 관이 들어갈 만큼 알맞게 판 구덩이)'을 말한다. '개광'은 '광중(壙中)'의 방언형이다.

854) '옮기거나'의 뜻으로, '옴기[移]-+-거나' 구성이다. '옮기다[移]'의 방언형은 '옴기다, 옹기다, 웬기다, 웽기다' 등으로 나타난다.

855) '오시(午時)'를 말한다. 오전 11시부터 오후 1시까지이다.

856) '사시(巳時)'를 말한다. 오전 9시부터 11시까지이다.

857) '미시(未時)'를 말한다. 오후 1시부터 3시까지이다.

858) '횡대(橫帶)'를 말한다. '횡대(橫帶)'의 방언형은 '개판(蓋板), 개판널(蓋板-)' 등으로 나타난다.

859) '덮어서'의 뜻으로, '더끄[蓋]-+-엉' 구성이다. '덮다[蓋]'의 방언형은 '더끄다, 더프다' 등으로 나타난다.

860) '줌[握]'을 말한다. '줌[握]'의 방언형은 '좀, 줌' 등으로 나타난다.

861) '이리'의 뜻이다.

862) '진토굿'이란 '봉분을 쌓을 때 가운데에 두두룩하게 모아 올린 흙'을 말한다.

863) '찧어서'의 뜻으로, '짛[搗]-+-엉' 구성이다. '찧다[搗]'의 방언형은 '짛다'로 나타난다.

864) '산담'은 '무덤 주위를 에워 두른 담'을 말한다. '산담'은 장사 치르는 날에는 주로 '웨담'으로 타원형으로 두르고, 장사를 지낸 뒤 날짜를 정하여 산담을 할 때는 겹담으로 30평 정도 장방형으로 두른다.

865) '되었다고'의 뜻으로, '뒈[化]-+-엇젠' 구성이다. '-엇젠'은 '-었다고'의 의미로 쓰이는 어미이다. '되다'의 방언형은 '뒈다'로 나타난다.

866) '초우제(初虞祭)'를 말한다.

867) '재우제(再虞祭)'를 말한다.

868) '삼우제(三虞祭)'를 말한다.

869) '와서'의 뜻으로, '오[來]-+-아근에' 구성이다. '-아근에'는 '-아서'의 의미로 쓰이는 어미이다.

870) '산소에서' 또는 '무덤에서'의 뜻이다.

871) '삭일과(朔日-)'의 뜻이다. 곧 '삭제(朔祭)'를 지낸다는 말이다.

872) '함께'의 뜻이다. '함께'의 방언형은 'ᄒᆞᆫ듸, ᄒᆞᆷ끼, ᄒᆞᆷ치' 등으로 나타난다.

873) '삭일(朔日)'의 뜻이나 여기서는 삭일에 지내는 제인 '삭제(朔祭)'를 의미한다.

874) '삭일(朔日)'의 뜻이나 여기서는 보름에 지내는 제인 '망제(望祭)'를 의미한다.

875) '이제 막'의 뜻이다. 'ᄀᆞᆺ사'는 달리 'ᄀᆞᆺ세'라 한다.

876) '아버지'의 뜻이지만 여기서는 '남편'의 의미로 쓰였다.

877) '제사(祭祀)'를 말한다. 방언형 '식게'는 한자어 '식가(式暇)'에서 유래한다.

878) '거꾸로 오른쪽'의 뜻이다. 여기서 '서꿀로ᄂᆞ다'는 순서가 뒤죽박죽이 되었다는 말이다.

879) '제사라고'의 뜻으로, '식게[祭祀]+-옌' 구성이다.

880) '아니지 않습니까?'의 뜻으로, '아니(지) 아니-+-우꽈' 구성이다. '-우꽈'는 '-ㅂ니까'의 의미로 쓰이는 어미이다.

881) '짜려고'의 뜻으로, '짜[作]-+-젠' 구성이다. '-젠'은 '-려고'의 의미로 쓰이는 어미이다.

882) '공정'은 달리 '공장'이라 하는데, '장사를 지내고 난 후 특별히 수고한 사람에게 감사의 뜻으로 건네는 음식'을 말한다.

883) '가져가는'의 뜻이다. '가져가다'의 방언형은 '가져가다, 거져가다, ᄀᆞ져가다, 아져가다, 앗아가다, ᄋᆞ져가다' 등으로 나타난다.

884) '차려서'의 뜻으로, 'ᄎᆞᆯ리[扮]-+-어' 구성이다. '차리다[扮]'의 방언형은 'ᄎᆞ리다, ᄎᆞᆯ리다' 등으로 나타난다.

885) '열어버려야겠어'의 뜻이다. '열다[開]'의 방언형은 '열다, 올다' 등으로 나타난다.
886) '하루에'의 뜻을, 'ᄒᆞ를[一日]+-레' 구성이다. '하루'의 방언형은 'ᄒᆞ르, ᄒᆞ를' 등으로 나타난다.
887) '도공시'는 '장지가 마을과 멀리 떨어져 있는 경우, 하루 전에 미리 올려 보내는 각종 음식 재료와 그릇, 물 따위. 또는 이를 관장하는 사람'을 이르는 말이다. '도공시'의 '공시'은 한자어 '공사(供司)'에서 온 것으로 보인다.
888) '있으면'의 뜻이다.
889) '점심'을 말한다. '점심'의 방언형은 '점심, 정심, 증심, 징심' 등으로 나타난다.
890) '초상나도'의 뜻이다. '초상나다'의 방언형은 '상나다, 영장나다, 장나다' 등으로 나타난다.
891) '밭에'의 뜻이나 여기서는 '장지(葬地)'를 의미한다. '장지(葬地)'의 방언형은 '영장밧, 장밧' 등으로 나타난다.
892) '무엇'을 말한다. '무엇'의 방언형은 '무스거, 무스것, 무슨 것, 무시거, 무신거, 무엇, 믜시거, 믜신거, 믜신 것' 등으로 나타난다.
893) '돼지'를 말한다. '돼지'의 방언형은 '도새기, 도야지, 돗, 돼야지' 등으로 나타난다.
894) '키우고 있으면'의 뜻으로, '질루[養]-+-암시믄' 구성이다. '-암시믄'은 '-고 있으면'의 의미로 쓰이는 어미이다. '기르다[養]'의 방언형은 '질루다, 질룹다, 질우다' 등으로 나타난다.
895) '모아'의 뜻이다. '모으다'의 방언형은' 모도다, 모두다, 뭬우다, 뭽다' 등으로 나타난다.
896) '동으로는'의 뜻으로, '동(東)+-더렌' 구성이다. '-더렌'은 '-으로는'의 의미로 쓰이는 조사이다. 조사 마을인 동복리(東福里)를 기준으로 할 때 동쪽 마을을 말한다.
897) '일포제(日晡祭)'를 말한다.
898) '함께'를 뜻한다. '함께'의 방언형은 'ᄒᆞᆫ듸, ᄒᆞᆷ끼, ᄒᆞᆷ치' 등으로 나타난다.
899) '일포제라고'의 뜻이다. 지역에 따라 '일포제'를 '일포'라고 한다는 것이다.
900) '세계(世界)에는'의 뜻이지만 여기서는 '마을'의 의미로 쓰였다.
901) '없습니다'의 뜻으로, '엇[無]-+-입니다' 구성이다. '없다[無]'의 방언형은 '없다, 엇다, 읎다, 웃다' 등으로 나타난다.
902) '해서'의 뜻으로, '허[爲]-+-엉' 구성이다. '하다[爲]'의 방언형은 '허다, ᄒᆞ다' 등으로 나타난다.
903) '팥죽'을 말한다. '팥죽'의 방언형은 '풋죽'으로 나타난다.
904) '물동이에'의 뜻이다. '허벅'은 '물동이[鐨]의 한 종류로, 물 등 액체 따위를 운반하거나 보관할 때 쓰는 부리가 좁고 배가 부른 그릇'을 말한다. '허벅'이 어른들이 쓰는 물동이라고 한다면 어린이들은 '대바지'라는 크기가 작은 그릇을 이용한다.
905) 구좌읍 종달리(終達里)를 말한다.
906) 구좌읍 세화리(細花里)를 말한다.
907) 구좌읍 김녕리(金寧里)를 말한다.

908) 제주시(濟州市)를 말한다.
909) '살에'의 뜻으로, '설[歲]+-에' 구성이다. '살[歲]'의 방언형은 '설, 술' 등으로 나타난다.
910) '워낙'의 뜻이다. '워낙'의 방언형은 '워낙, 워넌, 원간' 등으로 나타난다.
911) '많으니까'의 뜻으로, '하[多]-+-난' 구성이다. '많다[多]'의 방언형은 '만ᄒᆞ다, 하다' 등으로 나타난다.
912) '어리고[幼]'의 뜻이다. '어리다[幼]'의 방언형은 '두리다, 어리다' 등으로 나타난다.
913) '언니네가'의 뜻이다. '성[兄]+-네+-가' 구성이다.
914) '여러'의 뜻이다. '여러'의 방언형은 '여라, ᄋᆢ라' 등으로 나타난다.
915) '물동이도'의 뜻이다. '허벅'은 '물동이[鐼]의 한 종류로, 물 등 액체 따위를 운반하거나 보관할 때 쓰는 부리가 좁고 배가 부른 그릇'을 말한다.
916) '작은형'의 뜻이나 여기서는 '작은언니'의 의미로 쓰였다.
917) 조천읍 북촌리(北村里)를 말한다.
918) '북촌리(北村里)를' 말한다.
919) '물동이'를 말한다. 허벅'은 '물동이[鐼]의 한 종류로, 물 등 액체 따위를 운반하거나 보관할 때 쓰는 부리가 좁고 배가 부른 그릇'을 말한다.
920) '받아서요'의 뜻으로, '받[受]-+-앙+양(종결보조사)' 구성이다.
921) '부치니까'의 뜻으로, '버치[不及]-+-난' 구성이다. '부치다[不及]'의 방언형은 '버치다'로 나타난다.
922) '전날' 또는 '어제'를 말한다.
923) '일포제날(日晡祭-)'를 잘못 말한 것이다.
924) '차례(次例)'를 말한다. '차례'의 방언형은 '처례, ᄎᆞ례' 등으로 나타난다.
925) '성복제(成服祭)'를 말한다.
926) '부치면'의 뜻이다. '부치다[不及]'의 방언형은 '버치다'로 나타난다.
927) '큰항아리' 또는 '다릿골독'을 말한다.
928) '어린[幼]'의 뜻이다. '어리다[幼]'의 방언형은 '두리다, 어리다'로 나타난다.
929) '늙으신네한테'의 뜻으로, '늙신네+-신디(여격)' 구성이다. '늙으신네'의 방언형은 '늙신네, 늙신이' 등으로 나타난다.
930) '봤었습니다'의 뜻으로, '보[示]-+-아낫수다+게(종결보조사)' 구성이다. '-아낫수다'는 '-았었습니다'의 의미로 쓰이는 어미이다.
931) '동으로는'의 뜻으로, '동(東)+-더렌' 구성이다. '-더렌'은 '-으로는'의 의미로 쓰이는 조사이다. 여기서 '동(東)'은 조사 마을인 동복리(東福里)를 기준으로 할 때 동쪽 마을을 말한다.
932) '따로[別]'를 말한다. '따로[別]'의 방언형은 '뜨로, ᄐᆞ로' 등으로 나타난다.
933) '차례' 또는 '끼니' 정도의 뜻으로 보이는데, 그 의미는 확실하지 않다.
934) '형제면'의 뜻으나 여기서는 '자매(姉妹)'의 의미로 쓰였다.
935) '돼지'를 말한다. '돼지'의 방언형은 '도새기, 도야지, 돗, 돼야지' 등으로 나타난다.

936) ‘장지(葬地)에’의 뜻으로, ‘영장밧[葬地]+-듸’ 구성이다. 뜻이다. ‘장지(葬地)’의 방언형은 ‘영장밧, 장밧’ 등으로 나타난다.

937) ‘봤었고’의 뜻으로, ‘보[示]-+-아나고’ 구성이다. ‘-아나고’는 ‘-았었고’의 의미로 쓰이는 어미이다.

938) ‘죽어서’의 뜻으로, ‘죽[死]-+-언’ 구성이다. ‘-언’은 ‘-어서’의 의미로 쓰이는 어미이다.

939) ‘시할머니’를 말한다.

940) ‘데려서’의 뜻으로, ‘돌[與]-+-안’ 구성이다. ‘데리다’의 방언형은 ‘데리다, ᄃ리다, 돌다’ 등으로 나타난다.

941) ‘차립디다’의 뜻으로, ‘출리[扮]-+-ㅂ디다’ 구성이다. ‘차리다[扮]’의 방언형은 ‘ᄎ리다, 출리다’ 등으로 나타난다.

942) ‘엿새를’의 뜻으로, ‘옷쉐[六日]+-ㄹ’ 구성이다. ‘엿새’의 방언형은 ‘엿쉐, 옷쉐’ 등으로 나타난다.

943) ‘엿새 집에 살았다는 것’은 곧 ‘육일장을 지냈다.’는 말이다.

944) ‘팥[小豆]’을 말한다.

945) ‘흩으면서’의 뜻으로, ‘허끄[散]-+-멍’ 구성이다. ‘흩다[散]’의 방언형은 ‘허끄다, 허트다, 흐트다’ 등으로 나타난다.

946) ‘장삿날은’의 뜻이다. ‘장삿날’의 방언형은 ‘영장날’로 나타난다.

947) ‘가마니’를 말한다. ‘가마니’의 방언형은 ‘가멩이’로 나타난다.

948) ‘뒤로’의 뜻이다.

949) ‘뒤로 온’의 뜻이다. 이는 곧 ‘어느 상제 뒤로 조문을 온’ 문상객을 말한다. ‘조롬’은 ‘꽁무니’의 방언형이다.

950) ‘야제(夜祭)로’의 뜻이다.

951) ‘세우고’의 뜻으로, ‘세웁[立]-+-곡’ 구성이다. ‘세우다[立]’의 방언형은 ‘세우다, 셉다’ 등으로 나타난다.

952) ‘삭일(朔日)이고’의 뜻이다.

953) ‘싫게 되건’의 뜻으로, ‘말[厭]-+-아지건’ 구성이다. ‘-아지건’은 ‘-게 되건’의 의미로 쓰이는 어미이다. ‘싫다[厭]’의 방언형은 ‘말다, 슬프다, 실프다’ 등으로 나타난다.

954) ‘제사’를 말한다. ‘식게’는 한자어 ‘식가(式暇)’에서 온 어휘이다.

955) ‘명일(名日)’을 말한다. ‘명일(名日)’의 방언형은 ‘멩일, 멩절, 멩질, 명질’ 등으로 나타난다.

956) ‘달라[要]’의 뜻으로, ‘도-+-라’ 구성이다. ‘달다[要]’의 방언형은 ‘돌다’로 나타난다.

957) ‘했자’의 뜻으로, ‘허[爲]-+-앗자’ 구성이다. ‘-앗자’는 ‘-았자’의 의미로 쓰이는 어미이다.

958) ‘어머니’의 뜻이지만 여기서는 ‘아내’를 의미한다.

959) ‘가서’의 뜻으로, ‘가[去]-+-앙’ 구성이다.

960) ‘묻어버릴’의 뜻이다.

961) '소나무'를 말한다. '소나무'의 방언형은 '소남, 소낭, 솔남, 솔낭' 등으로 나타난다.
962) '가서'의 뜻으로, '가[去]-+-앙은에' 구성이다. '-앙은에'는 '-아서'의 의미로 쓰이는 어미이다.
963) '드던져서'의 뜻으로, '들어쏘[擲]-+-앙' 구성이다. '드던지다'의 방언형은 '들러던지다, 들러데끼다, 들러쏘다, 들어데끼다, 들어쏘다' 등으로 나타난다.
964) '던져'의 뜻이다. '던지다'의 방언형은 '네끼다, 더지다, 던지다, 데끼다' 등으로 나타난다.
965) '버릴지'의 뜻이다. '버리다(행동이 이미 끝났음을 나타내는 말)'의 방언형은 '불다'로 나타난다.
966) '차근차근'의 뜻이다. '차근차근'의 방언형은 'ᄃᆞ근ᄃᆞ근, ᄌᆞ근ᄌᆞ근, ᄎᆞ근ᄎᆞ근' 등으로 나타난다.
967) '그리'의 뜻이다.
968) '말하고 있습니다'의 뜻으로, 'ᄀᆞᆯ[曰]-+-암수다' 구성이다. '-암수다'는 '-고 있습니다'의 의미로 쓰이는 어미이다.
969) '상여를 운반하며 부르는 노래(민요)'를 말한다. "에헹어야 어화로세" 또는 "어허낭천 어화로다" 등의 후렴이 붙는다.
970) '진토굿을 쌓으면서 부르는 노래(민요)'를 말한다. '진토굿'이란 '봉분을 쌓을 때, 가운데에 두두룩하게 모아 올린 흙'을 말한다.
971) '달구질을 하면서 부르는 노래(민요)'를 말한다. "에에에 달구"라는 후렴이 붙는다.
972) '받아봤지'의 뜻으로, '받아보-+-앗주' 구성이다. '-앗주'는 '-았지'의 의미로 쓰이는 어미이다.
973) '줄(의존명사)'의 뜻이다.
974) '성씨(姓氏)'를 말한다.
975) '있나'의 뜻이다.
976) '있나 없나'의 뜻이다.
977) "성(姓)이 있나 아무 것이 있나 없나 그것 저 불러서 저 보지 말라고 한 사람"이란 하관(下官)할 때 바로 곁에서 그 모습을 보지 말아야 할 사람을 말한다. 곧 몇 년생 무슨 띠는 보지 말라고 해서 이에 해당하는 사람이 '있나 없나' 확인하는 것을 말한다. 이를 '호충(呼沖)' 또는 '대충(對沖)'이라 한다.
978) '해서'의 뜻으로, '허[爲]-+-영' 구성이다.
979) '횡대(橫帶)'를 말한다. '횡대'의 방언형은 '개판, 개판널' 등으로 나타난다.
980) '위로'의 뜻으로, '우[上]+-티레' 구성이다. '위[上]'의 방언형은 '우, 우이, 우희' 등으로 나타난다.
981) '덮는'의 뜻으로, '더끄[蓋]-+-는' 구성이다. '덮다[蓋]'의 방언형은 '더끄다, 더프다' 등으로 나타난다.
982) '호충(呼沖)'은 달리 '대충(對沖)'이라 하는데, 입관할 때나 하관할 때 망자와 서로 맞섬으로 해서 좋지 않다고 하여 그 자리를 피하는 것을 말한다. 여기에 해당하는 사람은 택일할 때 알 수 있다. '호충'의 방언형은 '호충, 소피(小避)' 등으로 나타난다.

983) '있는'의 뜻이다.
984) '살[歲]'를 말한다. '살[歲]'의 방언형은 '설, 술' 등으로 나타난다.
985) '있어도'의 뜻으로, '이시[有]-+-어도' 구성이다. '있다'의 방언형은 '시다, 싯다, 이시다, 잇다' 등으로 나타난다.
986) '없어도'의 뜻으로, '엇[無]-+-어도' 구성이다. '없다'의 방언형은 '없다, 엇다, 읎다, 읏다' 등으로 나타난다.
987) '있다고'의 뜻으로, '잇[有]-+-젠' 구성이다. '-젠'은 '-다고'의 의미로 쓰이는 어미이다.
988) '잡아갈'의 뜻이다. '잡아가다'의 방언형은 '심어가다, 잡아가다' 등으로 나타난다.
989) '말합디가?'의 뜻으로, 'ᄀᆞᆯ[曰]-+-읍디깡' 구성이다. '-읍디깡'은 '-읍디까'의 의미로 쓰이는 어미이다.
990) '함께'의 뜻이다. '함께'의 방언형은 'ᄒᆞᆫ듸, ᄒᆞᆷ끼, ᄒᆞᆷ치' 등으로 나타난다.
991) '말아서'의 뜻이나 여기서는 '반죽해서'의 의미로 쓰였다.
992) '쪄[蒸]'의 뜻이다. '찌다[蒸]'의 방언형은 '치다'로 나타난다.
993) '위로'의 뜻이다. '위[上]'의 방언형은 '우, 우이, 우희' 등으로 나타난다.
994) '봉분제(封墳祭)'를 말한다.
995) '반기'를 말한다.
996) '가져가고'의 뜻으로, '앗아가-+-곡' 구성이다. '가져가다'의 방언형은 '가져가다, 거져가다, ᄀᆞ져가다, 아져가다, 앗아가다, ᄋᆞ져가다' 등으로 나타난다.
997) '차리려고'의 뜻이다. '차리다'의 방언형은 'ᄎᆞ리다, 출리다' 등으로 나타난다.
998) '합니다'의 뜻으로, '허[爲]-+-엄수다' 구성이다. '-엄수다'는 '-ㅂ니다' 또는 '-고 있습니다'의 의미로 쓰이는 어미이다.
999) '초우(初虞)'를 말한다.
1000) '드리면'의 뜻으로, '안네[獻]-+-믄' 구성이다. '드리다[獻]'의 방언형은 '드리다, 안네다' 등으로 나타난다.
1001) '가져오십시오'의 뜻으로, '앗아오-+-ㅂ서' 구성이다. '-ㅂ서'는 '-ㅂ시오'의 의미로 쓰이는 어미이다. '가져오다'의 방언형은 '가져오다, 거져오다, ᄀᆞ져오다, 아져오다, 앗아오다, ᄋᆞ져오다' 등으로 나타난다.
1002) '가져다가'의 뜻으로, '앗[持]-+-아당' 구성이다. '-아당'은 '-아다가'의 의미로 쓰이는 어미이다. '가지다'의 방언형은 '가지다, ᄀᆞ지다, 아지다, 앗다, ᄋᆞ지다' 등으로 나타난다.
1003) '쌓아'의 뜻으로, '쌓[築]-+-앙' 구성이다.
1004) '돌아섭니다'의 뜻으로, '돌아사-+-ㅂ니다' 구성이다. '돌아서다'의 방언형은 '돌아사다, 돌아ᄉᆞ다' 등으로 나타난다.
1005) '초상나면'의 뜻으로, '영장나-+-믄' 구성이다. '초상나다'의 방언형은 '상나다, 영장나다, 장나다' 등으로 나타난다.
1006) '새벽에'의 뜻으로, '새벡[晨]+-의' 구성이다. '새벽[晨]'의 방언형은 '새베, 새벡' 등

으로 나타난다.

1007) '빌려서'의 뜻으로, '빌[借]-+-엉' 구성이다. '빌리다[借]'의 방언형은 '빌리다, 빌다' 등으로 나타난다.

1008) '비리다'는 '꺼리어 피해야 할 송장이나 마소의 죽은 것 따위를 보고 몸이 부정하게 되다.'는 뜻을 지닌 어휘이다.

1009) '가져다가'의 뜻으로, '앗[持]-+-아당' 구성이다. '-아당'은 '-아다가'의 의미로 쓰이는 어미이다. '가지다'의 방언형은 '가지다, ᄀ지다, 아지다, 앗다, ᄋ지다' 등으로 나타난다.

1010) '명태(明太)'를 말한다. '명태(明太)'의 방언형은 '멘테, 멩테' 등으로 나타난다.

1011) '세 그릇'을 말한다.

1012) '날것으로'의 뜻이다. '날것'의 방언형은 '눌거, 눌것'등으로 나타난다.

1013) '삼종(三種)'을 말한다.

1014) '봉분제(封墳祭)'를 말한다.

1015) '토지신(土地神)한테'의 뜻이다.

1016) '있어?'의 뜻으로, '시[有]-+-어' 구성이다. '있다'의 방언형은 '시다, 싯다, 이시다, 잇다' 등으로 나타난다.

1017) '넘겨'의 뜻이다. '넘기다'의 방언형은 '넘기다, 넹기다' 등으로 나타난다.

1018) '싸서'의 뜻으로, '싸[包]-+-앙은에' 구성이다. '-앙은에'는 '-아서'의 의미로 쓰이는 어미이다.

1019) '반기'를 말한다.

1020) '늙으신네한테'의 뜻으로, '늙신네+-신듸' 구성이다. '늙으신네'의 방언형은 '늙신네, 늙신이' 등으로 나타난다.

1021) '서쪽에처럼'의 뜻으로, '서(西)+-더레(처소)+ᄀ치' 구성이다. 여기서 '서(西)'란 조사 마을인 동복리(東福里)를 기준으로 할 때 서쪽 지역의 마을을 말한다.

1022) '반달떡이여'의 뜻이다. '반달떡'은 '쌀가루나 메밀가루를 반죽하여 얇게 민 다음에 반달 모양의 떡살로 떠서 끓는 물에 삶거나 겅그레 위에서 찐 떡'을 말한다. 달리 '돌반착떡'이라 하기도 한다.

1023) '동그란'의 뜻으로, '동글락허[圓]-+-ㄴ' 구성이다. '동그랗다[圓]'의 방언형은 '동그랑ᄒ다, 동글락ᄒ다, 동클락ᄒ다' 등으로 나타난다.

1024) '쪄서'의 뜻으로, '치[蒸]-+-엉은에' 구성이다. '-엉은에'는 '-어서'의 의미로 쓰이는 어미이다. '찌다[蒸]'의 방언형은 '치다'로 나타난다.

1025) '부걱부걱이' 뜻이다.

1026) '괴어'의 뜻으로, '궤[醱]-+-엉' 구성이다. '괴다[醱]'의 방언형은 '궤다'로 나타난다.

1027) '제편(祭偏)'에서 온 어휘로, 제(祭)에 쓰는 시루떡을 말한다.

1028) '송편'을 말한다. '송편'의 방언형은 '곤떡, 솔펜, 송펜' 등으로 나타난다.

1029) '만두'를 말한다.

1030) '자루로'의 뜻이다. '자루[柄]'의 방언형은 'ᄌ록, ᄌ룩, ᄌ뤅, ᄎ록' 등으로 나타난다.

1031) ‘군데[所]’를 말한다. ‘군데[所]’의 방언형은 ‘곤데, 반듸, 밧듸’ 등으로 나타난다.

1032) ‘눌러서’의 뜻으로, ‘누뜰[壓]-+-엉’ 구성이다. ‘누르다[壓]’의 방언형은 ‘누뜰다, 누르다, 누르뜨다, 누울리다, 눌뜨다, 눌르다’ 등으로 나타난다.

1033) ‘골무떡이라고’의 뜻이다. ‘골무떡’의 방언형은 ‘골미, 골미떡’ 등으로 나타난다.

1034) ‘산적(散炙)’을 말한다. ‘산적(散炙)’의 방언형은 ‘적, 적갈’ 등으로 나타난다.

1035) ‘상어산적’을 말한다. ‘상어산적’의 방언형은 ‘모도리적, 상어적’ 등으로 나타난다.

1036) ‘꼬치’를 말한다. ‘꼬치’의 방언형은 ‘고지, 꼬지’ 등으로 나타난다.

1037) ‘제육(祭肉)’을 말한다. ‘제육(祭肉)’의 방언형은 ‘제숙, 제육, 지숙’ 등으로 나타난다.

1038) ‘별로’의 뜻이다. ‘별로’의 방언형은 ‘베랑, 벨로 벨부’ 등으로 나타난다.

1039) ‘없어도’의 뜻으로, ‘엇[無]-+-어도’ 구성이다. ‘없다[無]’의 방언형은 ‘없다, 엇다, 읎다, 읏다’ 등으로 나타난다.

1040) ‘동쪽에서’의 뜻이다.

1041) ‘옥돔’을 말한다. ‘옥돔’의 방언형은 ‘생선, 생성, 솔나니, 솔래기, 오토미, 오톰생성, 오퉤미’ 등으로 나타난다.

1042) ‘무[菁]’를 말한다. ‘무[菁]’의 방언형은 ‘ᄂᆞᆷ삐, 무수’ 등으로 나타난다.

1043) ‘없어’의 뜻으로, ‘엇[無]-+-어’ 구성이다. ‘없다[無]’의 방언형은 ‘없다, 엇다, 읎다, 읏다’ 등으로 나타난다.

1044) ‘수저’를 말한다.

1045) ‘빽빽하게’의 뜻이다.

1046) ‘귤’ 또는 ‘밀감’을 말한다. 일본어 ‘みかん’이다.

1047) ‘배[梨]’를 말한다.

1048) ‘많지’의 뜻이다.

1049) ‘되어버리는’의 뜻이다.

1050) ‘비자는’의 뜻이다. ‘비자(榧子)’의 방언형은 ‘비ᄌᆞ’로 나타난다.

1051) ‘당유자(唐柚子)’를 말한다.

1052) ‘것이니까’의 뜻으로, ‘거[其]+-난’ 구성이다. ‘-난’은 ‘-니까’의 의미로 쓰이는 어미이다.

1053) ‘참외’를 말한다.

1054) ‘매달린’의 뜻이다. ‘매달리다’의 방언형은 ‘돌아지다’로 나타난다.

1055) ‘말했지만’의 뜻으로, ‘ᄀᆞᆯ[曰]-+-앗주마는’ 구성이다. ‘말하다[曰]’의 방언형은 ‘ᄀᆞᆮ다, ᄀᆞᆯ다, 말ᄀᆞᆮ다, 말ᄀᆞᆯ다, 말ᄒᆞ다’ 등으로 나타난다.

1056) ‘잠갔다’의 뜻으로, ‘크[浸]-+-엇저’ 구성이다. ‘-엇저’는 ‘-었다’의 의미로 쓰이는 어미이다. ‘담그다’

1057) ‘시루[甑]’를 말한다. ‘시루[甑]’의 방언형은 ‘시리’로 나타난다.

1058) ‘쪄[蒸]’의 뜻이다.

1059) ‘끊어’의 뜻으로, ‘그치[切]-+-아’ 구성이다. ‘끊다[切]’의 방언형은 ‘그치다, 기치다, 끈다, 끈치다’ 등으로 나타난다.

1060) '빗씩'의 뜻으로, '빗'이란 '칼로 베어 낸 시루떡의 조각이나 그것을 세는 말'이다.
1061) '빵떡'을 말한다. '상에떡(상웨떡)'이란 '밀가루에 기주를 넣은 다음 더운 방에 두어서 부풀어 오르면 둥그렇게 만들어 겅그레 위에 넣고 찐 떡'을 말한다.
1062) '부걱부걱하게'의 뜻이다.
1063) '괴운[醱]'의 뜻이다. '괴다[醱]'의 방언형은 '궤다'로 나타난다.
1064) '반쪽짜리'를 말한다. '반쪽'의 방언형은 '반착'으로 나타난다.
1065) '흰떡'을 말한다.
1066) '들이뜨려서'의 뜻으로, '딜이치[落]-+-엉+양' 구성이다. '들이뜨리다'의 방언형은 '들이치다, 딜이치다' 등으로 나타난다.
1067) '있으니까'의 뜻으로, '이시[有]-+-난' 구성이다. '있다[有]'의 방언형은 '시다, 싯다, 이시다, 잇다' 등으로 나타난다.
1068) '싸서[包]'의 뜻으로, '싸[包]-+-앙' 구성이다.
1069) '무겁질'의 뜻으로, '베[重]-+-질' 구성이다. '무겁다[重]'의 방언형은 '무겁다, 베다' 등으로 나타난다.
1070) '바구니에'의 뜻으로, '구덕+-에' 구성이다. '바구니'의 방언형은 '구덕, 바구리, 바굼지' 등으로 나타난다.
1071) '대야'를 말하는데, 일본어 'たらい'이다.
1072) '질구덕에요'의 뜻이다. '질구덕'(지[負]-+ㄹ+구덕)은 '물건을 넣어 등에 지는 대바구니'를 말한다. 김정(金淨)은 『제주풍토록』에서, 등에 짐을 지는 제주 사람들의 풍속을 '부이부대(負而不戴)' 곧 '짐을 등에 지지 머리에 이지 않는다.'라 기록하고 있다.
1073) '셋이나 넷이나'의 뜻이다.
1074) '들어서'의 뜻으로, '들르[擧]-+-엉' 구성이다. '드르다[擧]'의 방언형은 '드르다, 들르다' 등으로 나타난다.
1075) '나서면'의 뜻이다. '나서다'의 방언형은 '나사다, 나亽다' 등으로 나타난다.
1076) '반기(잔치나 제사 후에 여러 군데 나누어 주려고 그릇에 몫몫이 담아 놓은 음식)'를 말한다.
1077) '몫'을 말한다. '몫'의 방언형은 '나시, 적시, 직시, 찍, 찍세, 찍시' 등으로 나타난다.
1078) '개수(個數)'를 말한다. '개수(個數)'의 방언형은 '수정, 숴정' 등으로 나타난다.
1079) '많은'의 뜻이다. '많다[多]'의 방언형은 '만흐다, 하다' 등으로 나타난다.
1080) '적은[少]'의 뜻이다.
1081) '반기이고'의 뜻이다.
1082) '싸서[包]'의 뜻으로, '싸[包]-+-앙' 구성이다.
1083) '마을 전체에 나누는 반기'를 말한다.
1084) '태우고[分]'의 뜻이다. '태우다[分]'의 방언형은 '테우다, 텝다, 페우다' 등으로 나타난다.
1085) '밭벼'를 말한다. '밭벼'의 방언형은 '산뒤, 산듸' 등으로 나타난다.

1086) '일부러'의 뜻이다. '일부러'의 방언형은 '역부러, 역불, 역불로' 등으로 나타난다.
1087) '갈아서[磨]'의 뜻이다. '갈다[磨]'의 방언형은 'ᄀᆞᆯ다'로 나타난다.
1088) '정미소'를 말한다.
1089) '공정'은 '장사를 지내고 난 후 특별히 수고한 사람에게 감사의 뜻으로 건네는 음식'을 말한다.
1090) '갑생이 아버지'는 주제보자인 남편을 말한다.
1091) '말하듯이'의 뜻으로 'ᄀᆞᆮ[曰]+-듯이' 구성이다. '말하다'의 방언형은 'ᄀᆞᆮ다, ᄀᆞᆯ다, 말ᄀᆞᆮ다, 말ᄀᆞᆯ다, 말ᄒᆞ다' 등으로 나타난다.
1092) '양푼에는'의 뜻이다. '양푼'의 방언형은 '낭푼이'로 나타난다.
1093) '차곡차곡'의 뜻이다.
1094) '빗으로'의 뜻으로, 여기서는 '크게'의 의미로 쓰였다. '빗'은 '칼로 베어 낸 시루떡의 조각이나 그것을 세는 말'이다.
1095) '흰떡'을 말한다.
1096) '나서서'의 뜻이다. '나서다'의 방언형은 '나사다, 나ᄉᆞ다' 등으로 나타난다.
1097) '걷어가고(늘어놓거나 벌려놓은 것을 치우거나 모아서 가져가다.)'의 뜻이다.
1098) '많은'의 뜻이다.
1099) '어린[幼]'의 뜻이다. '어리다[幼]'의 방언형은 '두리다, 어리다' 등으로 나타난다.
1100) '그처럼'의 뜻이다.
1101) '없다'의 뜻으로, '엇[無]-+-다' 구성이다. '없다[無]'의 방언형은 '없다, 엇다, 읎다, 읏다' 등으로 나타난다.
1102) '가지고'의 뜻으로, '앗[持]-+-앙' 구성이다. '가지다[持]'의 방언형은 '가지다, ᄀᆞ지다, 아지다, 앗다, ᄋᆞ지다' 등으로 나타난다.
1103) '가서'의 뜻으로, '가[去]-+-앙' 구성이다.
1104) '와서'의 뜻으로, '오[來]-+-앙' 구성이다.
1105) '없으면'의 뜻으로, '엇[無]-+-이믄' 구성이다. '없다[無]'의 방언형은 '없다, 엇다, 읎다, 읏다' 등으로 나타난다.
1106) '가져오고'의 뜻이다.
1107) '구들에'의 뜻이다.
1108) '부대(負袋)'를 말한다. '부대[負袋]'의 방언형은 '푸데'로 나타난다.
1109) '있어'의 뜻으로. '시[有]-+-어게' 구성이다. '-어게'는 '-어'의 의미로 쓰이는 어미이다. '있다[有]'의 방언형은 '시다, 싯다, 이시다, 잇다' 등으로 나타난다.
1110) '멱서리' 또는 '멱'을 말한다.
1111) '겯어서'의 뜻으로, 'ᄌᆞᆯ[織]-+-앙' 구성이다. '겯다[織]'의 방언형은 'ᄌᆞᆮ다, ᄌᆞᆯ다' 등으로 나타난다.
1112) '고방(庫房)'을 말한다. '고방(庫房)'의 방언형은 '고팡, 궤팡, 안방, 안팡, 암팡, 앙팡' 등으로 나타난다.
1113) '놓아두고서'의 뜻이다.

1114) '차좁쌀은'의 뜻이다. '차좁쌀'의 방언형은 '흐린좁쏠, 희린좁쏠' 등으로 나타난다.
1115) '메좁쌀'의 뜻이다. '메좁쌀'의 방언형은 '모인좁쏠, 모흰좁쏠' 등으로 나타난다.
1116) '부어서[注]'의 뜻이다. '붓다[注]'의 방언형은 '부수다, 부으다, 비우다, 빕다' 등으로 나타난다.
1117) '장지(葬地)에' 뜻이다. '장지(葬地)'의 방언형은 '영장밧, 장밧' 등으로 나타난다.
1118) '공정'은 '장사를 지내고 난 후 특별히 수고한 사람에게 감사의 뜻으로 건네는 음식'을 말한다.
1119) '차리어'의 뜻으로, '출리[扮]-+-엉' 구성이다. '차리다[扮]'의 방언형은 'ᄎ리다, 출리다' 등으로 나타난다.
1120) '뒤로'의 뜻이다. '조롬'은 '꽁무니'의 방언형이나, 여기서는 '뒤[後]'의 의미로 쓰였다.
1121) '태우지[分]'의 뜻으로, '텝[分]-+-주' 구성이다. '태우다[分]'의 방언형은 '테우다, 텝다, 페우다' 등으로 나타난다.
1122) '가져'의 뜻으로, '앗[持]-+-앙' 구성이다. '가지다'의 방언형은 '가지다, ᄀ지다, 아지다, 앗다, ᄋ지다' 등으로 나타난다.
1123) '가겠다고'의 뜻으로, '가[去]-+-켄' 구성이다. '-켄'은 '-겠다고'의 의미로 쓰이는 어미이다.
1124) '가져오지'의 뜻이다. '가져오다'의 방언형은 '가져오다, 거져오다, ᄀ져오다, 아져오다, 앗아오다, ᄋ져오다' 등으로 나타난다.
1125) '가져와'의 뜻이다.
1126) '어린[幼]'의 뜻으로, '두리[幼]-+-ㄴ' 구성이다. '어리다'의 방언형은 '두리다, 어리다' 등으로 나타난다.
1127) '도공시'는 '장지(葬地)가 마을과 멀리 떨어져 있을 경우 하루 전에 미리 장지에 올려 보내는 각종 음식 재료와 그릇, 물 따위를 이르는 말. 또는 이를 관장하는 사람'을 말한다.
1128) '차리어[扮]'의 뜻으로, '출리[扮]-+-엉' 구성이다. '차리다[扮]'의 방언형은 'ᄎ리다, 출리다' 등으로 나타난다.
1129) '보따리(褓--)'를 말한다.
1130) '헝겊'을 말한다.
1131) '보(褓)'를 말한다. '보(褓)'의 방언형은 '포'로 나타난다.
1132) '만들어서'의 뜻으로, '멩글[造]-+-앙' 구성이다. '만들다'의 방언형은 '만들다, 멘글다, 멘들다, 멩글다, ᄆᆡᆼ글다' 등으로 나타난다.
1133) '멱' 또는 '멱서리'를 말한다.
1134) '밥주걱'을 말한다. '밥주걱'의 방언형은 '밥오곰, 밥우굼, 밥자, 밥주걱, 밥죽, 우굼, 울굼' 등으로 나타난다.
1135) '버믈[汚]-+-카부덴' 구성이다. '-카부덴'은 '-ㄹ까 보아'의 의미로 쓰이는 어미이다. '버물다[汚]'는 '옷 따위가 때가 묻거나 무엇이 묻어서 더러워지다.'는 뜻이다.

1136) '보(褓)를'의 뜻이다.

1137) '덮어'의 뜻으로, '더끄[蓋]-+-어' 구성이다. '덮다[蓋]'의 방언형은 '더끄다, 더프다' 등으로 나타난다.

1138) '양푼에'의 뜻이다.

1139) '뜨면서'의 뜻으로, '거리[分]-+멍' 구성이다. '뜨다[分]'의 방언형은 '거리다'로 나타난다.

1140) '앉으면'의 뜻으로, '아지[坐]-+민' 구성이다. '앉다[坐]'의 방언형은 '아지다, 안즈다, 안지다, 앉다, 앚다' 등으로 나타난다.

1141) '장지(葬地)에'의 뜻이다. '장지(葬地)'의 방언형은 '영장밧, 장밧' 등으로 나타난다.

1142) '앉지'의 뜻으로, '앚[坐]-+-지' 구성이다. '앉다[坐]'의 방언형은 '아지다, 안즈다, 안지다, 앉다, 앚다' 등으로 나타난다.

1143) '앉아서'의 뜻으로, '앚[坐]-+-앙' 구성이다.

1144) '놓으면'의 뜻이다.

1145) '반기(잔치나 제사 후에 여러 군데에 나누어 주려고 그릇에 몫몫이 담아 놓은 음식)'를 말한다.

1146) '필역[피력]'은 '장지에서 장사가 끝난 뒤 상두꾼들에게 고마움의 뜻으로 나누어 주는 떡'을 말한다.

1147) '몫' 또는 '깃'의 뜻이다. '몫'의 방언형은 '나시, 적시, 직시, 찍, 찍세, 찍시' 등으로 나타난다.

1148) '달라'의 뜻이다.

1149) '많으니까'의 뜻이다. '많다[多]'의 방언형은 '만ᄒᆞ다, 하다' 등으로 나타난다.

1150) '뒤에'의 뜻이다. '조롬'은 '꽁무니'의 방언형이다.

1151) 부제보자의 집안을 말한다.

1152) '동복리에서는'의 뜻이다. '동복리'는 조사 마을인 구좌읍 동복리(東福里)를 말한다.

1153) '제삿날은'의 뜻이다. '제삿날'의 방언형은 '식겟날, 제ᄉᆞᆺ날, 지ᄉᆞᆺ날' 등으로 나타난다.

1154) '오십시오'의 뜻으로, '오[來]-+-십서' 구성이다. '-십서'는 '-십시오'의 의미로 쓰이는 어미이다.

1155) '옵시오'의 뜻으로. '오[來]-+-ㅂ서' 구성이다. '-ㅂ서'는 '-ㅂ시오'의 의미로 쓰이는 어미이다.

1156) '모르겠어'의 뜻으로, '모르[不知]-+-커라' 구성이다. '-커라'는 '-겠어'의 의미로 쓰이는 어미이다.

1157) '책임진' 또는 '책임을 맡은'의 뜻이다. '모메다'는 '주장이 되어 모든 책임을 지거나 임무를 맡다.'는 뜻을 지닌 어휘이다.

1158) '제사(祭祀)'를 말한다. '제사(祭祀)'의 방언형은 '식게, 제사, 제ᄉᆞ, 지ᄉᆞ' 등으로 나타난다.

1159) '옵시오'의 뜻으로, '오[來]-+-ㅂ서' 구성이다. '-ㅂ서'는 '-ㅂ시오'의 의미로 쓰이

는 어미이다.

1160) '가서'의 뜻으로, '가[去]-+-앙' 구성이다.

1161) 이 부분은 제보자가 잘못 이야기한 대목이다. 제사는 3대까지만 모시기 때문에 증조(曾祖)까지만 제사를 모신다. 고조(高祖)부터는 제사를 그만두고 시제 또는 묘제로 모시게 된다.

1162) '지제(止祭)'를 말한다.

1163) '시제(時祭)'를 말한다.

1164) 여기서는 '봉사(奉祀) 받다'의 의미로 쓰였다.

1165) '무해버립니다(無-----)'의 뜻으로, '없애버립니다'의 의미로 쓰였다.

1166) '소분(掃墳)'을 말하나 여기서는 '벌초(伐草)'의 의미로 쓰였다. '소분(掃墳)'은 성묘(省墓)하는 일이고, '벌초(伐草)'는 무덤의 풀을 베어 깨끗하게 하는 일을 말한다.

1167) '낫게[勝]'의 뜻이다.

1168) '부어[注]'의 뜻으로, '비우[注]-+-아' 구성이다. '붓다[注]'의 방언형은 '부수다, 부으다, 비우다, 빕다' 등으로 나타난다.

1169) '매기'는 달리 '마기, 매미' 등을 나타나기도 하는데, '끝' 또는 '그만, 그것뿐' 등의 뜻으로 쓰이는 말이다.

1170) '거의'의 뜻이다. '거의'의 방언형은 '거의, 거자, 거저, 거줌, 거진, 건자, 건줌' 등으로 나타난다.

1171) '새벽국수'의 뜻이다. '새벽국수'란 '설 명절을 지내기 전 새벽에 간단하게 제를 지낼 때 올리는 메밀칼국수'를 말한다. '새벽국수'는 달리 '새벽국'이라고도 한다.

1172) '명일(名日)'의 뜻이다. '명일(名日)'의 방언형은 '멩일, 멩절, 명질, 멩질' 등으로 나타난다.

1173) '닭[鷄]'의 뜻이다.

1174) 제보자의 큰아들 이름이다.

1175) '국수명절'의 뜻이다. '국수명절'은 달리 '국멩질, 떡국멩질'이라 하는데, '설 명절을 지내기 전에 메밀칼국수를 올려서 간단하게 지내는 명절'을 말한다.

1176) '조상(祖上)'을 말한다. '조상(祖上)'의 방언형은 '조상, 초상' 등으로 나타난다.

1177) '조상한테'의 뜻이다.

1178) '과세(過歲)'를 말한다.

1179) '문전상(門前床)'의 뜻으로, 제사를 비롯하여 집안 큰일이 있을 때 문전신(門前神)을 위하여 차리는 상을 말한다. 문전신(門前神)을 모시게 된 연유는 <문전본풀이>에 잘 나타나 있다.

1180) '안에[內]'의 뜻으로, 집안의 부를 가져다 준다는 신을 위한 자리 또는 그를 위한 상을 말한다.

1181) '휜떡'을 말한다.

1182) '만두'를 말한다.

1183) '산적(散炙)'을 말한다.

1184) '나물은'의 뜻이다. '나물'의 방언형은 'ᄂᆞ물, ᄂᆞᄆᆞᆯ' 등으로 나타난다.
1185) '할머니'의 뜻이나 여기서는 제보자의 아내의 의미로 쓰였다.
1186) '성게국'은 '성게의 알을 미역과 함께 넣어서 끓인 국'을 말한다. 달리 '구살국, 퀏국'이라 하기도 한다.
1187) '와서'의 뜻으로, '오[來]-+-앙은에' 구성이다. '-앙은에'는 '-아서'의 의미로 쓰이는 어미이다.
1188) '골무떡'을 말한다. '골무떡'의 방언형은 '골미, 골미떡' 등으로 나타난다.
1189) '빼어'의 뜻이다.
1190) 주제보자가 말을 잘못하고 있어 곁에 있던 보조제보자가 정정하고 있다.
1191) '차례인지'의 뜻이다.
1192) 보조제보자의 정정에 대하여 주제보자가 응대하는 말이다.
1193) '빵떡'의 뜻이다.
1194) '사가지고 온다거나'의 뜻이다.
1195) '반기(잔치나 제사 후에 여러 군데에 나누어 주려고 그릇에 몫몫이 담아 놓은 음식)'를 말한다.
1196) '싸서[包]'의 뜻으로, '싸[包]-+-앙' 구성이다.
1197) '앉아서'의 뜻으로, '앚[坐]-+-앙은에' 구성이다. '-앙은에'는 '-아서'의 의미로 쓰이는 어미이다.
1198) '마늘[大蒜]'을 말한다.
1199) '파제(罷祭)'를 말한다. '파제(罷祭)'의 방언형은 '파제, 파지' 등으로 나타난다.
1200) '사돈집에'의 뜻이다. '사돈집'의 방언형은 '사돈칩, 사돈칫, 사둔칩' 등으로 나타난다.
1201) '없어'의 뜻으로, '엇[無]-+-어' 구성이다. '없다[無]'의 방언형은 '없다, 엇다, 읎다, 읏다' 등으로 나타난다.
1202) '없고'의 뜻이다.
1203) '가다가'의 뜻이다. '가다가'의 방언형은 '가다가, 가당' 등으로 나타난다.
1204) '있었자'의 뜻으로, '잇[有]-+-엇자' 구성이다. '-엇자'는 '-었자'의 의미로 쓰이는 어미이다.
1205) '많으면'의 뜻으로, '하[多]-+-믄' 구성이다. '하다[多]'의 방언형은 '만ᄒᆞ다, 하다' 등으로 나타난다.
1206) '젤[第一]'의 뜻이다.
1207) '파제(罷祭)'를 말한다. '파제(罷祭)'의 방언형은 '파제, 파지' 등으로 나타난다.
1208) '지방(紙榜)'을 말한다.
1209) '쓰다가'의 뜻으로, '씨[書]-+-단에' 구성이다. '-단에'는 '-다가'의 의미로 쓰이는 어미이다. '쓰다[書]'의 방언형은 '쓰다, 씨다' 등으로 나타난다.
1210) '와서'의 뜻으로, '오[來]-+-앙' 구성이다.
1211) '제필(祭畢)'을 말한다.

1212) '살라[燒]'의 뜻으로, '술[燒]-+-아' 구성이다. '사르다[燒]'의 방언형은 '술다'로 나타난다.

1213) '걷고'의 뜻이나 여기서는 '제반하고(除飯--)'의 의미로 쓰였다. 곧 문전신(門前神)을 위하여 문전상(門前床)에 올렸던 갖가지 음식을 조금씩 제반(除飯)하는 것을 말한다.

1214) '말라고'의 뜻으로, '말[勿]-+-렌' 구성이다. '-렌'은 '-라고'의 의미로 쓰이는 어미이다.

1215) '내려놓아서'의 뜻이다. 여기서는 제사상에 진설했던 갖가지 음식을 내려놓는 것을 말한다.

1216) '갱(羹)' 곧 제사에 썼던 국을 말한다.

1217) '말하는'의 뜻으로, 'ᄀᆞᆮ[曰]-+-는' 구성이다. '말하다'의 방언형은 'ᄀᆞᆮ다, ᄀᆞᆯ다, 말ᄀᆞᆮ다, 말ᄀᆞᆯ다, 말ᄒᆞ다' 등으로 나타난다.

1218) '전날'을 말한다. '전날'의 방언형은 '아시날'로 나타난다.

1219) '귤'을 말하는데, 일본어 'みかん'이다.

1220) '따다가'의 뜻으로, '타[摘]-+-당은에' 구성이다. '-당은에'는 '-다가'의 의미로 쓰이는 어미이다. '따다[摘]'의 방언형은 '따다, ᄄᆞ다, 타다, ᄐᆞ다' 등으로 나타난다.

1221) '산적(散炙)'을 말한다.

1222) '할머니'를 뜻하나 여기서는 '아내'의 의미로 쓰였다.

1223) '와서'의 뜻으로, '오[來]-+-아근에' 구성이다. '-아근에'는 '-아서'의 의미로 쓰이는 어미이다.

1224) '누웠다가'의 뜻으로, '눅[臥]-+-엇당' 구성이다. '-엇당'은 '-었다가'의 의미로 쓰이는 어미이다. '눕다[臥]'의 방언형은 '눅다, 눕다' 등으로 나타난다.

1225) '앉았다가'의 뜻으로, '앚[坐]-+-앗당' 구성이다. '앉다[坐]'의 방언형은 '아지다, 안즈다, 안지다, 앉다, 앚다' 등으로 나타난다.

1226) '거의'를 말한다. '거의'의 방언형은 '거의, 거자, 거저, 거줌, 거진, 건자, 건줌' 등으로 나타난다.

1227) '되겠습니다'의 뜻으로, '뒈[化]-+-쿠다' 구성이다. '-쿠다'는 '-겠습니다'의 의미로 쓰이는 어미이다.

1228) '뜰'의 뜻으로, '거리[分]-+ㄹ' 구성이다. '뜨다[分]'의 방언형은 '거리다'로 나타난다.

1229) '써서'의 뜻으로, '쓰[書]-+-엉' 구성이다.

1230) '해서'의 뜻으로, '허[爲]-+-어네' 구성이다. '-어네'는 '-어서'의 의미로 쓰이는 어미이다.

1231) '현배(顯配)'을 말한다.

1232) '현고(顯考)'을 말한다.

1233) '나이[歲]'를 말한다. '나이[歲]'의 방언형은 '나, 나이' 등으로 나타난다.

1234) '맡아서'의 뜻으로, '마트[任]-+-앙' 구성이다. '맡다[任]'의 방언형은 '마트다'로 나타난다.

1235) '아버지'의 뜻이나 여기서는 '남편'의 의미로 쓰였다.
1236) '뜨라고'의 뜻으로, '거리[分]-+-렌' 구성이다. '-렌'은 '-라고'의 의미로 쓰이는 어미이다. '뜨다[分]'의 방언형은 '거리다'로 나타난다.
1237) '메를[飯-]'의 뜻이다.
1238) '앉았는데'의 뜻이다.
1239) '되겠더라고'의 뜻으로, '퉤[化]-+-커라고'의 구성이다. '-커라고'는 '-겠더라고'의 의미로 쓰이는 어미이다.
1240) '전혀' 또는 '조금도'의 뜻을 지닌 어휘이다.
1241) '부정하면'의 뜻이다. '비리다'는 '큰일 앞두고 몸엣것을 하거나 꺼리어 피해야 할 송장이나 마소의 죽은 것 따위를 보고 몸이 부정하게 되다.'는 의미를 지닌 어휘이다.
1242) '권념을(眷念-)'의 뜻이다.
1243) '모자라서'의 뜻이다. '모자라다'의 방언형은 '모자레다, 모지레다, 모즈레다' 등으로 나타난다.
1244) '제편(祭鯿)'을 말한다.
1245) '알루미늄'을 말하는데, 일본어 'アルミ'이다.
1246) '시루[甑]'를 말한다.
1247) '있던데'의 뜻으로, '잇[有]-+-언게' 구성이다. '-언게'는 '-던데'의 의미로 쓰이는 어미이다. '있다[有]'의 방언형은 '시다, 싯다, 이시다, 잇다' 등으로 나타난다.
1248) '찌면'의 뜻으로, '치[蒸]-+-믄' 구성이다. '찌다[蒸]'의 방언형은 '치다'로 나타난다.
1249) '삶아도'의 뜻이나 여기서는 '때어도'의 의미로 쓰였다.
1250) '석석ᄒᆞ다'는 '뜨거웠던 것이 서늘하다.'는 뜻을 지닌 어휘이다.
1251) '오르자마자'의 뜻이다.
1252) '솥밑에서'의 뜻으로, '솟강알+-에서' 구성이다. '솥밑(불길이 닿는 솥 아래쪽)'의 방언형은 '솟강알, 솟밋' 등으로 나타난다.
1253) '장작불'을 말한다.
1254) '바깥에'의 뜻으로, '배꼇[外]+-듸' 구성이다. '바깥'의 방언형은 '바깟, 바꼇, 바꼇, 바끗, 배꼇' 등으로 나타난다.
1255) '마려워'의 뜻으로, 'ᄆᆞ릅-+-앙' 구성이다. '마렵다'의 방언형은 'ᄆᆞ렵다, ᄆᆞ릅다, ᄆᆞ롭다, ᄆᆞ릅다' 등으로 나타난다.
1256) '나같이'의 뜻이다.
1257) '말해도'의 뜻으로, 'ᄀᆞᆯ[日]-+-아도' 구성이다. '말하다'의 방언형은 'ᄀᆞᆮ다, ᄀᆞᆯ다, 말ᄀᆞᆮ다, 말ᄀᆞᆯ다, 말ᄒᆞ다' 등으로 나타난다.
1258) '아뜩하게' 또는 '희뜩하게'의 뜻이나 여기서는 '잘못'의 의미로 쓰였다.
1259) '파파파파'는 김이 새는 소리다.
1260) '옆구리'를 말하는데, 여기서는 솥과 시루를 이은 부분을 말한다.
1261) '떡을'의 뜻이나 여기서는 김이 새지 않도록 바르는 '시룻번'의 의미로 쓰였다.

1262) '붙여도요'의 뜻으로, '부찌[附]-+-어도+양(종결보조사)' 구성이다. '붙이다[附]'의 방언형은 '부찌다, 부치다' 등으로 나타난다.

1263) '말아서'의 뜻이나 여기서는 '반죽해서'의 의미로 쓰였다.

1264) '놓아 있으면서' 또는 '놔두고서'의 뜻으로, '놓[放]-+-아둠서' 구성이다. '-아둠서'는 '-아 있으면서'의 의미로 쓰이는 어미이다.

1265) '밀가루'를 말한다.

1266) '에어(air)식이지'

1267) 영어 'air'를 말한다.

1268) '찌면'의 뜻이다. '찌다[蒸]'의 방언형은 '치다'로 나타난다.

1269) '데로만'의 뜻이다.

1270) '끊어서'의 뜻으로, '그치[切]-+-앙' 구성이다. '끊다[切]'의 방언형은 '그치다, 기치다, 끈다, 끈치다' 등으로 나타난다.

1271) '대야'를 말하는데, 일본어 'たらい'이다.

1272) '키[箕]'를 말한다. '키[箕]'의 방언형은 '푸는체, 푼체' 등으로 나타난다.

1273) '재벌'을 말한다.

1274) '쪄라'의 뜻으로, '치[蒸]-+-라' 구성이다. '찌다[蒸]'의 방언형은 '치다'로 나타난다.

1275) '드려라'의 뜻으로, '안네[獻]-+-라' 구성이다. '드리다[獻]'의 방언형은 '드리다, 안네다' 등으로 나타난다.

1276) '없으면'의 뜻으로, '엇[無]-+-이믄' 구성이다. '없다[無]'의 방언형은 '없다, 엇다, 읎다, 읏다' 등으로 나타난다.

1277) '흰떡'을 말한다.

1278) '빵떡'을 말한다.

1279) '시루떡'의 뜻으로, '치[蒸]-+-ㅁ 떡' 구성으로 이루어진 합성어다.

1280) '파제해야(罷祭--)'의 뜻이다.

1281) '제삿밥'을 말한다.

1282) '가져다가'의 뜻으로, '앗[持]-+-아당' 구성이다. '-아당'은 '-다가'의 의미로 쓰이는 어미이다. '가지다'의 방언형은 '가지다, ᄀᆞ지다, 아지다, 앗다, ᄋᆞ지다' 등으로 나타난다.

1283) '입노릇하십오라고'의 뜻이다. '입노릇하다'의 방언형은 '입노렴ᄒᆞ다, 입노림ᄒᆞ다' 등으로 나타난다.

1284) '어스름에'의 뜻이다. '어스름'의 방언형은 '어스럼, 어스름, 어슬먹, 초시림' 등으로 나타난다.

1285) '반기'를 말한다. '반기'는 잔치나 제사 후에 여러 군데에 나누어 주려고 그릇에 몫몫이 담아 놓은 음식을 말한다.

1286) '싸서'의 뜻으로, '싸[包]-+-앙' 구성이다.

1287) '가져가서'의 뜻이다.

1288) '보십시오'의 뜻이다.

1289) '맛있으니까'의 뜻이다. '맛있다'의 방언형은 '맛싯다, 맛잇다' 등으로 나타난다.

1290) '싫으면'의 뜻으로, '실프[厭]-+-믄' 구성이다. '싫다[厭]'의 방언형은 '말다, 슬프다, 실프다' 등으로 나타난다.

1291) '(떡집에) 가서 다 맞춰서 하는데'의 뜻으로, '떡집'이 생략되어 있다.

1292) '조상(祖上)'의 뜻이다. '조상(祖上)'의 방언형은 '조상, 초상' 등으로 나타난다.

1293) '놈의대동(--大同)'은 '남과 별로 차이가 없어 대체로 같거나 비슷함'을 뜻한다.

1294) '흰떡이고'의 뜻으로, 여기서는 '송편'의 의미로 쓰였다.

1295) '초상나도'의 뜻이다. '초상나다'의 방언형은 '상나다, 영장나다, 장나다' 등으로 나타난다.

1296) '산적씩부터'의 뜻으로, '적[散炙]+-썩(접사)+-부터' 구성이다. '산적(散炙)'의 방언형은 '적, 적갈' 등으로 나타난다.

1297) '장사지낸다고'의 뜻이다. '장사지내다'의 방언형은 '영장지네다, 장ᄉ지네다, 초상지네다' 등으로 나타난다.

1298) '파제(罷祭)'의 뜻이다. '파제(罷祭)'의 방언형은 '파제, 파지' 등으로 나타난다.

1299) '초승[初生]'을 말하나 여기서는 '어스름' 또는 '초저녁'의 의미로 쓰였다.

1300) '없었는데'의 뜻이다.

1301) '큰제사'를 말한다.

1302) '글라'는 아랫사람에게 함께 가기를 권유하는 말로, 그 다음에 '가다' 동사가 연결되는 특성을 지닌다. 이 '글라'는 표준어 '자' 정도에 해당하는 방언형으로, 동년배(同年輩)라며 '글어', 윗사람이라고 하면 '글읍서, 급서'라고 표현한다.

1303) '합제(合祭)'를 말한다.

1304) '버렸어'의 뜻이다. '버리다'의 방언형으로 '비다'는 보조용언인 경우에만 쓰인다.

1305) '내일모레'를 말한다.

1306) '양자한(養子-)'의 뜻이다. '양자하다(養子--)'의 방언형은 '양제ᄃ리다, 양제들다, 양ᄒ다' 등으로 나타난다.

1307) '할머니 제사는 할아버지 제삿날로 한데'의 뜻이다. 곧 할머니 제사는 따로 모시지 않고 할아버지 제삿날로 한데 합제한다는 것이다.

1308) '개가(改嫁)해 버리니까'의 뜻이다.

1309) '가서도'의 뜻이다.

1310) '되겠습니다'의 뜻으로, '뒈[化]-+-쿠다' 구성이다. '-쿠다'는 '-겠습니다'의 의미로 쓰이는 어미이다.

1311) '둘째아들은'의 뜻으로, '셋-+아덜+-은' 구성이다. '셋-'은 가족이나 친족 관계를 나타내는 말 앞에 붙어서, '둘째의' 뜻을 더하는 접두사이다.

1312) '작은할아버지'의 뜻으로, '족은-+하르버지' 구성이다.

1313) '작은할머니'를 말한다.

1314) '모셨었지'의 뜻이다.

1315) '모시고 있지'의 뜻이다.

1316) '있었었는데'의 뜻이다.

1317) '하십시오'의 뜻으로, '허[爲]-+-ㅂ서' 구성이다. '-ㅂ서'는 '-ㅂ시오'의 의미로 쓰이는 어미이다.

1318) '아니하겠다고'의 뜻으로, '아녀[不]-+-켄' 구성이다. '-켄'은 '-겠다고'의 의미로 쓰이는 어미이다. '아니하다'의 방언형은 '어녀다, 아니ᄒᆞ다' 등으로 나타난다.

1319) '하고 있는지'의 뜻으로, '허[爲]-+-염신디' 구성이다. '-염신디'는 'ᄒᆞ다' 위에 연결되어 '-고 있는지'의 의미로 쓰이는 어미이다.

1320) '아니하고 있는지'의 뜻으로, '아녀[不]-+-엄신디' 구성이다. '-엄신디'는 '-고 있는지'의 의미로 쓰이는 어미이다.

1321) '나아[生]'의 뜻이다.

1322) '맡아 가십시오'의 뜻이나 여기서는 '봉사하십시오(奉祀----)'라는 의미로 쓰였다.

03 생업 활동

3.1 밭벼농사

여기는 논농사는 안 지엄끼 때무네 논농사 대시네 그 산디농사예 거에 대해서 무러보쿠다예. 산디 품종은 어떤 거시 이신고예?

– 품종은?

= 히린[1] 거도 읻꼭 노린 걷또 읻꼭. 저 무신 거.

– 모인[2] 거.

= 무신 거 강나로기엔[3] 허영.

예.

– 모인 거 읻꼭 헌디 여기서는 우리 주로 어떤 종뉴를 ᄀᆞ라난는고? 어떤 베씨[4]로 가라나서?

– 산디[5].

= 아 산디?

– 으. 산디?

– 게메게[6]. 히린 거게. 촘쌀 저 산디 가라나고. 또 강나로기엔예 이제 모인 거. 바비 게삭지주게[7]. 그거 허연 가라나고.

그러믄 그 산디농사는 어떠케 지어난지예. 처음서부터 예를 들면 그 받 갈곡부터 거두어드기리까지 쭉 ᄀᆞ라줍써?

– 여긴 우리가 그때는 어렵꼬 어디 받또 얻꼭[8] 뭐허다 보니까 이쪽 가차운[9] 디선[10] 산디 잘 안 뒈고 뭐 산디 안 뒈는 걷보단도 바시[11] 업꼬 뭐허다 보니까 이 사름[12] 막 고셍 마니 헨쭈게.

– 나 쪼차뎅기멍[13] 나도 쫌 고셍허긴 헨쭈만. 다 여기서는 ᄒᆞᆫ 이 키로 쯤 올라간 디 간 그 옌나른 다 사브로 개간허연.

– 그 그 저네는 그 때비[14]를 마니 이용헨는데 우리 세대에는 주로 이제 그 갈레주그로[15] 헤네 다 바슬 이견[16].

여기는 논농사는 안 지었기 때문에 논농사 대신에 그 밭벼농사요 그것에 대해서 물어보겠습니다.

– 품종은?

= 차진 것도 있고 노란 것도 있고. 저 무슨 것.

– 메진 것.

= 무슨 것 강나록이라고 해서.

예.

– 메진 것 있고 한데 여기서는 우리 주로 어떤 종류를 말했었는가? 어떤 볍씨로 갈았었어?

– 밭벼.

= 아 밭벼?

– 으. 밭벼?

– 그러게. 차진 것. 찹쌀 저 밭벼 갈았었고. 또 강나록이라고 해서 이제 메진 것. 밥이 풀기가 없지. 그것 해서 갈았었고.

그러면 그 밭벼농사는 어떻게 지었었는지요. 처음부터 예를 들면 그 밭 갈고부터 거두어들이기까지 쭉 말해주십시오?

– 여기는 우리가 그때는 어렵고 어디 밭도 없고 뭐하다 보니까 이쪽 가까운 데서는 밭벼 잘 안 되고 뭐 밭벼 안 되는 것보다도 밭이 없고 뭐하다 보니까 이 사람 아주 고생 많이 했지.

– 나 쫓아다니면서 나도 좀 고생하기는 했지만. 다 여기서는 한 이 킬로쯤 올라간 데 가서 그 옛날은 다 삽으로 개간해서.

– 그 그 전에는 그 따비를 많이 이용했는데 우리 세대에는 주로 이제 그 가래로 해서 다 밭을 일구어.

– 에 그 지금 촐케드를[17] 받 다 이견 거기 이제 촘 곰베[18]로 헤연 다 두드리멍 그걸 다 부수완 거기서 쉐[19]로 헤연 받 까라보기도 허곡.

– 이 근가네는 이제 경운기로 헤연 갈곡 뭐 헨쭈마는 이제 경헤연 그 바슬 다 이겨넨[20] 산디 용사[21]를 지언쭈.

– 게난 산디 용사 그때는 뭐 비료 ᄀ튼 건또 엇꼬[22] 허난 기자 한번 여기 이경 가라그네 허당 안 뒈 가믄 또 어디 받또 구헹으네게 이디도 강으네 갈곡 저기도 강 갈곡 우리 옌나른 뭐 바슬 수십 빧디[23] 뎅기멍 바슬[24] 영 허믄 산디를 허영 머건쭈.

– 경헤네 헌 후제 받 산디 허영 갈믄 거기서 헤영 검지른 뭐 검질 헤영 메곡. 검질메영[25] 수확끼 뒈민 이제 보리 누룻누룻텡으네 보리 아 산디 이거가믄 이젠 산디 강[26] 비엉[27].

– 비엉 헤영 거기서 헹으네 몰량으네 경허민 이제 구루마[28]로 헤영 거 시껑[29].

– 지게로 허영 어느 정도까지 져 내치믄 구루마로 허영 시껑. 이제 지비 오민 이제 홀테[30]로 다 홀타[31].

으.

– 홀탕 이제 도께[32]로 허영 두드령 도께로 허영 두드리믄 이제 이 여자더리 이제 고셍 마니 헨쭈. 허믄 다 이제 두들기도 허곡 불리기도[33] 허곡 터령[34] 이제 걸 건조허영.

– 건조헌 다으메 이제 방에호게서[35] 지나[36] 거 이제 ᄀ레[37]에 강 ᄀ나[38] 뭐 헤 가지고 쏠로 만드랑 마니 나는 건또 아니주게. 경 어디 뭐.

– 그건. 그런 건떨 허믄 주로 이제 식께[39] 멩질허곡. 뭐 아이덜 뭐 헐 때 업쓰면 쓰기도 허곡.

– 뭐 헤영 주로 헤난디 이 할망[40]이 고셍헨쭈.

산디받뜬 검질 멜 뻰 멤니까?

= 그 받[41] 저 촐빧[42] 개간헌 거난이 새와시[43] 개간헌 거난 그저 검지

– 에 그 지금 꼴밭 들 지경을 밭 다 일구어 거기 이제 참 곰방메로 해서 다 두드리면서 그것을 다 부수어서 거기서 소로 해서 밭 갈아보기도 하고.

– 이 근간에는 이제 경운기로 해서 갈고 뭐 했지만 이제 그렇게 해서 그 밭을 다 일구어서는 밭벼 농사를 지었지.

– 그러니까 밭벼 농사 그때는 뭐 비료 같은 것도 없고 하니까 그저 한 번 일구어서 갈아서 하다가 안 되어 가면 또 어디 밭도 구해서 여기도 가서 갈고 저기도 가서 갈고 우리 옛날은 뭐 밭을 수십 군데 다니면서 밭을 이렇게 하면 밭벼를 해서 먹었지.

– 그렇게 해서 한 후에 밭 밭벼 해서 갈면 거기서 해서 김은 뭐 김 해서 매고. 김매서 수확기 되면 이제 보리 누릇누릇해서 보리 아 밭벼 익어 가면 이제는 밭벼 가서 베어서.

– 베서 해서 거기서 해서 말려서 그렇게 하면 이제 수레로 해서 그것 실어서.

– 지게로 해서 어느 정도까지 지어 내치면 수레로 해서 실어. 이제 집에 오면 이제 훑이로 다 훑아.

으.

– 훑아서 이제 도리깨로 해서 두드려서 도리깨로 해서 두드리면 이제 이 여자들이 이제 고생 많이 했지. 하면 다 이제 두드리기도 하고 드리기도 하고 떨어서 이제 그것을 건조해서.

– 건조한 다음에 이제 방아확에서 찧나 그것 이제 맷돌에 가서 가나 뭐 해 가지고 쌀로 만들어서 많이 나는 것도 아니지. 그렇게 어디 뭐.

– 그것. 그런 것들 하면 주로 이제 제사 명절하고. 뭐 아이들 뭐 할 때 없으면 쓰기도 하고.

– 뭐 해서 주로 했었는데 이 아내가 고생했지.

밭벼밭에는 김 몇 번 매나요?

= 그 밭 저 꼴밭 개간한 것이니까 떠밭 개간한 것이니까 그저 김을 한

를 훈 불[44] 메믄 또 조팔띠레[45] 드러사믄 그거 메레 갈 여의가 어성[46].

= 게믄 이제 기자[47] 산디 피영. 게난 비념 안 주곡 커민게 요마니 허믄게 그건 깡 비믄[48] 얼마나 빔광[49] 또 무끄믄[50] 얼마나 나올 꺼라게.

= 두드렁짜 얼마 나오지도 아녈쭈마는 그때 쏘리 어려우니까.

= 겨교 ᄋᆞ르메만[51] 제사가 하니까[52] 그걸 ᄇᆞᆯ따가 봄 나믄 이젠 기곌 빵[53]에 강 져당[54] 허나 ᄆᆞᆯ그레[55]에 ᄀᆞ나 경헤영 장만헤 ᄇᆞᆯ땅으네 이제 식껠 훈 대ᄋᆞ선[56] 뺀 헤 먹쩬[57] 허믄 유월 식껠 헤 먹쩬 허믄 그걸 놔뒬 땅 그걸로 이제 메 허연.

예. 걸르믄 안 헤봐신가마씨? 그 산디파튼?

— 산디받띠는[58] 주로 걸르믈 아녀본 거 가튼데. 다 이제 개간헌 바시난[59].

— 좀 나는 딘 쫌 께[60]가 나곡 아이 난 디 께가 안 나올 정도주.

예예예예. 그러믄예? 농사를 짇쩬 허면 연장드리 이써야 될 꺼 아니우꽈예? 어떤 연장드리 이신고예?

— 연장드른 이 주로 이제 산디 나젠 허믄 우선 삽. 그 개간허젠 허민 사비 이써야 뒈곡.

= 곰베[61].

— 또 곰베가 이써야 뒈곡 쉐시렁[62]이 이써야 뒈곡 또 광이[63]가 이써야 뒈곡 또 호미[64] 나슨 그 뭐 통상저긴 거시기곡.

— 그러추 뭐 주로. 경허믄 이제 소 허영 받 갈곡 뭐.

= 경허영 남태로 이제 둥그령[65].

게난 받 깔젠 허믄 잠대가 피료한 거고.

— 잠데[66]가 피로허고.

아까 뭐마씨?

— 잠데 잠데가 허젠 허믄 잠데만 이시믄 뒈게. 잠데가 이서야[67] 뒈곡. 잠데에 속카는 거 보서비[68] 이써야 뒈곡. 베시[69] 이써야 뒈곡. 또 이제

벌 매면 또 조밭으로 들어서면 그것 매러 갈 여유가 없어서.

= 그러면 이제 그저 밭벼 패서. 그러니까 비료 안 주고 하면 요만큼 하면 그것 가서 베면 얼마나 베며 또 묶으면 얼마나 나올 것인가.

= 두드려도 얼마 나오지도 않았지만 그때 쌀이 어려우니까.

= 그러하고 여름에만 제사가 많으니까 그것을 놔두었다가 봄 되면 이제는 정미소에 가서 찧어다가 하나 연자매에 가서 가나 그렇게 해서 장만해 놔두었다가 이제 제사를 한 대여섯 번 해 먹으려고 하면 유월 제사를 해 먹으려고 하면 그것을 놔두었다가 그것으로 이제 메 해서.

예. 거름은 안 봤습니까? 그 밭벼밭은?

– 밭벼밭에는 주로 거름은 아니해 본 것 같은데. 다 이제 개간한 밭이니까.

– 좀 나는 데는 좀 매끼가 나고 아니 난 데 매끼가 안 나올 정도지.

예예예예. 그러면요? 농사를 지으려고 하면 연장들이 있어야 될 것 아닙니까? 어떤 연장들이 있는가요?

– 연장들은 이 주로 이제 밭벼 나오려고 하면 우선 삽. 그 개간하려고 하면 삽이 있어야 하고.

= 곰방메.

– 또 곰방메가 있어야 되고 쇠스랑이 있어야 되고 또 괭이가 있어야 되고 또 낫 낫은 그 뭐 통상적인 거시기고.

– 그렇지 뭐 주로. 그렇게 하면 이제 소 해서 밭 갈고 뭐.

= 그렇게 해서 남태로 이제 굴려서.

그러니까 밭 갈려고 하면 쟁기가 필요한 것이고.

– 쟁기가 필요하고.

아까 무엇이라고요?

– 쟁기 쟁기가 하려고 하면 쟁기만 있으면 되어. 쟁기가 있어야 되고. 쟁기에 속하는 것 보습이 있어야 되고. 볏이 있어야 되고. 또 이제 우선

우선 소가 일써야 뒈곡.

— 거기에 허믄 이제 또.

= 가린석.

— 가린석.

멍에?

— 멍에. 또 그 하나 뭐꼬? 거. 그 영 그.

— 거 다 이저부런 셍가기 나커라.

거 다으메 ᄀ라줍써? 셍각나걸랑에. 예예. 아까 아주머니 돌테?

남태.

나 남태.

= 남태.

남태.

— 남태는 그 소낭[70] 이제 ᄒᆞᆫ 아놈 **** 한 일 메다쯤도 크게 너미 그 저 이 거시기가 좀 자근 거는 메다 수를 길게 쫌 노콕.

— 또 워낙 또 큰 거는 쫌 메다 수를 일 메다 십쯤 놔그넹에 그거 다 이제 구멍을 요러케 네 귀를 영[71] 팡[72]. 소느로 다 파그네 이제 끌로 헤네[73] 다 이제 팡. 이제 요만썩 또.

발 ᄃᆞᆫ쩽?

— 자귀로 허영 마추멍 ᄁᆞ넝[74] 다 바강 이제 양쪽 페니 이제 고리 다 이제 불미쟁이안티[75] 강 만드러당으네 고리 헹 만드랑 메왕. 거 이제 쉐로도 끋꾹[76] 사라므로도 헤영 끋꾹 경헤난쭈게. ᄆᆞᆯ로도 헤영 끋꾹.

그 다으메 뭐 ᄁᆞ실퀴? 여기서 ᄁᆞ실퀴렌 험니까?

— ᄁᆞ실퀴[77]는.

= ᄁᆞ실퀴 그 건.

— 씨를 씨를 이제 삐어[78] 놩.

— 에 그 조 조팔띠는[79] 이제 단단하게시리 하기 위헤서 주로 이제 ᄆᆞ

소가 있어야 되고.

– 거기에 하면 이제 또.

= 고삐.

– 고삐.

멍에?

– 멍에. 또 하나 무엇이니? 그것. 그 이렇게 그.

– 그것 다 잊어버려서 생각이 나겠어.

그것 다음에 말해주십시오? 생각나거든요. 예예. 아까 아주머니 돌테?

남태.

나 남태.

= 남태.

남태.

– 남태는 그 소나무 이제 한 아름 **** 한 일 미터쯤도 크게 너무 그저 이 거시기가 좀 작은 것은 미터 수를 길게 좀 넣고.

– 또 워낙 또 큰 것은 좀 미터 수를 일 미터 십쯤 놓아서 그것 다 이제 구멍을 요렇게 네 귀를 이렇게 파서. 손으로 다 파서 이제 끌로 해서 다 이제 파서. 이제 요만씩 또.

발 돋쳐서?

– 자귀로 해서 맞추면서 끊어서 다 박아서 이제 양쪽 편에 이제 고리다 이제 대장장이한테 가서 만들어다가 고리 해서 만들어서 메워서. 그것 이제 소로도 끗고 사람으로도 해서 끗고 그렇게 했었지. 말로도 해서 끗고.

그 다음에 뭐 끙게? 여기서 끙게라고 합니까?

– 끙게는.

= 끙게 그 그것은.

– 씨를 씨를 이제 뿌려 놓아서.

– 아 그 조 조밭에는 이제 단단하게끔 하기 위해서 주로 이제 말소를

쉬[80]를 이용헹 ᄆᆞ를 이용헹 이제 에 바슬[81] 불리고[82].

– 어 기냥 나머지는 기냥 가랑 내부는 사람도 읻꾹.

– 이제 ᄒᆞᆫ 번만 영 ㄲ시는[83] 게 아니고 가로 세로 여러 번 ㄲ시믄 불려지기도 허곡 더퍼지 더퍼지렌[84] ㄲ실퀴로 끌쭈.

– 건 이제 쫌 물도 재게[85] 빌리지 몯터고 이제 츰 경제저긴 그 거시기도 ** 읻꼭. 뭐 헌 디는 이제 그 ㄲ실퀴로 ㄲ서그넹에[86] 그냥 조 불릴 때는 ㄲ실퀴로 ㄲ성으네[87] 허곡. 경 아녀민 남테로 헤영 불리는 사름도 읻꼭.

게연 ㄲ씰퀴는 뭐로 멘드라마씨?

– ㄲ실퀴는 그 소나무 허영 가지에.

솔까지로?

– 솔까질[88] 헤영 ㄲ차당[89] 솔까지를 허나 소낭까지라도[90] 허영 가지로 허영 ㄲ서당 넙짝커게 이러케 마드랑 영 사각 세모나게시리 만드라그넹에 ᄒᆞᆫ 쪼게는 이제 양쪼그로 영 저 나무 허영 긴 거 하나 영 놯으네 영 모다지지[91] 몯터게.

– 경헤영 뭐로 헹 그 칙[92] 거더당으네 거 무껑.

– 이제 경헤영 배[93]로 헤그네 놯으네 어깨에 메그네게 지릉지릉 이제 ㄲ시주. ㄲ성으네 벵벵 바슬 막 도라뎅기는[94] 거라. 가로 세로 뎅기멍.

이용해서 말을 이용해서 이제 에 밭을 밟고.

– 어 그냥 나머지는 그냥 갈아서 내버리는 사람도 있고.

– 이제 한 번만 이렇게 끄는 것 아니고 가로 세로 여러 번 끄으면 밟아지기도 하고 덮어지 덮어지라고 끙게로 끗지.

– 그것은 이제 좀 말도 재우 빌리지 못하고 이제 참 경제적인 그 거시기도 ** 있고. 뭐 한 데는 이제 그 끙게로 끄어서 그냥 조 밟을 때는 끙게로 끄어서 하고. 그렇게 않으면 남태로 해서 밟는 사람도 있고.

그러면 끙게는 무엇으로 만드나요?

– 끙게는 그 소나무 해서 가지에.

솔가지로?

– 솔가지를 해서 끊어다가 솔가지를 하나 솔가지라도 해서 가지로 해서 끄어다가 넓적하게 이렇게 만들어서 이렇게 사각 세모나게끔 만들어서 한쪽에는 이제 양쪽으로 이렇게 저 나무 해서 긴 것 하나 이렇게 놓아서 이렇게 모여들지 못하게.

– 그렇게 해서 무엇으로 해서 그 칡 걷어다가 그것 묶어서.

– 이제 그렇게 해서 참바로 해서 놓아서 어깨에 메어서 지릉지릉 이제 끗지. 끄어서 뱅뱅 밭을 마구 돌아다니는 거야. 가로 세로 다니면서.

3.2 밭농사

예. 그 정도 연장이 뒈고예. 그러믄 이버는 반농사를 허겐씀니다예. 아까는 개간헹 산디 이젠 가라 먹꼬. 이젠 해벼느로 내려완 이젠 반농사를예 반농사엔 어떤 게 이서신고예?

= 그땐 감제[95]가 주로 핸쭈.

감자. 예.

= 감자 고구마가 주로 허기 때무네 감젇쭐[96] 놓으네 이젠 고랑 받 초불[97] 가랑 내변땅[98].

= 이젠 또 번헹[99] 내변땅 이젠 또 받 또 가랑 복삭커게 또 가랑 이젠 몬저[100]도 드럳쭈마는 고랑을 올령.

– 바슬[101] 바슬 이제.

= 감저 이젠 줄[102] 헤당으네.

– 감저 씨를 이제 우선 허젠[103] 허믄 종자 이제 확뻔헤야 뒐 꺼 아니라게. 게믄 이녁 그 종자 저장헐 띠가 인는 사름더리 벨로 어서네[104] 거시 지그믄 ******** 뭐 허곡 허주마는 그 저네는 종자를 이제 구뎅이를 팡[105].

– 팡 이제 오느른 종자 무드켜[106] 이러케 허믄 그 메칠 날 종자 무드켄[107] 허믄 동네 싸름더리 그 친조기나 뭐 허나 허믄 멘 싸름 어우렁.

– 어우렁 이제 구뎅이 이제 종자를 이제 저장허켜 감저 무두켄 허믄 이제 메칠 날 무드켄 허믄 이제 다 파다그네 다 이제 가져다 놔두믄.

– 그 나른 이제 파.

– 파그네 허믄 이제 으 조칩[108] 영영 세와[109] 놔. 베껻띠 이제 헤 놩.

– 또 이제 조치블 세우나 경 아녀민 어우글[110] 헤당 세우나 게민 이제 안네 이젠 또 새 비여당으네[111] 영 또 물 드러가지 몯터게시리 허영 경헤

예. 그 정도 연장이 되고요. 그러면 이번은 밭농사를 하겠습니다. 아까는 개간해서 밭벼 이제는 갈아 먹고. 이제는 해변으로 내려와서 이제는 밭농사를요 밭농사에는 어떤 것이 있었을까요?

= 그때는 고구마가 주로 했지.

고구마. 예.

= 고구마 고구마가 주로 하기 때문에 고구마줄기 놓아서 이제는 고랑밭 초벌 갈아서 내버렸다가.

= 이제는 또 애벌갈이해서 내버렸다가 이제는 또 밭 또 갈아서 폭삭하게 또 갈아서 이제는 먼저도 들었지만 고랑을 올려서.

– 밭을 밭을 이제.

= 고구마 이제는 기는줄기 해다가.

– 고구마 씨를 이제 우선 하려고 하면 종자 이제 확보해야 될 것 아닌가. 그러면 이녁 그 종자 저장할 데가 있는 사람들이 별로 없어서 그것이 지금은 ******** 뭐 하고 하지만 그 전에는 종자를 이제 구덩이를 파서.

– 파서 이제 오늘은 종자 묻겠다 이렇게 하면 그 며칠 날 종자 묻겠다고 하면 동네 사람들이 그 친족이나 뭐 하나 하면 몇 사람 어울러.

– 어울러 이제 구덩이 이제 종자를 이제 저장하겠다 고구마 묻겠다고 하면 이제 며칠 날 묻겠다고 하면 이제 다 파다가 다 이제 가져다 놔두면.

– 그 날은 이제 파.

– 파서 하면 이제 아 조짚 이렇게 이렇게 세워 놓아. 바깥에 이제 내놓아서.

– 또 이제 조짚을 세우나 그렇지 않으면 억새를 해다가 세우나 그러면 이제 안에 이제는 또 띠 베어다가 이렇게 또 물 들어가지 못하게끔 해서

그네 이제 그거 이제 이 쏘게 이제 또 무리 고이카부덴[112] 이 낭[113]을 놔.

– 낭을 놩 이제 쫌 아페 공그릇터게시리[114] 놔그네 그때 이제 감저를 이제 비울[115] 꺼주.

= ᄀ시락[116] 다마 노콕.

– 경헤영 완저니 헤여 노믄 이제 그 영 물 ***** 거기 이제 거기 또 연통 셉꼭[117].

– 그 공기가 이제 쏘게 헤영 지미 나가도록 연통 영허영.

– 또 조치비나[118] 어욱 ᄀ튼 거 헤그네 영 지동[119] 세왕[120] 세와그네[121] 경 헤영 그 감저를 헤영 싹 무덩.

– 이제 그거 헤노믄 이제 ᄒᆞᆫ 겨우리 지나곡 이제 봄 나곡 허여 가믄 이제 ᄒᆞᆫ 사뭘 딸 뒈믄 감저를 종자를 놩.

– 에 종자 노민 이제 이녀근 이제 예상[122] 이실[123] 꺼 아니라. ᄒᆞᆫ 멘 펭쯤 허나 멘 말지기쯤[124] 헐 꺼 허믄 이제.

– 이제 감저 모종을 키왕. 감저 모종을 키우멍 이제 감저 모종이 다 크믄 아 이제 바슬 가라.

– 받또 이제 ᄒᆞᆫ 번만 가는 게 아니라 초불 가라 놩.

– 또 이제 또 두부를[125] 가랑 두부를 가랑 두부를 갈멍 굳[126] 고랑 올리는 사르믄 올리곡 경 아녀민 두불 가라 놩 이제 웨베[127]로 뜨는 사람도 읻꼭.

두벧찌기?

– 그대로 양베[128]로 올리는 사람 읻꼭. 우리는 보통 양베로 올련 주로 감저를 싱거[129]. 양베로 올리믄.

감저는 양베 두벧떼기 헤야 뒈예?

– 으. 경헤야 고량도 크곡 고량 노피도 잘 올라가곡 경헤연 양베로 떤에 감저를 헤영 노콕.

– 또 감저 어떵 보믄 주로 감저 노믄 감저는 수확끼 뒈며는 이제 종자

그렇게 해서 이제 그것 이제 이 속에 이제 또 물이 고일까 봐서 이 나무를 놔.

– 나무를 놓아서 이제 좀 앞에 좀 도드라지게끔 놓아서 그때 이제 고구마를 이제 부을 것이지.

= 까끄라기 담아 넣고.

– 그렇게 해서 완전히 해 놓으면 이제 그 이렇게 물 ***** 거기 이제 거기 또 연통 세우고.

– 그 공기가 이제 속에 해서 김이 나가도록 연통 이렇게 해서.

– 또 조짚이나 억새 같은 것 해서 이렇게 기둥 세워 세워서 그렇게 해서 그 고구마를 해서 싹 묻어서.

– 이제 그것 해 놓으면 이제 한 겨울이 지나고 이제 봄 나고 해 가면 이제 한 삼월 달 되면 고구마를 종자를 놓아.

– 아 종자 놓으면 이제 이녁은 이제 여상이 있을 것 아닌가. 한 몇 평쯤 하나 몇 마지기쯤 할 것 하면 이제.

– 이제 고구마 모종을 키워서. 고구마 모종을 키우면서 이제 고구마 모종이 다 크면 아 이제 밭을 갈아.

– 밭도 이제 한 번만 가는 것이 아니라 초벌 갈아 놓아.

– 또 이제 또 두벌을 갈아서 두벌을 갈아서 두벌을 갈면서 북 고랑 올리는 사람은 올리고 그렇지 않으면 두벌 갈아 놓아서 이제 외볏으로 뜨는 사람도 있고.

두볏뜨기.

– 그대로 양볏으로 올리는 사람 있고. 우리는 보통 양볏으로 올려서 주로 고구마를 심어. 양볏으로 올리면.

고구마는 양볏 두볏뜨기 해야 되죠?

– 그래. 그렇게 해야 고랑도 크고 고랑 높이도 잘 올라가고 그렇게 해서 양볏으로 떠서 에 고구마를 해서 놓고.

– 또 고구마 어떻게 보면 주로 고구마 놓으면 고구마는 수확기 되면

를 헐 꺼는 냉겨[130] 노믄 주로 이제 뻴떼기[131]를 마니 헨쭈.

– 아 게믄 이제 뻴떼기.

= 눌감저[132]로 프라부는 사라믄 눌감저로.

– 눌감저로 헤영 프라부는 사람도 읻꼬.

= 주정에 갈 꺼.

– 그 뻴떼기를 마니 헹 뻴떼기로 헤영 프는 사람도 만코.

– 경 에 감저는 그런 시그로 헤 농사를 지얻꼬.

감저 검지른 멘 뻔 멤니까?

– 감저 검지를 이제 경 막 심허게 메지도 아녕 심허게 메는 사름도 읻꼭.

– 또 고랑이 영 이시믄 잠델[133] 메왕 잠데만 메왕으네 베슬[134] 떼어 뒹 보섬[135]만 메와그넹에 경헤영.

골베스로?

– 골베스로[136] 헤네 여자 부는 이제.

끋꼬.

– 끋꼭[137]. 남자는 두에서[138] 이제 이제 그 고랑만 고랑에 꺼만 *** 거시기 헌 건 더펴정 경 헤영 우에[139] 꺼만 살살살 허는 수도 읻꼬.

– 검지른[140] 주로 이제 경 남자 신 딘 경허곡 여자 이신 디는 그냥 그.

끄성.

– 저 검지를 메는 사름도 읻꼬. 또 경 아녀믄 남자 이신 딘 그 경 끄슬 사르미 어신 디는 퀭이로 헤네 이녁 술술 이제 그런 고랑 올리멍 검질 기냥 헤영 내중 우에 꺼 나온 거만 살살 추려 부는 수도 읻꼭.

– 경헹 기믄 그런 시그로 마니 쫌 메고.

그러믄예 보리농사도 헤봗쭈예? 보리농사 한번 쫌 ᄀ라 줍써? 쭉 ᄀ라 줍써?

이제 종자를 할 것은 남겨 놓으면 주로 이제 절간고구마 많이 했지.

– 아 그러면 이제 절간고구마.

= 날고구마로 팔아버리는 사람은 날고구마로.

– 날고구마로 해서 팔아버리는 사람도 있고.

= 주정에 갈 것.

– 그 절간고구마를 많이 해서 절간고구마 해서 파는 사람도 많고.

– 그렇게 에 고구마는 그런 식으로 많이 농사를 지었고.

고구마 김은 몇 번 매나요?

– 고구마 김을 이제 그렇게 막 심하게 매지도 안 해서 심하게 매는 사람도 있고.

– 또 고랑이 이렇게 있으면 쟁기 메워서 쟁기만 메워서 볏을 떼어두고 보습만 메워서 그렇게 해서.

골볏으로?

– 골볏으로 해서 여자 분은 이제.

끗고.

– 끗고. 남자는 뒤에서 이제 이제 그 고랑만 고랑에 것만 *** 거시기 한 것은 덮어져서 그렇게 해서 위에 것만 살살살 하는 수도 있고.

– 김은 주로 이제 그렇게 남자 있는 데는 그렇게 하고 여자 있는 데는 그냥 그.

끄어서.

– 저 김을 매는 사람도 있고. 또 그렇지 않으면 남자 있는 데는 그 그렇게 끌 사람이 없는 데는 괭이로 해서 이녁 살살 이제 그런 고랑 올리면서 김 그냥 해서 나중 위에 것 나온 것만 살살 추려 버리는 수도 있고.

– 그렇게 해서 김은 그런 식으로 많이 좀 매고.

그러면요 보리농사도 했봤지요? 보리농사 한번 좀 말씀해 주십시오? 쭉 말씀해 주십시오?

– 보리농사는 이제 훈 시월 딸 뒈믄 이제 보리가 파종헐 꺼 아니라?

– 보리 파종허게 뒈며는 이제 보리농사는 다른 거 담찌[141] 아녀 가지고 거기는 그자 씨 삐어[142] 낭.

예.

– 그자 보리 이제 헤영 초부레 가는 사람도 읻꼭 두부레 가는 사라믄 벨로 어서게[143].

– 초부레 헤넨 굳[144] 터영 쫌 헤영 가랑 내중에야 이제 보리가 나믄 이제 남테로 헹으네 끄스멍[145] 불리는[146] 사람도 읻꼭.

– 주로 남테로 마니 이용허긴 헨쭈. 경헤영 불리기 불령.

– 내부는 거. 이제 보리가 나믄 나믄 이제 초봄 뒈믄 남테로 헤영 끄성으네[147] 훈 번 불려.

– 게믄 이제 드러[148] 중는 걷또 이꼬 소꽈지기도[149] 허곡 그자 경허영 누르떠지는[150] 걷또 읻꼭 경허영 허믄.

– 수확끼 뒈믄 이제 다 누릳누릳[151] 이거 가믄 그때는 비엄도 주곡 그 옌나레는 촘 그 써근 오줌 헤당으네게 주는 사람도 읻꼬. 우린 그런 건 잘 아녀는데 우리 어렫쓸 때 보믄.

– 그 요소 요소 그 오줌통 이러케 세면[152]으로 헹 절려그넹에[153] 뭐 더펑 그걸 이제 이녁 찌비서 데명[154] 내볃땅으네[155] 거기서 와저니 바료 뒈꼭 뭐 썩꼬 뭐 허곡 허믄.

– 그걸 져당으네게 이제 보리받띄 이제 뿌리곡 뭐허곡 허여난는데 우리 육은[156] 후제는 그 주로 그 비료 화학삐료를 마니 써. 화학삐료를.

– 에 마니 주믄 걷또 눕꾹 적께 드리믄 또 잘 안 뒈곡[157] 허는 쑤도 읻는데 그 막 누어 불믄 이제 비젠[158] 허믄 고셍도 허곡 뭐허고 허긴 헤엳쭈.

검지른 멥 뻴 멤니까? 보리는.

– 보리받띠도[159] 훈 두어 불쯤 검질들 멜 꺼라.

— 보리농사는 이제 한 시월 달 되면 이제 보리가 파종할 것 아닌가?

— 보리 파종하게 되면 이제 보리농사는 다른 것 같지 아니해 가지고 거기는 그저 씨 뿌려 놓아서.

예.

— 그저 보리 이제 해서 초벌에 가는 사람도 있고 두벌에 가는 사람은 별로 없어.

— 초벌에 해서 북 해서 좀 갈아서 나중에야 이제 보리가 나면 이제 남태로 해서 끄으면서 밟는 사람도 있고.

— 주로 남태로 많이 이용하기는 했지. 그렇게 해서 밟기 밟아서.

— 내버리는 것. 이제 보리가 나면 나면 이제 초봄 되면 남태로 해서 끄어서 한 번 밟아.

— 그러면 이제 들이 죽는 것도 있고 솎아지기도 하고 그저 그렇게 해서 눌러지는 것도 있고 그렇게 해서 하면.

— 수확기 되면 이제 다 노릇노릇 익어 가면 그때는 비료도 주고 그 옛날에는 참 그 썩은 오줌 해다가 주는 사람도 있고. 우리는 그런 것은 잘 아니하는데 우리 어렸을 때 보면.

— 그 요소 요소 그 오줌통 이렇게 시멘트로 해서 굳혀서 무엇 덮어서 그것을 이제 이녁 집에서 쟁여서 내버렸다가 거기서 완전히 발효되고 뭐 썩고 뭐 하고 하면.

— 그것을 져다가 이제 보리밭에 이제 뿌리고 뭐하고 했었는데 우리 자란 후제는 그 주로 그 비료 화학비료를 많이 써. 화학비료를.

— 에 많이 주면 그것도 눕고 적게 들이면 또 잘 안 되곡 하는 수도 있는데 그 아주 누워 버리면 이제 베려고 하면 고생도 하고 뭐하고 하기는 했었지.

김은 몇 벌 매나요? 보리는.

— 보리밭에도 한 두어 벌쯤 김들을 맬 거야.

= 멘 뻴?

– 두 두불.

= 두불도 메곡 두불 새로 초불 메 놩 두불.

– 두불 메곡.

그럼 타자근 어떠케 헨쑤광? 보리 거두어드리는 건?

– 보리 비영.

예.

– 보리 비믄 이제 흔 이틀 물량[160]. 이트리나 사흘이나 물량으네게 게믄 이제 다 무껑.

– 무끄는 건 제께[161]로 무꺼지는 건또 읻꾹 몬 무끄는 건 새 헤여그네 께[162]로 만드랃땅으네 무끄는 수도 읻꾹.

– 경허영. 에 다 이제 또 구루마[163]로 시꺼[164] 왕. 시꺼 왕으네 허믄 마당에 시꺼 오믄 이제 다 눌[165] 누러[166].

– 흔빼네 몯 홀트난[167]. 게믄 영 누렁[168] 장마 지곡 뭐허곡 허믄 그거 막 홀탕[169].

– 홀탕 이제 경 마당에서 뚜드르는 수도 읻꼬.

– 다 정미소에 강으네게 시껑 강. 메게[170] 다망 시껑 강으네 이젠 에 순번대로 ᄆᆞ녀[171] 간 사름 ᄆᆞ녀 허곡 내중 간 사름 내중에 헤영 태작케영.

– 태작커믄 이제 ᄀᆞ시라근[172] ᄀᆞ시락 때로 나오곡 쓰른 쏠 대로 나오믄 그거 헤영 다망. 게영 이젠 할망은 담꾹 하르방더른 ᄀᆞ시락 내치곡 뭐 헤영 헨땅.

– 게난 그런 건. 다마 오는 건 할망[173]이 다 헨쭈.

– 그자 하르방[174]은 ᄀᆞ마니 삳땅으네[175] 이제 헤영 다망 노믄 (웃음) 시꺼오미나 허곡.

= ᄀᆞ시락또 막 ᄃᆞ투앙.

= 음 그땐 구들묵[176] 땔 꺼난.

= 몇 벌?

– 두 두벌.

= 두벌도 매고 새로 초벌 매어 놓고 두벌.

– 두벌 매고.

그러면 타작은 어떻게 했습니까? 보리 거둬들이는 것은?

– 보리 베어서.

예.

– 보리 베면 이제 한 이틀 말려서. 이틀이나 사흘이나 말려서 그러면 이제 다 묶어서.

– 묶는 것은 제매끼로 묶어지는 것도 있고 못 묶는 것은 띠 해서 매끼로 만들었다가 묶는 수도 있고.

– 그렇게 해서. 아 다 이제 또 수레로 실어 와서. 실어 와서 하면 마당에 실어 오면 이제 다 가리 가리어.

– 한번에 못 훑으니까. 그러면 이렇게 가리어서 장마 지고 뭐하고 하면 그것 마구 훑어서.

– 훑아서 이제 그렇게 마당에서 두드리는 수도 있고.

– 다 정미소에 가서 실어 가서. 멱에 담아서 실어서 가서 이제는 아 순번대로 먼저 간 사람 먼저 하고 나중 간 사람 나중에 해서 타작해서.

– 타작하면 이제 까끄라기는 까끄라기 대로 나오고 쌀은 쌀 대로 나오면 그것 해서 담아서. 그래서 이제는 할머니는 담고 할아버지들은 까끄라기 내치고 뭐 해서 했다가.

– 그러니까 그런 것은. 담아 오는 것은 아내가 다 했지.

– 그저 남편은 가만히 섰다가 이제 해서 담아 놓으면 (웃음) 실어오기나 하고.

= 까끄라기도 마구 다투어서.

= 음 그때는 구들묵 땔 것이니까.

— 굴묵 땔 꺼라부난.

= 게믄 ᄀ시락 왕으네 막 ᄒᆞᆫ 멕 줍써. 두 멕 줍써. 허민 이젠 주지 안 주지도 몯터곡.

= 경헤영 아이고 구들 세 개 땔 꺼여 네 개 땔 꺼여.

— 게난 창꼬가 ᄀ시락 데미는[177] 창꼬가 ᄄᆞ로 이서. 지베. 지그믄 영 거시기 허난 다 헴쭈마는 ᄀ시락 노는 창꼬가 벨또로 이서야[178] 뒈여.

— 게난 그 창꼬 어신 디는 막 ***** 더끄저[179] 뭐 허저 그 옌나레게 더끌 께 무신 새[180]나 헤네 저 ᄂᆞ람지[181]나 아녀믄 더끌 께 어서난찌 아녀서. 어욱[182] 커영 더프곡 뭐.

게믄 이제 보리농사 끈나고 이젠 조농사도 헤보셨쑤가?

— 조농사도 헨쭈게.

게믄 조농사는 어떵 헤마씨?

— 조농사도 이제 조농사는 잘 가라야 뒈여.

예?

— 감도 ᄒᆞᆫ 번만 갈믄 안 뒈여.

예.

— 조농사는 이 두 버니나 영 가랑으네 막 복짝커게 잘 갈곡.

— 가라 놩 씨를 삐지[183] 아녀. 씨두 이제 선생이 삐어야 뒈[184]. 선생이.

음.

— 선생이 삐어사. 그 조를 정확 이 ᄒᆞᆫ 뽐 ᄒᆞᆫ 뽐 사이에 꼭 두어야 이제 뒈는 거라부난 막 그 저 선생이 삐어사 허주기.

— 게난 조 허게 뒈민 미리 ᄆᆞᆯ테우릴[185] 마추와.

— 게 받 까라 놩으네 허민 메칠 날 영 우리 받 까르커메 "우리 받 볼려 줍써." 허믄.

— "아시[186]네 바시랑 걱정 말자[187]. ** 볼려 주겐네." 허믄 게믄 이제 메칠 날 ᄆᆞ리 딱케네 그 테우리가 ᄆᆞ쉬를 모랑 내려와.

— 굴묵 땔 것이니까.

= 그러면 까끄라기 와서 마구 한 멱 주십시오. 두 멱 주십시오. 하면 이제는 주지 안 주지도 못하고.

= 그렇게 해서 아이고 방 세 개 땔 거야 네 개 땔 거야.

— 그러니까 창고가 까끄라기 쟁이는 창고가 따로 있어. 집에. 지금은 이렇게 거시기 하니까 다 하지만 까끄라기 놓는 창고가 별도로 있어야 되어.

— 그러니까 그 창고 없는 데는 마구 ***** 덮으랴 뭐하랴 그 옛날에 덮을 것이 무슨 띠나 해서 저 이엉이나 아니면 덮을 것이 없었지 않는가. 억새 해서 덮고 뭐.

그러면 이제 보리농사 끝나고 이제는 조농사도 해보셨습니까?

— 조농사도 했지.

그러면 조농사는 어떻게 합니까?

— 조농사도 이제 조농사는 잘 갈아야 되어.

예?

— 갈기도 한 번만 갈면 안 돼.

예.

— 조농사는 이 두 번이나 이렇게 갈아서 마구 폭신하게 잘 갈고.

— 갈아 놓아서 씨를 뿌리지 않는가. 씨도 이제 선생이 뿌려야 돼.

음.

— 선생이 뿌려야. 그 조를 정확 이 한 뼘 한 뼘 사이에 꼭 두어야 이제 되는 것이니까 막 그 저 선생이 뿌려야 하지.

— 그러니까 조 하게 되면 미리 말목동을 맞추어.

— 그래 밭 갈아 놓아서 하면 며칠 날 이렇게 우리 밭 갈겠으니 "우리 밭 밟아 주십시오." 하면.

— "아우네 밭이랑 걱정 말게. ** 밟아 주겠네." 하면 그러면 이제 며칠 날 말이 딱하게 그 목동이 마소를 몰고 내려와.

— 게믄 이 동 동네에 ᄆᆞ쉬[188]가 모지레며는 이 서늘[189] 우에 ᄆᆞ쉬들 다 이 함뉴시켱으네게. ᄆᆞ쉬가 ᄒᆞᆫ 서너 마리 ᄒᆞᆫ 오십 빠리[190] 경 모랑 내령 오민.

= 걷또 뻭[191] 조아사.

= 게믄 이제 보리 가랑 허믄 그.

= 조 가랑.

조 조 조예?

= 조 ᄀᆞ랑 허믄 그자.

— 조 ᄀᆞ랑 허며는.

— 그때 뒈믄 막 곰밥[192] 퍼곡 우럭 켕 굽꾹 조은 생선 헹으네게 막 그저 테우리 내시[193] 거시기 헤네 막 욷찬[194] 헤영 폰[195] 노콕 뭐 허영 곤밥[196] 퍼영으네 딱 깡 차롱 헤영 강 뭐 탁베기[197]라도 허영 강으네 허곡.

— 경허믄 왕 먹꼭. 머거 나믄 그 테우리 허는 사르미 보통 그 솜씨가 조아.

— 게믄 좁씨를 이제 헹 드리믄 이제 멜텡이서[198] 탁 놩으네 ** 싹키 그 테우리가 좁씨를 싹 커게 삐여[199].

— 경허믄 이제 내중엔 조가 날 꺼 아니라?

— 조가 나믄 조는 이제 ᄒᆞᆫ 막 쏘끄믄 두불도 아니 ᄒᆞᆫ 세불까지 막뿔까지 헹으네게 ᄒᆞᆫ 세불쩍꺼지 건 할망이 잘 알지마는.

거 소꽈야 뒈예?

— 소꽈야[200] 뒈. 세불꺼진 소꽈야 뒈여. 소꽝으네게 조가 이제 막 정상저그로 이 고고리[201] 낭 이글 꺼 아니라? 이그믄 조 다 비엉[202].

— 뭐 주로 나 이 주로 비국 뭐허는 건 잘 아녕 그자 구루마 허는 거난 헨쭈.

— 조 비국 ᄐᆞ드는[203] 건 잘 아년 할망[204]이 다 헤여. 허긴 헨쭈마는 조 다 비영 그 ᄐᆞᆯ꼭 ᄐᆞ다당 멕 멍석 저 그 멕 아상[205] 강[206] 이젠 다마 오곡

– 그러면 이 동 동네에 마소가 모자라면 이 선흘리 위에 마소들 다 이 합류시켜서. 마소가 한 서너 마리 한 오십 마리 그렇게 몰고 내려오면.

= 그것도 백 좋아야.

= 그러면 이제 보리 갈아서 하면 그.

= 조 갈아서.

조 조 조요?

= 조 갈아서 하면 그저.

– 조 갈아서 하면.

– 그때 되면 막 흰밥 하고 우럭 해서 굽고 좋은 생선 해서 막 그 저 목동 뭊 거시기 해서 마구 상찬 해서 팥 넣고 뭐 해서 흰밥 해서 딱 가서 채롱 해서 가서 뭐 막걸리라도 해서 가서 하고.

– 그렇게 하면 와서 먹고. 먹고 나면 그 목동 하는 사람이 보통 그 솜씨가 좋아.

– 그러면 좁씨를 이제 해서 드리면 이제 멱둥구미에 탁 넣어서 ** 싹 하게 그 목동이 좁씨를 싹 하게 뿌려.

– 그렇게 하면 이제 나중에는 조가 날 것 아닌가?

– 조가 나면 조는 이제 한 아주 솎으면 두벌도 아니 한 세벌까지 막벌까지 해서 한 세벌까지 그것은 할머니가 잘 알지만.

그것 솎아야 되지요?

– 솎아야 되어. 세벌까지는 솎아야 되어. 솎아서 조가 이제 막 정상적으로 이 이삭 나와서 익을 것 아닌가? 익으면 조 다 베어서.

– 뭐 주로 나 이 주로 베고 뭐하는 것은 잘 안 해서 그저 수레 하는 것이니까 했지.

– 조 베고 뜯는 것은 잘 아니해서 아내가 다 해. 하긴 했지만 조 다 베서 그 뜯고 뜯어다가 멱 멍석 저 그 멱 가져 가서 이제는 담아 오고.

담꼭 뭐허곡 허는 건만 헨쭈.

— 다마당 이젠 헤영. 걷또 이제 조 테작 테작글 헤영. 도께[207]로 두드리는 사름도 읻꼭 건 얼마 어성으네 도께로 두드리는 사름도 읻꾸 그 테자글 헤영.

— 다마당 걷또 이제. 조콩 조콩메기[208]는 소 사료주게. 소 사료.

— 소 사료허게 뒈믄 이제 걷또 이제 막 저 간수를 잘헤사. 걷또.

— 경헤영 이제 소 드러오믄 그거 가을 틀믄[209] 소 드러올 꺼난 소 드러오믄 소 공메기[210] 헤당 봗땅 소 사료도 허곡 경 헨쭈.

콩농사는 안 지어봅띠까?

— 무사게 콩농사. 콩농사는 그때 당시엔 경 막 심머게 아년.

— 그 메주영 주로 허연. 지그믄 주로 이제 그 이제 거 시장용으로 풀꺼로 주로 마니 허는데 그때는 이제 메주콩으로 주로 마니 헨쭈.

= 폼도 헨쭈.

— 폼도 허긴 핸쭈마는 주로 이제 에 시공으로 메주용으로 마니 헨쭈.

— 지그믄 풀진[211]. 주로 이제 메주를 아이[212] 허곡 다 프는 걸로 다 허여.

— 농여브로 계통허영 풀곡 뭐허곡 헨쭈마는 그 저넨 농여베서도 글래에 와서 농여비 활썽화뒈서 주로 헨쭈. 그 저넨 이 주로 이제 상인들안티 훌 쑤 어시 풀이고 뭐허곡 헨쭈. 주로 메주콩으로 헨 프란.

게난 콩받띤 검질 멘 뻔 멤니까?

— 콩바슨[213] 가는 걷또 콩은 이 옌날부터도 경허여.

— 훈 귀에 더껑[214] 훈 귀만 더꺼져도 난다 헨써. 콩은 기냥 이 웨벧띠기[215]로 그냥 영 정말 식식식식 케영 가라볃쭈게. 게난 가는 건 쉬웁꼬[216].

검지른마씨?

— 검질도 검지른 이 할망[217]이 더 잘 아라.

담고 뭐하고 하는 것만 했지.

– 담아다가 이제는 해서. 그것도 이제 조 타작 타작을 해서. 도리깨로 두드리는 사람도 있고 그것은 얼마 없어서는 도리깨로 두드리는 사람도 있고 그 타작을 해서.

– 담아다가 그것도 이제. 조 깍 조 깍지는 소 사료지. 소 사료.

– 소 사료 하게 되면 이제 그것도 이제 마구 저 간수를 잘해야. 그것도.

– 그렇게 해서 이제 소 들어오면 그것 가을 들면 소 들어올 것이니까 소 들어오면 소 깍지 해다가 놔두었다가 소 사료도 하고 그렇게 했지.

콩농사는 안 지어봤습니까?

– 왜 콩농사. 콩농사는 그때 당시에는 그렇게 막 심하게 아니해서.

– 그 메주하고 주로 해서. 지금은 주로 이제 그 이제 그것 시장용으로 팔 것으로 주로 많이 하는데 그때는 이제 메주콩으로 주로 많이 했지.

= 팖도 했지.

– 팖도 하기는 했지만 주로 이제 아 식용으로 메주용으로 많이 했지.

– 지금은 팔지는. 주로 이제 메주를 아니 하고 다 파는 것으로 다 해.

– 농협으로 계통해서 팔고 뭐하고 했지만 그 전에는 농협에서도 근래에 와서 농협이 활성화되어서 주로 했지. 그 전에는 이 주로 이제 상인들한테 할 수 없이 팔고 뭐하고 했지. 주로 메주콩으로 해서 팔아서.

그러니까 콩밭에는 김 몇 번 매나요?

– 콩밭은 가는 것도 콩은 이 옛날부터도 그렇게 해.

– 한 귀에 덮어서 한 귀만 덮어져도 난다 했어. 콩은 그냥 이 외볏뜨기로 그냥 이렇게 정말 식식식식 해서 갈아버렸지. 그러니까 가는 것은 쉽고.

김은요?

– 김도 김은 이 아내가 더 잘 알지.

멘뻔 멘쑤강?

= 콩검지른 혼불.

혼불 예에.

= 조컴지른 세불.

보리는?

= 보리검질도 두불.

감저?

= 감전 이제 메는 사름도 읻꼭 촘 하르방 말짜라도[218] 켕이로 올리는 사름도 읻꼭 또 뽑는 사름도 읻꼭 또 요 중가넨 와서는 이제 양 난 때 고랑에 약 치곡.

예예. 고치농사도 지어봅띠까?

= 고치농선 머글 꺼나베끼.

요새 또 하나 마늘농사 한번 ᄀ라 줍써?

– 마늘농사. 마늘농사를 하이고 마늘농사. ******** 이제 이돌 종자를 막 확뽀헐 꺼 아니라. 확뽀헤 가지고 이거 헤영 이제 유월쩔[219]도 마치지 벧또 마치지[220] 마랑 유월 뻬 마치민 고라[221] 부난.

– 게난 골지 모터게시리 망사리 헤영 막 커영 더평[222] 역뿔. 이 무신 저장고도 인는 거시 아니고. 이제 누레[223] 누러그넹에[224] 이제 허믄 망사도 더프곡 다 ᄂ람지[225] 헤그네 더평.

– 게연 에 유월쩔 지낭 치뤌쩔[226] 때 들믄 이제 마농[227] 다 깡.

– 깡[228] 이제. 까는 디도 이제 거 까멍 이제 큰 노믄 큰 검때로 조근 노믄 조근 검때로 중에 노믄 중에 선별허멍 까도 선별헐 께 마나. 거 무데기로 막 까 노믄.

– 게난 우리 할망은 나 ᄀ라 가난[229] 에이구 마농도 제라게[230] 까나지도 아년 사라미.

우리 저 여자 삼춘 저 좀 ᄀ라 주십써?

몇 번 맸나요?

= 콩김은 한벌.

한벌 예에.

= 조김은 세벌.

보리는?

= 보리김도 두벌.

고구마?

= 고구마는 이제 매는 사람도 있고 참 할아버지 말마따나 괭이로 올리는 사람도 있고 또 뽑는 사람도 있고 또 요 중간에는 와서는 이제 약 난 때 고랑에 약 치고.

예예. 고추농사도 지어봤습니까?

= 고추농사는 먹을 것이나밖에.

요새 또 하나 마늘농사 한번 말씀해 주십시오?

- 마늘농사. 마늘농사를 아이고 마늘농사. ******** 이제 이달 종자를 막 확보할 것 아닌가. 확보해 가지고 이것 해서 이제 유월절도 맞히지 볕도 맞히지 말고 유월 볕 맞히면 곯아버리니까.

- 그러니까 곯지 못하게끔 망사리 해서 막 해서 덮어서 일부러. 이 무슨 저장고도 있는 것이 아니고. 이제 가리에 가리어서 이제 하면 망사도 덮고 다 이엉 해서 덮어서.

- 그래서 에 유월절 지나서 칠월절 때 들면 이제 마늘 다 까서.

- 까서 이제. 까는 데도 이제 그것 까면서 이제 큰 놈은 큰 것대로 작은 놈은 작은 것대로 중에 놈은 중에 선별하면서 까도 선별할 것이 많아. 그것 무더기로 마구 까 놓으면.

- 그러니까 우리 할머니는 날 말해 가니까 에이구 마늘도 제대로 까 보지도 않은 사람이.

우리 저 여자 삼촌 저 좀 말씀해 주십시오?

= 아이 그 마리 그 마리주.

– 게 해[231] 깡.

– 까믄 이제 이 근가네는 이제 그 아까도 ᄀᆞᆮ쭈마는 그 조미 이런 그 허카부덴 좀일지[232] 몬터게시리 약 치는 사람도 읻꾸.

– 주로 약 처놩 이제 영 허믄 이제 ᄒᆞᆫ 구월 한 이십 시보일 이상 가믄 이제 여기서 이제 비료. 비료 이거 엄청히 비률 멍는 거라. 이게.

아.

– 비률 이제 에 보통 알삐료[233]를 이제 허믄 천 평이믄 약 칸 비료를 ᄒᆞᆫ 오십 포 드리는 사름 읻꼬 ᄒᆞᆫ 칠팔씹 포까지 드리는 사름 비료를 마니 드려. 드리국.

– 복캅비료 드러[234] ᄒᆞᆫ 첨가허고 영헹 드리믄 드령 이제 트럭타 허영 으네 이제 가랑.

– ᄒᆞᆫ 번 ᄒᆞᆫ 번 이제 가라 놩. 그땐 두불차[235] 이젠 비니루[236] 더끌 꺼 아니라게.

– 비니루 더껑 비니루 더끄믄 이제 그거 이제 비니루 더끄는 거 양쪼그로 시멍으네[237] 비니루 시머 줘야 뒈곡.

– 그 끈나믄 이제 끈나믄 마무리를 이제 허믄 비니루가 대개 끝까지 ᄒᆞᆫ뻰 더꺼주는 게 아니라 끝떼 가믄 ᄒᆞᆫ 둬 발 서너 바른 다 나마.

– 나므믄 거 마무리 이제 허젠 허믄 ᄒᆞ루 저무랑[238] 걸령. 그거 이제 마무리헤영.

– 또 ᄒᆞᆫ 삼삼 일 삼 사일 이상 오뉴길 영 거 틈재왕[239].

– 틈재우민 이제 비 와불민 또 심기가 구정 또 놉 이제 열 싸람 빌 꺼 민 ᄒᆞᆫ 열서너 사람 드는 수도 읻꾹 헹.

– 비 아니 왕으네 나리 촘 조앙 헐 때에 딱 ᄀᆞ리[240]에 마칭 헌 때는 이제 촘 심기가 조앙[241] 소왁소왁소왁[242] 소느로만 찔러도 뒈곡.

– ᄌᆞᆯ겡이[243] 드렁으네 허게 뒈믄 뭐 ᄒᆞᆫ 열 싸람 들 꺼믄 ᄒᆞᆫ 열서너 사

= 아니 그 말이 그 말이지.

– 그거 많이 까서.

– 까면 이제 이 근간에는 이제 그 아까도 말했지만 그 좀이 이런 그 할까봐 좀먹지 못하게끔 약 치는 사람도 있고.

– 주로 약 쳐서 이제 이렇게 하면 이제 한 구월 한 이십 십오일 이상 가면 이제 여기서 이제 비료. 비료 이것 엄청나게 비료를 먹는 거야. 이것이.

아.

– 비료를 이제 아 보통 알비료를 이제 하면 천 평이면 약 한 비료를 한 오십 포대 들이는 사람 있고 한 칠팔십 포대 들이는 사람 비료를 많이 들여. 들이고.

– 복합비료 마구 한 첨가하고 이렇게 해서 들이면 들여서 이제 트랙터 해서 이제 갈아서.

– 한 번 한 번 이제 갈아 놓아서. 그때는 두벌째 이제는 비닐 덮을 것 아닌가.

– 비닐 덮어서 비닐 덮으면 이제 그것 이제 비닐 덮는 것 양쪽으로 잡아서 비닐 잡아 줘야 되고.

– 그 끝나면 이제 끝나면 마무리를 이제 하면 비닐이 대개 끝까지 한 번 덮어주는 것이 아니라 끝에 가면 한 두어 발 서너 발은 다 남아.

– 남으면 그것 마무리 이제 하려고 하면 하루 저물도록 걸려서. 그것 이제 마무리해서.

– 또 한 삼삼일 삼사일 이상 오륙일 이렇게 그것 뜸들여서.

– 뜸들이면 이제 비 와버리면 또 심기가 궂어서 또 놉 이제 열 사람 빌릴 것이면 한 열서너 사람 드는 수도 있고 해서.

– 비 아니 와서 날이 참 좋아서 할 때에 딱 고비에 맞추어서 할 때는 이제 참 심기가 좋아서 소왁소왁소왁 손으로만 찔러도 되고.

– 호미 들어서 하게 되면 뭐 한 열 사람 들 것이면 한 열서너 사람들

람 드렁으네게 막 싱그는[244] 사람도 고셍허곡 뭐.

– ᄉᆞ나이누렌[245] ᄉᆞ나이더리난 주로 아녕. 할망덜만.

게난 비닐 이러케 더프면 검지른 안 메갣따예?

– 무사 검질도 메야주게.

아 멜 뻰 멤니까?

= 아이고 ᄒᆞᆫ어서[246]. 고랑 이서부난. 고랑엔.

– 고랑에는 이제 주로 이제 제초제를 마니 사용하고.

– 그 이렁[247]에 헐 때는 이제 어느 정도 커노믄 허곡 크지 아녈 때는 주로 소느로 이제 다 검질메곡. 에 약또 줘.

– 이제 제초제를 마니 사용허곡. 마늘받떼 이제 트레브린[248] ᄀᆞ튼 거치믄 ᄒᆞᆫ뻐네 이제 억쩨야기라고 헤서 이제 검지리 좀 안 낭 허는데 그걸 이젠 아이 쳥 다음 이제 후 후작 또 읻써부난.

– 경허곡 주로 마세트[249] ᄒᆞ썰[250] 친 건 친 둥 만 둥 사람 뎅기국[251] 자주 약 치레 뎅겨 불곡 뭐허곡 헤 불믄 마세트 정도 친 건.

– 마세트가 이제 쳥 사라미 뎅기지 마라야 뒈는데 사라미 약 치레 허는데 나가믄 이제 약또 쳐야 뒈곡 비료도 줘야 뒈곡 뭐허젠 허믄 그자 거 약 마세트 치는 건 허꺼[252].

예.

– 주로 검질메곡.

그러면 아까 우리 보리농사를 지얻쑤다예. 혹씨 보리 종뉴는 어떤 거시 이신고마씨?

보리 종류?

– 보리가 종뉴는 무신 여기서는 맥쭈맥[253].

예 겉뽀리 술로리.

– 술루리[254] 겉또 맥쭈매게도 무슨 줄보리[255]가 읻꼬 그.

= 동글보리[256].

어서 마구 심는 사람도 고생하고 뭐.

— 사나이노라고 사나이들이니까 주로 안 해서. 할머니들만.

그러니까 비닐 이렇게 덮으면 김은 안 매겠네요?

— 왜 김도 매야지.

아 몇 번 매나요?

= 아이고 한없어. 고랑 있어버리니까. 고랑에는.

— 고랑에는 이제 주로 제초제를 많이 사용하고.

— 그 이랑에 할 때는 이제 어느 정도 커놓으면 하고 크지 않을 때는 주로 손으로 이제 다 김매고. 아 약도 줘.

— 이제 제초제를 많이 사용하고. 마늘밭에 이제 트레브린 같은 것 치면 한번에 이제 억제약이라고 해서 이제 김이 좀 안 나서 하는데 그것을 이제는 아니 쳐서 다음 이제 후 후작 또 있어버리니까.

— 그렇게 하고 주로 마세트 조금 친 것은 치는 둥 마는 둥 사람 다니고 자주 약 치러 다녀 버리고 뭐하고 해 버리면 마세트 정도 친 것은.

— 마세트가 이제 쳐서 사람이 다니지 말아야 되는데 사람이 약 치러 하는데 나가면 이제 약도 쳐야 되고 비료도 줘야 되고 뭐하려고 하면 그저 그것 약 마세트 치는 것은 헛일.

예.

— 주로 김매고.

그러면 아까 우리 보리농사를 지었지요. 혹시 보리 종류는 어떤 것이 있었습니까?

보리 종류?

— 보리가 종류는 무슨 여기서는 맥주보리.

예. 겉보리 쌀보리.

— 쌀보리. 그것도 맥주보리에도 무슨 줄보리가 있고 그.

= 동글보리.

– 동글보리가 읻꾸 그런 시기 읻쭈.

– 여러 가지 그 종내기가 읻쭈.

– 게난 이제 술루리 이 맥쭈매게도 남뎅이[257]가 크게 나는 노미 읻꼬 큰 노미 읻꼬 종자 이르믄 잘 모르는데 크게 나는 노미 읻꼬 저 적께 나는 저 서드레[258]는 주로 남뎅이 짜른 거 허지 아녀?

남뎅이예?

– 예. 남뎅이가 쫌 자른 거.

= 아진베기[259].

– 여기서 여기서는 남뎅이가 큰 거는 여기서도 지금 남뎅이 따랑 이제 아진베기 자근 거 가는디 남뎅이 큰 건 거 상인드리 와그네 그냥 바다 가부러.

– 남뎅이 허는 건 알멩이도 크국 종자가 좀 조추. ᄊᆞ리. ᄊᆞ리 마니 나그네[260].

= 게난 바다 가는 이윤 아라지쿠광?

– 건게?

= 낭 보리 큰 건 그 맥쭈가 쏠보리 까깡 헐 꺼고. 이 줄보리 아진베기 보린 가끄는 거시 누네 그 ᄀᆞ스라기[261] 바가지주게[262]. 게난 그런 건 맥쭈 허는 디레 보내고.

– 게난 그 남뎅이 큰 거는 월래 저 알멩이 제대로 크주. 크곡 조아.

– 게믄 기냥 영 봐도 상인드리 봐도 이게 아진베기냐 나미[263] 큰 거냐 헌 건 그 지레 너머가멍[264] 봐도 그 사름드른 훤히 아라.

게믄 동글보리는 남뎅이가 큰 거우꽈? 쪼근 거우꽈?

= 동글보리 건뽀리[265]. 건 보통. 술루리.

– 술루리나 ᄒᆞᆫ가지주.

= 동글보린. 육찌 사람더른 동글보리 마니 갈주.

– 육찌 싸람 가는 건 다. 우리 가는 여기는 주넹이보리엔[266] 헤네 그

— 동글보리가 있고 그런 식이 있지.

— 여러 가지 그 종내기가 있지.

— 그러니까 이제 쌀보리 이 맥주보리에도 줄기가 크게 나는 놈이 있고 큰 놈이 있고 종자 이름은 잘 모르는데 크게 나는 놈이 있고 저 작게 나는 저 서쪽으로는 주로 줄기가 짧은 것 하지 않는가?

줄기요?

— 예. 줄기가 좀 짧은 것.

= 앉은뱅이.

— 여기서 여기서는 줄기가 큰 것은 여기서도 지금 줄기에 따라서 이제 앉은뱅이 작은 것 가는데 줄기 큰 것은 그것 상인들이 와서 그냥 받아 가버려.

— 줄기 하는 것은 알맹이도 크고 종자가 좀 좋지. 쌀이. 쌀이 많이 나서.

= 그러니까 받아 가는 이유는 알겠습니까?

— 그것은?

— 나무 보리 큰 것은 그 맥주가 쌀보리 깎아서 할 것이고. 이 맥주보리 앉은뱅이 보리는 깎는 것이 눈에 그 까끄라기 박히지. 그러니까 그런 것은 맥주 하는 데로 보내고.

— 그러니까 그 줄기 큰 것은 원래 저 알맹이 제대로 크지. 크고 좋아.

— 그러면 그냥 이렇게 봐도 상인들이 봐도 이것이 앉은뱅이냐 줄기가 큰 것이냐 한 것은 그 길에 지나가면서 봐도 그 사람들은 훤히 알아.

그러면 동글보리는 줄기가 큰 것입니까? 작은 것입니까?

= 동글보리 겉보리. 그것은 보통. 쌀보리.

— 쌀보리나 한가지지.

= 동글보리는. 육지 사람들은 동글보리 많이 갈지.

— 육지 사람 가는 것은 다. 우리 가는 여기는 '주넹이보리'라고 해서

주넹이보리엔 헨 두 줄로만 난 거 주넹이보리고.

— 동글보리엔 헌 건 육찌서. 거는 거 저 뭐 뭐야. 다섯 쭈린가? 여섯 쭈린가?

아까 보리 밥끼 허지 아녇쑤강예? 보리는 뭘로 뭘로 볼라마씸?

게난 사라므로 허는 경우도 읻꼬.

— 그 남테.

남테도 읻꼬.

= 쉐로도 볼르고.

— 쉐 몰.

— 건디 그 저 그냥 므쉬[267] 드렁 막 볼르는 게 아니고 몰 하나 두 개만 헤 가지고 그 또 육찌서도 보믄 그 저 여기도 경허여. 그 소 뜨더 먹찌 몯터게.

망울 씌왕.

— 망우를[268] 씌왕. 경헤영 그 소 이제 하나 두 개 새끼 인는 건 새끼 주로 이제 떼어뒁 가면 그건 심지[269] 몯테부니까.

아 게면 보리 볿은 거 하고 조 볿은 거 하고는 달라마씨?

— ᄀ따 ᄀ따.

= 다 ᄀ뜨주[270].

— 남테는 ᄀ뜨고.

예. 조는 막 몰.

— ㅇㅇㅇ. 그거는 이거 조. 보리는 어느 정도 나봥 새보메 나그네[271] 볼르는[272] 거고.

— 에 조는 파종기에 파종허면서 이제 건 볼르는 거주.

혹씨 보리 볼블 때 노래도 불럳쑤가? 노래.

= 보리 헐 땐 이녁 가족끼리만 무신거 허난 무신 노래 불르멍 아녀. 육찌서ᄀ치 그냥 뒤야다 허멍 경 불르지 아녀고.

그 '주넹이보리'라고 해서 두 줄로만 난 것 '주넹이보리'라고.

– 동글보리라고 한 것은 육지서. 그것은 것 저 뭐 뭐야. 다섯 줄인가? 여섯 줄인가?

아까 보리 밟기 하지 않았습니까? 보리는 무엇으로 무엇으로 밟습니까? 그러니까 사람으로 하는 경우도 있고.

– 그 남태.

남태도 있고.

= 소로도 밟고.

– 소 말.

– 그런데 그 저 그냥 마소 들어서 마구 밟는 게 아니고 말 하나 두 개만 해 가지고 그 또 육지서도 보면 그 저 여기도 그렇게 해. 그 소 뜯어 먹지 못하게.

부리망 씌워서.

– 부리망을 씌워서. 그렇게 해서 그 소 이제 하나 두 개 새끼 있는 것은 새끼 주로 이제 떼어두고 가면 그것은 잡지 못해 버리니까.

아 그러면 보리 밟는 것 하고 조 밟는 것 하고는 다른가요?

– 같아. 같아.

= 다 같지.

– 남태는 같고.

예. 조는 아주 말.

– 으으으. 그것은 이것 조. 보리는 어느 정도 나서 새봄에 나서 밟는 것이고.

– 에 조는 파종기에 파종하면서 이제 그것은 밟는 것이지.

혹시 보리 밟을 때 노래도 불렀습니까? 노래.

= 보리 할 때는 이녁 가족끼리만 무엇 하니까 무슨 노래 부르면서 아니해. 육지서와 같이 뒤야다 하면서 그렇게 밟지 아니하고.

= 우리 제주서는 그자 이거 ᄒᆞᆫ저 ᄇᆞᆯ라살 꺼다 허영 그자 어우러가멍 ᄇᆞᆯ르곡 쉐 이신[273] 사르믄 쉐 헤영 강[274] ᄇᆞᆯ르고 ᄆᆞᆯ 이신 사르믄 ᄆᆞᆯ 허영 강 경헨쭈. 경 무신 육찌서ᄀᆞ치 크게 ᄇᆞᆯ리진 아녀주게.

혹씨 밀농산 지어봅띠까?

– 미른 ᄒᆞᆫ가지. 보리허고.

– 보리허곡 꼭 ᄀᆞ타 걷또. 헌디 미른 그러케 마니 허여나진 아녀곡.

– 으 춤 우리도 이제 그 어른덜 그 뭐 제사 멩일 읻꼬 뭐허곡 허다 보니까 그자 그런 거 허곡.

– 뭐 허젠 우리도 이제 받띠[275] 좀 미른 가라난쭈.

혹씨 뭐 어.

– 미른 노미 지비 강으네[276] 뭐 테작끼[277] 헤당으네 테작끼예 허는 게 아니고 ᄌᆞ자그로 이녕[278] 냥으로 홀탕[279] 이녕 냥으로 두드렁. 미른 경 어렵찌 아녕. 그냥 다다다[280] 터러졍 헤 부니까 그러케 테작커는 건 그 히미 안 드러.

혹씨 그 보리 갈곡 밀 갈면 보리찝 밀찝 나올 꺼 아니라예? 걸로 뭐 다른 걷또 이용헌 저기 이신가마씸?

= 보리찍[281].

– 보리찌븐 주로 이제 걸름용으로 마니 허곡 이 밀찌븐 보릳때허곡 쫌 따난쭈.

– 보릳때 보다 국꼭.

– 그건 저 ᄂᆞ람지[282]도 마니 예피곡[283]. 뭐 어떤 때 그 저 뭐야. 여기 뭐 저장허는 디 용도로도 마니 쓰국. 그.

= 불 마니[284] ᄉᆞ맏쭈게[285]. 밥 파영 머걷쭈. 밥 파영 머거서. 여르메.

– 저 거세긴 이 용도가 ᄒᆞᆫ쏠[286] 그거는 이 저 보리찌퍼고는 완저니 ᄄᆞ나주[287].

밀랑퍼렝인 뭘로 헤신고?

= 우리 제주에서는 그저 이거 어서 밟아야 할 것이다 해서 그저 품앗이하면서 밟고 소 있는 사람은 소 해서 가서 밟고 말 있는 사람은 말을 해서 가서 그렇게 했지. 그렇게 무슨 육지같이 크게 밟지는 아니했지.

혹시 밀농사는 지어봤습니까?

– 밀은 한가지. 보리하고.

– 보리하고 꼭 같아 그것도. 그런데 밀은 그렇게 많이 했던 것은 아니고.

– 으 참 우리도 이제 그 어른들 그 뭐 제사 명절 있고 뭐하고 하다 보니까 그저 그런 것 하고.

– 뭐 하려고 우리도 이제 밭에 좀 밀은 갈았었지.

혹시 뭐 어.

– 밀은 남의 집에 가서 뭐 탈곡기 해다가 탈곡기에 하는 것이 아니고 자작으로 이녁 양으로 훑아서 이녁 양으로 두드려서. 밀은 그렇게 어렵지 않아. 그냥 다다다 떨어져서 해버리니까 그렇게 타작하는 것은 그 힘이 안 들어.

혹시 그 보리 갈고 밀 갈면 보릿짚 밀짚 나올 것 아닌가요? 그것으로 뭐 다른 것도 이용한 적이 있을까요?

= 보릿짚.

– 보릿짚은 주로 이제 거름용으로 많이 하고 이 밀짚은 보릿대하고 좀 달랐지.

– 보릿대 보다 굵고.

– 그것은 저 이엉도 많이 엮고. 뭐 어떤 때 그 저 뭐야. 여기 뭐 저장하는 데 용도로도 많이 쓰고. 그.

= 불 많이 땠지. 밥 많이 먹었지. 밥 많이 먹었어. 여름에.

– 저 거시기는 이 용도가 조금 그것은 이 저 보릿짚하고는 완전히 다르지.

밀짚모자는 무엇으로 했는가요?

= 으?

밀랑퍼렝이는?

= 밀랑페렝인[288] 그 저?

밀?

= 밀 꾹떵이[289]. 보리 끅떵이[290]로도 허곡 밀페렝인 그 밀 꾹따리[291]로 하영 헨쭈.

- 밀. 밀 꾹따리로 건 웨레 그건 아주 조은 거주.

- 게난 거 이 남뎅이 자체가 밀허고는 보릳때허고는 완전히 쫌 차이가 읻쭈.

= 걷뽀리 그 이 줄보리 이파리도 이제 밀페렝이[292]에 드러가고.

- 음 스루린.

= 밀 저 그 무신 걷또 밀페렝이로 드러가곡 경 헤낟쭈.

- 스루리 스루리는 안 허여. 이 저 걷뽀릳때라야 밀찝페렝이 뒈주.

혹씨 옌나레 뭐 노미 받띠 강 콩도 꺼꺼당 뭐 술마 먹꼭 헤낟쑤가?

= 으?

노미 받띠 노미 콩 헌 거 꺼꺼당 술마 먹꼭 헨쑤가? 푸린 때.

- 아니.

= 경 헤보질 아녀서.

- 콩서리 이녁 빧띠 꺼. 이녁.

= 우린양 이녁 용시[293] 헌 건 하부니까[294] 노므 걸 탐내게 헤보질 아녇쑤다.

아 장나느로?

= 장난도 아녀 보곡. 그거 이녁 받띄[295] 곡썩[296] 헌디 노미 받띠 무사 장나늘 험니까?

= 겨곡양 난양 용실[297] 허믄 노므 걸 요 는물 한 페기라도 너머가당[298] 트다보질 아녇쑤다.

= 으?

밀짚모자는?

= 밀짚모자는 그 저?

밀?

= 밀 끄트머리. 보리 끄트머리로도 하고 밀짚모자는 그 밀 끄트머리로 많이 했지.

- 밀. 밀 끄트머리로 그것은 외려 그것은 아주 좋은 것이지.

- 그러니까 그것 이 줄기 자체가 밀하고는 보릿대하고는 완전히 좀 차이가 있지.

= 겉보리 그 이 두줄보리 이파리도 이제 밀짚모자에 들어가고.

- 음 쌀보리는.

= 밀 저 그 무슨 것도 밀짚모자로 들어가고 그렇게 했었지.

- 쌀보리 쌀보리는 안 해. 이 저 겉보릿대라야 밀짚모자 되지.

혹시 옛날에 뭐 남의 밭에 가서 콩도 꺾어다가 뭐 삶아 먹고 했었습니까?

= 으?

남의 밭에 남이 콩 한 것 꺾어다가 삶아 먹고 했습니까? 푸른 때.

- 아니.

= 그렇게 해보지를 않았어.

- 콩서리 이녁 밭에 것. 이녁.

= 우리는요 이녁 농사 한 것이 많아버리니까 남의 것을 탐나게 해보질 안 했습니다.

아 장난으로?

= 장난도 아니해 보고. 그것 이녁 밭에 곡속 했는데 남의 밭에 왜 장난을 합니까?

= 그러고요 나는요 농사를 하면 남의 것을 요 나물 한 포기라도 지나가다가 따보지를 않았습니다.

= 무사냐 허믄 아 이 사름 용시허영으네 이 사르미 그만큼 궤롭께 헌디 웨 이녁 꺼 놔뒁으네 노무 걸 트당 멍느냐. 안 머거.

– 이녁 콩은 이녁 냥으로 헤당 욱찌서는 뭐 막 콩서리 허곡 뭐허곡 허는데 이딘 콩서리 허는 디가 아이더리 장나느로 경 허는디.

– 주로 이 저 지베서는 그 콩 다 이거 가며는 그 아장[299] 그 저 뭐야. 입다시므로[300] 받띠 강으네 콩 헤당으네.

술망?

– 이파리 다 떼어뒁. 콩 남뎅이[301]만 이 남뎅이만.

= 감저 치믄게[302] 끄랑.

– 콩만 이제 고구마 찌는 디 이제 가치 쪙도 먹꼭.

– 어 이제 또 콩만 놔그네게 쏠망. 쏠망으네게.

= 우린양 노미 거 허레.

– 아장으네 이제 심심허믄 아장 이젠 그거.

= 내가 헌 건또 놉 삐렁 허지. 그넌 거 저런 거 믄질 정시니 어서.

게믄 어르시는 혹씨 노미 집 닥써리는 아녀 봅디가?

– 나 우리 우리 경. 경헐 저르리[303] 어서서. 우리는 우리는 그 저 우리가 이제 경 아녀게. 우리 여글 때 이제 그 저 궁민학꾜 뎅길 때도 이제 좀 경 헨쭈마는.

– ᄋ가네게[304] 으 한창 이제 그 장난허곡 뭐허곡 헐 때 열다선 그때 이제 ᄉ삼ᄉ껀[305] 낟찌.

– 아니. 그 저넨 이제 일본놈덜 때무네 웨정 때에 이제 걸련 그땐 둑[306] 짱난 이런 장난헐 떼가 어디 셔게?

– 그 그런 식또 업꼬 머글 * 건또 몬 머건 헨는데 어디 둑 장난허레 가곡 뭐허곡 헐 씨가니 읻썬서?

게믄 지실농사는 안 해봅띠가?

= 지실[307]농사도 벨로게 이녁 먹을 꺼.

= 왜냐 하면 아 이 사람 농사해서 이 사람이 그만큼 괴롭게 했는데 왜 이녁 것 놔두고 남의 것을 따다가 먹느냐. 아니 먹어.

– 이녁 콩은 이녁 양으로 해다가 육지서는 뭐 마구 콩서리 하고 하는데 여기는 콩서리 하는 데가 아이들이 장난으로 그렇게 하는데.

– 주로 이 저 집에서는 그 콩 다 익어 가면 그 앉아서 그 저 뭐야. 입 놀림으로 밭에 가서 콩 해다가.

삶아서?

– 이파리 다 떼어두고. 콩 줄기만 이 줄기만.

= 고구마 찌면 깔아서.

– 콩만 이제 고구마 찌는 데 이제 같이 쪄서도 먹고.

– 어 이제 또 콩만 놓아서 삶아서. 삶아서.

= 우린요 남의 것 하러.

– 앉아서 이제 심심하면 앉아서 이제는 그것.

= 내가 한 것도 놉 빌려서 하지. 그런 것 저런 것 만질 정신이 없어.

그러면 어르신은 혹시 남의 집 닭서리는 안 해봤습니까?

– 나 우리 우리 그렇게 그렇게 할 겨를이 없었어. 우리는 우리는 그 저 우리가 이제 그렇지 않은가. 우리 클 때 이제 그 저 초등학교 다닐 때도 이제 좀 그렇게 했지만.

– 역어서 으 한창 이제 그 장난하고 뭐하고 할 때 열다섯 그때 이제 4·3사건 났지.

– 아니. 그 전에는 이제 일본놈들 때문에 왜정 때에 이제 걸려서 그때는 닭 장난 이런 장난할 데가 어디 있어?

– 그 그런 식도 없고 먹을 * 것도 못 먹어서 했는데 어디 닭 장난 하러 가고 뭐하고 할 시간이 있었어?

그러면 감자농사는 안 해봤습니까?

= 감자농사도 별로 이녁 먹을 것.

= 머글 꺼 좀 영.

수바기나 참웨는마씨?

– 수박 참웨는 도둑찔도 헤나서. 수박.

아니. 농사는 안 지어봅띠가?

– 농사는 아녀서. 쪼끔 허여. 장나는 허여.

– 장나는 우리도 이제 수박또 이제 우리도 쫌 가랃쭈게.

– 난 또 그런 걸 막 조아해져.

– 수박 ᄀᆞ튼 거 갈곡 웨[308]도 헹 갈곡 뭐 고치[309]도 이녁.

게믄 노미 집 수박또 강 타 머거봗껜따예? 아까.

– 수박 가믄 이제.

주로 바메 갈 꺼 아니우꽈예?

– 바메. 바메 가주게. 바메 강 보믄 원두마게 강 보믄 주로 이제 원두마게 갇짜 하르방 뭐 읻꼬 얻꼬[310] 허는 건 잘 몰라.

– 게짜 어서. 원두마게 강 보믄 그때 갇짜 그 여러 번 안 가따 와서. 그때 ᄒᆞᆫ 버닌가 개똥이 아방 사라실 때 그때.

= 무시거 허레?

수박 타레마씨?

– 수박 도둑찔허레.

= 남ᄌᆞ덜사게.

– 간. 간 헤낟쭈. 간 이제 헨. 그 츰 마다린가[311] 뭐인가 아상[312] 가네 멘 깨 멘 깨 거세 타지도 몯터여.

예 마쑤다. 멘 깨 몯텸니다예.

– 뒈 개 허믄 걸로 경.

겐디 이근 거 선 거 어떵 구분헙띠가? 바미.

– 바베 이근 거 선 거 그냥 무조껀 타 왕[313]. 타 왕 큰 건만 타는 거주.

– 게난 타 와그네 기냥 기레 나왕 그자 그 이근 거 박쌀내는 거라.

= 먹을 것 좀 이렇게.

수박이나 참외는요?

– 수박 참외는 도둑질도 했었어. 수박.

아니. 농사는 안 지어봤습니까?

– 농사는 아니했어. 조금 해. 장난은 해.

– 장난은 우리도 이제 수박도 이제 우리도 좀 갈았지.

– 나는 또 그런 것을 막 좋아해.

– 수박 같은 것 갈고 참외도 해서 갈고 뭐 고추도 이녁.

그러면 남의 집 수박도 가서 따 먹어봤겠네요? 아까.

– 수박 가면 이제.

주로 밤에 갈 것 아닌가요?

– 밤에. 밤에 가지. 밤에 가서 보면 원두막에 가서 보면 주로 이제 원두막에 갔자 할아버지 뭐 있고 없고 하는 것은 잘 몰라.

– 그래도 없어. 원두막에 가서 보면 그때 갔자 그 여러 번 안 갔다 왔어. 그때 한 번인가 개똥이 아버지 살아있을 때 그때.

= 무엇 하러?

수박 따러요?

– 수박 도둑질하러.

= 남자들이야.

– 가서. 가서 했었지. 가서 이제 해서. 그 참 마대인가 무엇인가 가져가서 몇 개 몇 개 그것에 따지도 못해.

예 맞습니다. 몇 개 못합니다.

– 두어 개 하면 그것을 그렇게.

그런데 익은 것 선 것 어떻게 구분했습니까? 밤에.

– 밤에 익은 것 선 것 그냥 무조건 따 와서. 따 와서 큰 것만 따는 거지.

– 그러니까 따 와서 그냥 길에 나와서 그저 그 익은 것 박살내는 거야

= 거 피해가 언마라게. 저 하르방들.

게난 문제는 어른드리 뭐라고 하냐 허면 수박 크니까 한 두어 개 타믄 그만 닙쭈게.

겐디 줄 불라부난 그거주게. 줄 불라부니까.

– 어 줄도 불르곡.

= 둥겨[314] 불곡.

예.

– 줄도 불르곡. 그 영 빵 어시믄[315] 영 깨어보는 걷또 읻쭈게.

– 그 자 자 자리에서. 이거샤[316] 안 이거샤 그 머거보기도 허곡 경헨 쭈게. 거 피해가 만추 뭐.

쫌 쉬얻따 하겓씀니다예.

= 그것 피해가 얼마야. 저 할아버지들.

그러니까 문제는 어른들이 뭐라고 하느냐 하면 수박 크니까 한 두어 개 따면 그만이잖아요.

그런데 줄 밟아버리니까 그것이죠. 줄 밟아버리니까.

– 아 줄도 밟고.

= 당겨 버리고.

예.

– 줄도 밟고. 그 이렇게 봐서 없으면 이렇게 깨보는 것도 있지.

– 그 자 자 자리에서. 익었냐 안 익었냐 그 먹어보기도 하고 그렇게 했지. 그것 피해가 많지 뭐.

좀 쉬었다 하겠습니다.

■ 주석

1) '차진'의 뜻이다. '차지다'의 방언형은 '차지다, ᄎᆞ지다, 흐리다, 희리다' 등으로 나타난다.
2) '메진'의 뜻이다. '메지다'의 방언형은 '모의다, 모희다' 등으로 나타난다.
3) '강나록이라고'의 뜻이다. '강나록'은 밭벼의 한 종류이다.
4) '볍씨'를 말한다. '볍씨'의 방언형은 '나록씨, 나룩씨' 등으로 나타난다.
5) '밭벼'를 말한다. '밭벼'의 방언형은 '산뒤, 산듸' 등으로 나타난다.
6) '그러게'의 뜻이다.
7) '게삭지다'는 '물기가 너무 적어서 잘 엉기지 못하다.'는 뜻을 지닌 어휘이다
8) '없고'의 뜻으로, '엇[無]-+-곡' 구성이다. '없다[無]'의 방언형은 '없다, 엇다, 읎다, 읏다' 등으로 나타난다.
9) '가까운'의 뜻이다. '가깝다'의 방언형은 '가찹다'로 나타난다.
10) '데서는'의 뜻이다.
11) '밭이'의 뜻으로, '밧[田]+-이' 구성이다.
12) 곁에 있는 보조제보자인 아내를 이르는 말이다.
13) '쫓아다니면서'의 뜻이다. '쫓아다니다'의 방언형은 '쪼차뎅기다'로 나타난다.
14) '따비'를 말한다.
15) '가래로'의 뜻으로, '갈레죽[臿]+-으로' 구성이다. '가래[臿]'의 방언형은 '가레, 갈레죽' 등으로 나타난다.
16) '일구어'의 뜻으로, '일구다[畇]'의 방언형은 '이기다'로 나타난다.
17) '꼴밭 들 지경'의 뜻이다. '꼴밭'의 방언형은 '촐밧, 촐왓' 등으로 나타나고, '들[野]'의 방언형은 '드르, 들' 등으로 나타난다.
18) '곰방메'를 말한다.
19) '소[牛]'를 말한다.
20) '일구어서'의 뜻으로, '이기[畇]-+-어넨' 구성이다. '-어넨'은 ' 어서는'의 의미로 쓰이는 어미이다.
21) '밭벼 농사'를 말한다. '밭벼'의 방언형은 '산뒤, 산듸' 등으로, '농사'의 방언형은 '농시, 농ᄉᆞ, 용시' 등으로 나타난다. '용사'는 '용시'와 '농사'의 혼합형이다.
22) '없고'의 뜻으로, '엇[無]-+-고' 구성이다. '없다'의 방언형은 '없다, 엇다, 읎다, 읏다' 등으로 나타난다.
23) '군데[所]'를 말한다. '군데[所]'의 방언형은 '곤데, 반듸, 밧듸' 등으로 나타난다.
24) '밭을'의 뜻으로, '밧[田]+-을' 구성이다.
25) '김매서'의 뜻이다. '김매다'의 방언형은 '검질메다, 메살리다' 등으로 나타난다.
26) '가서'의 뜻으로, '가[去]-+-앙' 구성이다.

27) '베어서'의 뜻으로, '비[刈]-+-엉' 구성이다. '베다[刈]'의 방언형은 '버이다, 베다, 비다' 등으로 나타난다.
28) '마차' 또는 '수레'의 뜻으로, 일본어 'くるま'이다.
29) '실어서'의 뜻으로, '시끄[載]-+-엉' 구성이다. '싣다[載]'의 방언형은 '시끄다, 시르다, 실르다' 등으로 나타난다.
30) '홅이'를 말한다. '홅이'의 방언형은 '근데, 줍게, 홀테, 홀테기, 훌테' 등으로 나타난다.
31) '홅어'의 뜻으로, '홀트-+-아' 구성이다. '홅다'의 방언형은 '홀트다'로 나타난다.
32) '도리깨'를 말한다. '도리깨'의 방언형은 '도께'로 나타난다.
33) '드리고'의 뜻으로, '불리[颺]-+-기도' 구성이다. '드리다[颺]'의 방언형은 '불리다'로 나타난다.
34) '떨어서'의 뜻으로, '털[落]-+-엉' 구성이다. '떨다[落]'의 방언형은 '떨다, 털다' 등으로 나타난다.
35) '방아확에서'의 뜻으로, '방에혹+-에서' 구성이다. '방아확'의 방언형은 '방엣혹, 방잇혹, 뱅잇혹' 등으로 나타난다.
36) '찧나'의 뜻으로, '짛[搗]-+-나' 구성이다. '찧다[搗]'의 방언형은 '짛다'로 나타난다.
37) '맷돌'의 뜻이다. '맷돌'의 방언형은 'ᄀ레, ᄀ렛돌' 등으로 나타난다.
38) '가나'의 뜻으로, 'ᄀᆞᆯ[磨]-+-나' 구성이다. '갈다[磨]'의 방언형은 'ᄀᆞᆯ다'로 나타난다.
39) '제사(祭祀)'를 말한다. '제사(祭祀)'의 방언형은 '식게, 제사, 제ᄉᆞ, 지ᄉᆞ' 등으로 나타난다.
40) '할머니'의 뜻이나 여기서는 '아내'의 의미로 쓰였다.
41) '밭[田]'을 말한다. '밭[田]'의 방언형은 '밧'으로 나타난다.
42) '꼴밭'을 말한다. '꼴밭'의 방언형은 '촐밧, 촐왓' 등으로 나타난다.
43) '띠밭'을 말한다. '띠밭'의 방언형은 '뛰왓, 새왓' 등으로 나타난다.
44) '한 벌'을 말한다. 곧 '김매기를 한 번만 하다.'는 의미이다.
45) '조밭으로'의 뜻으로, '조팟[粟田]+-디레(처격)' 구성이다. '조밭[粟田]'의 방언형은 '조팟'으로 나타난다.
46) '없어서'의 뜻으로, '엇[無]-+-엉' 구성이다. '없다'의 방언형은 '없다, 엇다, 읎다, 읏다' 등으로 나타난다.
47) '그저'의 뜻이다. '그저'의 방언형은 '그자, 긔자' 등으로 나타난다.
48) '베면'의 뜻으로, '비[刈]-+-믄' 구성이다. '베다[刈]'의 방언형은 '버이다, 베다, 비다' 등으로 나타난다.
49) '베며'의 뜻으로, '비[刈]-+-ㅁ광' 구성이다. '-ㅁ광'은 '-며'의 의미로 쓰이는 어미다.
50) '묶으면'의 뜻으로, '무끄[束]-+-믄' 구성이다. '묶다[束]'의 방언형은 '무끄다'로 나타난다.
51) '여름에만'의 뜻으로, 'ᄋᆢ름[夏]+-에만' 구성이다. '여름[夏]'의 방언형은 '여름, ᄋᆢ름' 등으로 나타난다.
52) '많으니까'의 뜻이다. '많다'의 방언형은 '만ᄒᆞ다, 하다' 등으로 나타난다.

53) '정미소'를 말한다.
54) '찧어다가'의 뜻으로, '짛[搗]-+-어당' 구성이다. '-어당'은 '-어다가'의 의미로 쓰이는 어미이다. '찧다[搗]'의 방언형은 '짛다'로 나타난다.
55) '연자매'의 뜻이다. '연자매'의 방언형은 '돌ᄀᆞ레, 물ᄀᆞ레, 물방에, 물방이' 등으로 나타난다.
56) '대여섯'을 말한다.
57) '먹으려고'의 뜻으로, '먹[食]-+-젠' 구성이다. '-젠'은 '-려고'의 의미로 쓰이는 어미이다.
58) '밭벼밭에는'의 뜻이다. '밭벼밭'의 방언형은 '산뒤밧, 산뒤왓, 산듸밧, 산듸왓' 등으로 나타난다.
59) '밭이니까'의 뜻으로, '밧[田]+-이난' 구성이다.
60) '매끼'를 말한다. '매끼'의 방언형은 '께, 께미, 메께, 무세, 무셍이' 등으로 나타난다.
61) '곰방메'를 말한다.
62) '쇠스랑'을 말한다. '쇠스랑[方耙]'의 방언형은 '쉐스랑, 쉐시랑, 쉐시렁' 등으로 나타난다.
63) '괭이'를 말한다. '괭이[䦆斫]'의 방언형은 '광이, 괭이' 등으로 나타난다.
64) '낫[鎌]'을 말한다. '낫[鎌]'의 방언형은 '호미' 또는 '좀호미'로 나타난다.
65) '굴려서'의 뜻으로, '둥그리[轉]-+-엉' 구성이다. '굴리다[轉]'의 방언형은 '궁굴리다, 궁글리다, 둥굴리다, 둥그리다' 등으로 나타난다.
66) '쟁기'를 말한다. '쟁기[犁]'의 방언형은 '잠데, 장기, 쟁기' 등으로 나타난다.
67) '있어야'의 뜻으로, '잇[有]-+-어야' 구성이다. '있다[有]'의 방언형은 '시다, 싯다, 이시다, 잇다' 등으로 나타난다.
68) '보습이' 뜻이다. '보습[耜]'의 방언형은 '보섭, 보숩' 등으로 나타난다.
69) '볏이' 뜻이다. '볏[鏵子]'의 방언형은 '벳'으로 나타난다.
70) '소나무'를 말한다. '소나무'의 방언형은 '소남, 소낭, 솔남, 솔낭' 등으로 나타난다.
71) '이렇게'의 뜻이다.
72) '파서'의 뜻으로, '파[掘]-+-앙' 구성이다.
73) '해서'의 뜻으로, '허[爲]-+-어네' 구성이다. '-어네'는 '-어서'의 의미로 쓰이는 어미이다.
74) '끊어서'의 뜻이다. '끊다'의 방언형은 '그치다, 기치다, 끈다, 끈치다' 등으로 나타난다.
75) '대장장이한테'의 뜻이다. '대장장이'의 방언형은 '불미대장, 불미젱이, 철젱이' 등으로 나타난다.
76) '끗고'의 뜻으로, '끗[引]-+-곡' 구성이다. '끗다[引]'의 방언형은 '끗다, 끗이다' 등으로 나타난다.
77) '끙게'를 말한다. '끙게'의 방언형은 '그슬귀, 그슬퀴, 끄서귀, 끄슬퀴, 끄슬피, 끄슴솔기, 섬비, 섬피, 솔기, 솔피, 푸지게' 등으로 나타난다.
78) '뿌리어'의 뜻이다. '뿌리다'의 방언형은 '뿌리다, 삐다' 등으로 나타난다.

79) '조밭에는'의 뜻이다. '조밭[粟田]'의 방언형은 '조팟'으로 나타난다.
80) '마소[牛馬]'를 말한다.
81) '밭을'의 뜻으로, '밧[田]+-을' 구성이다.
82) '밟히고'로 대역되나 여기서는 '밟고'의 의미로 쓰였다. 대개 '마소와 사람의 발로 갈아 놓은 밭을 단단하게 밟는 것'을 두고 '밧볼리다'라 표현한다.
83) '끄는'의 뜻으로, '끗[引]-+-이는' 구성이다. 방언형 '끗다'는 표준어와 달리 어간 말음 'ㅅ'이 탈락하지 않는다.
84) '덮어지라고'의 뜻으로, '더프[蓋]-+-어지렌' 구성이다. '-어지렌'은 '-어지라고'의 의미로 쓰이는 어미이다.
85) '재우'의 뜻이다. '재우'의 방언형은 '재게, 재기' 등으로 나타난다.
86) '끄어서'의 뜻으로, '끗[引]-+-어근엥에' 구성이다. '-어근엥에'는 '-어서'의 의미로 쓰이는 어미이다.
87) '끄어서'의 뜻으로, '끗[引]-+-엉은에' 구성이다. '-엉은에'는 '-어서'의 의미로 쓰이는 어미이다.
88) '솔가지를'의 뜻이다.
89) '끊어다가'의 뜻으로, '끈치[切]-+-아당' 구성이다. '-아다'은 '-다가'의 의미로 쓰이는 어미이다. '끊다'의 방언형은 '그치다, 기치다, 끈다, 끈치다' 등으로 나타난다.
90) '솔가지라도'의 뜻이다. '솔가지'의 방언형은 '소낭가지, 솔가지' 등으로 나타난다.
91) '모여들지'의 뜻이다. '모여들다'의 방언형은 '모다지다, 모여들다' 등으로 나타난다.
92) '칡'을 말한다. '칡[葛]'의 방언형은 'ᄎᆞᆨ, 칙' 등으로 나타난다.
93) '바[索]'를 말한다.
94) '돌아다니는'의 뜻이다. '돌아다니다'의 방언형은 '놀아뎅기다, 돌아뎅기다, 돌아ᄃᆞ니다' 등으로 나타난다.
95) '고구마'를 뜻한다. '고구마'의 방언형은 '감저, 감제, 감ᄌᆞ' 등으로 나타난다.
96) '감저줄'은 '고구마의 기는줄기'를 말하는데, 달리 '감저꿀, 감저출'이라 하기도 한다.
97) '초벌'을 말한다.
98) '내버렸다가'의 뜻으로, '내비-+-엇당' 구성이다. '-엇다'은 '-었다가'의 의미로 쓰이는 어미이다. '내버리다'의 방언형은 '내불다, 내비다' 등으로 나타난다.
99) '애벌갈이해서'의 뜻으로, '번허-+-엉' 구성이다. '애벌갈이하다'의 방언형은 '거시리다, 번ᄒᆞ다' 등으로 나타난다.
100) '먼저'를 말한다. '먼저'의 방언형은 '먼저, ᄆᆞ녀, ᄆᆞ녜, 몬저, 몬처, 몬첨' 등으로 나타난다.
101) '밭을'의 뜻으로, '밧[田]+-을' 구성이다.
102) '줄'은 '고구마의 기는줄기'를 말한다.
103) '하려고'의 뜻으로, '허[爲]-+-젠' 구성이다. '-젠'은 '-려고'의 의미로 쓰이는 어미이다.
104) '없어서'의 뜻으로, '엇[無]-+-언에' 구성이다. '-언에'는 '-어서'의 의미로 쓰이는

어미이다. '없다'의 방언형은 '없다, 엇다, 읎다, 읏다' 등으로 나타난다.

105) '파서'의 뜻으로, '파[掘]-+-앙' 구성이다. '-앙'은 '-아서'의 의미로 쓰이는 어미이다.

106) '묻겠다'의 뜻으로, '묻[埋]-+-으켜(으키여)' 구성이다. '-으켜(으키여)'는 '-겠다'의 의미로 쓰이는 어미이다.

107) '묻겠다고'의 뜻으로, '묻[埋]-+-으켄(으키옌)' 구성이다. '-으켄(으키옌)'은 '-겠다고'의 의미로 쓰이는 어미이다.

108) '조짚'을 말한다. '조짚'의 방언형은 '조낭, 조집, 조찍, 조찝, 조칩' 등으로 나타난다.

109) '세워'의 뜻으로, '세우[立]-+-앙' 구성이다. '세우다[立]'의 방언형은 '세우다, 셉다' 등으로 나타난다.

110) '억새를'의 뜻이다. '억새'의 방언형은 '어욱, 어워기, 어웍' 등으로 나타난다.

111) '베어다가'의 뜻으로, '비[刈]-+-어당은에' 구성이다. '-어당은에'는 '-어다가'의 의미로 쓰이는 어미이다.

112) '고일까 봐서'의 뜻으로, '고이[澱]-+-카부덴' 구성이다. '-카부덴'은 '-ㄹ까 보아서'의 의미로 쓰이는 어미이다. '고이다[澱]'의 방언형은 '굴르다, 굷다, 굽다' 등으로 나타난다.

113) '나무[木]'를 말한다. '나무'의 방언형은 '남, 낭, 나모, 나무' 등으로 나타난다.

114) '공고롯ᄒᆞ다(공그릇ᄒᆞ다)'는 '조금 도드라져 높은 듯하다.'는 뜻을 지닌 어휘다.

115) '부을'의 뜻으로, '비우[注]-+-을' 구성이다. '붓다[注]'의 방언형은 '부수다, 부으다, 비우다, 빕다' 등으로 나타난다.

116) '까끄라기'를 말한다. '까끄라기[芒]'의 방언형은 '꺼렝이, ᄀᆞ스락, ᄀᆞ시락' 등으로 나타난다.

117) '세우고'의 뜻으로, '셉[立]-+-곡' 구성이다. '세우다[立]'의 방언형은 '세우다, 셉다' 등으로 나타난다.

118) '조짚이나'의 뜻으로, '조칩+-이나' 구성이다. '조짚'의 방언형은 '조낭, 조집, 조찍, 조찝, 조칩' 등으로 나타난다.

119) '기둥[柱]'을 말한다. '기둥[柱]'의 방언형은 '지동, 지둥' 등으로 나타난다.

120) '세워'의 뜻으로, '세우[立]-+-앙' 구성이다. '세우다[立]'의 방언형은 '세우다, 셉다' 등으로 나타난다.

121) '세워서'의 뜻으로, '세우[立]-+-아근에' 구성이다. '-아근에'는 '-아서'의 의미로 쓰이는 어미이다.

122) '여상(如常)'을 말한다. '여상(如常)'의 방언형은 '여상, 예상' 등으로 나타난다.

123) '있을'의 뜻으로, '이시[有]-+-ㄹ' 구성이다.

124) '마지기쯤'의 뜻이다. '마지기'의 방언형은 '말지기'로 나타난다.

125) '두벌'을 뜻한다.

126) '북(식물의 뿌리를 쌓고 있는 흙)'을 말한다.

127) '외볏으로'의 뜻이다. '웨벳(외볏)'은 쟁기로 한 번만 갈아 흙을 넘기어서 이랑을 만드는 것을 말한다. 고구마의 기는줄기를 심으려면 대개는 '양벳데기' 또는 '두벳

데기’ 곧 갈아가고 갈아오면서 하나의 이랑을 만드는 것이 보통이다. ‘웨벳’은 쟁기가 한 번 갈아가는 것으로 이랑을 만드는 것을 말한다.

128) ‘양볏’을 말한다. 곧 하나의 이랑을 만들기 위하여 쟁기로 한 번 갈아가고 한 번 갈아오는 것을 말한다.

129) ‘심어’의 뜻으로, ‘싱그[植]-+-어’ 구성이다. ‘심다[植]’의 방언형은 ‘심다, 싱그다’ 등으로 나타난다.

130) ‘남기어’의 뜻이다. ‘남기다’의 방언형은 ‘냉기다’로 나타난다.

131) ‘절간고구마’를 말한다. ‘절간고구마’의 방언형은 ‘감저빼데기, 절간감저, 빼데기’ 등으로 나타난다.

132) ‘날고구마’를 말한다.

133) ‘쟁기를’의 뜻이다. ‘쟁기’의 방언형은 ‘잠데, 장기, 쟁기’ 등으로 나타난다.

134) ‘볏을’의 뜻으로, ‘벳[鏵子]+-을’ 구성이다. ‘볏[鏵子]’의 방언현은 ‘벳’으로 나타난다.

135) ‘보습’을 말한다. ‘보습[耜]’의 방언형은 ‘보섭, 보습’ 등으로 나타난다.

136) ‘골볏으로’의 뜻이다. ‘골볏’은 ‘골을 치는 데 쓰는 양쪽 날이 같은 보습의 볏’을 말한다.

137) ‘끗고’의 뜻으로, ‘끗[引]-+-곡’ 구성이다. ‘끗다[引]’의 방언형은 ‘끗다, 끗이다’ 등으로 나타난다.

138) ‘뒤에서’의 뜻이다. ‘뒤[後]’의 방언형은 ‘두이, 뒤’ 등으로 나타난다.

139) ‘위에’의 뜻이다. ‘위[上]’의 방언형은 ‘우, 우이, 우희’ 등으로 나타난다.

140) ‘김은’의 뜻으로, ‘검질[雜草]+-은’ 구성이다. ‘김[雜草]’의 방언형은 ‘검질, 지슴, 지심’ 등으로 나타난다.

141) ‘같지’의 뜻으로, ‘닮[如]-+-지’ 구성이다. ‘같다[如]’의 방언형은 ‘ᄀᆞ뜨다, ᄀᆞ트다, 닮다, 답다’ 등으로 나타난다.

142) ‘뿌려’의 뜻으로, ‘삐[播]-+-어’ 구성이다. ‘뿌리다[播]’의 방언형은 ‘뿌리다, 삐다’ 등으로 나타난다.

143) ‘없어’의 뜻으로, ‘엇[無]-+-어+게(종결보조사)’ 구성이다. ‘없다[無]’의 방언형은 ‘없다. 엇다, 읎다, 읏다’ 등으로 나타난다.

144) ‘북(식물의 뿌리를 싸고 있는 흙)’을 말한다.

145) ‘끄으면’의 뜻으로, ‘끗[引]-+-으멍’ 구성이다. ‘끗다[引]’의 방언형은 ‘끗다, 끗이다’ 등으로 나타난다. 방언에서는 표준어에서와 달리 활용할 때 어간 말음 ‘ㅅ’을 유지하고 있는 점에서 차이가 난다.

146) ‘밟는’의 뜻이다. ‘밟다[蹈]’의 방언형은 ‘불리다, ᄇᆞᆲ다’ 등으로 나타난다.

147) ‘끄어서’의 뜻으로, ‘끗[引]-+-엉은에’ 구성이다. ‘-엉은에’는 ‘-어서’의 의미로 쓰이는 어미이다. ‘끗다[引]’의 방언형은 ‘끗다, 끗이다’ 등으로 나타난다.

148) ‘들이(세차게 마구)’의 뜻이다. ‘들이’의 방언형은 ‘드러, 드리’ 등으로 나타난다.

149) ‘솎아지기도’의 뜻으로, ‘소끄[揀]-+-아지기도’ 구성이다. ‘솎다’의 방언형은 ‘소꼬다, 소끄다, ᄉᆞ꼬다, ᄉᆞ끄다’ 등으로 나타난다.

150) '눌러지는'의 뜻이다. '누르다[壓]'의 방언형은 '누뜰다, 누르다, 누르뜨다, 누울리다, 눌뜨다, 눌르다' 등으로 나타난다.
151) '노릇노릇'의 뜻이다.
152) '시멘트(cement)'를 말한다.
153) '굳혀서'의 뜻으로, '절리[堅]-+-어근엥에' 구성이다. '-어근엥에'는 '-어서'의 의미로 쓰이는 어미이다. '굳히다'의 방언형은 '굳히다, 절리다' 등으로 나타난다.
154) '쟁여서'의 뜻으로, '데미[築]-+-엉' 구성이다. '쟁이다[築]'의 방언형은 '데미다, 제기다' 등으로 나타난다.
155) '내버렸다가'의 뜻으로, '내비-+-엇당은에' 구성이다. '-엇당은에'는 '-었다가'의 의미로 쓰이는 어미이다. '내버리다[拌]'의 방언형은 '내불다, 내비다' 등으로 나타난다.
156) 이 '육다'는 '어린아이가 지능적, 육체적으로 좀 자라다.'의 뜻을 지닌 어휘이다.
157) '비료를 많이 주면 너무 걸어서 보리가 누워 버리고, 반대로 비료를 적게 주면 잘 안 되고'의 뜻이다.
158) '베려고'의 뜻으로, '비[刈]-+젠' 구성이다. '-젠'은 '-려고'의 의미로 쓰이는 어미이다. '베다[刈]'의 방언형은 '버이다, 베다, 비다' 등으로 나타난다.
159) '보리밭에도'의 뜻이다. '보리밭'의 방언형은 '보리왓, 보리밧' 등으로 나타난다.
160) '말려서'의 뜻으로, '몰리-+-앙' 구성이다. '말리다[乾]'의 방언형은 '몰류다, 몰리다, 몰립다' 등으로 나타난다.
161) '제께'는 달리 '지께, 지무셍이'라 하는데, '뭇이나 단으로 묶을 물건을 이용하여 그것으로 묶는 매끼'를 말한다. 곧 보리를 뭇으로 만들 때 이삭이 붙은 보리를 매끼로 해서 묶는 경우가 '제께'로 묶는 것이 된다.
162) '매끼'를 말한다. '매끼'의 방언형은 '께, 께미, 무세, 무셍이' 등으로 나타난다.
163) '수레' 또는 '마차'를 말하는데, 일본어 'くるま'이다.
164) '실어'의 뜻으로, '시끄[載]-+-어' 구성이다. '싣다[載]'의 방언형은 '시끄다, 시르다, 실르다' 등으로 나타난다.
165) '가리'를 말한다. '가리[積]'의 방언형은 '눌'로 나타나는데, 문헌 어휘 '누리'에서 온 어휘이다.
166) '가리어'의 뜻으로, '눌[積]-+-어' 구성이다. '가리다'의 방언형은 '눌다'로 나타나는데, 문헌 어휘 '누리다'에서 온 어휘이다.
167) '훑으니까'의 뜻으로, '홀트-+-난' 구성이다. '훑다'의 방언형은 '홀트다'로 나타난다.
168) '가리어서'의 뜻으로, '눌[積]-+-엉' 구성이다. '가리다'의 방언형은 '눌다'로 나타난다.
169) '훑아서'의 뜻으로, '홀트-+-앙' 구성이다.
170) '멱에'의 뜻이다. '멱(곡식을 담는, 짚으로 만든 그릇)'의 방언형은 '멕'으로 나타난다.
171) '먼저'의 뜻이다. '먼저'의 방언형은 '먼저, 무녀, 무녜, 문저, 문처, 문첨' 등으로 나타난다.
172) '까끄라기는'의 뜻이다. '까끄라기'의 방언형은 '꺼렝이, フ시락, フ스락' 등으로 나

타난다.

173) ‘할머니’의 뜻이나 여기서는 ‘아내’의 의미로 쓰였다.

174) ‘할아버지’의 뜻이나 여기서는 ‘남편’의 의미로 쓰였다.

175) ‘섰다가’의 뜻으로, ‘사[立]-+-앗당은에’ 구성이다. ‘-앗당은에’는 ‘-았다가’의 의미로 쓰이는 어미이다. ‘서다[立]’의 방언형은 ‘사다, ᄉᆞ다’ 등으로 나타난다.

176) ‘구들묵’은 ‘굴묵’이라 하는데, ‘구들방에 불을 때게 만든 아궁이’를 말한다.

177) ‘쟁이는’의 뜻으로, ‘데미[築]-+-는’ 구성이다. ‘쟁이다[築]’의 방언형은 ‘데미다, 제기다’ 등으로 나타난다.

178) ‘있어야’의 뜻으로, ‘잇[有]-+-어야’ 구성이다. ‘있다[有]’의 방언형은 ‘시다, 싯다, 이시다. 잇다’ 등으로 나타난다.

179) ‘덮으랴’의 뜻으로, ‘더끄[蓋]-+-저’ 구성이다. ‘-저’는 ‘-랴’의 의미로 쓰이는 어미이다. ‘덮다[蓋]’의 방언형은 ‘더끄다, 더프다’ 등으로 나타난다.

180) ‘띠[茅]’를 말한다.

181) ‘이엉’을 말한다. ‘이엉’의 방언형은 ‘ᄂᆞ라미, ᄂᆞ람지, ᄂᆞ래미, ᄂᆞ래’ 등으로 나타난다.

182) ‘억새’를 말한다. ‘억새’의 방언형은 ‘어욱, 어워기, 어웍’ 등으로 나타난다.

183) ‘뿌리지’의 뜻이다. ‘뿌리다’의 방언형은 ‘뿌리다, 삐다’ 등으로 나타난다.

184) ‘씨뿌리기를 전문적으로 하는 사람’을 말하는 것인데, 이런 사람을 ‘씨와치’라 한다.

185) ‘말목동을’의 뜻이다. ‘몰테우리’란 ‘주로 들에 방목해 기르는 말을 많이 가진 사람’ 또는 ‘들에 방목한 말을 돌보는 사람’을 말한다.

186) ‘아우’를 말한다. ‘아우[弟]’의 방언형은 ‘아시’로 나타난다.

187) ‘말게’의 뜻으로, ‘말[勿]-+-자’ 구성이다. ‘-자’는 ‘-게’의 의미로 쓰이는 종결어미이다.

188) ‘마소’를 말한다.

189) 제주시 조천읍 선흘리(善屹里)를 말한다.

190) ‘마리(동물의 수효를 세는 단위)’를 말한다. ‘마리(단위)’의 방언형은 ‘머리, 바리’ 등으로 나타난다.

191) ‘백(back)’을 말한다.

192) ‘흰밥’을 말한다.

193) ‘몫’을 말한다. ‘몫’의 방언형은 ‘나시, 적시, 직시, 찍, 찍세, 찍시’ 등으로 나타난다.

194) ‘상찬(上饌)’을 말한다.

195) ‘팥[小豆]’를 말한다. ‘팥[小豆]’의 방언형은 ‘ᄑᆞᆺ’으로 나타난다.

196) ‘흰밥’을 말한다.

197) ‘막걸리’ 또는 ‘탁주(濁酒)’를 말한다.

198) ‘멱둥구미에’ 뜻이다. ‘멱둥구미’의 방언형은 ‘망텡이, 멩텡이’ 등으로 나타난다.

199) ‘뿌려’의 뜻으로, ‘삐[播]-+-여’ 구성이다. ‘뿌리다[播]’의 방언형은 ‘뿌리다, 삐다’ 등으로 나타난다.

200) ‘솎아야’의 뜻으로, ‘소끄[揀]-+-아야’ 구성이다. ‘솎다[揀]’의 방언형은 ‘소끄다, 소

끄다, ᄉᆞ꼬다, ᄉᆞ끄다 ' 등으로 나타난다.

201) '이삭[穗]'을 말한다.

202) '비어서'의 뜻으로, '비[刈]-+-엉' 구성이다. '베다[刈]'의 방언형은 '버이다, 베다, 비다' 등으로 나타난다.

203) '뜯는'의 뜻으로, 'ᄐᆞᆮ[摘]-+-으는' 구성이다. '뜯다[摘]'의 방언형은 '뜯다, 틑다, ᄐᆞᆮ다' 등으로 나타난다.

204) '할머니'의 뜻이나 여기서는 '아내'의 의미로 쓰였다.

205) '가져'의 뜻으로, '앗[持]-+-앙' 구성이다. '가지다[持]'의 방언형은 '가지다, ᄀᆞ지다, 아지다, 앗다, ᄋᆞ지다' 등으로 나타난다.

206) '가서'의 뜻으로, '가[去]-+-앙' 구성이다.

207) '도리깨'를 말한다.

208) '조콕메기'는 '조이삭에서 열매를 떨고 남은 줄기'를 말한다. 대개는 '조칵메기, 조콕메기'라 한다.

209) '들면'의 뜻이다.

210) 이 '공메기'는 조이삭이나 콩꼬투리에서 열매를 떨어버리고 남은 줄기나 깍지 따위를 말한다. 대개는 '각메기, 각마기, ᄀᆞᆨ메기, ᄏᆞᆨ메기' 등으로 나타난다.

211) '팔지는'의 뜻이다.

212) '아니'의 뜻이다. '아니'의 방언형은 '아니, 아이, 앙이' 등으로 나타난다.

213) '콩밭은'의 뜻으로, '콩밧+-은' 구성이다.

214) '덮어서'의 뜻으로, '더끄[蓋]-+-엉' 구성이다. '덮다[蓋]'의 방언형은 '더끄다, 더프다'.

215) '외볏뜨기'를 말하는데, '외볏뜨기'는 쟁기로 한 번만 갈아 이랑을 만드는 갈이법이다.

216) '쉽고'의 뜻으로, '쉬웁[易]-+-곡' 구성이다. '쉽다[易]'의 방언형은 '쉬웁다, 쉽다' 등으로 나타난다.

217) '할머니'의 뜻이나 여기서는 '아내'의 의미로 쓰였다.

218) '말마따나'의 뜻이다.

219) '유월절'은 소서(小暑)에서부터 입추(立秋)까지의 절기를 말한다.

220) '맞히지'의 뜻이다. '맞히다[日照]'의 방언형은 '맞히다, 맞추다' 등으로 나타난다.

221) '곯아'의 뜻이다. '곯다(속이 물크러져 상하다)'의 방언형은 '고리다'로 나타난다.

222) '덮어서'의 뜻으로, '더프[蓋]-+-엉' 구성이다. '덮다[蓋]'의 방언형은 '더끄다, 더프다' 등으로 나타난다.

223) '가리에'의 뜻으로, '눌[積]+-에' 구성이다. '가리[積]'의 방언형은 '눌'로 나타난다.

224) '가리어서'의 뜻으로, '눌[積]-+-어근엥에' 구성이다. '-어근엥에'는 '-어서'의 의미로 쓰이는 어미이다. '가리다[積]'의 방언형은 '눌다'로 나타난다.

225) '이엉'을 말한다. '이엉'의 방언형은 'ᄂᆞ라미, ᄂᆞ람지, ᄂᆞ래미, ᄂᆞᆯ래' 등으로 나타난다.

226) '칠월절'은 '입추(立秋)에서 백로(白露)까지의 절기'를 말한다.

227) '마늘[大蒜]'을 말한다.
228) '까서'의 뜻으로, '까[脫]-+-앙' 구성이다.
229) '말해 가니까'의 뜻으로, '골[曰]-+-아 가난' 구성이다.
230) '제대로'의 뜻이다. '제대로'의 방언형은 '제대로, 제라게, 제라ᄒᆞ게' 등으로 나타난다.
231) '많이'의 뜻이다. '많이'의 방언형은 '만이, 만히, 하여, 해' 등으로 나타난다.
232) '좀먹지'의 뜻이다. '좀먹다'의 방언형은 '좀들다, 좀먹다, 좀일다, 좀치다' 등으로 나타난다.
233) '알비료'를 말한다. '알비료'는 '씨앗을 뿌리기 전에 주는 비료'를 말한다.
234) '들이(세차게 마구)'의 뜻이다. '들이'의 방언형은 '드러, 드리' 등으로 나타난다.
235) '두벌째'의 뜻이다.
236) '비닐(vonyl)'을 말하는데, 일본어 'ビニール'이다.
237) '잡아서'의 뜻으로, '심[執]-+-엉은에' 구성이다. '-엉은에'는 '-어서'의 의미로 쓰이는 어미이다. '잡다[執]'의 방언형은 '심다, 잡다' 등으로 나타난다.
238) '저물도록'의 뜻이다.
239) '뜸들여서'의 뜻으로, '틈재우-+-앙' 구성이다. '뜸들이다'의 방언형은 '틈재우다, 틈잽다' 등으로 나타난다.
240) '고비에'의 뜻이다. '고비'의 방언형은 '고비, ᄀᆞ리' 등으로 나타난다.
241) '좋아서'의 뜻으로, '좋[好]-+-앙' 구성이다.
242) '잘 들어가는 모양'을 나타내는 말이다.
243) '호미'를 말한다. '호미[鋤]'의 방언형은 '곱은쉐, 골각지, 골강쉐, 골개, 골겡이, 호멩이' 등으로 나타난다.
244) '심는'의 뜻으로, '싱그[植]-+-는' 구성이다. '심다[植]'의 방언형은 '심다, 싱그다' 등으로 나타난다.
245) '사나이노라고'의 뜻이다. '사나이'의 방언형은 '소나의, 소나이, ᄉᆞ나의, ᄉᆞ나이' 등으로 나타난다.
246) '한없어'의 뜻으로, 'ᄒᆞᆫ엇[無限]-+-어' 구성이다. '한없다[無限]'의 방언형은 'ᄒᆞᆫ엇다, ᄒᆞᆫ읎다, ᄒᆞᆫ읏다' 등으로 나타난다.
247) '이랑'을 말한다. '이랑'의 방언형은 '고지, 밧고지, 밧파니, 파니' 등으로 나타난다.
248) 농약 이름이다.
249) 농약 이름이다.
250) '조금'의 뜻이다. '조금'의 방언형은 '아쓱, 아씩, 조곰, 조금, ᄒᆞ꼼, ᄒᆞ끔, ᄒᆞ쏠' 등으로 나타난다.
251) '다니고'의 뜻이다. '다니다'의 방언형은 '뎅기다, 뎅이다, ᄃᆞ니다' 등으로 나타난다.
252) '헛것' 또는 '헛일'의 뜻이다.
253) 한자어 '맥주맥(麥酒麥)'으로, '맥주보리'를 말한다.
254) '쌀보리'를 말한다. '쌀보리'의 방언형은 '술보리, 술오리, 술우리' 등으로 나타난다.
255) '맥주보리' 또는 '두줄보리'를 말한다.

256) '동글보리'는 보리의 한 종류이다.
257) '줄기'를 말한다. '줄기'의 방언형은 '남뎅이, 낭, 낭뎅이' 등으로 나타난다.
258) '서쪽으로는'의 뜻으로, '서(西)+-드레' 구성이다. '-드레'는 '-으로'의 의미로 쓰이는 조사이다.
259) '앉은뱅이'를 말하는데, 여기서는 보리의 한 종류 이름으로 쓰였다.
260) '나서'의 뜻으로, '나[生]-+-근에' 구성이다. '-근에'는 '-어서'의 의미로 쓰이는 어미이다.
261) '까끄라기가'의 뜻이다. '까끄라기'의 방언형은 '꺼렝이, ᄀ스락, ᄀ시락' 등으로 나타난다.
262) '박히지'의 뜻이다.
263) '줄기가'의 뜻으로, '남[幹]+-이' 구성이다.
264) '지나가면서'의 뜻으로, '넘어가[過]-+-멍' 구성이다. '-멍'은 '-면서'의 의미로 쓰이는 어미이다. '지나가다[過]'의 방언형은 '넘어가다, 지나가다' 등으로 나타난다.
265) '겉보리'를 말한다.
266) '지네보리라고'의 뜻이다. 여기서 '주넹이'는 '지네[蜈]'를 말하는 것으로, 보리 이삭이 마치 '지네'처럼 생겼다는 데서 붙은 이름으로, '두줄보리'를 말한다.
267) '마소[牛馬]'를 말한다.
268) '부리망을'의 뜻으로, '망울+-을' 구성이다. '부리망'의 방언형은 '망올, 망울' 등으로 나타난다.
269) '잡지'의 뜻으로, '심[執]-+-지' 구성이다. '잡다[執]'의 방언형은 '심다, 잡다' 등으로 나타난다.
270) '같지'의 뜻으로, 'ᄀ뜨[如]-+-주' 구성이다. '같다[如]'의 방언형은 'ᄀ뜨다, ᄀ트다, 닮다, 답다' 등으로 나타난다.
271) '나서'의 뜻으로, '나[生]-+-근에' 구성이다. '-근에'는 '-아서'의 의미로 쓰이는 어미이다.
272) '밟는'을 말한다.
273) '있는'의 뜻으로, '이시[有]-+-ㄴ' 구성이다. '있다[有]'의 방언형은 '시다, 싯다, 이시다, 잇다' 등으로 나타난다.
274) '가서'의 뜻으로, '가[去]-+-앙' 구성이다. '-앙'은 '-아서'의 의미로 쓰이는 어미이다.
275) '밭에'의 뜻으로, '밧[田]+-디' 구성이다.
276) '가서'의 뜻으로, '가[去]-+-앙은에' 구성이다. '-앙은에'는 '-아서'의 의미로 쓰이는 어미이다.
277) '탈곡기'를 말한다.
278) '이녁'을 말한다.
279) '훑아서'의 뜻으로, '홀트-+-앙' 구성이다. '훑다'의 방언형은 '홀트다'로 나타난다.
280) 밀알이 떨어지는 소리이다.
281) '보릿짚'을 말한다. '보릿짚'의 방언형은 '보릿찍, 보릿찝, 보릿낭, 보릿칩' 등으로

나타난다.

282) '이엉'을 말한다. '이엉'의 방언형은 'ᄂᆞ라미, ᄂᆞ람지, ᄂᆞ래미, 놀래' 등으로 나타난다.

283) '예피다'는 '띠나 짚으로 이엉 따위를 엮다.'는 뜻을 지닌 어휘다.

284) '많이'의 뜻이다. '많이'의 방언형은 '만이, 만히, 하여, 해' 등으로 나타난다.

285) '삶았지'의 뜻이나 여기서는 '때었지'의 의미로 쓰였다.

286) '조금'을 말한다. '조금'의 방언형은 '아쓱, 아씩, 조곰, 조금, ᄒᆞ꼼, ᄒᆞ끔, ᄒᆞ쏠' 등으로 나타난다.

287) '다르지'의 뜻으로, 'ᄯᆞ나[異]-+-주' 구성이다. '다르다[異]'의 방언형은 '다르다, 달르다, 뜰리다, ᄯᆞ나다, 틀리다, ᄐᆞ나다' 등으로 나타난다.

288) '밀짚모자는'의 뜻이다. '밀짚모자'의 방언형은 '밀낭퍼렝이, 밀낭페렝이, 밀찍페렝이, 밀찝퍼렝이, 밀찝페렝이, 밀퍼렝이, 페렝이' 등으로 나타난다.

289) '꼭대기'의 뜻이나 여기서는 '끄트머리'의 의미로 쓰였다.

290) '끄트머리'를 말한다. '끄트머리'의 방언형은 '끄트머리, 끗젱이, 끗다리, 끗데기, 끗뎅이' 등으로 나타난다.

291) '꼭지'의 뜻이나 여기서는 '끄트머리'의 의미로 쓰였다.

292) '밀짚모자'를 말한다.

293) '농사'를 말한다. '농사'의 방언형은 '농시, 농ᄉᆞ, 용시' 등으로 나타난다.

294) '많아버리니까'의 뜻이다. '많다'의 방언형은 '만ᄒᆞ다, 하다' 등으로 나타난다.

295) '밭에'의 뜻으로, '밧[田]+-듸(처격)' 구성이다.

296) '곡속(穀粟)'을 말한다.

297) '농사를'의 뜻으로, '용시[農事]+-ㄹ' 구성이다.

298) '지나가다가'의 뜻으로, '넘어가[過]-+-당' 구성이다.

299) '앉아서'의 뜻으로, '앚[坐]-+-앙' 구성이다. '앉다'의 방언형은 '아지다, 안즈다, 안지다, 앉다, 앚다' 등으로 나타난다.

300) '입놀림으로'의 뜻이다. '입놀림'의 방언형은 '입다심'으로 나타난다.

301) '줄기'를 말한다. '줄기[幹]'의 방언형은 '남, 남뎅이, 낭, 낭뎅이' 등으로 나타난다.

302) '찌면'의 뜻이다. '찌다[蒸]'의 방언형은 '치다'로 나타난다.

303) '겨를이' 뜻으로, '저를[暇]+-이' 구성이다. '겨를[暇]'의 방언형은 '저르, 저를, ᄌᆞ르, ᄌᆞ를' 등으로 나타난다.

304) '엮어서'의 뜻이다. '엮다'의 방언형은 '엮다, 윾다' 등으로 나타난다.

305) '제주 4·3사건'을 말한다. '제주4·3사건'은 1948년 4월 3일 발생한 소요 사태와 1954년 9월 21일까지 제주도에서 발생한 무력 충돌과 진압 과정에서 주민이 희생당한 사건을 말한다.

306) '닭[鷄]'을 말한다.

307) '감자'를 말한다. '감자'의 방언형은 '지실, 지슬' 등으로 나타난다.

308) '참외'를 말한다.

309) '고추[唐椒]'를 말한다.

310) '없고'의 뜻으로, '엇[無]-+-고' 구성이다. '없다'의 방언형은 '없다, 엇다, 읎다, 읏다' 등으로 나타난다.

311) '마대인가'의 뜻으로, '마다리[麻袋]+-인가' 구성이다. '마대(麻袋)'의 방언형은 '마다리, 마다리푸데' 등으로 나타난다.

312) '가져서'의 뜻으로, '앗[持]-+-앙' 구성이다. '가지다[持]'의 방언형은 '가지다, ᄀ지다, 아지다, 앗다, ᄋ지다' 등으로 나타난다.

313) '와서'의 뜻으로, '오[來]-+-앙' 구성이다.

314) '당겨'의 뜻이다. '당기다'의 방언형은 'ᄃ리다, ᄃᆼ기다, ᄃᆼ이다' 등으로 나타난다.

315) '없으면'의 뜻으로, '엇[無]-+-이믄' 구성이다. '없다'의 방언형은 '없다, 엇다, 읎다, 읏다' 등으로 나타난다.

316) '익었냐'의 뜻으로, '익[熟]-+-어샤' 구성이다. '-어샤'는 '-었냐'의 의미로 쓰이는 어미이다.

■ 참고문헌

『능엄경언해』
『동국여지비고』(제2판, 2000, 서울특별시사편찬위원회)
『동국여지승람』
『삼군호구가간총책』
『유합』
『제주읍지』
『제주풍토록』(김정)
『탐라국서』(이응호)
『탐라지』(이원진)
『훈몽자회』
강영봉 등(2009), 『개정증보 제주어사전』, 제주특별자치도.
고려대학교 민족문화연구원(2009), 『고려대 한국어대사전』.
국립국어원(1999), 『표준국어대사전』, 두산동아.
김순자(2014), 「제주도방언의 '호상옷(수의)' 관련 어휘 연구」, 『탐라문화』 제47호, 제주대학교 탐라문화연구원, 113-141.
김순자(2014), 『제주도방언의 어휘 연구』, 박이정.
남광우(1999/2009), 『고어사전』, 교학사.
박용후(1960/1988), 『제주방언연구』, 동원사(고려대학교 민족문화연구소).
사회과학원 언어학연구소(1992), 『조선말대사전』, 사회과학출판사.
석주명(1947), 『제주도방언집』, 서울신문사출판부.
송상조(2007), 『제주말큰사전』, 한국문화사.
유창돈(1964/1974), 『이조어사전』, 연세대학교 출판부.
이희승(1961/1981), 『국어대사전』, 민중서관.
제주도(1996), 『제주의 방어유적』.
한글학회(1992), 『우리말 큰사전』, 어문각.
현용준(1980), 『제주도무속자료사전』, 신구문화사.
현평효(1962), 『제주도방언연구』(제1집), 정연사.
현평효・강영봉(2011), 『제주어 조사・어미 사전』, 제주대학교 국어문화원.
현평효・강영봉(2014), 『표준어로 찾아보는 제주어사전』, 도서출판 각.
安田吉實・孫洛範 편(1995), 『민중 엣센스 일한사전』, 민중서림.

■ 찾아보기

가

나

다

마

사

••• 아

자

카

타

파

하